ASSESSING ADULT ATTACHMENT
A DYNAMIC-MATURATIONAL APPROACH TO DISCOURSE ANALYSIS

成人アタッチメントのアセスメント
動的−成熟モデルによる談話分析

パトリシア・M・クリテンデン　アンドレア・ランディーニ◎著
馬場禮子◎日本語版序文
三上謙一◎監訳

岩崎学術出版社

Assessing Adult Attachment: A Dynamic-Maturational Approach to Discourse Analysis
by Patricia M.Crittenden and Andrea Landini
Copyright © 2011 by Patricia Mckinsey Crittenden and Andrea Landini
Japanese translation rights arranged with
W. W. Norton & Company, Inc.
through Japan UNI Agency, Inc., Tokyo

日本語版序文

　Crittendenによる新たな理解に基づくAAI（Adult Attachment Interview）が翻訳され，日本人に広く知られ使われる準備ができた。これまでにもMainとGoldwynによるAAIはかなりよく知られ，使われており，乳幼児期のアタッチメントの質が成人後にどのように影響するかについて，特に親として子育てする場合にどう作用するかについてという，世代間伝達を含む，人格形成上の重要な課題を巡る研究に用いられ，大きな役割を果して来た。したがって，それを新たに理論づけ，整理し直す必要性について疑問を持たれる方もあるかも知れない。しかし，CrittendenのDynamic Maturational Modelに基づいたAAI（=DMM-AAI）は，次第に疑問点を増していたこれまでのAAIを見直し，かなり基本的な側面を整備し直したものである。特に，動的成熟（dynamic maturation）と命名されているように，その観点は発達過程において生得的資質と環境要因とがダイナミックに相互作用して，パーソナリティの成熟を促していくとするものであり，必ずしも幼児期の母子関係のみを論拠とせず，より動的な発達観に基づいているところが魅力的である。

　アタッチメントとは，Bowlby, J.が提唱した，母子関係の観察から生成された概念である。パーソナリティ発達に関する基礎理論は精神分析的人格理論にあるが，アタッチメント論の特質はBowlbyの観点の広さにあり，児童精神医学ばかりでなく，システム論の観点や実験観察法を含む比較行動学の研究法も取り込んでいる。それゆえに精神分析家からの批判もあるが，それゆえにこそ，彼の理論を継ぐ研究者が続出し，Ainsworthのstrange situation法のようにさらに広くこの概念の領域を拡げる研究もあり，他領域の研究法が進化するにつれて，彼の理論に基づく発達論も発展しているのであろう。さらに精神分析理論という側面から見ても，Bowlbyの発達論，つまり，アタッチメント理論には，他の研究者による発達論の内容の多くの要素が含まれている。AAIの魅力は，親子関係，特に母子関係という最も重要で基本的な関係性を起点として，詳細綿密に目を向け，査定しつつ，それを次の世代の親子関係へと繋げていくところにある。さらにDMM-AAIは，それらを近年進歩の著しい脳神経学その他の側面と照合するという新しい展開を示している。

　CrittendenはMainら（以後M&Gとする）のAAIに見られる幾つかの課題を修正したという（訳書p.5）。M&G法のコード化の技法を身につけて正確にコードするのは非常に難しいこと，M&G法ではAAIが何を測定しているのかが不明瞭だということ，Bowlbyの著作が書き上げられて以降，つまり1980年以降に進んだ心的機能に関する知識が取り入れられていないこと，Ainsworthのstrange situation法に基づく分類システムに従っているので，より複雑な成人の行動に充分対応していないことなどである。

　こうした課題をできる限り解決していったのがDMM-AAIである。第一の課題であるコーディングの難しさについては，M&G法によるコーディングのガイドラインに見られた表現の曖昧さや，言語特異性を修正し，ガイドラインをより明確にしている。とはいえ，コーディングに熟

達するためには，指導を受けながらの事例検討を積み重ねていくことが必要で，たとえ修正されたとしてもガイドラインを読むだけでコーディング法を身につけることは難しい。その点面接法を用いる本法には，臨床心理アセスメントの技法習得に共通する難しさがある。次にAAIが査定しているものは何かについては，次のように纏められると私は理解している。つまり，人は過去の体験から得てきたものを参照しつつ未来への予測を立てるのだが，その際，どのように情報処理がなされているのか，どのようにして自分と子孫の将来を守るために役立つ情報が取捨選択されているのかを査定していることが明確になったと言えるのではないだろうか。

　1980年代以降の研究については，すでに一例として脳科学研究の知見との照合を挙げたように，進歩しつつある他分野の研究を取り入れることでAAIの観点を拡げている。さらに，成人のアタッチメントの複雑さに対応する，年齢層を拡げた研究も追加されている。被検者の社会的，文化的な層も拡張され，より多層的な基礎研究がなされている。年齢により世代によって，アタッチメントの方式は多様に変化するのであり，必ずしも幼児期との一貫性は仮定できないとする，DMM制作者の見解は，きわめて納得できるものである。

　これら諸点の修正を含みながらDMMは，strange situation法による乳児の分類システムを，そのまま成人に当てはめようとすることから生じる矛盾点を解消し，新しいカテゴリー分類に到達している。AAIが半構造化面接による方法であることから，その技法を習得するには多くの時間と労力を要するであろうが，それを通して心理臨床家としての面接技法そのものの修練にもなるという利点も生かせるであろう。

　今後の心理臨床の目指すべき方向性として私は，人間の在りようを最も奥深くまで理解する精神分析の諸理論を根底に置きながら，広く身体的要因にも社会的及び人的な環境要因にも目を向けるような，人間への理解と関わりができる臨床が望ましいと考えている。DMM-AAIはこうした条件に実によく適合しているので，臨床心理士が身につける技法として，きわめて高い将来性を持つと考えている。私自身はもはや，この技法を身につけて臨床を実践できる年齢ではなくなっているが，訳者であり本法の紹介者である三上謙一氏は，まさにこれからの心理臨床の牽引役として，活躍して下さるものと期待している。

2018年5月

馬場　禮子

日本の皆様へ

このたび『成人アタッチメントのアセスメント』が日本語に翻訳されることを大変光栄に思います。三上謙一氏と共訳者の方々は私たちにこの上ない機会を与えてくださるために，本当に，本当に頑張ってくださいました。私は，DMM-AAI が日本でどのように使用されるようになるのか知りたくて仕方がありません。いかなる国や文化も同じではないのです。この本が翻訳されたことによって，人間の適応に関する国際的な理解に，日本の理解を付け加える可能性が開かれるのです。

現在までのところ，DMM-AAI は，以下に含まれる多くの精神障害に関して妥当性が証明されています。不安障害（Hughes, Hardy & Kendrick, 2000）；回避性パーソナリティ障害（Rindal, 2000）；境界性パーソナリティ障害（Crittenden & Newman, 2010）；家庭内暴力（Worley, Walsh, & Lewis, 2004）；摂食障害（Ringer & Crittenden, 2007; Zachrisson & Kulbotten, 2006）；アタッチメント関連のトラウマによる抑うつ状態（三上, 2015；三上, 2018）；不適切な養育をする母親（Crittenden, Robson, Tooby, & Fleming, 2017）；PTSD（Crittenden, & Heller, 2017）；児童精神科患者の親（Landini, Crittenden, & Landi, 2016）。さらに里親に関する研究が博士論文として提出されており（Gogarty, 2002），性犯罪者に関する研究が学会で発表されています（O'Reilly, 2015）。また健常群のサンプルでも使用されてきています（Baldoni, et al., 2018; Hautamäki, et al., 2010ab; Iyengar, et al., 2014; Kim, et al., 2014; Shah, Fonagy, & Strathearn, 2010; Strathearn, Fonagy, Amico, & Montague, 2009）。これらの研究のサンプルはアメリカ人，オーストラリア人，イギリス人，フィンランド人，アイルランド人，イタリア人，日本人，ノルウェー人です。『成人アタッチメントのアセスメント』の翻訳が刊行されることによって，将来日本人サンプルによる研究が増えることを願っています。

また私は，困難を抱える人々に対する治療を考えていく上での新たな視点を DMM-AAI が提供してくれることも願っています。私が思うには，これこそが DMM-AAI の最も価値のある使用法なのです。臨床家たちがこれまで使用してきたように，インタビューを——いかなる解釈も介入もすることなく——ただ実施するだけで，人々が自分の経験をこれまでとは違う形で考えるのに役立つことが多いのです。その上，個人の AAI に基づいて問題を個々にフォーミュレーションすることによって心理療法をより効率的に方向付け，それゆえに治療と個人の苦しみを短縮できるのです。実証研究に基づきながら，精神障害に対して DMM によるフォーミュレーションを行うことで，心理療法における問題をセラピストが概念化する方法を変えることができるのです。DMM-AAI を施行し，個人の DMM-AAI を分類し，多くの DMM-AAI について実証研究を行うことから得られた結果によって治療の質を改善できるのです。

最後に三上謙一氏と共訳者の方々への感謝の意を表して終わりたいと思います。彼らは私たちにこの上ない貢献をしてくれたのです。

パトリシア・M・クリテンデン

Baldoni, F., Minghetti, M., Craparo, G., Facondini, E., Cena L., & Schimmenti, A. (2018). Comparing Main, Goldwyn, and Hesse (Berkeley) and Crittenden (DMM) coding systems for classifying Adult Attachment Interview transcripts: an empirical report. Attachment & Human Development, 20, 432–438, doi: 10.1080/14616734.2017.1421979.

Crittenden, P. M., Robson, K., Tooby, A., & Fleming, C. (2017). Are mothers' protective attachment strategies related to their children's strategies? Clinical Child Psychology and Psychiatry. doi: 10.1177/1359104517704027.

Iyengar, U., Kim, S., Martinez, S., Fonagy, P., & Strathearn, L. (2014). Unresolved trauma in mothers: intergenerational effects and the role of reorganization. Frontiers in Psychology, 5, 966, 1–9. doi: 10.3389/fpsyg.2014.00966.

Kim, S., Fonagy, P., Allen, J., Martinez, S. R., Iyengar, U., & Strathearn, L. (2014). Mothers who are securely attached during pregnancy show more attuned infant mirroring at 7 months postpartum. Infant Behavior & Development, 37, 491-504. doi: 10.1016/j.infbeh.2014.06.002

Landini, A., Crittenden, P., & Landi, G. (2016). The parents of child psychiatric patients. Annals of Psychiatry and Mental Health, 4, 1087.

三上謙一（2015）アタッチメント理論から考える現代の大学生像とその援助―アタッチメントと適応の力動‐成熟モデル（DMM）からの考察―．思春期青年期精神医学, 25，30-39.

三上謙一（2018）アタッチメントと適応の動的‐成熟モデル（DMM）から見た青年期のアタッチメントの発達過程― DMM-AAI を用いた心理療法効果測定の試み―．思春期青年期精神医学, 27，91-101.

O'Reilly, G. (Nov. 2015). Attachment and self-protective strategies in men convicted of sexual offences. Presented at the 4th IASA International Conference, Miami, FL.

Worley, K.O., Walsh, S. & Lewis, K.（2004）. An examination of parenting practices in male perpetrators of domestic violence: A qualitative study. Psychology and Psychotherapy: Theory, Research, and Practice. 77, 35–54. doi: 10.1348/147608304322874245.

＊その他の文献については巻末の引用文献参照。

本書をわれわれの両親へ捧げる。

真実をそっくり語りなさい、しかし斜めに語りなさい——
成功は回り道にあります
わたしたちのひ弱な喜びには明るすぎます
真実の持つ至高の驚きは

丁寧に説明すると
子供たちも稲光が怖くなくなるように
真実はゆっくりと輝くのがよいのです
さもないと誰もかも目がつぶれてしまいます——
　　　　　　　　　　——エミリー・ディキンソン

（対訳　ディキンソン詩集——アメリカ詩人選〈3〉　亀井俊介編，1998，岩波文庫より）

目 次

日本語版序文 …………………………………………… 馬場 禮子　iii

日本の皆様へ …………………………………………… P・M・クリテンデン　v

謝　辞 ………………………………………………………………………… xiii

第1章　序　論──「私の言いたいことわかる？」 …………………… 1
問題の根源　2
なぜ新しい方法が必要なのか？　5
AAIの概論とオリエンテーション　8
アタッチメントの主要パターン　16
AAIは何をアセスメントしているのか？　19
AAIの分類は誰の興味を引くのか？　20
本書の概要　20

第Ⅰ部　アタッチメント理論への動的 - 成熟アプローチ

第2章　理論的背景 ……………………………………………………… 25
アタッチメントとアタッチメントパターン　25
動的 - 成熟分類システム　33
結　論　38

第3章　情報処理 ………………………………………………………… 39
感覚刺激の変換　40
認知と情動の7つの変換　42
記憶システムと傾性表象　45

　　　　統合と内省的統合　*51*
　　　　符号化，想起／忘却，検索　*54*
　　　　結　論　*56*

第4章　アダルト・アタッチメント・インタビューの談話分析に用いられる構成概念 …… *57*
　　　　生活上の出来事／経験の歴史　*57*
　　　　談話および関連する記憶システム　*62*
　　　　談話の特徴とアタッチメントパターン　*67*
　　　　談話の一貫性　*88*

第Ⅱ部　分類システム

分類を扱う各章への導入 …… *93*

第5章　Bタイプ（バランスの取れた）方略の概観 …… *94*
　　　　すべてのBタイプ（バランスの取れた）分類に当てはまる一般的特徴　*94*
　　　　B3（心地良くバランスの取れた）　*99*
　　　　B1（過去から距離を取った）　*102*
　　　　B2（受け入れている）　*104*
　　　　B4（感傷的な）　*106*
　　　　B5（不満気に受け入れている）　*108*
　　　　B0（その他のバランスの取れた方略）　*111*

第6章　Aタイプ方略の概観とA1-2 …… *113*
　　　　すべてのAタイプ分類に当てはまる一般的特徴　*113*
　　　　A1（理想化する）　*118*
　　　　A2（距離を置く）　*121*

第7章　強迫的Aタイプ方略（A3-8）——危機への対処 …… *125*
　　　　A3（強迫的世話と強迫的注意）　*126*
　　　　A4（強迫的従順と強迫的パフォーマンス）　*129*
　　　　A5（社交的または性的な強迫的無分別）　*133*
　　　　A6（社交的または孤立した強迫的自立）　*138*
　　　　A7（妄想的理想化）　*141*
　　　　A8（外部組織化自己）　*145*

第8章　Cタイプ方略の概観とC1-2 …… *150*
　　　　すべてのCタイプ分類に当てはまる一般的特徴　*150*

C1（威嚇的怒り）　*155*
　　　C2（ご機嫌を取りながら慰めを求める）　*158*

第9章　執着的Cタイプ方略──不確かさ，曖昧さ，脅威への対処 …………… *161*
　　　C3（攻撃的怒り）　*163*
　　　C4（無力なふり）　*167*
　　　C5（報復的怒りと復讐への執着）　*170*
　　　C6（誘惑と救済への執着）　*177*
　　　C5-6 内の漸次的変化　*181*
　　　C7（脅迫的）　*183*
　　　C8（被害妄想的）　*187*

第10章　結合パターン──A/CとAC ……………………………………………… *190*
　　　A/C タイプと AC タイプ　*190*
　　　その他の不安定型（IO）　*195*

第11章　対人関係的自己防衛方略の崩壊を反映する状態
　　　　──未解決のトラウマ（Utr）または喪失（Ul） ……………………… *196*
　　　概　観　*197*
　　　未解決に関する DMM の概念化の利点　*208*

第12章　対人関係的自己防衛方略の破綻を反映する状態
　　　　──個人内水準および家族外水準への移行 …………………………… *211*
　　　概　観　*211*
　　　抑うつ　*213*
　　　失見当　*217*
　　　禁止された否定的情動の侵入　*220*
　　　身体表現症状　*225*
　　　再構成　*228*

第Ⅲ部　理論から応用へ

第13章　分類過程と分類ガイドライン ……………………………………………… *233*
　　　分類に関する一般的問題　*233*
　　　分類過程における生育歴の解釈と使用　*236*
　　　異なる記憶システム間における傾性表象の比較　*237*
　　　分類の決定　*249*
　　　信頼性　*251*
　　　パターン化と過程　*252*

第14章 ではどうすればいいのか？──AAI分類から治療計画への変換 …… 254
　　　方略の適応状態と不適応状態　255
　　　機能フォーミュレーション　259
　　　方略の機能の理解　262
　　　アセスメントと治療へのAAIの応用　272

第15章 DMM-AAIの妥当性と臨床的意義 …………………………………… 276
　　　DMMとM&Gとの違い　276
　　　DMM-AAIの妥当性　279
　　　DMM-AAIを用いた研究　281
　　　DMM-AAIの妥当性検証に向けた今後の方向性　297

第16章 結　論 ……………………………………………………………… 300
　　　AAIの貢献　301
　　　AAIの限界　306
　　　AAIの活用　308
　　　方向性の変更　313

付録A　略語用語集 …………………………………………………… 319

付録B　DMM分類システムとM&G分類システムとの対応 ………… 321

文　献 ………………………………………………………………… 323

訳者あとがき ………………………………………………………… 331

索　引 ………………………………………………………………… 335

謝　辞

　本書は，名前を挙げられないほど多くの人々による貢献の結果である。数千の個人の AAI を読んだ結果であり，人生の重要な側面を共有してくれた話し手たちに感謝する。また AAI 講習会に参加して AAI そのものについてだけでなく，談話分析方式についても議論した数百の心理療法家たちと研究者たちによる貢献も反映している。よくあることだが，アイデアは対話の中で展開してきた。そしてアイデアの変化を特定の人物によるものと考えることは難しいが，20 年以上にわたって 10 カ国において続けられてきたこの対話から，われわれが本書に書き記したアイデアが生まれてきたのである。

　われわれは Simon Wilkinson, Gordon Somerville, Steve Farnfield, Simon Howell, Peder Nørbech, Nicola Sahhar，そして Sabrina Bowen には特に感謝する。彼らは多くの章を読み，文章を明確にするのに役立つようなフィードバックをしてくれた。

第1章

序　論

「私の言いたいことわかる？」

　世のすべての人は，理解されたいと願っている。そうだとすると，最も解りづらい話し方をする人たちの談話 discourse が，どんなに理解されようと努力しても理解され損なうように運命づけられているかのようであり，しかも本人がそれに気づいているというのは，興味深いことである。

　本書の中でわれわれは不明瞭なコミュニケーションの背後にある意味を理解する手段を提供する。さらに，歪曲されたコミュニケーションと機能不全行動の理論的モデルを提供する。それは，問題を抱えた成人が理解できるようなシンプルで直感的なモデルである。また，臨床家が効果的な治療を選択する際に指針となり，そして複雑で絡み合った不適応への経路についての仮説を研究者が検証する際に役立つような，洗練された複雑なモデルでもある。遺伝的可能性，危機 danger に晒された生育歴，危機に関する情報の心的処理，そして危機に関するコミュニケーション，これらをわれわれが組み合わせて作り上げたのが心理的過程に関して機能的一貫性を持つモデルである，アタッチメントと適応の動的‐成熟モデル（Dynamic-Maturational Model of attachment and adaptation: DMM; Crittenden, 1995, 2008）である。

　DMM は健常な思考と行動を機能不全の思考と行動と同じ原理を使用して記述する。両者の違いは，危機に晒されると機能不全に陥る確率が高くなるという点にある。本書では不適応に関する理解を促進するような形で人間の適応について幅広く説明する。またわれわれは危機と危機への適応に関する決定的な情報を引き出すための一つのアセスメント・ツールと，アセスメントから情報を引き出すための一つの方法を推薦する。ツールとはアダルト・アタッチメント・インタビュー（Adult Attachment Interview: AAI; George, Kaplan, & Main, 1985, 1996）である。方法とは本書に示されている，AAI 談話分析の動的‐成熟モデルである。

　われわれの目標は，脅かされる人と脅かす人の経験をメンタルヘルスの専門家のスキルに結びつけるような形で不適応を記述することによって，専門家が苦しみや不適応行動をより上手く軽減できるようにすることである。またわれわれは研究者を極め細やかで理論に基づいた仮説へと

導こうともしている。こうした仮説によって，多因子モデルのみでは成し遂げられないような発達過程の理解を洗練できるようになるであろう。われわれが思うに鍵となるのは理解することである。苦しむ人々が必死で伝えようとしている意味をわれわれが理解する時に，安全と安らぎへの道は開かれるであろう。

　われわれの発想は，心理的苦しみを理解して改善しようとする一世紀にも及ぶ努力の上に成り立っている。われわれは精神障害に関するすべての理論の最良の発想をDMM理論とわれわれのAAI分析方法の両方に残そうとする一方で，これらの発想を捉え直して組み換えることで，発達と神経認知に関する最新の知識を反映するようにしてきた。その結果，精神障害のアセスメント，診断，治療における問題を新たな方法で扱っている。

　われわれがAAIをアセスメント・ツールとして選んだのは，AAIが人々に自分のやり方でストーリーを語らせるので，彼らにとっての現実をそのまま残しているからである。同時に，AAIの質問項目は重要な情報を無関係なもので曖昧にしてしまうことなく，引き出すからである。これら二つのこと——話し手が意味することの理解を促進する談話分析の方法を伴った，話し手自身の言葉と的を射た質問——は明瞭に語れない人を明瞭に理解する思いやりのある癒し手に結びつける架け橋となり得るのである。

問題の根源

精神障害の定義

　精神障害は一世紀以上にわたって理解と治療に頑固に抵抗してきた。理解が不足しているために，単一の治療理論（すなわち，精神分析理論，行動理論，認知理論，認知行動理論，認知分析理論，対人関係理論，家族システム理論）にほとんど宗教的なまでにしがみついてきた臨床家たちは分裂することとなった。各理論は，苦しんでいる個人の問題を異なる形で記述しており，また心理的苦しみを和らげる効果には各理論間で差が見られないことから，われわれはどの理論も苦しみの意味を十分に反映していないものと考えている。これらの治療に関する評判から，何が必要なのかが示唆される。すべての理論の重要な発想を統合して，個人の病理を超えて関係性と家族の文脈へと人々を位置付けることである。それに加えて，危機に遭うことについて，そして危機に遭った際に守られなかったり，慰められなかったことが心理面および行動面に与える影響について焦点を当てることが，機能不全の発達と治療に関する新しい統合的理論の基礎となるのである。

　代わりに，理論の違いを避けて，明らかに理論に依拠していない二つの類似した精神障害の診断システムが開発された。精神障害の診断と統計の手引き（DSM，北米）と国際疾病分類（ICD，世界保健機関）である。これは，行動を正確に記述することへ向けた大きな一歩である。以前は理論に焦点が当てられていたため，理論的に期待される方向へのバイアスが観察にはかかっていた。症状の記述へ焦点を当てることで，苦しむ人々の行動を正確に観察することへと注意が

向くようになった。しかし，われわれは理論が持っていた意味を失ったのである！　観察が良くなると，障害数が増大し，共存症が増大し，「特定不能の」診断が増大した（Angold & Costello, 2009; Goldberg, 2010）。問題を抱えた人々が何をするのかに関しては，われわれは詳しく知っているようである。しかし，彼らをどのようにグループにまとめるのか，また彼らの行動がどのように機能するのか，そして彼らにとってそれは何を意味しているのか，あるいは治療にとってどのような意義があるのか，に関してはわれわれは知らないのである。

　苦しんでいる――そしてその苦しみが他の人々を苦しめたり，時には傷つけたりすることもある――人々を理解しようとするならば，しっかりした観察と，そして共有された意味を持つ言語の両方が必要である。この言語は，より効果的な治療へとつながるように異なる理論的背景を持つ臨床家たちを団結させつつ，苦しんでいる人の経験をその人自身が理解できるように表現することを必要としている。さらに，この言語に必要なことは，研究者が理論における決定的な矛盾，歪曲，欠落を発見し，扱うことができるようにして，発達上および回復上の過程を明らかにできることである。

家族のルーツに関する新しいモデル

　アタッチメントと適応に関する動的‐成熟モデル（DMM）はBowlbyによる精神分析理論と一般システム理論（新興の家族システム理論を含む），動物行動学，認知神経科学の統合から発展してきたものである（Bowlby, 1969/1982, 1973, 1980）。数ある精神障害に関する理論の中で，DMMは乳児期に始まり，成人期へと進んでいく発達過程に関する実証的エビデンスに基づいているという点で前方視的prospectiveであるという独特の利点を備えている（Ainsworth, 1989; Crittenden & Ainsworth, 1989）。成人の精神病理に関する他のモデルが依拠しているのは成人患者の行動と回想された生育歴である――そしてこの回想された生育歴は，われわれが思うには，思考およびコミュニケーションの誤謬のために十分には理解されないのである。

　DMMが仮定しているのは，すべての人は自分の経験を理解しようとするものの，危機的な経験の中には人生早期では理解できないものもあり，時には全く理解不能なものもあるということである。人生早期に危機が起きた場合，子どもは信頼している人から保護され慰められることを必要とする。それがない場合，誤解やミスコミュニケーションや不適応がより起こりやすくなる。特に危機と慰めの問題をめぐるミスコミュニケーションと誤解の過程をたどることがDMMの中核である。

　以下の3つの主要なポイントがDMMを定義する。

1. 機能不全は耐えがたい危機への反応である。その危機は人生早期に起こることが多く，その時子どもは保護されることも慰められることもない（Bowlby, 1969/1982, 1973, 1980）。
2. はっきりとせず，説明もされないものを理解して，かつそれから自分を守ろうと漸次的に試みる中で，心的処理は発達過程で変換される。
3. 不適応行動つまり精神障害とは，成長していく中で危機について学んだことを，自分を守り，子孫を残し，子どもを守るという成人の課題へ適用しようとする個人の最大限の努力のこと

である。

　その上，DMM は適応と障害に関するすべての主要な理論から得られた洞察の上に成り立っており，これらはたいていの専門家にとってなじみがあると感じられるであろう。また確固とした発達研究の知見と新たな認知科学的，神経学的，（特にエピジェネティックスを含む）遺伝学的知見にも基づいている。もともと実証研究と結びつきがあり，かつ現在進行形で実証研究が行われているために，DMM は公正かつ妥当なものとなっている。その独自の特徴は，DMM は概念をまとめあげているということである。したがって，単なる概念の寄せ集めではない。そのまとめあげ方は発達的かつ機能的であり，したがって，逸脱を同定して，ふさわしい治療的反応を選ばなければならない臨床家のニーズに適している。さらに DMM は，ほとんど数えきれないほどの考えられる限りの変数の中から，理解に不可欠な仮説を選ばなければならない研究者のニーズにも応えている。

この本でわれわれが提供するもの

　われわれが提供するのは，対人関係に関する成人の談話から意味を引き出す手段と共に，心理的適応における個人差に関する DMM 理論の基礎である（Ainsworth, 1979; Bowlby, 1980; Crittenden & Ainsworth, 1989）。談話分析の方法がこの本の大部分を占めており，またそれは Main and Goldwyn の方法（M&G; 1994）を拡張するものである。M&G 方式の談話分析と異なる点は，より幅広い概念を用いて，自己と子孫を守る仕組みをより広範囲に同定し，適応しようとする試みがどのように失敗するのかをより正確に特定するところにある。

　決定的な違いはコミュニケーションにおける意味の探し方にある。Main とその同僚たちははっきりと述べているが，彼女らの方式は話し手の心の一貫性，あるいは一貫性の欠如がどの程度であるのかを評価するために言い淀み dysfluence そのもの（at）を見るのであり，その背後にあるもの（behind）を見たり，それを通じて（through）見ることはしないのである（Main, Hesse, & Goldwyn, 2008）。それに対して DMM 方式は，話し手が十分にまたははっきりと言い表せない潜在的または隠された意味を探索するのである。一貫性の欠如に焦点を当てるよりも，話し手がどのように自分を守るのか，そしてどのようにしてそのような心理行動的方略を身に付けたのかを可能な範囲で理解したいのである。このようにすることで，今となっては不適応な行動がかつてはどのように自分自身を守るものであったのかを理解するのに役立つのである。このような理解をすれば，クライエントや患者がかつてそうであったような子どもたちに対して専門家は敬意を払うようになり，また苦しむ人々は自分自身をより肯定的に理解できる方法を DMM において見つけることができ，自分自身に対する敬意も高まるであろう。

　以下の節でわれわれは AAI を紹介し，DMM の基礎となる概念を探索し，Bowlby と Ainsworth の業績の拡張に基づいた適応における個人差に関するモデルを提出する（Ainsworth, 1973; Ainsworth, Blehar, Waters, & Wall, 1978; Bowlby, 1969/ 1982, 1973, 1980; Crittenden, 1995, 2008; Crittenden & Ainsworth, 1989）。

なぜ新しい方法が必要なのか？

Main and Goldwyn方式が抱える問題

　M&G-AAIの支持者の間でさえ，さまざまな意見がある（Slade, 2007）。母親のAAIの分類を知ることで説明できる乳児のアタッチメントの分散は最高で22％である（Van IJzendoorn, 1995）。この関連が強く見られるのはリスクのある家族よりも中流階層と安定した家族においてである。そこで浮かぶ疑問は分散の残り78％に関して，特にあまり裕福でもないし恵まれてもいない家族に関してである。M&G-AAIをより広範囲な環境に適用したもっと最近の研究では予想されたよりもはるかに控えめな結果が出た（Bakermans-Kranenburg & van IJzendoorn, 2009）。特に10000人分のAAIを分析したところ，M&G-AAIは健常なサンプルとリスクのあるサンプルとを区別するが，相当の重複があることが示唆された。安定型は虐待や精神科入院や凶暴な犯罪の事例にすら見出され，非常に不安定なアタッチメントのカテゴリーがいくらかの健常者に当てはまっていた。さらに，結果の中には理論に矛盾するか正反対のものがある。それに加えて，リスクのあるグループ内ではほとんど，あるいは全く区別がなされなかったことから，アタッチメントのABC＋Dモデルは個別化された治療の導きとなれるようなものをほとんど提供できないことが示唆された。この問題は第15章と第16章で詳述するが，20年にわたる数百の研究を経て，M&G-AAIの結果はABC＋D理論と同様に期待外れであるということは注目に値する。不幸なことに，幅広く使用されているにもかかわらず，M&G-AAIは発展途上のままであり，ほとんど30年にわたってインタビューもマニュアルも出版されていない。その一方で，M&G方式の概念的基礎は1996年に「分類不能Cannot Classify」が新しい分類として導入されて以来，変わらぬままである（Hesse, 1996; Main et al., 2008）。

　われわれは6つの問題のためにM&G-AAIの現在の活用には限界があると考えている。第一に訓練されたコーダーがM&G分類の信頼性に達するのはとても難しいということである。第二にM&G-AAIがアセスメントしているものが何であるのかはっきりしないことである。訓練コースを受講していない研究者および臨床家がマニュアルを入手して検討できないために，この問題は悪化している。多くの専門家は潜在的には興味があるものの，ツールを見ることなしに，訓練にそれほどの時間を投資するだけのお金もやる気もないのである。第三にM&G分類は1970年代後半からの認知科学研究に基づいている。Bowlbyが1980年の著作を書き上げて以降に得られた心的機能に関する知識は分類過程に取り入れられていない。第四に成人の分類システムはAinsworthの乳児の分類システムに基づいており，成人行動の複雑さを十分に説明してはいない。第五にAinsworthシステムはアメリカの中間所得層で低リスクサンプルの乳児と親を観察することによって開発された。したがって，他の文化や高リスク群に見られる多様性を適切に反映していないかもしれない。最後に無秩序型disorganizationという概念は実証的にも支持されていないし，概念的にも一貫性がない（Rutter, Kreppner, & Sonuga-Barke, 2009）。M&G-AAI方式からの実証的結果は期待外れであり，ABC＋Dモデルには概念的限界があり，治療に関連もな

いことから，前進すべき時が来たとわれわれは考えている。

新しい解決策

　本書ではこれらの6つの問題が検討される。それゆえ，初めて，科学者および専門家集団が分類方式を検討するために幅広く入手できるようになっている。その結果，研究者とメンタルヘルスの専門家の両方がこの強力でしかも複雑なツールをより良く評価できるようになるであろう。上記の懸念を先取りすることによって，Bowlbyが述べた複雑な問題に対する実践的解決策を反映するようにDMMは発展してきた。

　第一にMain and Goldwynの着想のいくつかを，時にあいまいであったり，言語特異的であったりするような談話マーカーの観点からよりも，機能的な心的過程の観点から組み立てることによって，コーディングのガイドラインはより明確になり，訓練されたコーダーによる信頼性の達成がより可能になった。第二に心理的組織化が始まる際に危機が果たす役割を強調することによって，個人の文脈への適応をアセスメントすることの重要性をDMMは明らかにしている。第三に現在の実証科学，特に新たに生まれつつある認知的／神経学的理論と研究のために，M&G-AAIが依拠している概念に関するわれわれの理解は修正されてきた。DMM-AAIは新しい発見を取り入れることで新しい理論と方法を産み出し，AAIの視野を向上および拡張している。結果として，拡大された分類システムとDMM-AAIの談話分析方法は異なる文化と条件の中で生きている成人に見られる心的機能の幅により良く当てはまる。拡張された方法の特別な利点は，精神障害者は統合されていないことや分類不能であることを単に見つけるよりも，彼らがどのように情報を利用するのかということを扱っているという点にある。第四に自己と子孫を守る方略の発達的配列は，Ainsworthが構想したような形で，就学前（生後2年目の終わりからおよそ5歳まで）と学童期（およそ6歳から思春期まで）から青年期と成人期へと拡張された（Ainsworth, 1989; Crittenden & Ainsworth, 1989）。第五にDMM-AAIはM&G-AAIよりも広範な成人機能に当てはまる。特に，イメージ（つまり知覚的）記憶，両親からの怒りと両親への怒り，危機に晒された経験と虐待，青年期と成人期のアタッチメント，性愛，子育てにおいて両親をモデルとして使用すること，についての質問が付け加えられた。さらにDMM-AAIはリスクまたは文化，あるいはその両方が異なっている相当数の話し手に適用されてきた。最後に無秩序型という概念と「分類不能」というカテゴリーは削除されている。

　脅かされた人が何をできないかを記述する代わりに，DMM-AAIは情報を集めて，別の方法で意味を理解しようとしている。意味とは特に危機と関連している意味，および自己と子どもを危機から守る必要性に関連している意味のことである。われわれは，Bowlbyが精神分析理論から排除されることになった発想の一つに，彼が現実にある危機を重視していたことがある，ということを念頭に置いている。DMMでは安心 securityがもたらす利益よりも危機に晒されることの影響の方が強調されている。そうすることで，保護や適切な理論や思いやりのある治療がもたらす利点を最も必要とする人々へと注意が向けられるのである。

精神医学的診断の問題

　新しい DMM の分類の妥当性を検証するためには AAI 以外の情報が必要である。われわれは児童保護と精神医学的状態とを基準変数として用いることが多い。しかし，その意図は，単に，健常カテゴリーと不適応カテゴリーとの差異を正確に発見するものではない。その代わりに，われわれは，児童保護または精神科診断の権威が生み出した情報を，DMM-AAI を用いることによって増加しようとしている。つまり，われわれは（1）Main and Goldwyn 方式で提供された 4 つのカテゴリーから生まれる一連の可能性を拡大したいし，（2）児童虐待やネグレクトや精神科診断のアセスメントをはるかに超えて，メンタルヘルスの専門家にとって役立つものになるような形でそのような拡大をしたい，のである。

　われわれは臨床群の中での鑑別的分類の妥当性を求める中で，診断を基準として用いるようになった。これには多くの点で問題がある。多くの人が共存症は例外というより標準であると述べている（Angold & Costello, 2009; Goldberg, 2010）。どの診断を使って妥当性を確認すべきであろうか——もっと正確に言うならば，彼らの一連の診断の中で変化する成人たちをどのようにしてクラスターに分けられるのであろうか？　これは「特定不能の not elsewhere classified」という診断数が増大し，診断がますます複雑化しているという問題と結びついている（Goldberg, 2010）。これらの成人をどこへ分類すればよいのであろうか，あるいは単に彼らを除外すれば良いのであろうか？　同様に，二つの主要診断システムである DSM と ICD は，どの診断が存在するのか，あるいは診断の基本前提とは何かという点で正確には同意できていないようである（First, 2009; Frances, 2010）。論争中の基準をどのように検証できるのであろうか？

　ほとんどの診断は臨床面接に基づいており，ほとんどの臨床面接は診断するには不十分であるという重要な観察がある。というのも臨床面接は人間の情報処理バイアスを説明していないからである（Angold & Costello, 2009; Dozier & Lee, 1995）。DMM-AAI が異彩を放つのはここである。それは情報処理バイアス（つまり，過去の経験に基づいた情報の変換）に関する現在の理解に基づいているのである。

　児童保護と精神科診断を妥当性確認の基準に用いるわれわれの目標は，DMM 分類が診断に関する情報に完全ではなくとも有意に関連していることによって外的妥当性のエビデンスがあることを示すことであり，また診断過程に概念的一貫性をもたらすことでもある。自己防衛，生殖，子孫の保護という基本的な生存をめぐる問題と関連付けて個人をグループ化することに焦点付けることによって，そして防衛方略を組織化する手段としての情報変換に焦点付けることによって，DMM は後者の目標を達成できるとわれわれは考えている。われわれは不適応を危機と性愛という視点から捉えることによって，不適応行動の機能的側面を強調している。つまり，欠損モデルではなく，強さに注目するアプローチを採っているのである。また人間の生活において最も重要なこと（安全 safety と性愛）に焦点を当て，ややわかりにくい一連の精神科診断に一貫性をもたらしている。最後にわれわれの情報処理アプローチによって DMM は行動の基盤に関する現代の科学的理解と合致し，また人間科学が新たな知見を産み出すのに従って，絶え間ない修正を受けることになる。

われわれの希望は，より明確で，より科学的知見に基づいた，進化過程と関連した概念的枠組みを用いることによって，生み出されたカテゴリー数を精神科診断よりも減らすことが可能となり，その一方でそのカテゴリーが適切な治療を決定するのにより役立つようになることである。アタッチメントと適応の動的‐成熟モデルは「最初の検閲」を通過したとわれわれは考えている。すなわち，2, 3の小さな比較研究において適応という点での妥当性を，また複数の出版された事例研究で治療への関連性を示したのである（第15章参照）。今こそその過程を科学者集団と専門家集団に明らかにして，応用を促すと同時に理論と方法を発展させるインプットを促進できるようにすべき時であるとわれわれは考えている。

AAIの概論とオリエンテーション

　成人アタッチメントは複雑かつ魅力的である。成人には成熟した神経があり，経験もあり，そして複雑な計画を立てる必要性があるが，そのためには相反する情報を統合しなければならない。結果として，彼らは幼い頃に比べて，より大きな柔軟性を発揮して，方略を環境へ適応的に合わせることが可能である。複雑な条件に対して複雑に反応することと変わり行く環境に直面して変化することは成人の適応の特質である。この本では一連の成人の防衛方略を記述し，その基底にある情報処理について考え，個々の成人における方略を見分けるための一つの方法を概説する。

　アタッチメントと適応の動的‐成熟モデルは3つの織り込まれた要素としてアタッチメントを定義している。3つの要素とは（1）保護と慰めに焦点を当てた関係性，（2）危機と性愛の機会をめぐる情報に関する心的処理パターン，（3）自己防衛，生殖，子孫の保護に関する方略，である。しかし，当然のことながら，成人の関係性の質と方略とその基底にある情報変換は見分けるのが難しく，したがって研究するのが難しい。これが特に当てはまるのは，成人は故意に偽ることも，無自覚に偽ることも，両方あり得るからである。結果として，成人の機能は乳児に比べてはるかにあいまいでわかりにくいのである。

　われわれが提示するのは，成人が保護と慰めについて，またそれよりやや少な目ではあるが性愛と養育について語った言葉の分析に基づいた，成人アタッチメントを理解してアセスメントするためのアプローチである。われわれが説明する談話分析の方法が仮定しているのは，成人は前意識的および意識的な情報変換と行動の両方を用いて自分自身を守り，生殖のパートナーを惹きつけ，自分の子どもを守ろうとするということである。

成人期におけるアタッチメント

　乳児のアタッチメントは成人のアタッチメントよりもはるかに注目を集めてきたが，成人アタッチメントは種の存続にとってより重要である。子どもは親に接近しなくても親の努力で生き残れるが，もし成人がその乳児に接近しなければ，乳児のアタッチメントは役に立たないであろう。種の存続をはかるために，成人は自分自身を守り，赤ん坊を産み，赤ん坊が生殖活動ができるほど成熟するまでの間，彼らを守らなければならない。このように見ると，アタッチメントは自分

自身と自分の子孫に関わっており，そして性愛もそこに含まれている。また生殖のパートナーへの絆も関わっている。

関係性としてのアタッチメント

　成人は，以下のような一連のアタッチメント関係に特徴づけられた家族の中で生きている。性愛的な行動と動機付けを含んだパートナーとの互恵的アタッチメント，両親に対する変化していくアタッチメント，そして子どもの異なる発達段階において子どものアタッチメント対象になること，である。成人はこれらの異なるアタッチメント関係を同じ関係性の他の異なる機能，たとえば学ぶこと，働くこと，遊ぶこと，などと統合しなければならない。これにはライフサイクルにおける最大限に複雑な機能も含まれる。その課題を上手く成し遂げるには関係性と機能に関して階層的に構造化されたメタモデルが必要である。統合が達成されておらず，文脈が支持的ではない，あるいは脅威を与えるものである場合，行動は不適応的になり得る。その場合，自己防衛や生殖や子孫の保護は（どんな組み合わせであれ）損なわれ，自分自身あるいはその家族メンバーが精神障害や時には身体的な危害を被るかもしれない。

情報処理過程としてのアタッチメント

　情報処理はすべての行動の基底にある。つまり，すべての情報は単に感覚刺激であり，脳が意味を与えている。それゆえに情報は変換されることになる。成人は入力される感覚刺激をいろいろな形式で変換して，自己と文脈との関係に関する表象を産み出す。これらの変換によって成人は，たとえ情報が不足していたり，あいまいであったり，間違っていたとしても，行為の方略的プランを立てることができる。これによって，たとえ観察された行動と心理的過程の一対一の対応があやふやになったとしても，適応と生存は促進される。観察された行動は基底にある心理的過程を直接的に示唆するわけではない。むしろ，同じ行動が異なる過程から生じることもあるし，同じ過程が異なる文脈的環境では異なる行動を産み出すこともあり得る。結果として，情報処理パターンを見分けるために採用される方法は単に行動を観察する以上のものでなければならない。

自分とわが子を守る方略としてのアタッチメント

　表象は行為への傾性 disposition を産み出す。自分に対して脅威あるいは実際の危機がある時，その傾性とは自己防衛方略 self-protective strategy のことである。性愛の機会またはそれへの脅威がある時は，性的に動機付けられた行動（必ずしも性的行動とは限らないが）への傾性を表象はもたらす。わが子への脅威がある時は，わが子を守る方略への傾性をもたらす。重要な点が3つある。
　第一に，個人は複数の傾性表象 dispositional representation（DR）を持っていることが多い。行動を導くある特定の情報処理パターンに頼りがちな場合，自分やわが子を守る典型的な方略をそのパターンが反映している。もちろん，どんな人も時に応じて方略は変化するが，脅威が増す

と，方略も画一的になりがちである。

　第二に，競合するDRを和解させるために統合が必要である。もし通常の方略が過去と現在の情報を統合することを含むならば，行動は文脈の変化を反映して，時と場合によって変化しやすいであろう。もし方略が心理的統合を通常含まないのであれば，行動は場面を超えてより似たようなものとなり，過去の経験に過剰に依拠していることを反映するであろう。もし現在の文脈が過去のものとは異なるのであれば，結果として起こる行動は不適応なものであることが多いであろう。統合は大脳皮質でゆっくりと生じる過程であるため，危機に晒された人は内省するための十分な時間が取れないことが通常であり，そのため統合できるようになる機会が少なくなり，将来思慮を欠いた形でより行動しがちである。

　第三に，親である成人の場合，状況はさらに複雑である。何らかの脅威に遭遇する時，自分を守る方略と子どもを守る方略は異なるだけでなく，相互に排他的であるかもしれない——あるいはそのように見える。こうした状況は親にとってとても困難なものである。

　成人アタッチメントのアセスメントは成人行動の全範囲を，そしてまた成人期の重要な問題（すなわち保護と生殖の機会に関する自己調整と夫婦関係の機能と養育の機能）を反映すべきである。さらに成人に利用可能な複雑な情報処理を扱う必要がある。

アダルト・アタッチメント・インタビュー：その当初の意図と現在の応用

　アダルト・アタッチメント・インタビューは1980年代半ばにMainとその共同研究者らによって乳児の12カ月時のアタッチメントの質とその母親のアタッチメントに関する心的状態 state of mind with regard to attachment との関連を探索するために開発された（George et al., 1985; Main, Kaplan, & Cassidy, 1985）。それ以来，多くの研究で使用されてきており，Mainの結果を確認したものもあれば，さらなるAAIの活用，特に臨床群への適用を探索したものもある。

　AAIは母親以外の成人にも関連しており，母－乳児関係以外の対人関係にも関連しており，また健常な範囲を超えた機能にも関連していることが明らかになった。実際，AAIは，対人関係上の問題や危機から自らを守ることに関連した問題を解決するために成人が用いる方略を調べるのに関連しているように思われる。そして，これらの問題は夫婦関係や家族機能や個人のメンタルヘルスや恐らくは専門的職業的成功にとって重要である。危機と性愛の機会に関連した心的情報処理の方略に焦点を当てることは特に精神病理と犯罪行為のケースに関わってくる。AAIに対するDMMアプローチは母親に関する研究を超えて，危機，生殖，自分の子どもへの脅威という全範囲にわたる成人の関心を扱うのである。

　このようにDMM-AAIは，成人期（つまり早期成人期から老年まで）の発達過程についての情報を研究者に与え，特定の生活環境を考慮した上での適応を促進する過程を同定する可能性を持っている。さらにDMM-AAIは不適応および心的／情動的機能不全と関連した心的機能のタイプの解明に役立つ。現在までのところ，AAIは4つのカテゴリー（つまり，安定型 secure, 軽視型 dismissing, とらわれ型 preoccupied, 未解決型 unresolved／分類不能 Cannot Classify）のうちの一つを生み出すために主に用いられているが，心的過程および発達過程という観点からAAIを分析することも可能である。こうした理由から，AAIに対するDMMアプローチは理

論および特定の事例の両方における心理的治療の過程に関して得るところが多いであろう。特に，より幅広い方略を加えたことによって，DMM-AAI は心理療法開始時の有用なアセスメントや治療そのものの一部に，またはセラピーの途中または終了時の評価ツールにもなる可能性がある。これらの考えられる使用法によって DMM-AAI の可能性を理解することが研究者や理論家や心理療法家に関連のあるものとなるのである。

AAIとは何か？

AAI は半構造化面接であり，通常 1 時間から 1 時間半かかる。アタッチメント対象（通常は両親である）との幼少期の関係についての一連の特定の質問と，インタビュアーが考えたフォローアップの質問から構成されている。通常，単一の実体として扱われるが，AAI にははっきりと異なる 4 つの構成要素がある。

1. 組み込まれた理論的視点。
2. 幼少期の経験と，それらに対する成人の視点を体系的に尋ねるインタビューの一連の特定の質問。
3. 分類方式。そして，
4. Ainsworth の乳児の分類システム（Ainsworth, 1979）に由来する分類システム。

これらの 4 つの構成要素が通常は全体としてアダルト・アタッチメント・インタビューとして言及されている。それにもかかわらず，それらは別々のものとして考えることができる。

理 論

アタッチメントに関するさまざまな理論的観点が AAI の解釈に適用可能である。Main とその同僚らは AAI を，以下のような仮定をしているアタッチメント理論のあるバージョンに基づいて開発した。(1) 成人期までにたいていの成人はアタッチメント関係に関する単一の表象を持つ。(2) このアタッチメント関係は乳児のアタッチメント関係に関する Ainsworth のパターンの一つを反映している。(3) これらのパターンは世代を超えて母親から乳児へと伝達される。(4) 脅威を与える環境は組織化の過程を損ない，乳児期における無秩序の状態あるいは成人期における脅威を与える環境についての未解決へとつながる（Main & Hesse, 1990; Main & Goldwyn, 1984; Main et al., 1985）。

アタッチメントと適応の動的‐成熟モデル（Crittenden, 1994, 1995, 2000a, 2000b, 2000c, 2008）においては，これら 4 つの仮定はどれも想定していない。逆に，アタッチメント理論への DMM アプローチでは，成人は**複数の傾性表象**を持っていると想定されており，各表象はその基底にある情報処理ごとに独自のものである。第二に一連の方略は乳児期のルーツから**発達していく中で拡張され**，危機に晒された人はほとんどの場合，後に発達する，より複雑な方略を用いるのである。

第三に**各個人は自分の傾性表象を自分自身の経験から構築する**と理解される。時にこれは親の傾性表象との類似性を反映することもあろう。しかし，特に親の障害や不適切さがある場合，子どもたちは親とは正反対の方略を組織化することが多いであろう。さらに複数の子どもがいる家族では，年上の子どもの方略が年下の子どもの方略に影響すると想定される。たとえば，もし年上の子が，自分が保護されるために親の世話をしているならば，年下の子は親に対して要求がましくする方がより適応的であると見なすかもしれない。このような場合，年上の子は母親とは異なる方略を用いるかもしれないし，年下の子は母親とも兄弟とも異なる方略を用いるかもしれない。

　最後に，**危機に晒されること**はアタッチメント行動を引き出し，かつ繰り返し経験していく中で自己防衛方略が組織化されることへとつながる本質的条件であると仮定されている。さらに，危機的環境に適応することは，乳児が持っている以上のスキルを必要とすることが多い。このような理由から，乳児は守られることに関して両親に極度に頼ることとなる。発達の重要な機能は危機を同定し，それから自分を守れるようになることである。危機が異常に蔓延している時や見分けることが難しい時，あるいは避けがたい時，脅かされている人は複雑な心理過程を必要とし，安全を確保するためには時に誤解を招いたり，欺くような行動を必要とすることもあろう。DMMでは安全よりも危機が，組織化およびより複雑な組織化の両方へと結びついているのである。

　DMM理論の重要な側面の一つは，二つの基本的な心理的な情報変換——認知cognitionと情動affect——を提起しているということである。これらの二つは表象への基礎入力となる。変換された情報は二つの基本的心理過程を使って結合される。それは連合association（一緒にすること）と分離disassociation（切り離すこと）である。そして，これらの過程によって傾性表象が産み出される。全体として，これらの情報変換と過程によって3つの基本的なアタッチメントパターンが産み出される（つまり，Ainsworthのアタッチメントの ABC パターンである）。Aタイプは「認知的に」組織化された方略であり，情動は分離されている。Cタイプは「情動的に」組織化されており，時には関連のない情動情報と連合される。Bタイプは連合と分離の両方の心理過程を用いて，認知と情動の両方の情報変換を統合している。Bタイプの中には，より認知的なものもある（B1–2）のに対して，より情動的なものもある（B4–5）。このように，このモデルそのものに二つの基本的情報変換と二つの基本的心理過程が含まれており，それらが結合され，変換されて，乳児期以降により複雑な方略を産み出すのである。

　分類と**パターン**と**方略**は関連しているが，それぞれ独自の意味をDMMの中で持っている。**分類**はコーディング結果を指しており，データが常に制約を受けるような形で現実に関して制約を受けている。**パターン**は，話し手が用いる一群の構成概念を指している。これらは（別々に作動するというよりも）同時に生じる傾向があり，分類の基礎である。**方略**は，分類が同定しようとしているものである。つまり，われわれは方略に興味があるのだが，構成概念のパターン形成を用いて分類を定義し，それを方略の代用品としているのである。

　Mainらの研究とDMMとの間にはこれら4つの基盤理論の違いがあるために，認知と情動という概念と合わせて，発達的に分化した新たな複雑な形でAAIの結果を考えることができるのである。

インタビュー

　アタッチメントまたは自己防衛方略をアセスメントするために，異なるインタビューを用いることも可能である。そしてそのインタビューを談話分析の手続きを用いて分析することができる（たとえば，Main and Goldwyn の方式で分析された養育に関するインタビューについてCrittenden, Patridge, & Claussen, 1991 参照）。さらに，最初の George, Kaplan, and Main のインタビューを改訂したり，修正したりすることが可能である（George et al., 1985, 1996）。実際，われわれはこのインタビューを修正した上で，臨床に応用したり，対人関係方略のより完全な発達経路やより幅広い範囲を探索したりすることを勧める。AAI のオリジナル版と改訂版を用いた逐語記録を，この本で説明している DMM 方式を用いて分析して分類することは可能だが，修正版 AAI（Crittenden, 2007）の方が臨床事例で必要とされる詳細を得ることができる。

　George とその同僚らによるインタビューの独自の特徴は，Ainsworth のストレンジ・シチュエーション法（SSP）に埋め込まれている個人の自己防衛方略を引き出すためのストレス調整過程が談話の中に複製されているということである。つまり，質問は（1）安心できるものから，（2）もう少し負荷がかかったものになり，しかし，まだ話し手がコントロールできているものから，（3）インタビュアーが導入する軽微な脅威となり，そして（4）かなり大きな脅威となり，そこには（5）アタッチメント対象の喪失，も含まれる。インタビューは（6）段階的に配列された一連の統合的質問，をすることで終わりへと近づく。Crittenden による修正版では一連の危機はより広範なものになっており，終了する際には（7）話し手が再びコントロールできる，というものになっている。どちらのバージョンの AAI でも，重要なのは質問に対する応答の内容ではなく，談話である。

　AAI の質問項目をいくつか選び，AAI の文脈とは関係なしに，クライエントへそれらの質問をするということへの関心が表明されることが多い。これは AAI の力が質問項目そのものにあるということを意味しているようである。AAI から質問項目を抜き出し，AAI のフォーマットの外部へと普及させようとするならば，話し手の心を驚かすという AAI の持つ力が弱まり，質問項目は通常の質問となり，同じく通常の内容に基づいた解釈をするしかなくなるであろう。

　むしろ，ストレスを調整し，異なる表象間を精査する AAI の過程は質問項目の順序と，質問がなされる対人関係の文脈に依存している。その対人関係過程は繊細で個人的なトピックを見知らぬ人に話すことであると見なせるが，それは新たに，また即座に考えることを求められる予期せぬやり方で実施される。思いやりを持って接するインタビュアーと，このような普通ではない特別な会話をすることによって，統合的機能を作動させて，話し手の心がひょっとしたら新たな形で動き出すことができるような質問項目へと続く道がお膳立てされるのである。

　この特別な会話ではインタビュアーの役割は実に正確である。その機能は話し手が自分自身とインタビュアーに言いたいことをはっきりさせる機会を作り出すことである。話し手はこのことを直感的にわかるようである。毎回彼らは「私の言ったことわかる？」とか「わかるでしょう？」とか「意味通じてる？」などと聞くのである。話し手が聞いているのは，コミュニケーションの機能が果たされているのかということである。皮肉なことに，インタビュアーはこの瞬間を選んで，情報を与えようとする代わりに安心させようと極端になりがちなのである。話し手の言う

ことがわかりにくい時ほどインタビュアーは安心させようとする，というのが数千のAAIをわれわれが読むことから得た観察である。「はい，わかりますよ」「うんうん」「そうよね」と。そして話し手は自分自身について，またはコミュニケーション過程について何も学ばないのである。インタビュアーはより注意深く聴き，自分は話し手を実際に理解しているのか，また話し手に質問された時に，もっとわかりやすく話してもらうように答えていたのかを繰り返し自分自身に問う方がはるかに良い。「ええ，ある程度は。でも，もうちょっとお話ししてもらえますか」「今一つかしら。〔話し手の言葉を引用して〕をちゃんとわかってなかったわ」。AAIを適切に実施するためには多くのスキルが必要であり，これらはAAIの訓練コースで提供されるが，こうしたコミュニケーションの仕方は際立っている。なぜならば意味を明らかにする対人過程にあまりにも直接的に結びついているからである。

分類方式

　Main and Goldwyn（1984, 1994）はAAIの最初の談話分析を作成した。Grossmann, Fremmer-Bombik, Rudolph, and Grossmann（1988）が行ったように，他の分類手続きを適用することも可能である。この本ではほぼ20年にわたって開発されてきた方式を説明する。そのルーツはMain and Goldwynの革新的研究にあるが，Bandler and Grinder（1975），Bateson（1972），Grinder and Bandler（1975），Watzlawick, Beavin and Jackson（1967）やその他の研究によって補強されている。われわれの方式の構成概念の多くがAAIそのものから引き出されてきたのは，これまでの方式にはその時点で存在しなかった，話し手必須のツール（つまり，情報変換と意味帰属）の歴史と談話を一致させようとした時であった。その過程は発達的であった。つまり，既存のツールを使用して，ずれという不一致を産み出し，統合的思考を必要とする新たな難問に対処し，そこから新たな構成概念や既存の構成概念の新たな組織化が生じる。そして新たなツールはその後の逐語記録に適用され，時に予想外のずれが生じて，再び全体的な統合的過程が始まるのである。

　上流中産階級のアメリカ人の親たちのサンプルに基づいて開発されたMain and Goldwyn方式とは異なり，DMM方式は20以上の国からのAAIによって磨き上げられており，そこには健常群の成人，そして外来治療を受けている成人や精神科病院に入院している成人，また矯正施設にいる囚人のAAIも含まれている。DMMアプローチは1999年に初めて出版されたが，現在まで改善され続けている。われわれはDMMがより広範囲に適用されることで変化し続けることを期待している。

分類システム

　アタッチメント理論やAAIや談話分析にそれぞれ異なる方式が使用可能であるのと同じように，分類システムもさまざまなものがあり得る。Ainsworthの乳児期のパターンを維持することもできるし，乳児期の後になって初めて結合する成人の組織化を反映するように改訂することもできる（Crittenden & Ainsworth, 1989参照）。そのような組織化を記述することがDMM方式

の中心なのである。Ainsworth による乳児期の ABC という 3 つのアタッチメントパターンから始まり，拡張された DMM の一連の分類は，Ainsworth が記述した範囲を超えて組織化された思考と行動を扱うために提供されている。これらの分類は，乳児がまだ組織化できない方略を同定している。DMM の一連の分類の由来は理論（Bowlby の理論および Crittenden の理論の両方）と成人の逐語記録上に観察されたものである。そこには多くの文化や人生の条件から抽出された成人が含まれており，その条件には特に子どもの頃に危機に晒されたり，成人になってさまざまな形の精神病理を示している者が含まれている。動的‐成熟モデルの全体像を図 1.1 に示す。

主要分類は Ainsworth の ABC 3 分類を反映しており，またここではそれが拡張されて，乳児期の後になって初めて観察されるパターンを含むようになっている。Main and Goldwyn のモデルでは Ainsworth の ABC パターンは軽視型（Ds=A），自由／自律型（F=B），とらわれ型（E=C）と新たにラベル付けされている。Ainsworth への敬意を払い，また発達上の関連性を明確にするために，もともとの ABC という用語が動的‐成熟モデルでは維持されている。

主要な ABC 分類を以下に説明する。第 2 章ではこれらの説明が拡張されて，各分類を短く概観する。第 3 章では各パターンの情報処理の基礎を説明する。第 4 章では生育歴と談話の区別を含む，この方式で使用される一連の概念を説明する。第 5 章から 12 章までは，談話とその機能という観点から各分類を詳細に説明し，また語りに見られる心的方略およびそのパターンに関連した生育歴という観点から各パターンについても説明する。言い換えると，このマニュアルの過程が，概念と詳細を着実に増やしていくことによって，理論と分類を徐々に細分化していく一部なのである。

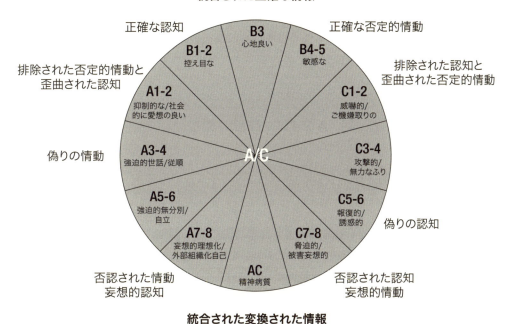

図1.1　成人期におけるアタッチメント方略の動的‐成熟モデル

アタッチメントの主要パターン

Bタイプ：バランスの取れたアタッチメント

　アタッチメント対象が保護してくれると同時に慰めてくれる場合，成人は情報処理の仕方と対人関係の扱い方に関して通常バランスが取れている。しかし，子どもの時に危険な目に遭った成人ですら，自分の経験に関して心的および情動的明晰さを手に入れることができ，成人になって「獲得された earned」（つまり，再構成された reorganized）バランスの取れた形で機能することができる場合がある。その場合，その成人は必ずしも「安心 secure」（つまり，危機や危機への心配がない状態）である必要はない。実際，個人のコントロールを超えた力（たとえば，貧困や戦争などの条件）のために，外的現実において安心と慰めを得るのが不可能な場合もあるかもしれない。それにもかかわらず，心理的バランスを得る可能性はすべての成人にある。

　バランスが取れている（B）と分類される話し手は幼少期の経験を両方の情報源を使用して説明する傾向がある。（1）認知（つまり，時間的および因果的秩序，複雑な因果関係を現実的に把握できる）および（2）肯定的および否定的感情状態を含んだ情動，である。また彼らは連合過程と分離過程の両方を思慮深く用いる。さらにバランスの取れた話し手は両親との関係を多様な特性から説明し，こうした一般化を支持する証拠を（再生されたエピソードという形式で）提供する。成人として，彼らは幼少期の自分自身の視点を回想し，再生することができ，推測上の両親の視点に関する理解を構築し，出来事に関する彼らの現在の理解を説明することができる。この現在の理解に含まれる結論は以下の点で複雑なものとなっている。彼らは，（1）人も関係も時間と共に変化することを認め，（2）自己もアタッチメント対象も，その振る舞いは変化するものとして，また完璧ではない（もしくは手の施しようがないほどひどくはない）ものとして描き，（3）自己と他者がお互いに影響し合っていることを内省し，（4）見かけと現実を区別している。

Aタイプ：自己の軽視

A1-2タイプ：身体的安全の文脈におけるアタッチメントの軽視（つまり，低数字のAタイプ分類）

　アタッチメント対象が子どもを守ったり，慰めたりできない時に，防衛的過程が使用されるかもしれない。もし子どもが実際には安全であり，しかしアタッチメント対象によって部分的にしか慰めを与えられない場合，軽度の歪曲のみが予想される（つまり，肯定的および否定的特徴の軽度の分離が幾らか見られる）。さらに，慰めが与えられないのに続いて，子どもが示す不必要なアタッチメント行動（たとえば，怒りや恐れや慰めへの欲求を表出すること）が拒絶された場合，否定的情動に対する単純な防衛が使用されることが多い。この場合，親の良い性質と悪い

性質が分割され，良い性質のみが認識され，否定的情動の表出は抑制される（つまり，分離される）。

結果として，AAI では A1–2 の話し手は拒絶的な親を肯定的で理想化された形で描くこととなる（逆に B タイプは両親の望ましい性質と不快な性質の両方に関して正確である）。歪曲を維持するために，子どもが安全ではあったが慰めてはもらえなかった例に関する記憶は無視され，それについて直接聞かれた場合でも，AAI の中で詳しく語られることはない。代わりに，慰めを求めても与えられなかったエピソードは切り捨てられ，慰めがなかったことは些細なこととして軽視されるかもしれない。A1–2 タイプと分類される話し手のインタビューからは情動表出はほとんど見られない。A1 および A2 パターンは深刻な生命を脅かすような身体的危機と関連していることはまれである。逆に，彼らにとっての危機とは，（子どもが実際には安全な時に）アタッチメント行動をアタッチメント対象によって拒絶されたという心理的苦痛なのである。

A3–8 タイプ：危機の文脈における軽視（つまり，高数字の，強迫的 compulsive A タイプ分類）

両親が危機の原因である場合，または危機から子どもを守れない場合，そしてもし危機が予測可能かつ予防可能であるならば，子どもは自分の安全を高めるために必要なことをするようになる。

そのような場合，脅威は一般によく記憶され，エピソードとして語られる。したがって，理想化は不可能である。代わりに AAI では A タイプの方略を用いる成人は彼らの両親のために言い分け（両親を免責）して，両親の視点を取り，自らのアタッチメントをめぐる欲求と感情に関して，子どもの時のものも成人の時のものも共に否認するのである。多くの場合，何らかの強迫的様式が見られる。暴力が脅威である場合，強迫的従順が見られるかもしれない（A4）。無視が脅威である場合は強迫的世話が（A3），親の危険な行動から子どもが身を守るには逃げるしかない場合は強迫的自立（A6），または見知らぬ人との親密さへの強迫的探索が見られるかもしれない（A5）。強迫的自立の子どもは自分を守るために危険な両親から距離を取るが，そうするために両親からの保護と自分自身の感情へアクセスすることをあきらめることになる。この距離を取るという A6 の方略は，行きずりの関係における性的なものも含む無分別（つまり，A5）を伴うことが多い。

二つの最も極端な方略は人生早期に始まり，発達していく間，深刻な危機に晒され続けてきたことから生じる。アタッチメント対象とある程度接触していた場合，成人は危険なアタッチメント対象を妄想的に理想化するかもしれない。否定的経験を否認し，それらを肯定的なものへと妄想的に変換すれば，子どもの頃の危機を思い出さずに済むのである（A7）。頼れるアタッチメント対象が誰もいなかった（あるいはアタッチメント対象が次々と変わった）者は外部組織化自己（A8）を発達させる。

高数字の方略は心理的苦痛の増加と関連しており，（比較的安全な社会では）健常群よりも，心理療法を受けている成人の逐語記録の中により多く観察される。

Cタイプ：自己へのとらわれ

C1–2タイプ：予測不能な養育という文脈における関係性へのとらわれ（つまり，低数字のCタイプ分類）

　Cタイプの話し手は，怒りと慰めへの欲求をある程度の恐怖と交互に誇張して表出することによって，アタッチメント対象から慰めと保護を強制的に引き出そうと試みる。ほとんどの場合，アタッチメント対象は情動的には利用可能であるが，彼らの応答は予測不能なため，子どもは自分が守られているという自信を全く持てないのである。

　そのようなアタッチメント対象は一貫性に欠けるのだが，危機から子どもを保護する仕方はさまざまである。予測可能性がほとんどないため，子どもは信用できる情報源として時間的秩序に注意を向けるようにはならず，因果関係に関して健全な結論を引き出すことができない。また彼らは否定的情動の表出を抑制することもしなくなる。そのような場合，子どもは両親の愛情を優柔不断に感じて，なぜずっと不安なのかを説明できずにいる。子どもの反応は（1）依存的になるか，怒りっぽくなるか，怖がりになるかであり，そして（2）危機が起きた場合，アタッチメント対象は守ってくれないかもしれないのではないか，または自分自身を頼らなければならないのではないかと迷う，というものである。その方略は，（1）危機を知らせる感情，および（2）脅威を与える出来事と，将来的に脅威の探知力を高めてくれるかもしれない脅威の詳細に焦点を当てる，というものである。AAIでは，少しだけ自己にとらわれている話し手は過去の経験のうち重大な断片を再生する時に連合過程を用いることで，過去から現在へと容易にスリップし，また過去へと戻り（時間の境界を曖昧にする），人々を混同し（人と人との境界を曖昧にする），子どもの頃について筋の通った結論を導き出すことができず（認知情報が分離されているために因果関係を正確に帰属できない），そして情動的覚醒を示す（たとえば，くすくす笑うなど）のである。さらに，彼らはインタビュアーが注目してくれていることを確認しようとすることが多い。このように時間的および因果的秩序は最小化されるのに対して，情動は誇張されるのである。

　C1とC2という下位パターンは身体的危機と関連することはまれである。反対に，ここでの危機とは，アタッチメント対象がいつ，そしていかに応答してくれるのかがわからないという心理的苦痛なのである。

C3–8タイプ：危機の文脈における関係性へのとらわれ（つまり，高数字の執着的obsessive Cタイプ分類）

　より深刻なケースでは，危機的な出来事が起こったものの，両親は子どもを守ることも慰めることもできなかった。そのような子どもの中にはとても不安になり，両親から保護的応答を引き出すための努力をエスカレートさせる者もいる（C3-4）。両親が危機に関して子どもをどの程度欺くかによって，子どもは慰められたと感じることに対する疑いがより大きくなる場合もあるし（C7-8），そこまで大きくならない場合もある（C5-6）。

AAIでは時間的随伴性があいまいであることが論理的／合理的結論の欠如として，それに加えて非合理的，魔術的あるいは欺くような結論として表れる（つまり，分離された認知と変換された認知）。情動の歪曲の表出の仕方は，一つの強烈な情動（たとえば怒り）がインタビューの中で非言語的に，あるいは情動的に強烈な言語の中で表出される一方で，他の両立不能な情動（たとえば恐れと慰めへの欲求）の表出は抑制され，それからすぐに逆転した形で表出されるというものである。たとえば，強烈な怒りは，恐れや慰めへの欲求があるという証拠なしに表出されるかもしれない（C5）。ほとんどの場合，話し手は自分のストーリーを一人で語ることはできないように思われ，インタビューアーは気がつくと話し手の味方あるいは敵としてインタビューの中へ，したがって家族の葛藤の中へ密かに引き込まれている。強迫的分類と同様に，これらの高数字のCタイプ分類は（比較的安全な社会では）精神病理と関連している。

AAIは何をアセスメントしているのか？

　アダルト・アタッチメント・インタビューは子どもの頃の経験に関する単純なインタビューであるように見える。最初に得られる結果は語りであり，それは話し手の生育歴の内容を提供し，アタッチメント対象との経験，そして危機から守られることに関する経験に関連するものである。インタビューの中では話し手が自らの生育歴について語ることが正確であるかどうか知る方法はない。それにもかかわらず，それは話し手の視点に関する情報である。

　適切に実施され解釈される場合，AAIが扱っている問題は，話し手が過去の経験に関する自分の視点を用いて，将来いつどこで危機が起こりやすいのか，そしてどうすればそれに対して最良の準備ができるのかをいかに予測するのか，ということである。ここに含まれる問題は，起こり得る危機はいかに知覚されるのか，誰を信頼できるのか（そしてそれはどのような条件においてか），自分自身を守るために何が可能なのか，などである。別の言い方をすると，アダルト・アタッチメント・インタビューは，話し手が過去から学び未来へと適用しているものは何か，そしてその過去に特有で独自のものであると信じているもの（そしてそれゆえに未来の条件には関係のないもの）は何か，を探索するのである。特にAAIが考慮するのは，情報がどのように変換されて自己とアタッチメント対象と子孫の将来の保護という点で意味を与えているのか，ということである。

　このように枠づけると，AAIは個人のアタッチメントに関する心的状態以上のものをアセスメントしている。AAIがアセスメントしているのは，異なる傾性表象が特有の刺激に反応してどのように活性化されているのか，またこれらの表象をどのようにまとめあげて統合するのか，そして統合的処理の産物がどれほど完全で使用可能なのかなどの観点において，心が情報をどのように**処理**しているか，なのである。

　したがってAAIは，話し手が危機に関するトピックを考えている間にいかに振舞うのかという観点と，心が情報を処理する際のこうした行動の根底にある基礎は何かという観点の両方から話し手のアタッチメントパターンをアセスメントしている。このアセスメントは，行動上の証拠が方略としてどのようにパターン化されているのかをコーダーが解釈したものに基づいている。

多くの投映法検査のように，被験者が意識的には自覚していないことが多い心的過程および対人関係過程を AAI を用いることによってきめ細かく観察することが可能になる。AAI は潜在的で前意識的な心的表象に基づいた行動に関する証拠を集めることができる。また，より客観的な尺度のように，何がアセスメントされているのか，なぜそれが重要なのか，そしていかにそれが結果のまとめに役立つのかを明確化することも可能である。行動はインタビューの逐語記録を作成することによって記録され，その機能は記憶システムと呼ばれるカテゴリーへと割り振られ（第3章参照），これらが方略パターン全体に特定の方法で貢献しているのである。

　AAI の分類は（1）基本的なアタッチメント方略が，（2）未解決の喪失やトラウマ，または（3）抑うつなど比較的蔓延している状態，によって修正され得る可能性がある，という形式を取っている。ある分類を構成するこれらの要素はそれぞれ特有の記憶システムに割り当てられた行動の特定の例に基づいているため，ある分類（とその機能的意味）に割り当てられた理由は適切な訓練を受けたコーダーには明らかである。

AAIの分類は誰の興味を引くのか？

　脅威に晒された時，ある人物がどのように振舞いそうであるかに関する機能的記述として見た場合，AAI の分類は実証研究の記述的データとして，そして主な興味が介入の立案にある臨床状況における診断的アセスメントとして使用可能である。さらに最近では個人の適応能力に対する判断が要求される状況（たとえば，児童保護における養育能力のアセスメント，司法的設定）での適用可能性が探索されているところである。

　こうした理由のために AAI は，人間発達を研究する研究者，人間の適応についてのモデルを構築している理論家，精神障害がある成人や虐待する親の援助をする臨床家，そして法廷で証言する専門家たちの興味を惹きつけてきているのである。

本書の概要

　本書には Main and Goldwyn の基礎的な AAI システムに対応した標準的な逐語記録を分類するための一般的ガイドラインが含まれている。さらに，このシステムを文化的バリエーションと不適応を含んだ，より広範な成人のバリエーションへ向けて拡張するためのガイドラインも含まれている。しかし，このマニュアルは AAI の逐語記録を直に用いた訓練とそれに伴うフィードバックの代わりにはなれない。それにもかかわらず，われわれが希望するのは，ガイドが利用可能になることによって，人々がこのツールについて詳しく調べ，訓練を受けて AAI を使用するための信頼性を得て，増え続ける AAI による発見に貢献し，そのうち AAI とその談話分析をさまざまな状況や集団や応用へとさらに適合させていく助けになることである。

　本書は3部に分かれている。第Ⅰ部はアダルト・アタッチメント・インタビューを理解するのに必要な理論，歴史，概念を扱っている。第Ⅱ部は各分類の詳細を提供している。第Ⅲ部は

DMM 方式の AAI への応用へのガイドとその可能な使用方法の概観，また入手可能な DMM-AAI の妥当性研究のレビュー，さらに人間の適応についての理解および心理的苦痛を減らすための方法の理解を促進するために AAI を用いることに関する今後の方向性を論じることで本書を締めくくっている。

第I部

アタッチメント理論への動的-成熟アプローチ

第2章

理論的背景

　この章では動的‐成熟モデル（DMM）を用いたAAIへのアプローチを理解するために，2つの方法で理論的な基礎固めをする。第一に，DMM方式のAAI談話分析に含まれる理論的蓄積を簡単にレビューする。さらに，DMM方式で用いられるパターン配列とMain and Goldwyn方式で用いられるパターン配列とを区別する。第二に，ABC方略に関する概念的構造について述べる。つまり，第1章ではパターンを説明したのに対して，本章ではそのパターンの下部にある構造を提示する。Ainsworthは3つの独立したカテゴリー（A，B，C）を提示した。DMMはこれらを再概念化して，2つの対立する心理的過程を反映するもの（AタイプとCタイプ）とその2つが同時に起こっているもの（BタイプとA/C）としている。

アタッチメントとアタッチメントパターン

　成人期のアタッチメントを理解するためにはアタッチメント理論そのものを相当理解しておく必要がある。アタッチメント理論についてはすでに多くのことが書かれているので，ここではBowlby, Ainsworth, Crittenden, Main, Fonagyたちによるアタッチメント理論への主要な貢献に関してその本質的基礎を極めて簡潔に考察するのみとする。というのも，とりわけそれらはアダルト・アタッチメント・インタビュー（AAI）へのDMMアプローチにおいて操作的に定義されているからである。これらの理論をより包括的に議論している参考文献も載せてある。

Bowlby

　Bowlby（1969/1982, 1973, 1980）によって導入されたアタッチメント理論は，人間の保護行動の機能と発達に関する有機体的かつシステム論的理論である。この理論は動物行動学理論，進化論，精神分析理論，認知理論を統合したものである。アタッチメント理論が仮定しているのは，人間は主要な養育者とアタッチメント関係を形成するように生得的に準備づけられており，アタッチメント関係は養育者に接近してきた者を保護するように機能し，このような関係は生後1

年目の終わりまでには組織化された形で存在する，ということである。アタッチメント関係自体の定義は，個人が脅威に晒されたり，保護の必要性を感じた際に頼る特定の人物への結びつきというものであり，それは時間と空間を超えて存続するものである（Ainsworth, 1973）。Bowlbyは，アタッチメント対象からの分離またはその喪失が，不安障害やうつ病，犯罪を含むさまざまな精神的・身体的疾患と関連することを示唆する多くのエビデンスを提示している（Bowlby, 1944, 1958, 1973, 1980）。このような疾患は相対的に変化しないものであるが，治療をすれば変化は可能であると彼は考えた（Bowlby, 1979）。

後年の研究では，Bowlbyは内的表象モデルという概念を提唱し，初期の経験がどのように時間を超えて持続し，予期や将来の行動を導くために使われるかを説明した。さらに，(a) 異なる人間関係，そして (b) 意味記憶やエピソード記憶のような異なる記憶システム，に結びついた複数の内的表象モデルがあることも示唆した（Bowlby, 1980，第3章）。同じ章では，情報処理に関する認知理論の観点（Tulving, 1979）から，異なる記憶システムに保持されている情報が心的水準でいかに統合されるかについても考察している。

またBowlbyは発達的経路developmental pathwaysという概念も提唱している。この経路とは軌道trajectoriesのことではない。つまり，一度道筋の方向付けが決まったなら，生涯を通じてそれが維持される，というものでは必ずしもないことを意味している。むしろ，経路という比喩があえて使用されたのは，変化点と交差点という発想が含まれているからであり，そこで個人の発達の方向性は最初の道筋からは必ずしも予測できない形で修正され得るのである。心的および行動的組織化に関するこのような観点は特に重要である。なぜならBowlbyはクライエントの変化を引き起こすために臨床的に役立つ理論の発展に専念していたからである。この経路という発想は，「獲得されたearned」または「再構成reorganizing」というAAI分類，つまり以前の方略はAタイプまたはCタイプであったがBタイプ方略へと変化しつつあるものと関連している。

おそらくBowlbyの業績の中で最も有益であったのは，実証科学と他の理論のそれぞれ最善のものをアタッチメント理論の中に統合するという例を示したことである。そうすることで，彼は最先端の理論を作り出し，その妥当性を維持できる手段を具現化したのである。

Ainsworth

Ainsworthのアタッチメント理論に対する第一の貢献はアタッチメントパターンの個人差という発想であった（Ainsworth et al., 1978）。アタッチメントパターンに反映されているのは，保護してほしい時に特定のアタッチメント対象は利用可能なのか，また応答してくれるのかという個人に特有の予期なのである。この発想はAinsworthがウガンダで行った乳児－母親関係の文化人類学的観察を通して発展し（Ainsworth, 1967），次にアメリカでの縦断研究で再現され拡大された（Ainsworth et al., 1978）。

彼女の第二の，そして決定的に重要な貢献は，結果として得られたこれらのカテゴリーをストレンジ・シチュエーション法が実施される前の11カ月間の家庭における母親の行動の差異と結びつけたことである。この実証的な基盤なしにはアタッチメント理論は真剣に顧みられることはなかっただろう。だが実際は，洗練された計画を立てて生態学的に価値のあるデータを集め，短

期縦断的研究データを注意深く詳細に分析することによって，Ainsworth はアタッチメント理論を発達心理学の中心に押し上げたのである。

　また Ainsworth はパターン形成，そして多次元における質的差異がアタッチメント行動を組織化していくための基礎であるという考えを提唱した。乳児のアタッチメントの主要な 3 つのパターンが特定され，そのルーツである母親の感受性豊かな応答性と実証的に結び付けられた。

- 乳児のアタッチメント行動に対して一貫して，感受性豊かな応答を示す母親の乳児は B タイプ（安定型）と名付けられた。
- アタッチメント行動を予測可能な形で拒絶する母親の乳児は A タイプ（回避型）と名付けられた。
- アタッチメント行動に対して一貫性や感受性を欠いた応答を示す母親の乳児は C タイプ（アンビヴァレント型）と名付けられた。

　初期の研究では，おおよそ 3 分の 2 の乳児は安定型アタッチメント（B タイプ）に分類され，おおよそ 3 分の 1 の乳児は回避型アタッチメント（A タイプ）と分類され，アンビヴァレント型（C タイプ）はわずか数パーセントであると示唆されていた（Ainsworth, 1979）。しかし，社会経済的地位や文化や養育の質が大きく異なる乳児にこの分類手続きを適用すると，安定型アタッチメントの子どもの割合はもっと低くなり，時にごくわずかであった。さらに，オリジナルの Ainsworth システムには 3 つの発展型がある。Bell が特定した B4 群（Bell, 1970），Crittenden が特定した A/C 群（1985a, 1985b），Main と Solomon が特定した無秩序型（Main & Solomon, 1986, 1990），である。後者の 2 つは低リスク群の中でさえ安定型アタッチメントの子どもの割合をさらに減らした。最後に，より正確で詳細な乳児の行動観察がビデオテープの使用により可能になった。このテクノロジーのおかげで，つかの間の行動や微妙に矛盾し合う複数の行動を同定することが可能になり，B タイプと分類される子どもの割合はさらに減少することとなった。つまり，安定型アタッチメント群を良く見積もったとしても，B タイプに分類されるのはリスクが無く，中産階級で，（特にアメリカ人，オーストラリア人，カナダ人，イギリス人の）アングロサクソン系のサンプルの中の半分にも満たないと予想される（van IJzendoorn, Goldbeeg, Kroonenberg, & Frenkel, 1992 参照）。それに比べ，他の文化での分類の分布ははっきりしていない（Crittenden, 2000b を見よ）。高リスク群では B タイプの子どもの割合は存在しないくらいごくわずかである（Pleshkova & Muhamedrahimov, 2010 参照）。

　用語の使用に関する考察もここでは関連してくる。「安定型 secure」や「不安定型 anxious」（不安定‐回避型と不安定‐アンビヴァレント型の両方を含む）といった用語が A，B，C といった文字よりも頻繁に用いられがちである。それにもかかわらず，Ainsworth が最初に 3 つのパターンを同定した際に，Bowlby は行動の意味が理解されるまで単純な文字による識別をするようにアドバイスした（Ainsworth, 私信, 1980）。研究が拡大されて，ますます多くの文化や下位文化を含むようになるにつれて，アタッチメントの専門用語は時に無礼で軽蔑的と受け取られることが明らかとなった。これは Ainsworth が与えた名称と Crittenden やその他の研究者が与えた名称の両方に当てはまることである。加えて，この専門用語には B 以外のパターンの文脈

的妥当性や適応性が考慮されていなかった。別の言い方をすれば，この専門用語には価値判断が含まれていたが，それは時期尚早であった。これらの理由から，この本では文字による表記が頻繁に用いられる。それにもかかわらず，提案された理論とパターンのラベルとの間には緊張関係が残る。この齟齬がさまざまな文脈におけるパターンの意味についての更なる研究を引き起こすよう願うばかりである。

まとめると，成人期におけるアタッチメントへのAinsworthによる主要な貢献はアタッチメントパターンの個人差という発想にあり，それは乳児‐母親関係の中から彼女が特定したABC分類システムとして体現され，また乳児の発達的経験と結び付けられたのであった。Mainはこの分類システムと予測される分類の分布をAAIへ応用した[原注1]。Ainsworthの分類システムは分類の配列と分布の予測の両方を修正した上でDMMにも適用される。注目すべきなのは，一時的な状態に過ぎないとAinsworthが考えていた無秩序disorganizationという考え方よりも，組織化されたorganizedパターンを拡大した方がアタッチメントの本質をより良くとらえると彼女が最終的に結論付けたことである（Crittenden & Ainsworth, 1989）。

さらに，Ainsworthは理論の発展と探索的研究の模範を示した。その探索的研究とは自由に人類学的に記述して，初期の研究を拡大し，修正していくというものであった。つまり，アタッチメント理論の用語で表現するならば，新たな情報に開かれつつ，その情報に基づいて容易に修正される表象の利用法をBowlbyとAinsworthは共に示したのである。

Crittenden

複数の発達理論，そして認知神経科学における最新の知見，さらにリスクを抱える家族（特に虐待をしている家族）に関する研究に基づいて，CrittendenはAinsworthのABCモデルを拡張することを提唱し始めた。彼女はAinsworthの元で自身の学位論文を準備する中で（Crittenden, 1981），新しい体系を提唱した。さらに，再びAinsworthの元で博士論文を書く中で，危機を経験した乳児に対してA/Cパターンを提唱した（Crittenden, 1985b）。後に，就学前期に対してA3-4とC3-4のパターンを（Crittenden, 1992），学童期に対してA5-6とC5-6を加えた（Crittenden, 1994）。彼女は被虐待児の自己防衛方略に関する章をAinsworthと共著で書いている（Crittenden & Ainsworth, 1989）。その中で彼女らは，無秩序型はもし起こったとしても一時的なものであり，A/Cや強迫的Aタイプ（たとえば，A3-6）や極端に不安定な方略などを含む，文脈に適した方略に置き換えられるであろうと論じている。

後に，一連の拡張されたものがアタッチメントと適応の動的‐成熟モデルとして知られるようになった。DMMが記述しているのは，アタッチメント関係が生涯にわたって発達していく中で示す多様性と変化である。成熟は経験と動的に相互作用しているため，アタッチメントパターンが自然に変化する可能性，つまり「再構成」を生み出すということをこの視点は提案している（Crittenden, 1994, 1995, 2008）。パターンの変化は急速な神経学的変化が起こりそうな時期（つ

原注1）MainはAAI分類システムの中にB4と無秩序型の両方を残しているものの，A/Cは残していない。後にHesseは「分類不能」という名の下にA/Cと同等のものを含めた（Hesse, 1996）。

まり，発達「段階」が移行しそうな時）に特に頻繁に見られることが予想される。このように，アタッチメントパターンが変化する可能性は成人期に至る前に何度かあると Crittenden は予想していた。

さらに，Crittenden は乳児の大多数，特に危機的状況を経験した乳児は自身のアタッチメント対象に関わるための方略を組織化すると示唆している。実際，人類におけるアタッチメント過程の進化と，個々人におけるアタッチメント関係の組織化との両方にとって重要なものは危機であると彼女は論じている（Crittenden, 1997c, 1999b）。結果として，彼女は危機の予測とそれらから身を守ることに関連した情報がアタッチメントパターンの基礎になると考えた。このような見方をするのはアタッチメントの**機能**に注意を向けるためである。情報処理の仕方における歪曲には脅威に晒された状況下での機能が保たれているのである。こうした歪曲は臨床と相当の関連性がある。実際，それらの歪曲は精神病理に罹患するリスクを増大させ，不適応が維持される手段であると考えることができる（Crittenden, 1996, 2002.）。もしこの見方が正しければ，これらの歪曲の組織化や機能を理解することによって，診断や治療への新たなアプローチが生まれるかもしれない。もしこの歪曲を AAI によって同定できるのであれば，AAI は重要な臨床的診断ツールとなるであろう。

被虐待児は危機に遭うかもしれない脅威と実際に危機に遭うことの両方を経験しているため，危機への適応の発達を研究するためのまたとない機会を提供してくれる。養育不全児に関する Crittenden の研究において，彼女は虐待とネグレクトの両方の被害を受けた子どもを守るための一つの複雑なパターンを乳児期に同定した（すなわち，A/C，Crittenden, 1985a, 1985b）。他の研究者はこのパターンが，母親の双極性のうつ病という変動しやすい危機の原因の一つと関連があることを見出した（Radke-Yarrow, Cummings, Kuczynski, & Chapman, 1985）。加えて，アタッチメントのパターンは発達に伴ってより複雑になるという仮説を立て，威圧的組織化（C タイプ）という新しい主要な組織化のパターンと就学前に初めて発達する強迫的世話や強迫的従順といった A タイプ内のいくつかの新しいパターンに関するエビデンスを提出した（Crittenden, 1992）。

経験と成熟との相互作用を通して一連のパターンがこのように拡張していく過程は，危機的状況に対処する方略の生涯発達モデルの基礎となる（第 1 章の図 1.1 を見よ）。このモデルは多くの文献で詳細に説明されてきているため（Crittenden, 1995, 2000a, 2000b, 2008），ここではおおまかな説明しかしないつもりである。しかし，これは実際には AAI の逐語記録を分析する DMM 方式の骨格となっている。

動的 - 成熟モデルは自己防衛方略を情報処理の発展という側面に基づいて概念化している。特に，生得的側面である器質的処理（身体情報），刺激の時間的秩序（認知），刺激の強度（情動）は，危機はあるのか，いつ起こるのか，どこで起こるのか，に関する情報の最も基本的な 3 形態として同定されている。情動を相対的に排除しつつ，認知情報へ依存していることが A タイプ分類の基礎であるのに対して，認知を相対的に排除しつつ，情動へ依存しているのが C タイプ分類の基礎である。B タイプを定義するのは，認知と情動という両方の情報源を柔軟に利用し，かつ統合しているということである。認知と情動を変換することによって，防衛反応を組織化するだけでなく，最も起こりそうな危機の原因をより正確に識別できるようになる。しかし，それ

と同時に，変換することによって情報は歪曲され，危機を見積もり過ぎることが多くなり，そのために安全な状況においても自己防衛的な行動を取るようになる。このモデルでは一連の変換の変化は方略の変化を反映している。このような枠組みから見ると，アタッチメントパターンは情報源の横軸と情報変換の縦軸によって定義づけられるディメンジョナルな概念となる（図1.1を見よ）。このモデルの上部に位置するBタイプの個人は正確な情動と正確な認知を統合している一方で，モデルの底部では精神病質の個人が，否認された情報を処理しないまま，偽装された情報と時には妄想的な情報とを統合している（ACタイプ）。

このモデルは少なくとも2つの緊張点をもたらす。まず，（Bタイプ内も含めて）すべての分類内に（カテゴリーではなく）広範な機能を作り出す。結果として，分類は個人に固有のパターンの近似値となる。次に，このモデルではすべてのパターンには適応的側面と不適応的側面の両方が含まれることになる。

このような複雑さを考慮すると，言語的ラベルはパターン内のすべての可能性どころか，パターンの主な機能やそれに伴う主な利点とリスクさえ反映できない。結果として，このモデルにはもともとのAinsworthシステムやその初期の拡張版よりも，理論的に包括的であり，またより広範囲の機能を区別できるという利点がある。それにもかかわらず，このモデルもまたある範囲の区別（究極的には個人に特異的で唯一の区別）には名前をつけないままでいる。

パターン内の差異に関する一つの重要な点は，個人の機能においてその方略がどれほど浸透しているかということである。もしモデルの中心から距離が離れていく程，その方略が個人の機能のすべての側面に対して浸透していくと見なすなら，モデルの端に近い部分に位置するということは精神病理に陥るリスクはより大きくなり，同時にその精神病理はより重篤なものとなる，という両方の可能性を示唆するものとなるだろう[訳注1]。

このモデルの重要な特徴は青年期と成人期の機能における性愛を含んでいることである。保護と生殖は人間行動を組織化する2つの主要機能を構成していると提案されている（Crittenden, 1997a）。危機を強調することはアタッチメント理論の初期の研究，たとえば44人の少年窃盗犯（Bowlby, 1944）や第二次世界大戦の残留孤児についてのBowlbyの研究（Bowlby, 1951）を思い起こさせる。生殖は思春期以降まで行動を動機付けないため，性愛の歪曲は後の発達パターンにのみ反映される。それにもかかわらず，首尾よく生殖できないという重要な恐怖はアタッチメントのいくつかの側面と相互作用して，心理面と行動面の組織化を修正すると仮定されている。さらに，AAIは性愛を扱うことを意図していないにも関わらず，臨床群の話し手の反応には性愛への言及が頻繁に含まれる。したがって，性愛の歪曲は，本書で説明するコーディング方式で扱われている。

最後にCrittendenが強調しているのは，危機的環境と生殖の機会を予測し適応するために学

訳注1）方略が個人の「機能すべてに浸透している状態」とは，その方略の使用を意図的に制御できない状態を指す。図1.1の円形モデルでは横軸が情報源を，縦軸が情報変換を示しているが，「モデルの中心から距離が離れて行く」というのは，横軸では右端でも左端でもどちらかに偏りすぎると，もう一方の情報源を欠くことを意味するため，方略の制御がしにくくなり，また縦軸は下に行くほど偽りの情報に依拠することを意味するためやはり制御しにくくなることを意味する。たとえば，Bの人は問題に応じてB以外の方略を自由に使用することも使用を止めることもできるが，ACの人は危機的状況下では有効である方略を安全な状況下でも使用してしまい，結果として重篤な不適応と見なされることになりがちである。

習されてきた，認知情報および情動情報の心的処理パターンがアタッチメントパターンには反映されているという発想である（Crittenden, 2002）。特に彼女は，脳が感覚刺激を危機の条件と安全の条件，および生殖の機会について予測する情報に変換するという見解に注目した。この発想は第4章での情報変換，表象モデル，記憶システムに関する議論で展開されている。

AAI に関してわれわれが提案するのは，成人の談話に反映されているのは，危機と生殖を予測する上で最も顕著で意味のある材料に注目すると同時に，危機や不安感を高める情報を自覚しないようにするという両者に用いられる心的諸過程である，ということである。成熟は心理的および行動的反応の範囲を広げるため，環境自体が変化しない場合でも，思考や行動の自己防衛的組織化への欲求とその使用は発達に伴って変化するかもしれない。これは新しい方略の組織化だけでなく，発達的経路が変化することにもなり得る。この変化の結果は AAI 談話の中に観察することができる。これらの変化は再構成の過程を含み，そしてそれも AAI 談話の中に観察することができる。

アタッチメント理論に対する動的-成熟アプローチが発展しつつある中で示唆されるのは，ABC という情報処理過程のうち，ますます洗練された組織化を反映する新たなパターンが見つかるであろうということである。AAI とその談話分析の最も刺激的な側面の一つは，新たなパターンを同定できるかもしれないというその可能性である。このように，AAI は人間の発達と適応についての理解を広げる探索的研究に用いることができるとわれわれは考えている。

Main

Main とその同僚たちは，成人アタッチメントの理解とアセスメントについて決定的な貢献をしている。これらの貢献が始まったのは，脅えるか脅やかす養育者に対して無秩序なアタッチメントを示すと解釈される，軽度のストレスに晒された乳児たちに見られる独特の行動を同定した時からである（Main & Hesse, 1990; Main & Solomon, 1986, 1990; Main & Weston, 1981）。この無秩序カテゴリーは，AAI ではアタッチメント関係への恐れを示すとらわれ型（E3）や喪失およびトラウマ経験の未解決（Main & Hesse, 1990），もしくは分類不能（Hesse, 1996）と関連していると仮定された[原注2]。

意味記憶とエピソード記憶に関する Bowlby の発想を用いて，George は Kaplan と Main と共同で AAI の質問プロトコルを作成した（George et al., 1985, 1996）。Main and Goldwyn は談話分析の方式を構築した（Main & Goldwyn, 1984）。AAI のインタビューと分類方式は記憶システムという発想を，意味記憶とエピソード記憶について，およびこの二つの統合の仕方について具体的に質問することによって取り入れている。この二つの記憶システム間に一致が見られないことが不安定型の分類を割り当てる決め手となる。

Main の世代間仮説に基づくと，母親は自身のアタッチメントパターンを乳児に「伝達する」と考えられている。つまり，A タイプの乳児の母親はアタッチメントに関して「軽視型（Ds）」

[原注2] Main and Goldwyn 方式に関する最近のガイドでは，トラウマという考え方は子ども時代の虐待に限定されるようになってきている。

であると予測された。Bタイプの乳児の母親は「自由／自律型（F）」であろうし，Cタイプの乳児の母親は「とらわれ／纏綿型（E）」であろう。DMMでは，両親の表象は子どもの表象に直接影響するとは考えていない。代わりに，両親は子どもの感覚的文脈を形成するように振る舞う。この文脈から，子どもは注意すべき刺激を選択し，それらの刺激を変換して子どもの行動を組織化する表象にする。つまり，各個人は他者の表象からは独立して自分自身の表象を構成するのであり，他者の心や表象に対して直接アクセスすることはないのである。したがって，子どもの表象は両親の表象に合致するかもしれないし，しないかもしれない（Crittenden, 2008）。

数多くの研究が，中流階級家族や低リスク家族，そして夫婦関係的にも地理的にも安定した家族では生涯にわたり，また世代を超えてアタッチメントパターンが持続するというMainの仮説を裏付けている（van IJzendoorn, 1995）。したがって，Bタイプのアタッチメントパターンをもたらす条件はアタッチメントパターンの持続性とも関連しているということになる。高リスクで不安定な状態にあり，かつAタイプとCタイプのアタッチメントを持つ家族は安定性がかなり低いことがわかっている（たとえば，Crittenden et al., 1991参照）。一方で，不安定型アタッチメント**内部**での持続性を調べた研究では，AからCへ，またはCからAへの逆転という形式での非連続性が見出されている（Hautamäki, Hautamäki, Neuvonen, & Maliniemi-Piispanen, 2010; Shah, Fonagy, & Strathearn, 2010 参照）。

Fonagy

Peter Fonagyとその共同研究者たちはメンタライゼーションという考え方，つまり他者の心は自分の心とは異なる形で物事を知覚するかもしれないということを想像する能力について特に関心を寄せている。AAI談話分析に対する彼らの貢献は精神分析的観点と心の理論に関する研究をアタッチメント理論に統合したことである。その結果，「内省機能」[訳注2]（Fonagy et al., 1995）という構成概念と同時に，AAI談話の中でそのような過程を特定する手法（Fonagy, Steele, Steele, & Target, 1997）が生み出された。内省思考はBタイプと関連しており，内省思考が欠けている場合は精神病理と関連している（Fonagy et al., 1996）。ここで提案された手法の中で，内省的自己過程という発想と，われわれが「内省的統合」と呼ぶものの間にはかなりの重複がある。（この2つの概念は同じではないので，Fonagyの用語を使用して，場合によっては歪曲してしまうことのないように，関連している用語を使用した）。それにもかかわらず，Fonagyの理論は内省的統合という発想にとって重要である。

しかし，Fonagyの視点とDMMの間には相違点がある。ほとんどのアタッチメント研究家と同様に，Fonagyは特定の二者関係としてのアタッチメントに注目している。これはアタッチメントの一つの側面ではあるものの，早期のアタッチメント関係が将来の機能を予測する力は，ア

訳注2）Reflective functionには自己の心について考えるだけでなく，他者の心について考えるということが含まれている。日本語の「内省」という言葉には後者は含まれないため，内省をreflectiveの訳語として使用すると，本来の意味の半分が伝わらなくなるという指摘がある（池田暁史，2016，書評，精神分析研究 60, p.132-134）。これはもっともな指摘だが，本書では日本語としての読みやすさを優先して，「内省機能」という訳語を採用している。

タッチメント対象との早期の関係性が子どもの情報処理の習得の仕方に及ぼした影響の中にあると DMM では考えられている。したがって，本書の中でアタッチメントは，(a) 関係性についての構成概念，(b) 危機と安全に関する心的情報処理パターン，(c) 自己防衛方略，として扱われる。

　加えて Fonagy とその共同研究者たちは，個人が自身の心的表象をどのようにモニターするか，またアタッチメントを形成した子どもの心的表象にアタッチメント対象の心的表象がどのように影響するのかを含む「メンタライゼーション」の肯定的特質により焦点を当てている。DMM では，心的機能は非常に重要であるものの，メンタライズしない個人の心がどのように情報を処理するのかについても同等の関心を寄せている。

　最後に，Fonagy によると，内省機能は他者の行動やアタッチメントの安定性や見かけと現実との区別やコミュニケーションを正確に予測する上で重要である。われわれはこれに同意するものの，欺かれるような状況では歪曲された表象の方が正確な表象よりもより安全な予測をすることをわれわれは知っている。さらに，非常に重篤な障害を持つ個人に対してメンタライゼーションを用いて自己を守る機能を果たすように促すことにはわれわれは慎重である。なぜならば，これは同時に他の人を危険な目に遭わせかねないからである。つまり，動的‐成熟モデルから精神病質について考えてみると，偽りの情報と否認された情報と妄想的情報が統合されているため，他者の行動をぞっとするほど正確に予測し，コミュニケーションは一見流暢であり，見かけと現実を尋常ではないほど歪曲し，内省思考によく似た発言の中にあらゆることが表現されるかもしれないのである。問題は健康な人と精神病質の人の内省思考を区別することである。この区別が可能になることは，犯罪者を「安定型」と分類してしまうことを避けるために不可欠であるかもしれない (Fonagy, Target, et al., 1997)。Fonagy が述べているように，この区別をするための一つの鍵は他者と自己の視点を同時にかつ正確に概念化する能力である (Fonagy et al., 1995)。

　そうは言っても，こうした理論的相違のほとんどは内省機能という概念そのものにとって重要ではない。Fonagy による内省機能へのアプローチは本書で提示されている方式と大きく関連しており，多くの発想をそこから借用している。

動的‐成熟分類システム

　この節では動的‐成熟モデルにおける AAI 分類の理論的導入を行う。Ainsworth の 3 つの基本方略は分類システムの中核を形成している。さらに認知と情動はいつどこで危機が起きるのかに関する情報として機能していると考えることによって，これらの 3 つのパターンが普遍的であることを説明できる。

　この章での方略に関する中心的なポイントは，(1) A タイプと C タイプは心理学的に正反対のものとして解釈され，B タイプと AC はそれらを統合したものである，(2) パターンは複数の論理的勾配上に組織化される，ということである。この章での議論は AAI から個人の方略を特定する分類方式についてではなく，方略そのものに焦点を当てていることに注目されたい。

　Ainsworth は 3 つのアタッチメントパターンを同定して記述した。それにもかかわらず，彼

女や他の多くの人々にとって，これら3つのパターンの間にはディメンジョナルな関連があるように見える。以下の節では，2つの過程とその2つが同時に起こっているものについて述べる。つまり，動的-成熟モデルは本質的には2つの過程間の勾配を含む2カテゴリーモデルである。2つの過程は情報処理から出てきたものであり，感覚刺激を2つの基本的な情報形式へ変換することを指している。1つは時間的秩序を持った「認知」情報である。これはAタイプの組織化の基盤である。もう1つは刺激の強さに基づき，「情動」という構成概念を生み出すものである。これはCタイプの組織化の基盤である。Bタイプはこれらのバランスのとれた統合である。

Bタイプパターン

成人期のBタイプパターンはDMM方式の中では「バランスの取れた balanced」と呼ばれている。なぜならば情動と認知のバランスのとれた統合を反映しており，また危険な環境にいる成人が不安であっても心理的にはバランスの取れた状態でいることは可能なためである。Bタイプの中では認知情報をやや重視する人（B1–2）から，情動情報をやや重視する人々（B4–5）までバリエーションがあり，2つの情報源の間で（理論的には）完璧なバランスを示しているのがB3である。しかしながら，その顕著な特徴はいかなる特異的状況においても認知や情動を柔軟に使用できることである。さらに，Bタイプの人は正確な情報を用いて処理しており，それゆえ，自分自身に対して情報を歪曲したり，排除したり，偽装したりすることはない（言い換えれば，彼らは自分自身を欺くことがない）。それにも関わらず，彼らはBタイプ以外の方略が最も解決しやすい特定の問題に対してどの方略も適用することができる。さらに，彼らはB以外の方略をなぜ用いたのかを説明することもできるし，これ以上自己や他者を守る必要性がなくなった時にその使用を止めることもできるのである。つまり，Bタイプの方略を用いる個人はすべての情報とすべての情報変換とすべての行動方略にアクセスできる。彼らはそれらを文脈に沿ったやり方で柔軟に用いて，彼ら自身や自分のパートナーや子孫，さらに人間的文脈全般にとって利益となるような最適な方略を常に探し求めているのである。

Aタイプパターン

成人期のAタイプパターンは自己の視点や意図や感情を軽視することと，他者の視点や願望や感情にとらわれることの両方を指している。他者の視点を取るための情報源は自己の行動に続いて起こった結果である。Aタイプの人はあたかも次のルールに従っているかのように行動する。**正しいことをせよ——他者の視点から見て，自分自身の感情や願望を考慮することなく。**

動的-成熟モデルの分類はAinsworthの乳児モデルやMainの生涯発達モデルには見られない6パターン（A3–8）を含んでいる。これらの中にはBowlbyによって述べられたものもあり，Crittendenの臨床研究および実証研究から来ているものもある。A3（強迫的世話）とA6（強迫的自立）パターンはBowlbyの研究を起源とし（それぞれ1973, 1980），またA4（強迫的従順）は児童虐待の文献においてかなりの臨床的蓄積がある（Crittenden & DiLalla, 1988 参照）。A5（強迫的無分別）パターンはセラピーを受けている話し手の何人かのAAIの中にCrittendenが見

A1–2	心理的苦痛に関する否定的情動を抑制する
A3–4	抑制された否定的情動の代わりに偽りの肯定的情動を用いる
A5–6	必要に応じて抑制と偽装を継続しつつ，生理的苦痛の重要性を否認する。
A7–8	時に妄想的な肯定的情動を加えたり，必要に応じて抑制や偽装を継続しつつ，痛みの知覚を否認する

図2.1 Aタイプ下位パターンの情動構造

奇数の下位パターン 他者を理想化する	偶数の下位パターン 自己を否定する
A1：他者を理想化する	A2：自己から遠ざかる
A3：強迫的世話	A4：強迫的従順
1．注意	1．パフォーマンス
2．世話	2．従順
A5：強迫的無分別	A6：強迫的自立
1．社交的	1．社交的
2．性的な	2．孤立した
A7：妄想的理想化	A8：外部に組織化自己

図2.2 Aタイプ下位パターンの認知構造

出したものである。これは（a）両親との長期の（あるいは永続的な）分離の間（Robertson & Bowlby, 1952; Robertson & Robertson, 1971），および社会的養護への配置後に見られる，見境のない，または「無分別な」アタッチメント行動についての初期の研究と（b）理論（Crittenden, 1997a）に基づいて予測されるパターンである。A7（妄想的理想化）パターンは，「人質症候群」を含むさまざまな呼び方をされているトラウマを受けた人の臨床的文献において記述されてきたものである（Cassidy, 2002; Goddard & Stanley, 1994; Kuleshnyk, 1984）。A8（外部組織化自己）は，自己物語の構築を妨げるような重篤な虐待を人生の最初期から受けてきた人が用いる，多くの場合マゾキスティックな方略を指している。

　これらの方略はどれも行動の組織化における認知情報を強調し，情動の扱い方は多様である。垂直勾配上では否定的情動の表出を排除することから肯定的情動を否定的情動に取って替えることへ，さらにあらゆる種類の否定的情動を徐々に否定することから痛みへの反応を欠くことまで，Aタイプパターンはさまざまである（図2.1参照）。

　認知情報内の勾配は奇数と偶数のパターンを区別しており，奇数パターンはアタッチメント対象を徐々に理想化するのに対して，偶数パターンは次第に自己否定する（図2.2参照）。

Cタイププターン

　成人期のCタイプパターンは自己の視点や自己の正当化へとらわれること，また価値ある人としても情報源としても他者を軽視することに関連している。自己の視点の情報源は個人の感情や覚醒（すなわち，情動）である。この方略は次の格言にあてはまるものと考えられる。**自分の気持ちに忠実であり続けよ。他者の視点を優遇して満足を譲渡したり，妥協したり，延期させたりしないこと。**

　動的‐成熟モデルではCタイプの威圧的方略は情動，特に慰めへの欲求や怒りや恐れを中心に組織化される。これらの感情はある一連の行動を動機付ける。慰めへの欲求は愛情や慰めを求めるアプローチを動機付ける。怒りは言語的または身体的攻撃によるアプローチを動機付ける。恐れは引きこもり／逃走を動機付ける。これらすべてが同時に表出されたら，個人の行動は一貫性を欠き，自己破滅的となり，防御機能を失うのは極めて明らかである。それにもかかわらず，これらのうちどれか一つは脅威に対する最良の解決法となるかもしれない。危機を知覚するとこれらすべてが活性化されるため，情動覚醒と動機付けを方略として活用できるようにそれらを組織化していけるかどうかが課題となる。

　就学前期に始まる——そして生涯を通して続く——この組織化は覚醒と結びついた混合した感情を「分割」して，ある部分を他者から応答を引き出すような形で大げさに表出すると同時に，残りの競合する感情を抑制することによって管理されている。ひとたび他者が応答すると，他者の行動に随伴して現在の表出は維持されるか反転される。最も頻繁に見られるのは，怒りの強烈な表出と恐れや慰めへの欲求の弱々しい表出との分割である。

　動的‐成熟モデルの分類には威圧的方略がますます極端になった形態が含まれており，これらのすべてに，怒りに満ちた強さと恐れや慰めへの欲求という弱さを交互に表出するという偶数‐奇数の交替を含んでいる（すなわち，C1-2, C5-6 など）。C1 は単純で軽く脅かすパターンであり，その脅かしはペアを成している方略である C2 によって容易に即座に和らげられる。C3 は大げさな怒り，つまり攻撃性を表出する方略であり，一方 C4 は大げさな恐怖（無力なふり）を表出する方略を示す。執着的方略には C5（報復的怒りと復讐へのとらわれ）と C6（誘惑と救済への執着）が含まれる。また，C5-6 は性愛と Cタイプ方略との歪曲された統合を反映しており，そこでは性愛は，誘惑された他者からそれほどはっきりとは特定されない利益を得るための貨幣として対人交流の中で用いられる。極端な執着的方略は C7（脅迫的）と C8（被害妄想的）で構成されており，怒りと恐れがそれぞれ自己責任の否認と組み合わせられている。情動がより強烈になり，かつ焦点付けられるにつれ，正確な認知はまず歪曲された認知に転換され，次に偽装された認知へ，そして C7-8 では否認された認知となる。正確な認知情報の欠如は C7-8 の行動が持つ非合理的性質を説明する。

　このように見ると，図2.3では円形モデル右側の奇数番号パターンは非常にわずかなイライラした怒り（B5）から，軽度の怒り（C1），明白な攻撃性を伴って表現される激しい怒り（C3），ひそかに実行されるかもしれない方向づけられた執着的怒り（C5），自分自身と攻撃者との間にいかなる論理的つながりも感知しない，何も知らない犠牲者へ向けられる圧倒的でやり場のない

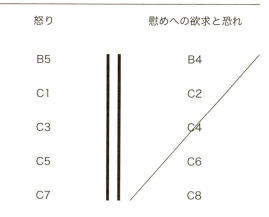

図2.3 Cタイプ下位パターンの情動構造

C1 − 2　受動意味思考

C3 − 4　還元主義的非難思考

C5 − 6　自己の正当化

C7 − 8　自己責任の否認と，時に力／脅威の妄想

図2.4 Cタイプ下位パターンの認知構造

憤怒（C7）まで，すべて怒りの感情を中心に組織化されている。弱々しい側では慰めへの欲求と恐れが行動の組織化に用いられているが，怒りや不安をほとんど排除したほぼ完全な慰めへの欲求から（B4），若干の恐怖をいくらか伴うが，大部分は慰めへの欲求であるもの（C2），相当な不安と，それと同じぐらいの慰めへの欲求が混ざり合ったもの（C4），ひそかに表現される圧倒的な不安（C6），攻撃を予期する論理的理由のない人に対する圧倒的でやり場のない不安（C8）まで勾配がある。

　認知的にはCタイプの人は次第に歪曲されていく情報変換を用いることによって責任を取ることを回避する。図2.4に示すように，認知構造には以下のものが含まれている。意味記憶上の結論に達することができない受動意味思考，自分の寄与に関する情報を排除することで他者に責任を帰属させる還元主義的批難思考，自己を責任から解放する（それゆえ，自分を無実の攻撃者または犠牲者にする），誤っているが説得力のある理由を作り出す自己正当化，自分自身の因果関係上の寄与の否認に加えて，自分自身を圧倒的な力を持つものとして，または完全な犠牲者として感じる，否認された自己責任または妄想的状態，である。

他のカテゴリー

　動的‐成熟モデルでは，どのようなAタイプ方略もCタイプ方略も組み合わせて，交替する

A/C 方略とすることができる。たとえば，A2/C1 や A4/C4 などである。方略は結合することも可能であり，脅かされる方略と脅かす方略の究極の統合が A7–8/C7–8，つまり精神病質である。

　この章が DMM 分類方式のかなりおおざっぱな概観であることは明らかである。この本の残りの部分でこれらの分類をより徹底的に説明する。新しいパターンの基底にあるこの理論をより詳細に理解するためには，参考文献にある出版物，特に Crittenden によるもの（1995, 2000a, 2000b, 2000c, 2008）を参照してほしい。

結　論

　Bowlby, Ainsworth, Crittenden, Main, Fonagy らの着想はすべて修正版 AAI の中に反映されている。しかし，DMM 理論は個人の生涯にわたる一貫性，または世代を超えた一貫性を Main が想定しているほどには想定していない。このことから，成人のより広範な分類の必要性が示唆される。さらに，認知と情動の処理に関する Crittenden の理論から AAI 談話を分析するための新たな技法が提案されている。これらの新たな技法は Main and Goldwyn の分類手続きと対立するというよりも，それらを明確にし，補強することによって拡張するものである。加えて，これらの技法は新しい分類を探索するための出発点となる。最後に，DMM アプローチは特に精神障害者において危機と性愛が思考と行動を組織化するのに果たしている役割に直接焦点を当てている。このアプローチは一見不適応に見える行動の（現在および幼少期の両方における）有意義な機能の研究を促進するだけでなく，このアプローチを適度に修正したものを用いて，他の成人期におけるアタッチメント関係（たとえば，配偶者とのアタッチメント関係，子どもとのアタッチメント関係，年老いた親とのアタッチメント関係，など）の研究を促進する可能性を秘めている。その結果，以下のことに関して理解が進むであろう。

- 機能不全を引き起こす発達過程（それゆえ，予防の努力を促進することになる）
- 不適応行動を維持する心的過程（それゆえ，心理学的治療の性質に対する新たな観点を促進することになる）
- 標準的な発達過程

　談話分析の DMM 方式が特に貢献することは障害や精神病理の事例における心的過程の性質に焦点を当てることである。別の言い方をすれば，このような事例の逐語記録のほとんどを「分類不能」カテゴリーに割り当てる代わりに，どのように情報が変換されているのか，そして自己を脅かす危機に晒された時にこれらの変換がどのように機能するのかについて理解しようとする試みが行われてきたのである。

第3章

情報処理

　本章では，動的‐成熟モデル（DMM）方式の中で用いられる談話分析への認知心理学および認知神経科学の貢献に目を向けてみたい。要するに，私たちは，脳／心と，心的表象のアセスメントとしてのアダルト・アタッチメント・インタビュー（AAI）との関係についての1つの手引きを提供する。つまり，脳は意味を創り出す器官として概念化され，この器官は特に危機や生殖の機会に関して，自己に関連する意味を創り出すために入力情報を用いるのである。ここで提示される発想の基本にあるのは，脳は並列分散処理を行う分岐ネットワークとして機能するというものである。このネットワーク内では，神経経路がそれぞれに入力信号について異なる変換を行う。このネットワークへの入力情報は，最初は感覚刺激である。この感覚刺激は自己の内外から生じるものであるが，処理が継続されるにつれて，表象のまとまりに一貫性をもたらそうとする試みを反映する自己生成型の変換からも生じる。
　分岐ネットワークが最初に分かれるところは感覚刺激の2つの異なる属性に対応している。その属性とは時間的秩序と強度である。その後，変換された出力情報を異なる脳の領域が受け取ると，さらなる意味の分析と帰属に向けて，その出力情報を変換してから，もう一度並行する分枝において別の脳の部位へと送り出すのである。神経経路は各段階で，他の表象と比較して別個に処理されるそれぞれの表象を用いて，自己と文脈との関係についての表象を構成する。複数ある表象が一貫したものになると，行為の傾性は明確になる。
　多様な変換は，脳の特定の部分を通過するそれぞれの経路のもつ利点とともに，その経路に結びついた限界と歪曲も反映する。さらに，それぞれの表象は何らかの様式で反応する傾性をもたらす（Damasio, 1994）。したがって，この表象は「傾性表象」と呼ばれる。この過程の最終段階は皮質レベルで生じ，そこでは複数の傾性表象がまとめられ，最終的な分析と統合が行われて，最も適合し，最も包括的な傾性表象が構成される。こうした自己に関連する意味を生み出す過程を次の5つの節に分けて議論する。(1) 予測に役立つ認知情報と情動情報へ感覚刺激を変換すること，(2) 認知と情動の7種の変換，(3) 記憶システムと傾性表象モデル，(4) 統合と内省的統合，(5) 符号化，想起と忘却，検索，である。

感覚刺激の変換

　脳の進化と機能に関する理論と実証研究によるエビデンスが一致していることに基づいて，Crittenden は，危機や生殖の機会を予測できる情報に感覚刺激を変換する2つの基本的なあり方を提案した（Crittenden, 1995, 1997c, 2002）。1つ目は「認知」変換である。この変換は刺激を時間に沿って並べることと，先行する出来事と後続する出来事との関係に因果的な帰属を潜在的に行うことに基づいている。「認知 cognitive」という言葉は非常に厳密に限定された形で用いられ，時間に沿って配列された情報を意味しており，そこから因果関係に関する帰属が導かれるものである。認知変換は，「時 when」に関する情報，すなわち一連の行動において危機や生殖活動の機会がいつ生じるかに関する情報を提供する。アタッチメント理論で言うならば，認知情報に基礎をもつ行動と思考の組織化は，A タイプの機能にとっての基礎である。

　2つ目の変換は「情動」変換である。この変換は刺激入力の強さ，つまりその刺激に反応するニューロンの数や，こうしたニューロンの発火率に基づいている。刺激の強度の多様性は，文脈がどのように変化してきたかを示す指標とみなされる。情動変換は「場所 where」に関する情報，すなわち自分との関連で，どこに危機や生殖活動の機会が存在し得るかという情報を提供する。情動，とりわけネガティブな情動は，C タイプの機能にとっての基礎である。

　認知と情動，この2つが合わさって，いつ，どこで危機が予期されるか，またいつ，どこで性的接触がなされ得るかに関する情報を提供する。アタッチメント理論の言葉で言えば，両方の形態の情報をバランス良く使用することで，B タイプの機能が生み出されるのである。これら2つの基本的な変換はその後の変換の基礎を形作る。

認知情報

　時間に基づいた変換を行う能力は，脳幹と小脳の機能と結びついている（Green, Irvy, & Woodruff-Pak, 1999）。つまり，これは進化上かなり早期の，原初的な変換である。他方で，必要とされるシナプス結合は比較的少数であるため，その変換は速い。危機が差し迫っている場合にスピードは重要である。

　認知情報は行動的な学習理論の原理で記述される（Steinmetz, 1998; Thompson et al., 1997）。行動の結果，つまり行為をした後に生じるものが，自分の行動に帰属可能な意味を決定し，それゆえにその行動が将来繰り返される可能性を決定するのである。望ましい結果を伴う行為は繰り返される可能性があり，望ましくない結果をもたらす行為は繰り返されにくくなる。危機は最も望まない結果であり，性的接触は最も喜ばしい結果の一つである。

　認知情報によって，危機的な（不快な）結果をもたらしたことがある行動が抑止されたり，望ましい結果に先行する行動がより頻繁に表出されることがある。強迫的行動は，危機が予期された時に特に起こりやすい。では，その危機が実際には生じなかったとしよう。この条件では，それが何であれ，予期していた危機が生じなかった正に直前にしていたことと，その危機が生じなかったこととの間に因果関係の帰属がなされるかもしれない。強迫的行動は，言い換えれば，防

衛行動と見なされるようになり，危機が予期される時には行われるであろう。

　認知変換は通常，同じ時間的秩序で経験が繰り返されることによって生じるものであるが，たった一度で変換がなされることもある。単一試行学習は，その結果が非常に危機的であったときに最も生じやすい（Gustavson, Garcia, Hankins, & Rusiniak, 1974）。こうした条件において，人は一連の危機的な出来事が二度と繰り返されないようにしようと努めるものである。この場合，彼らは自分から始動する行動を抑制しようとする。しかし，単一試行学習は，時間的秩序が偶然に生じた場合や因果的でない場合に，誤った因果関係の帰属を非常にもたらしやすい。単一試行学習は危機的な条件下で最も頻繁に生じるので，危機に晒されると迷信的な認知的帰属が大いに生じやすくなる（Tracy, Ghose, Strecher, McFall, & Steinmetz, 1999）。

　認知情報は本質的に直線的である。それは一連の流れを，先行する出来事とその結果に分解する心を必要とする。Aタイプの話し手は自分自身の行為を，アタッチメント対象の反応を引き起こすものとして同定する傾向があるのに対して，Cタイプの話し手は自分を他者によって行為させられる存在，すなわち，自分は他者の行動の結果による犠牲者であると見なす傾向がある。どちらの見解も正確であるとは言いがたい。動的で，多方向的で，多重因果的な現実の複雑さを両者は共に歪曲しているのである。

情動情報

　情動変換を行う能力は，大脳辺縁系の進化と結びついている。これは哺乳類のみに関連する，進化的にはより最近の現象である。情動変換は刺激の相対的な強度に基づいており，強度が急に予期しない形で変化すると，辺縁系の構造体による処理が促進される。つまり，極端に高レベルあるいは低レベルの（予期されなかった）刺激は一連の神経学的反応を始動させ，個々人の生理状態を変化させる。これによって闘うか，逃げるか，さもなければすくむかを準備できる（Perry, 1994; Selye, 1976）。こうした変化に付随して生じるのが一般化された不安覚醒状態，つまり予期状態である（Le Doux, 1995; MacLean, 1990）。覚醒刺激は五感のどれかを通して知覚される。たとえば，非常に大きな音や真暗闇，強い味覚やほとんど見分けられない味覚，強烈な臭いやかすかな臭い，痛みを引き起こす接触や羽毛のように軽い接触などが，覚醒を高め，自己を守るために生理的に態勢を整えさせる。さらに，これらの五感の状態はどれも，それ自体は危機的なものではないし，危機を内在していることもないが，どの状態も通常より高い危機の可能性と結びついている（cf. Zhong, Bohns, & Gino, 2010; Zimbardo, 1969）。五感の中で，嗅覚と触覚は，それぞれ遠くと近くにある危機に関する最善の情報源として特別な重要性を持っている。味覚は自己と非自己を区別する特別な指標である（Rozin & Fallon, 1987; Schedlowski & Pacheco-López, 2010）。不味い物質は身体から排出される。実際，極度にまずい物質は有毒の，つまりは自己に相容れないものとして扱われる（味覚と嫌悪，そして自己同一性についての議論に関しては，Crittenden, 1994 参照）。

　身体的覚醒は生理的状態の変化によって生じるものである。生理的状態が変化すると感覚刺激が生み出され，次にこの感覚刺激が辺縁系の構造体によって処理される。この生理的変化は身体を文脈に適合させるが，そこには闘ったり，逃げたり，すくむように身体を準備させる生理的変

化も含まれる。したがって，身体的覚醒は自己の状態に関する情報であり，その人が何をしようとしているのかを知ることと高い関連性がある。結果的に，身体のイメージはとりわけ重要性を持っているのである。

感覚情報から危機を知って，かつ自己の守り方を手続き記憶上でわかっている場合には，覚醒にはほとんど，あるいは全く変化が生じないことは注目すべきことであろう。むしろ，その人は必要とされることを行い，安全である。これは非常に危険とされる人たちの一部に見られる「冷静で／冷たい」振舞いと関連しているかもしれない。

焦点が定まらない不安は，経験に基づいて，少なくとも3種の明確な感情状態，つまり怒り，恐れ，慰めへの欲求，に分化され得る。焦点の定まらない不安によって全般的に覚醒され，感覚の警戒状態が高められていく一方で，慰めへの欲求や怒り，そして恐れが情動状態として焦点づけられる。つまり，慰めへの欲求は愛情を伴う接近を動機づけ，怒りは攻撃性を伴う接近を，そして恐れは退却を動機づけるのである。強い刺激の反対にあたるのは軽度の刺激である。これは先行刺激レベルと比較的類似しており，こうした刺激が心地良さという感情をもたらす。心地良さは，危機が起こる可能性が通常よりも低いことを示す情動シグナルとして働く。

情動情報は連合学習によって拡張されて，経験した危機や安全の文脈に備わる感覚的側面が危機や安全と直接関連づけられるようになる可能性がある。同様に，生殖上の成功と失敗は，経験された感覚情報と結びつけられるようになる。認知情報の場合と同じく，危機／安全と生殖の予測は間違いをおかしやすく，危機に晒されると，連合の学習は速やかに，かつ間違った形で成立する。極端なケースでは不安障害になる可能性があり，不安を調整するために性愛化された行為を企てることもある（Crittenden, 1997a, 2002）。

情動変換を行う力は，認知変換より後に進化したものであり，3つの利点をもつ。第1に，危機（あるいは生殖の機会）についてより高い可能性を予測するための生来的な知覚バイアスを持っている。認知は脅威の経験を基にして予測を導くのみである。第2に，情動は，自律神経系の興奮を通して，本来的に自己関連的なものである。第3に，情動表出を経験した後に，結果がもたらされる。これによって情動表出が持つ意味という認知的理解が生まれる。

認知と情動の7つの変換

以前の節で述べた通り，脳は予測をよりよく行うために感覚刺激を変換する。つまり，脳の神経活動は過去の正確な表象を生み出すために機能するわけではないのである。そのかわりに，自己を守り，生殖の可能性をもつパートナーを同定するという要求を予測するために組織化されるのである。このため，誤りを犯すリスクがついてまわることになる。すなわち，将来の危機や生殖の可能性を過剰に，あるいは過少に評価してしまうことが生じるのである。一般的に言えば，危機や生殖の機会の過剰帰属は過少帰属よりも起こる可能性が高い。機能的な意味で考えれば，過剰帰属をすることで，危機を見過ごしたり，生殖のパートナーを見つけられないというリスクが減少する。7種の変換の型が論理的には存在すると思われる（Crittenden, 1997d）。AAIで使用される談話の中で，これらの変換のタイプがそれぞれ同定されることになる。

正確な情報と誤った情報

　認知変換と情動変換はともに危機や安全を正確に予測する場合もあれば，誤って予測する場合もある。これらの変換が正確に予測する場合，危機や生殖の機会は正確に同定され，適切に自己を守ったり，生殖行為を行うことができる。予測が誤っている場合，ある連合が時間的秩序や文脈に基づいてなされるものの，条件間で予測関係が成立していないため，その連合は偽りのものである。こうした場合には，不合理な認知的信念が保持され，その信念により行動が調整されることになるか，あるいは危機的でないまたは保護的でない文脈や性的接触に適切でない相手と，情動が誤って連合されるかのどちらかである。誤った情報に基づいてなされる行為は通常不適応的であろう。つまり，認知情報と情動情報には正確な変換と誤った変換があり得るのである。

歪曲された情報

　さらに，認知も情動も歪曲され得る。複雑な因果関係のうち1つの側面ばかりが強調され，他の側面が排除される場合，認知は歪曲されている。一般に，これはある因果関係を誇張することを意味する。実際にはそれは部分的に正しいだけか，または時々正しいだけである。たとえば，時に怒ったり敵意を示すことのある親の良い性質を強調することによって，親の要求に従おうとする子どもの意欲は高まり，それゆえに自分を危機に晒すような抗議をする可能性は低くなるだろう。AAIを分析するためのDMM法式では，こうした歪曲は理想化，免責，自己責任（Aタイプ方略を用いる話し手に典型的である），そして受動意味思考，還元主義的非難思考，正当化（Cタイプ方略を用いる話し手に典型的である）などと呼ばれる。

　情動が歪曲されているのは，複雑に混合した一連の感情の中の1つの情動が強調され，他の情動が排除されている場合である。たとえば，ある人が怒りや恐れや慰めへの欲求を感じながらも，その怒りのみを強調する場合，その人は恐れ知らずの攻撃や闘いを挑む可能性が高まり，逃げたり，愛情を示したりする可能性は低くなる。

　分割は情報の幾つかの側面を処理しないことによって，歪曲を可能にする心的過程である。Aタイプの話し手にとって，分割は良い認知と悪い認知の間に生じ，固定的な傾向をもつ。Cタイプの話し手にとって，分割は否定的な情動の内部（つまり，慰めへの欲求と怒りと恐れとの間）で生じ，他者の行動がどのようなものであるかによって入れ替わりが起こりやすい。まとめると，認知と情動の変換は歪曲されることがあり，情報を歪曲する過程の根底には分割が存在するのである。

排除された情報

　ある種の情報は予測に役立たないとか，別の情報は危機的であることが明らかになると，その情報はその後の心的処理から捨てさられる可能性がある。これが情動または認知の排除である。たとえば，Aタイプの個人は，不安や慰めへの欲求や怒りや恐れなどの自分自身の情動と自分についての肯定的認知は危機を引き起こすものであると見なして，捨て去ってしまうことが多い。

Cタイプの個人は因果関係や予測可能な結果に関する情報を捨て去ることが多く，そのために複雑に組織化されている因果関係や不愉快な顛末に対する自分自身の寄与についてはっきり認識することができない。

偽りの情報

情報には見かけ上の予測とは正反対の予測をするものもある。たとえば，笑顔には怒りが隠されているものがあるし，意図の説明には嘘であるものもある。このような場合，情報は偽装されており，惑わせるものである。Aタイプの話し手には否定的情動を偽装し，その代わりに偽りの肯定的情動を示そうとするものもいる。Cタイプの話し手には時間的予測を偽装し，自分の将来の行動について他者の判断を誤らせるものもいる。

否認された情報

本当であるかもしれないと話し手が恐れている（そして，もし本当であるならば，話し手の表象過程について抜本的な再組織化が必要となる）自己に関連する情報は否認されることがある。その情報は脅威を与えるものとして知覚される。なぜならば，この情報は基本方略の再評価を要求し，そのためにその方略の効果を無きものにすると同時に情緒的苦痛を引き起こすからである。Aタイプの話し手にはあらゆる否定的情動を否認し，その否認は身体的苦痛にまで及ぶものもいる。Cタイプの話し手には危機的な結果を引き起こした際に自分が果たした役割を否認するものもいる。どちらの場合でも，極端な危機（それらは身体面および心理面の両方であり，また暴力的な虐待および放棄的なネグレクトの両方でもある）に遭遇したことと否認には関連がある。

妄想的情報

高数字のA方略およびC方略で否認された情報によって生じるギャップは不一致を作り出す。これらの不一致が気づかれると，修正に向かいはじめるか，もしくは妄想的な過程に向かいはじめる。妄想は内的に引き起こされる表象であり，その起源は自己にある。しかし，妄想は自己が生み出したものと認識されず，現実として扱われる。その効果は否認された情報によって生じた不一致を解消することである。Aタイプの話し手の中には，自分は罰を受けるに値すると主張して，自分を傷つけた他者の責任を否認するという文脈において，自分は保護されているという妄想的信念を構築するものがいる。情動面から見ると，彼らは苦痛を否認して，快感であると妄想的に主張する。そうすることによって，自分はむしろ安全であると感じることができるのである。もし苦痛の覚醒に伴って性的覚醒が生じるならば，またもし話し手が避けられない結果を「招いた」ならば，この過程は促進される[訳注1]。Cタイプの話し手にも妄想的な情動表象を構築する者

訳注1）自分が「招いた」と思うことによって，他者が自分にしていることを自分で支配できているという妄想的感覚を得られるため。

がいて，ある情動のまとまりを絶対的なものとみなし，その他の情動を否認する。たとえば，恐れと弱さを否認しつつ，怒りと不死身であることを絶対視することが生じる。認知的に見ると，この話し手は因果関係に自己が関与していることを否認しており，その結果，脅迫と復讐という妄想的な筋書きを作り出すのである。

　認知並びに情動についての 7 種の変換は，危機／安全と生殖の可能性について 14 種の情報の形態をもたらすことになる。つまり，正しい情動と認知，誤った情動と認知，排除された情動と認知，歪曲された情動と認知，偽りの情動と認知，否認された情動と認知，妄想的情動と認知，である。DMM 方式による AAI の分析は談話内からこれらすべての変換を同定するものである。さらに，強迫的 A タイプの話し手と執着的 C タイプの話し手は低数字の Ainsworth の方略を用いる者よりも，多様な変換および極端な変換を用いると提案されている。こうした変換は早期幼少期での危機に晒された経験と関連すると共に，成人期の精神病理のリスクにも関連することが多い。加えて，異なる臨床上の障害は異なる変換のパターンを示すかもしれないと提案されている。第 15 章でこのことを支持するデータを示すが，DMM アプローチの強みは検証可能な仮説を詳述している点にある。

記憶システムと傾性表象

　認知に関する近年の研究は，安全に対する脅威を人がいかに解消するかに関して極めて重要な（少なくとも）5 つの記憶システムがあることを示唆している。この記憶システムとは，手続き記憶，イメージ（あるいは知覚）記憶 imaged memory，意味記憶，エピソード記憶，内省的統合記憶 reflective integration memory の 5 つである（Tulving, 1995；図 3.1 参照）。それぞれの記憶システムは実験的にも神経学的にも支持されている。ここでは，第 6 の記憶システムである

図3.1　情報変換：情報と記憶システムの組織化

情動暗示言語 connotative language を提案している。

　これらの記憶システムの中で，手続き記憶とイメージ記憶はどちらも潜在知識から成る，つまりは言語を必要とせず，誕生時から機能している点で類似している。意味記憶と情動暗示言語はどちらも言語的であり，したがって潜在的な形式（たとえば前意識的な形式）にも，顕在的な形式（意識的に調整された形式）にもなる点で類似している。エピソード記憶とは，時間的連続性，イメージ，意味記憶上の理解，そしてエピソードを生き生きとしたものにする言語とを，出来事に基づきながら言葉によって統合したものである。

　作業記憶は変換の一つのタイプというよりも，むしろ脳の別の部位で生み出された情報を統合する大脳皮質上の過程であるという点で，これらの記憶システムとは異なっている（Baddeley, 2009）。記憶の基礎となる神経学的処理過程に関する近年の理解では，一度に活動的であり得る情報はわずか3ビットから5ビット程度であり（Cowan, 2010），現在の文脈における自己の表象を含んだこれらの情報が，どの表象が活性化されるかを規定するということが示唆されている（Klingberg, 2009）。作業記憶（並びに表象）は能動的な過程であり，過去と現在の神経ネットワークが接続されて，傾性表象を生み出すのである（Damasio, 1994）。この傾性表象は過去の経験や現在の経験を事実に則って正確に映し出すものではない。この表象は自己と未来の文脈との間に起こりそうな関係に関する最善の予測を反映するものである。作業記憶は他の記憶システムの出力結果に完全に依存している過程として他のシステムとは別個のものとして位置づけられる。

　手続き記憶とイメージ記憶について Bowlby は記述していない。しかし，生まれて最初の1カ月でこれらの記憶は機能していることから，これらの記憶は前意識的に作動し，非常に速い処理にかかわり，深刻な危機あるいは自己を脅かすような危機に特に関連している。したがって，この2つの記憶を含めることは，過去にリスクを経験したことのある者，とりわけ人生早期に起こるリスクを経験したことのある者の AAI の逐語記録の分析にとって重要であろう。これらの記憶システムを用いるためのガイドラインを作成するにあたり，これらの記憶システムを反映する Main and Goldwyn（1984, 1994）の方式の諸側面が適用されてきた。たとえば，インタビュアーに対する巻き込む発話は手続き記憶の一側面として議論される。それぞれの記憶システムを以下に取りあげる。これらは潜在記憶システムと顕在記憶システムの2つのグループに分けられる。

潜在記憶システム

　潜在記憶を支える脳のシステムは，顕在記憶に必要なシステム以前から，局在して機能している。このことは，経験の重要な側面が誕生時から学習され得るし，あらゆる年齢での処理が知識の顕在的形式よりもずっと急速に生じ得るという点では利点となる。欠点としては，潜在的形式で学習したものに気づくことはとても難しくなり，その人の行動にどのように影響するのかを予測することも，その影響を調整することも非常に困難であることがあげられる。

手続き記憶

　手続き記憶（Tulving, 1995）は行動に関する，前意識的で，反射的で，学習性の感覚運動パ

ターン，つまりシェマ（Piaget, 1952）である。Brunerの用語では，「やり方を知っていること」である（Bruner, 1972）。DMM方式では，手続き記憶は潜在的な認知情報として記述される。手続きには成人や子どもが安全であるために何をするかを学んできたかが反映されていたり，あるいは成人が生殖上のパートナーになるかもしれない相手を惹きつけるために何をするかが反映されている。人の行動の多くは手続き的であり，意識的な思考や問題解決が焦点となるようなことはほんのわずかに過ぎない。それゆえに，手続きには個々人の有力な過去の経験が表れているのと同時に，彼らが将来最も起こし得る行動が表れている。諸条件がずっと予測可能な形で危機的であった場合，子どもは安心を増加させるべく，手続き的な抑止や強迫的行動を発達させることができる。たとえば，否定的情動を示すことで罰せられると，その行動は抑制されるかもしれないし，報酬が与えられるならばその行動の頻度は高くなりがちである。報酬が与えられる情動は3種の形で生じるだろう。(1) 本当の情動を表出することに対する予測可能な強化。Bタイプの分類と関連している。(2) 偽りの肯定的情動に対する予測可能な強化。強迫的方略（A3–6タイプ）と関連している。(3) 歪曲された否定的情動に対する間欠的で予測不能な正の強化。威圧的方略（Cタイプ）と関連している。

　3種類の手続き記憶はAAIの談話分析が関心を向ける対象である。George, Kaplan, and Main (1996) は手続き記憶を引き出すという考えをもってAAIを開発したわけではなかったが，実際のところは，談話を扱うパターンや，AAI実施中の情動の自発的な表出や，インタビュアーとの相互作用中に用いられる行動のパターンなどの形式に実に的確に表れているのである（たとえば，転移，Szajnberg & Crittenden, 1997）。

イメージ記憶

　イメージ記憶は，たとえば怒声の甲高い音，しっかりと抱きかかえられて揺すられる際の鎮静させるリズムなどの，過去の経験の知覚イメージから構成される（Schacter & Tulving, 1994）。再生されるイメージは安全または危機に関する文脈を反映していることが多い（たとえば，温かく柔らかなベッドまたは暗く冷たい地下室，など）。身体イメージは不安覚醒（たとえば，ふらつき，吐き気，息切れ）や心地良さ（たとえば，おばあちゃんの柔らかさ）と結びついた身体の状態である。イメージは，危機／安全や生殖の機会が通常より高い確率で起こる条件に関する文脈情報を反映しやすい。

　イメージ，とりわけ身体イメージは，過去の出来事をリアルで，今まさに，生々しく直截的なものとして経験させる機能を持っている。それゆえに，イメージはイメージと結びついた（先行する）状況に反応する傾向を個人内に作り出すのである。イメージはまた，覚醒を引き起こす効果を持つ。この効果自体が辺縁系にフィードバックされて，結果として覚醒を増大させる。動くanimatedイメージ（たとえば，対話の中で，あるいは身振りによって行動で表現されるイメージ）は話し手の覚醒を増大させる上でさらに効果的である。妄想的イメージは，自分自身の身体的あるいは心理的安全にとって重要であると話し手が感じる情動状態へと至るのに特に役立つ機能を持っているようである。すなわち，妄想的イメージは（再生されたのではなく）想像されたイメージであるように思われる。この妄想的イメージは情動を喚起するように，または動きを伴

いながら提示されるが，その際の神経経路の活性化の様式は，実際に経験されて再生されたイメージと同様なのである。その違いは，情報源は自己であるにもかかわらず，そのイメージが自己の外部から来たものであると誤った形で特定されるという点にある（以下に示す情報源記憶を参照）。イメージは危機に晒されることと特に関連がある。

顕在記憶システム

意味記憶

　手続き記憶とイメージ記憶は乳児期には機能しているのに対して，意味記憶は生後2年目になって発達し始める。意味記憶は，手続き知識に示される随伴性に関する一般化された言語的理解，つまりは認知情報の言語的変換として概念化される。意味情報の原型は，〜すると when／その場合 then という時間的発言がもし〜ならば if／その場合 then という因果的発言に変換されたものである。つまり「もし〜ならば if」は先行する条件を，「その場合 then」はそれに続く事象，つまり結果を指している。しかし，短縮型が用いられることもある。たとえば，「あなたはいい子ね」は「あなたはいい子だから，良いことだけしかしないよね」という因果関係を暗示している。このような発言はもちろん現実を歪曲している。正確な条件文は「あなたは普段はいい子だから，私はあなたをほめたり，あなたにご褒美をあげたりするのよ。時には私の期待通りにやらないために怒られることもあるかもしれないけどね」というところになるであろう。

　さらに，意味記憶の記述的発言は，意味記憶の規範的発言に容易に変換される。規範的発言において，「すべき」や「ねばならない」などといった動詞型が用いられる。たとえば，「道路に飛び出しちゃだめよ」，「自分の部屋を掃除しないとね」，「嘘をついてはいけません」というようにである。規範的発言は親や教師をはじめとする権威的な人物によって使用されることが多い。

　就学前の子どもは意味情報の歪曲にとりわけ脆い。なぜなら，子どもはもっと正確で複雑な陳述をまだ理解できないために，記述的発言と規範的発言とを区別することができないからである。さらに，もっと年長になれば，一般化された意味を自分自身で推論できるようになるが，就学前の子どもにはそれができない。むしろ，彼らの一般化は親からの「借り物」である。親の発言が子どもの経験を反映していない場合や，あるいはその発言が不正確である場合（というのもたいていの場合，親は子どもに何かを信じさせたいと思っているので），子どもが生み出す現実に関する意味表象は，手続き記憶やイメージ記憶による理解と一致しないものになるであろう。

　その不一致について子どもがはっきりと表現できる場合，そして親が共感的に応答して，子どもが混乱を解決するのを助ける場合，こうした成熟に伴う限界も成長への道となる。しかし，脅かされている子どもはそうした疑問を尋ねはしないし，親の中には子どもの訴えをまともにとらえなかったり，質問に正直に答えないものもいる。これが結果的に意味記憶の歪曲をもたらすのである。意味記憶の歪曲は子どもの理解に干渉するであろうし，また子どもが自分の行動を組織化する様式にも影響を与えるであろう。あるケースでは，それが理想化や免責（つまり，Aタイプの機能の構成要素である）という結果をもたらす。特に懸念されるのは，物事がどのようであるのかという「記述的な」意味記憶上の発言を，物事はどうあるべきか，どうあらねばならない

かという「規範的な」意味記憶上の発言へと親が歪曲する場合である。このような規範がまるで記述であるかのように子どもに適用されると，ほとんど常にと言ってよいほどに子どもはその基準に適合することに失敗して，（自分の行いが悪かったと認識するのとは反対に）自分自身を悪い存在であると感じる。

別のケースでは，子どもはあきらめてしまい，（それらがそれほど予測に使えないために）意味記憶上の発言が役に立たないと見なす場合もある。こうした子どもはその後の処理で意味情報を排除してしまう。Main and Goldwyn（1984, 1994）が「受動（意味）思考」という用語を用いたものである。見かけと現実が異なるような危機的状況では，現実の関係性は言葉で説明されているものとは正反対であることが多いと子どもは学習する。つまり，意味情報は虚偽となりうることを学習するのである。最も脅威となる条件下では，子どもは自分自身の行動と自分に差し迫る危機との間の結びつきを識別することができない。この場合は，認知情報を完全に否認して，そこで欠損した情報を妄想的情報で可能な限り埋め合わせることになるかもしれない。

情動暗示言語

情動暗示言語は，聴き手の中に情動状態を引き起こす言葉の使用を意味する。就学前の子どもはお話や歌や詩などの形式で情動暗示言語に晒されるが，この言語を意味ある形で自ら生み出すことができるようになるには学齢期や青年期を待たねばならない。情動暗示言語は1つの記憶システムとして認知心理学者に認められてはいないが，潜在記憶システム，この場合はイメージ記憶であるが，その言語化された形として，意味記憶と平行して機能している。

人工的談話または知性化された談話を典型とする情動暗示言語は，その語りから自己や情動を引き離すことによって，覚醒を下方調整する機能を果たす。このような使い方は，言語の表示機能を強調しており，語られている話から話し手と聴き手の両者が情緒的に距離を保つものである。これはAタイプの話し手に典型的なものである。

これに対して，情動喚起的な単語や語句を典型とする情動暗示言語は，擬音語や，並置，リズム（特に，あやすようなリズムや急な休止），頭韻，メタファーなどの使用によって，聴き手の中に情動を生み出す。この言語によって，読み手は話し手の情動状態を共有させられる。こうした用法はCタイプの話し手に典型的なものである。

Bタイプの話し手は表示的 denotative 言語と情動喚起的 evocative 言語を談話の中で組み合わせることによって，意味記憶上の意味と情緒的な深みの両方を伝えることができる。言語に備わる情動暗示的性質は認知的意味／意味記憶上の意味を弱めることなく情動を明確化するために用いられる。その結果，話し手とインタビュアーが交渉してきた共通の目標に達するための効果的な手段となる。つまり，関心をもつ聴き手に向けて個人的な意味を伝える明確なストーリーとなるのである。

エピソード記憶

エピソードは出来事の順序に関する認知情報を文脈についての情動情報，および関与者の情動

的／身体的反応と統合したものから構成される。この統合には，（感覚皮質，小脳，および辺縁系のような）脳の異なる部位から生じる相当量の情報が，ある時点で神経結合に合わせて活性化されたままでいることが必要である。この神経結合は，最初は，関係に関わる組織化が構築される場である海馬に，そして最終的には，行為可能性が評価される場である前頭野に収斂する（全引用文献については Crittenden, 1997c 参照）。留意すべきことは，エピソードとは一時的な構築体であり，そこにはその出来事自体が生じた期間に活性化されていた神経ネットワークの再活性化のみならず，現時点での自己の状態を表象するネットワークも含まれているという点である。後者は前者の活性化に影響を及ぼすため，再生されたエピソードは過去に関しては不正確であるが，現時点での自己に関しては最大限に関連のあるものとなるのである。エピソードを構築する能力は概ね3歳ごろに機能するようになるが，それでもアタッチメント対象による指導が必要である。こうした指導が利用できない場合は，エピソードの再生は損なわれることだろう。

　時間的秩序とイメージ情報の両者を統合して，十分に記述されているエピソードはBタイプの話し手に典型的である。イメージと情動喚起的言語が「淡々としている」一連のエピソード（つまり，脚本のようなもの）はA1とA2に典型的であるのに対して，情動喚起的で，鮮明なエピソードの断片（知覚イメージ）を話すのはCタイプの特徴である。

情報源記憶

　情報源記憶はエピソード記憶の特殊な形式であり，記憶システムの統合に関して重要である。この記憶は正確な情報源を再生するというものである（Schacter, 1996）。情報源記憶はあらゆるタイプの情報に対して，その情報が自分自身に属するものとなった時についての符号を付けるのである。この記憶システムがなければ，情報の妥当性を評価することは困難になる可能性がある。これは私が今考えていることなのか，それとももっと若いときに私が考えていたことなのか？　それはあなたの結論だったのか，それとも私の結論だったのか？　そのことは学術書で読んだのか，あるいはタブロイド新聞で読んだのか？　それは実際に起きたことか，私がただ考えたことだったか？　情報源記憶のおかげで，目下の条件や自己にとっての意味合いに照らして情報を再検討し，評価することが可能になる。情報源記憶がなければ，信疑の基盤が奪われてしまう。

　このことのもつ意味は深い。適度に疑わなければ，本当ではないことまで本当であると思ってしまう。間違いないという確信が失われてしまえば，本当であるとわかるものなど何もないことになる。真疑を弁別することは心的および行動的組織化にとって中核的なことである。本当に導き出された意味記憶上の結論を借り物の結論，つまり他者から教わった結論から区別できないならば，自分自身の見解というものを失ってしまう。意味記憶上の結論の源泉を知ることによって，情報を他者の視点へと帰属できる（それゆえに，その情報の自己との関連性を顕在的に評価する気になる）し，また過去の結論並びに以前の自己関連性を目下の理解や欲求または要求と比較することも可能になる。もしも誰の感情であるのか区別できないならば，自分の利益になることを行うことができるようにはならないし，自分の行動を情動的に組織化することができるようにはならない。同様に，エピソードにおける時間と場所の情報を再生することができないと，白昼夢

なのか，想像した行為なのか，望んだ行為なのか，恐れられた行為なのか，それとも実際経験したことなのかを弁別することができない。このために妄想的思考が可能になる（Schacter, 1996）。

　情報源記憶は，時間的秩序も扱う前頭前野により処理される。これは認知情報の中でより精緻化された形式であるが，人生早期には機能しておらず，はっきりと既知である情報のみに適用されるものである。就学前の子どもにおいて情報源記憶が欠けていることは，その年齢の子どもたちが偽の再生を真に受けやすく，他者から言われたことが本当に自分のことであると思い込みやすいことを説明してくれる。情報源記憶が十分機能するようになるのは，青年期になってからである。子どもが信頼する成人から与えられる歪曲にとりわけ脆さを示すのはこのためである（Schacter, 1996での議論を参照, pp.123-129）。他の記憶システムと比較してみると，情報源記憶は特に歪曲や錯誤に脆弱である。特に，真実と妄想（あるいは，あまり軽蔑的でない言葉を用いるならば，作話）に関係している錯誤や自己関連性に関係している錯誤を生じさせやすい。その後の発達と結びつくことで，こうしたことが重篤な精神病理の主な寄与因子になる可能性が出てくる。つまり，現実と空想を区別することの困難や，自己覚知，自己同一性，自己関連性を確立することの困難は，精神病理の重要な指標となるのである。

　成人における情報源記憶の役割を理解するには，学齢期での発達に関する理解が必要であろう。学童期の子どもにとって極めて重要なことは，(a) 成人は，情報源がその子どもの外部にあるものとしてはっきりとラベルすることなく，自分自身の見解や歪曲や経験を子どもに伝えることはない，そして (b) 行動という外部の世界では「真実」ではない個人的で内的な情報源は，夢や白昼夢あるいは願望として正確に同定される，ということである。注目すべきは，声に出してしゃべる子どもは，考えを頭の中にしまっておく子どもよりも，自分自身を情報源であると見なしやすいということである（Giles, Gopnik and Heyman, 2002）。発達的に見れば，就学前の子どもは，自分の心が個人的なものであることを理解していない，つまり，自分が考えていることを他者は知り得ないことを理解していないのであり，この気づきが始まるのは就学したばかりのころからなのである。問題を抱えた子どもは仲間からも頼りにする支援者である大人からも孤立することが多いこと，彼らは他の子どもに比べて多く眠ったり，白昼夢を見たりするかもしれないかもしれないこと，そして彼らが抱く願望や恐れの強さは他の子どもに比べて甚だしく，実際の経験とのずれも大きいことを考慮すると，問題を抱えた子どもには，自己から生成された情報をそのようなものとして適切に同定することができないという特有のリスクが存在する。間違った理解が修正されないならば，成人期において過剰に規則に縛られた思考や，あるいは妄想的な思考に侵される可能性が高くなるであろう。

統合と内省的統合

意味の生成

　心は意味を生成する器官である。心は，内的にも文脈との関連でも，一貫性を追求する。不一

致を知覚すると，それを減らして無くすことを最終目標として，統合処理を開始する。多種多様な意味が生成される可能性があるが，危機と生殖の機会に関連している意味は生き残るために極めて重要である。つまり，統合はぜいたく品ではなく，生命を守る過程なのである。

内省機能は統合の一型であり，これにはすぐに行為に移すことをせず意識的に思考することも含まれる。内省機能は不一致の知覚によって開始されることが多い。多くの場合，内省の過程は表象の誤りを修正することによって不一致を減らす。より複雑で包括的な表象を構成することもこれに含まれることが多い。

過程 対 モデル

アタッチメント理論は内的表象モデルを，ある人が「所有」しており，かつその中に情報が「保持」されている「もの」として扱う傾向があった。現在の神経生理学では表象モデルを，「過程」にもっと近いものとして概念化している。Damasioの用語では，脳内のそれぞれの処理経路は，行為をするという傾性や行為をしないという傾性を意味する情報を生みだす（Damasio, 1994）。処理が完了する前に中止されると，そのときに作動している「最も強い」傾性表象が行動を調整すると考えられる。この表象は手続き表象でも，イメージ表象でも，意味表象でも，情動暗示表象でも，あるいはエピソード表象でもあり得る。しかし，意味表象，情動暗示表象，並びにエピソード表象はより広範な処理を必要とする（そして，それゆえに多くの時間がかかる）ので，早期に処理を中止すると，結果として，手続き的並びにイメージの傾性表象の実行へと偏ることになるだろう。

これに対して，処理が十分に完了した場合，慎重に評価された表象を意識的に構築することが可能になる。こうした表象はより良い適応的な行動をもたらすと思われる。感覚刺激は並行処理の分岐ネットワーク内で繰り返し変換される。この分岐ネットワーク内において，それぞれの経路は信号を修正して物事を明確にするが，同時に別の物事に関しては歪曲や誤りを生成する（たとえば，認知変換や情動変換は同じ感覚刺激から異なる種類の情報をもたらす）。皮質統合とは，入力を分析し，意味を帰属させ，皮質に到達する多様な変換から反応を組織化することからなる過程を指す（Schacter & Tulving, 1994）。

統合的な作業記憶は情報の統合に関する今まさに進行中で作動している過程である。過去の統合過程やその結果を再生することとは反対に，リアルタイムに機能しているものである。AAIの言葉を使えば，それはメタ認知思考あるいは能動的な内省機能である。統合された結論とメタ認知思考を区別することは，賢く統合された思考を真似しておうむ返しする未統合の話し手と，経験から意味を導く生涯にわたる過程に能動的に取り組む統合された話し手とを区別する上で重要である。

連合と分離

最近の知見が示唆するところによると，皮質における（統合的）処理には2つの対立する機能がある。前頭前皮質は離散的に情報を保持し，そうすることで情報を比較対照することを可能

にする。つまり，前頭前皮質は心の焦点を調整する役割を果たす。これを達成するために用いられる手段の一つは，無関係なものや，接点をもたないもの，あるいは競合する思考過程を抑制することである。これに対して，後部皮質は連合機能，つまり意味を拡張したり，生成するために情報を結びつけることを行う。後部皮質のおかげで心は，相互作用しながら相互に接続したり，関連する誘発的手がかりや意味の範囲を広げることができる。これを達成するために用いられる過程の一部は，思考の脱抑制による過程である。この2つの過程が合わさることで，情報の分類，すなわち効果的で生産的な利用に向かって情報を集めて分けることが可能になる。言い換えるならば，この対立する2つの過程は情報の組織化，および情報から導かれた行動の組織化を可能にするのである。どちらの過程も重要であるが，混沌や無秩序に向かわないようにするために，方略的に調整されなければならない。

　前頭前皮質と後部皮質は，さまざまな処理経路があることから生じる傾性表象の不一致の認識を促進させるだけでなく，連合されて関連性のある情報に基づいた複雑な理解と解決の生成をも促進させる。概して，個人が行為を遅らせるのが長くなるほど（あるいは情報の処理が速くなるほど），そして一斉に神経学的に活性化し続けることができる情報が多くなるほど，統合の程度はより大きくなる。見つけられる誤りが多いほど，より多くの情報がその誤りを修正し，新たな仮説を構築するために用いられることであろう。その結果こそ，目下の状況を解釈して対応する方法に関する，統合的で意識的に検討された，階層性を持った暫定的メタモデルなのである（Crittenden, 1990）。言い換えれば，その結果とは，心自体がもたらしたものについてその心が斟酌することに由来するメタ認知なのである。たとえば，潜在的な手続きのルールを，意味記憶において顕在的にするには，Ellis（1973）により特定された内省的な「論理－情動的」過程が必要である。このルールの限界（そしてその限界に付随する条件）を理解することはメタ認知的である。

危機に晒されることが統合に与える影響

　統合には時間がかかる。しかし，危機的な状況下では，時間を要することはその危機を高めることになる。迅速な反応が必要になることが多い。このことは費用対効果というまさに根本的な問題を生み出す。迅速な反射的反応は自己を守るが，間違った方に導いてしまうこともある。内省的反応の方がより確実であるが，間に合わず自己を守れなくなるかもしれない。この状況は危機，特に早期から繰り返される危機を経験してきた成人に観察される，ある種の情報処理に関わる問題，そしてその結果として生じる行動を説明する際に役立つ。

　とは言え，十分な内省の時間があったとしても，より正確な表象が脅威を与えるものであったり，その個人が達成できる知的能力を遥に越えている場合もある。特に子どもの場合，（たとえば「お母さんは本当に君を憎んでいて，君に死んでほしいと願っている」のように）恐怖を引き起こす表象を，日常生活を送るためには回避する必要がある。こうした場合には，心に備わった意味生成機能が正確な情報を否認して，現実のギャップを覆い隠すために妄想を構築することで，不一致によって特定された誤りを「修正」するかもしれない。

符号化，想起／忘却，検索

知っていることは情報を持っていることと同じと言えるほどには単純でなく，想起することは既知の情報を入手するほどには単純ではない。情報処理に関する章を締めくくる本節では，経験を利用する際に必須となる3つの過程を急いで概観する。

符号化

　符号化には2つの形式がある。第1の形式は作業記憶で生じ，ある出来事により活性化される神経経路が将来再活性化される確率を高めるように機能する（すなわち，将来の再生のために保持する）。非常にはっきりと述べておかなければならないのは，情報は書類の引き出しの中にある1枚のカードのように，あるいは書架に並ぶ1冊の本のように，1つの個別の単位（1つの記憶）として保持されているわけではないということである。それとは反対に，中枢神経系が保持しているのは，ある分散神経ネットワーク内部においてニューロンが連続して発火する確率だけである。この確率が上がれば，将来再生する際に情報をもっと利用しやすくなる。またこの確率が下がれば，情報は忘却されるであろう。将来の発火確率の変化はシナプスで生じ，神経伝達物質の放出の増加あるいは減少から構成されている。これは脳に到達する刺激の強度に，つまりその出来事が持つ情動的顕著性に左右される。このような長期増強（LPT）が，過程に基づいた符号化の形式を構成している。

　符号化の第2の形式は，タンパク質合成を用いてシナプスをさらに生成する。つまり，これは記憶を定着させる構造的基盤を持った，より持続的な形式である。新しいシナプス結合の生成には情報が精緻化される必要がある。これは単純な繰り返し，方略的な努力，あるいは連合などによって生じうる。精緻化の過程にはその出来事をカテゴリーに分類することや，他の長期記憶と結びつけること，個人的に関連づけて組み込むことが含まれる。精緻化された符号化は再生の効率を高め，（量と正確さの両面での）意味の帰属を高め，さらに将来の行動への影響力を高めるといった利点を生み出す。とはいえ，これらには欠点もある。効率性が高まることは，新しいアプローチや競合するアプローチを実行しにくくする傾向を意味する。意味の帰属が高まることは，実際は幅広い範囲の手がかりによって生じる経験であっても，わずかな基礎となる経験に結びつけて心的解釈を行いやすくさせる。行動への影響力が高まることは，いくつかの出来事が個人の機能に不釣り合いなほどの影響をもたらすかもしれないことを意味する。出来事が繰り返されて，そうした精緻化がバランスよく成熟する場合，これは長所となる。その出来事が繰り返されそうにないとき，あるいは精緻化がまだ十分でなく，不完全であったり，歪曲されるようなとき，これはその人にとって不適応行動に向かわせるバイアスとなるであろう。たとえば，再び起こりそうにもない危機に陥った経験を「予防」として繰り返し語ることは，実際のところ，心的外傷後ストレス障害を予防するのではなくむしろ促進させる可能性がある（すなわち，災害後に経験を振り返り語ることは医原性の障害を引き起こし得る。Kennedy, 2000）。

　他方で，情報が精緻化されなければ，再生される頻度は少なく，その細部も詳細さに欠ける。

さらに，情報を引き出す手がかりも少ない。Aタイプの話し手は，言い換えれば，他の話し手に比べて情報を再生することが容易でない上に，実際のところ記憶量もより少ないのである。

まとめると，符号化は2つの過程からなる。1つは比較的に短時間で，受け身的で，刺激依存的で，さらにはシナプス増強という化学作用を媒介する過程である。これに対して，もう1つは，構造的に持続的で，精緻的で，方略的で，内省的な過程であり，シナプス生成の過程である。

想起と忘却

想起と忘却は相補的な過程である。両者があわさって，環境に秩序をもたらす（Edelman, 1987）。関連性のない情報の忘却は，関連性のある情報の想起と同じくらい思考にとって必要である。忘却は，不要な情報を削除して新しい情報のためのスペースを作ることで，心の機能をより効率的なものにする，ある種の心の剪定作業である。シナプスを使用しないとそのシナプスは弱まるため，忘却が生じるのは知りたいという要求が経験されることと直接関連している。このような機能は明らかに都合がよい。ただし，重要な情報が抑制過程によって活性化されない場合を除けばの話である。こうした条件下では，用いられることの減ってしまったシナプスが衰え，樹枝状の構造が他の経路に結びついていくために，情報は失われていくであろう。定期的な発火がなければ，将来の発火（つまり，将来の再生）の確率，再生を生じさせる一連の手がかり，並びに再生された連合の豊さは減じられるか，失われるであろう。言い換えれば，あらゆることが記憶されるわけではないし，記憶されているあらゆることが無限に復元可能であるわけではない。記憶はそれらを精緻化することにより再構成されるのである（Schacter, 1996）。精緻化なくして再生なし，である。精緻化が足りなければ，記憶は制限されることであろう。

検　索

検索は，さまざまな脳の部位が1つの表象を創り出すために結合して行う活動が一時的に配列されたものであり，この配列は再び正確に複製されることは決してない。検索とは創発される実体なのである。すなわち，過去は再生されない。それとは反対に，再生とは多種多様な神経ネットワークを活性化する過程である。現状の活性化（現在の自己の状態）を表象することもあれば，検索の手がかりで活性化されることもある。しかし，検索の手がかりは符号化の手がかりと結びついている（Tulving, 1995）。検索の手がかりは過去に活性化されたことのある経路を，つまり記憶されている出来事の一部を活性化させて，現在作動中の経路と結びつけることで，この特定の場面で再生される記憶を作り上げるのである。こうした過去と現在の不完全な混合物こそ，ネットワークが「想起している」ことである。つまり，あらゆる再生は今まさに自己関連性があるものなのである。またこの過程は，どのように符号化されたのかがどのような種類の手がかりで再生できるのかを規定することをも意味する。

検索には2つの形式がある。連合的検索（自動的，状態依存的検索）と方略的検索（カテゴリーや論理的関連付けによる意図的探索）である。インタビュアーやセラピストを含む検索の環境は，どんな手がかりが提供されるのか，その手がかりは方略的と連合的のどちらの傾向を持つ

のか,さらに,再生可能性を生み出す先行する符号化や精緻化の過程に一般性対特異性という点でその手がかりが一致するかどうかにも大きな影響を与える。記憶に関するこの流動的で創発的な性質は適応に役立つものでもあり,歪曲を引き起こすものでもある。

　想起経験のうち誤った方向に導く可能性がある側面は,その人の再生に関する確信である。自分の記憶に対する確信は実際の真実とはまったく関係がないのである。

結　　論

　AAIはインタビューの実施とインタビューの分析を導くために,情報処理の5つの側面（感覚刺激の認知的および情動的側面,7種の変換,記憶システム,統合,そして符号化と検索）を活用する。AAIにおいて話し手の生育歴はインタビュアーと共同構築される。インタビュアーは,話し手が関連する情報に接近する可能性を最大限のものにするべく,非常に一般的な手がかり,中程度の特異性を持つ手がかり,そして独特で個人特異的なフォローアップの質問を用いて,系統的なやり方で各記憶システムを調べるのである。インタビューをコーディングする者は書き起こされた談話を検討して,以下の点を探索する。(a) 認知情報あるいは情動情報に優先的に頼っているというエビデンス,(b) 情報の歪曲,(c) 異なる記憶システムから導かれる表象の内容における葛藤,(d) 自己関連性のある情報を検討するためにインタビュアーと「接続されている」関係を用いようとする話し手の能力と意思に関するエビデンス。続く章では,AAIの談話分析方式を作り出すために,これらのアイデアを拡張していく。

第4章

アダルト・アタッチメント・インタビューの談話分析に用いられる構成概念

　アダルト・アタッチメント・インタビューのコーディングと分類は次の3つの情報源に依拠している。(1) 子どもの頃に起きた生活上の出来事の歴史，(2) 手続き傾性表象，イメージ傾性表象，意味傾性表象，情動暗示傾性表象，エピソード傾性表象およびこれらの統合，(3) 情報変換あるいは記憶システム間の不一致を同定する談話マーカー，である。

生活上の出来事／経験の歴史

　生活上の出来事は話し手が遭遇した心理的サポートと心理的課題を理解するために重要である（図4.1に構成概念のリストを示す）。話し手の行動上の適応性と心的一貫性を評価できるのはこれらの観点においてである。次に挙げる出来事は重要ではあるが，たとえそれらがトラウマティックに経験されていた場合でも，その出来事自体が分類を決定することはない。

慰　め

　すべての親は自分の子どもたちを何らかの様式で「愛する」と想定されている。その愛情が経験される特定の情緒的様式をこの構成概念は指している。慰める親とは意味記憶上では少なくと

慰め	役割逆転
保護	ネグレクト
危機	パフォーマンス
拒絶	欺き
巻き込み	性愛

図4.1　生活上の出来事／経験の歴史に関する構成概念

もいくつかの肯定的形容詞によって描かれており，また慰める行動に関する信用できる複数のエピソード記憶がある親のことである。エピソードに慰めの性質があるかどうかを評価する際，基本的な世話（たとえば，服を着せる，食事を与える，など）をしていたとか，遊んであげたり，物を与えたりしていたかよりも，話し手が苦しんでいたり，危機に遭った時に慰める機能を提供していたかが重要である。したがって，病気や怪我や苦しみ（さらにそれらに関連したいかなる形容詞）に関する質問への応答がこの構成概念を評価するために重要である。慰める親を持つ話し手はバランスの取れた（B）と分類されることが典型的である。

保　護

保護的な親は子どもが危機に遭った時に保護的で思いやりがある。しかし，彼らは子どもと多くの肯定的な時を共有しなかったかもしれないし，愛情深いと子どもから思われていなかったかもしれないし，子どもを情緒的にサポートしていなかったかもしれない。それにもかかわらず，子どもたちが身体的危機に遭った時は，彼らを守ったのである。さらに，両親は子どもにとっての危機の源ではなかった（つまり，子どもを攻撃したり，見捨てたり，なじったり，応答し損ねたり，あるいはこうしたことをするぞと脅したりはしなかった）。しかし，子どもが安全ではあるが不快な思いをしている時に子どもの感情に注意を払わなかったかもしれないし，あるいは自分のことにとらわれすぎたり気分屋すぎたために，子どもは安心を感じられなかったかもしれない。子どもを保護してはいたが，慰めてくれないと子どもに知覚されていた親を持つ話し手は低数字のAタイプ（A1–2）とCタイプ（C1–2）パターンに分類されることが多い。

危　機

危機はもちろん極めて重要である。子どもの身体的または情緒的健康や安全が脅かされた時はいつでも危機が存在する。ここに含まれるのは自然災害，深刻な病気，（どんな理由であれ）保護してほしい時に親が不在であること，戦争，などである。また配偶者への暴力，離婚，児童虐待など親が引き起こした危機や意図的に押し付けられた脅し，あるいは積極的に和らげられなかった脅しも含まれる。

しかし，すべての危機が思考の歪曲につながるわけではない。いかに親がその出来事に対処し，他に子どもをサポートする人がいたかどうかを理解することが極めて重要であることが多い。危機はすべての分類に関連しているが，一般に危機へ大きく晒されるほど動的‐成熟モデル（DMM）における高数字のカテゴリーに当てはまる可能性が高くなる。よく見られる身体面や心理面での危機的条件を以下にいくつか挙げる。

拒　絶[原注1]

拒絶という構成概念は，子どものアタッチメント行動を拒絶する親，または拒絶すると脅す親のことを指す。子ども自体を拒絶することもここには含まれているが，拒絶と判断するためには

極端な反応が必ずしも必要なわけではない。実際，たいていの拒絶は，子どもが**不必要な**アタッチメント行動を見せたのを単に拒絶している場合を指している。たとえば，子どもが実際には安全である時（ストレンジ・シチュエーション法での分離場面の最中など）に怖がったり，怪我をして手当されている時に泣いたり，危機がない時に慰めを求めるなどの場合である。さらに深刻な場合はすべての否定的情動が拒絶され，最も危機的な場合は子どもは身体的に拒絶される（たとえば，実家から追い出し，親戚と暮らすようにする）か，または心理的に拒絶される（たとえば，血がつながった子どもに対して，お前は養子だとか，子どもなんてほしくなかったと言う）。拒絶はAタイプの分類と通常関連しているが，「獲得された」Bにも起こるかもしれない。

巻き込み[原注2]

　巻き込みという構成概念は，子どもと過剰な近接を求める親のことを指す。これにはさまざまな形があり得るが，それぞれ異なる結果を子どもにもたらす。最も単純な場合，親がまるで同胞関係という下位システムのメンバーであるかのように子どもと関わる。こうした巻き込みは「情動伝染 affect contagion」の過程を反映していることが多い。そこでは親は子どもの苦痛に満ちた情動を「捉え」，そのため親自身が苦痛を感じて，子どもを適切にケアできなくなる。巻き込む親は子どもの役割（すなわち，注目されたり，世話されたり，慰められたりする側）をめぐって自分の子どもと競争することが多い。あるいは，片方の親が子どもを三角関係化されているtriangulated 親サブシステムへと引っ張り込み，両親の間での何らかの交渉にその子どもを使うかもしれない。通常，このようなことは子どもにはわからないような形で行われるため，親の行動を子どもに向けさせた因果的条件を子どもが識別することは困難になる。第三の可能性は配偶者システムの中に子どもが持ち込まれ，まるで片方の親にとって成人のロマンティック・パートナーであるかのようになる場合である（つまり，配偶者化 spousification）。どの場合も，成人と子どもの境界は侵犯されている。

　子どもは両親に過剰に巻き込まれると，不安や居心地の悪さを感じたり，混合した感情状態を経験したり，自己とアタッチメント対象との間の境界が拡散または曖昧になり（あたかも誰の感情が誰のものなのかはっきりしないかのようである），巻き込む親と過剰な身体接触を維持しようとすることが多い。子どもが三角関係化された親との関係の中に巻き込まれた場合，因果関係の混乱（つまり，意味記憶の正確さと明晰さの欠如）も経験することが多い。親との性愛化された関係の中にいる子どもは自分と親の行動がもたらす影響に関する責任を誤解するだけでなく，広範な情動状態の混乱も経験する。

　一方で，子どもは役割逆転を経験するかもしれない。子どもは自分の両親と競争する代わりに，子どもとしての役割を譲り，親への世話役として機能する。DMM方式ではこのパターンは

原注1）この構成概念はAinsworthによって導入され（Ainsworth et al., 1978），Main and Goldwyn（1984）によってAAIへ適用された。ここでは大きく変更することなく，適用されている。

原注2）この構成概念はMain and Goldwyn（1984, 1994）によって導入されたものであるが，DMM方式ではいくらか修正されている。特にMain and Goldwynは巻き込みと役割逆転を（巻き込み／役割逆転という）一つの次元の中間と上限として扱っている。下限は，巻き込みと役割逆転が共に見られない場合である。

Aタイプの話し手と関連しており，次節で論じられる。巻き込む親を持つ話し手はCタイプに分類されることが典型的であるが，Aタイプで役割逆転（下記のA3を見よ）であったり，または「獲得された」Bである場合もある。

役割逆転[原注3]

役割逆転は，話し手が子どもの時にあたかも親が子どもで話し手が親であるかのように親を世話していた状況を指している。これが最も重要となるのは，話し手が危機に遭ったり，慰めと保護を必要としていたが，代わりにそれらを親に提供していた場合である。役割逆転は巻き込み（親と子どもが子ども役割を共有し，競争している場合）からも，また親化Parentfication（子どもが年下のきょうだいに親のように振舞う場合である。しかし，親は成人の役割を保持しており，親に対してはそのように振舞うことはない）からも区別される。システム論的に見ると，役割逆転は階層的役割の境界が硬直化していることを含んでいる。つまり，親役割と子ども役割の境界はあるが，それぞれの役割で誰が機能するのかという点が逆転しているのである。心理的に見ると，役割逆転をしている子どもは自分の感情を抑制し，親が望んでいる（偽りの）配慮的な情動を示し，このようにすることで親からある程度注目されるという利益を得る。このパターンは無能で子どものような親（つまり，無力なふりをする〔C4〕親）か親からのネグレクト，または親のうつ病（つまり，Aタイプの親）のどちらかと関連していることが多い。どちらの場合も，子ども時代の生育歴は強迫的世話（A3）という就学前期のパターンを示していた子どもと通常一致している[原注4]。病気や事故で健康を奪われたにもかかわらず，心理的には成人の役割を維持している，つまり権威を維持し，慰めを提供している親を身体的に世話することは役割逆転ではない。「獲得された」Bは役割逆転をしていた子どもだったかもしれない。

ネグレクト[原注5]

ネグレクトする親は子どもから心理的に遠く，したがって子どもの欲求に気付かなかったり，無頓着であったりする。過剰に仕事をして家族から退却している親は，抑うつ的な親のようにネグレクトしがちである。子どもが保護を必要としていると親から認められなかったらしい事例に比べれば，身体的ネグレクトは特に貧困という条件においてはネグレクトという構成概念にとってさほど重要ではない。ネグレクトする親を持つ話し手のほとんどはAAIでAタイプに分類されるが，ここでもまた再構成によってBへと分類されることもあり得る。

原注3）この構成概念はMain and Goldwyn (1984, 1994) によって導入されたものであるが，DMM方式ではいくらか修正されている。特にMain and Goldwynは巻き込みと役割逆転を（巻き込み／役割逆転という）一つの次元の中間と上限として扱っている。下限は，巻き込みと役割逆転が共に見られない場合である。

原注4）Main and Goldwyn (1984, 1994) によると，役割逆転はCタイプと通常関連する。しかし，DMM方式では役割逆転の生育歴はAタイプの談話と現在進行中の役割逆転（つまり，Aタイプ）という手続き記憶上の証拠と通常関連している。

原注5）この構成概念はAinsworthによって導入され（Ainsworth et al., 1978），Main and Goldwyn (1984) によってAAIへ適用された。ここでは大きく変更することなく，適用されている。

パフォーマンス[原注6]

　親が子どもを受け入れ，愛するため，または傷つけないために，過剰に高いパフォーマンス（学業成績，競技の成功，独創的達成，従順，世話，注目，服装，または見かけ，清潔さ，自立などを含むあらゆる種類）を要求する場合，パフォーマンスへの圧力は重要である[原注7]。しかし，他のサンプルでは子どもは他の方法で親を満足させなければならない強い義務を感じる。強迫的な過剰達成を（好ましく適応的な）高度の達成から区別できるのは，パフォーマンスが親の要求や脅しや愛情獲得と結びついている場合である。達成したことから個人的満足が得られることはほとんどない。達成するための努力に集中できるようにするために発達の他の側面は制限される。そしてその個人は現在の目標達成に成功したことは過小評価する一方で，達成しなければならない将来の目標を絶えず持っている。強迫的行動を確認できるのは危機との関連において，また（手続き記憶上で）親の視点から話された談話との関連においてである。パフォーマンスへの圧力はAタイプ分類，特に強迫的パフォーマンスの分類であるA4-と通常関連している。ここでもまた，再構成によってそれほど極端でない分類，もしくはBになることもあり得る。

欺　き

　欺き，またはだましは特に危機と結びついた時に後の精神病理と関連することが多い重大な子どもの頃の出来事である。軽度の事例では時間的随伴性に関して子どもをだます。一つの例は，望ましい行動を引き出すために両親が子どもに報酬または罰を与えると言ったにもかかわらず，そのわいろまたは脅しを実行することに繰り返し失敗する場合である。さらに危険な事例では，子どもを心地良くさせておいて，それから身体的または心理的に攻撃することが含まれる。欺きとだましはCタイプ分類，特にC3–8分類と関連している。もちろん，Bの人々はどんな生育歴も持ち得る。

性　愛

　他の話題について話している時に性愛が不必要に持ち込まれてくる場合（特にこれがインタビューの初めに起きる場合），性愛は重要である。また性愛が不安や慰めと頻繁に結びついているかどうかに着目することも決定的に重要である。性愛にこだわる，あるいいは非性愛的話題を性愛化する話し手は高数字パターン，特にA5とC6に割り当てられることが多い。

　このリストは身体的および心理的危機に関する多くの重要な側面を扱っているが，完全なものと考えてはならない。危機と保護は人間関係にとって中核的な構成概念である。

原注6）この構成概念はMain and Goldwyn（1984, 1994）によって導入されたものであるが，DMM方式ではいくらか修正されている。

原注7）これはMain and Goldwyn方式（1984, 1994）では「達成への圧力」である。彼女らのより狭い構成概念にはAAIを開発するために使用された中流階層サンプルがおそらく反映されている。

談話および関連する記憶システム

　修正版アダルト・アタッチメント・インタビュー（Crittenden, 2007）は手続き記憶，イメージ記憶，意味記憶，情動暗示記憶，エピソード記憶，統合的記憶をアセスメントすることができる。談話の構造や情動の非言語的表出やインタビュアーとの弁証法的過程における手続き記憶から証拠をあつめる。また，この修正版インタビューは他の記憶システムを調査した際の反応の中にイメージ記憶を引き出すことも多い。各記憶システムはコーダーがそれらを比較できるようにインタビューの中で体系的に扱われる。各記憶システムは別々に評価することが可能であり，記憶システム間に不一致があれば，それは話し手の心的機能への最も明確な指針となる。

手続き記憶

　手続き記憶上では，**バランスの取れた話し手**の談話は通常の，**意味を変換しない言い淀み**を含み，比較的明晰であり，意味を追いやすい。表出された非言語的情動は全般的に肯定的なものであり，話し合われている話題に応じて変化する。Bタイプの話し手はインタビュアーと**協力的に**関わる。これには聞き手の視点を取って語りを理解可能にするために必要な情報を提供し，しかしその一方で自分自身の視点から語るということが含まれる。

　Aタイプの話し手は遠ざける談話を使用し，時間的明確さに焦点を当て，自分の否定的感情から自己を遠ざける。彼らは否定的感情の表出を抑制するか，**偽りの肯定的情動を代わりに用いるか**，**否定的情動を感じることを否認**する。彼らはインタビュアーの権限を実際以上に大きく考えがちである。その結果，話し合いたくない語りの一部を語らず，あまりにも簡潔にする（あるいは沈黙すらする）ことによってインタビュアーを閉め出すかもしれない。代わりに，彼らはインタビュアーの欲求や要求や判断を先取りし，それらに従うかもしれない。この場合，インタビュアーをなだめ，慰めようとする（あるいは自分の語りに対して謝りすぎる）かもしれない。または厳格な要求や細かな要求や言語化されていない要求に過剰に従おうとするかもしれない（5つの記述的単語あるいは6つの単語を挙げることすらあるかもしれない！）。あるいはインタビュアーが評価を提示できる前に否定的な自己評価を提示するかもしれない。

　Cタイプの話し手は巻き込む談話を用い，否定的感情に焦点を当て，時間的秩序や人や場所をあいまいにする。彼らは否定的感情を強調して表出する。また話を語る際にインタビュアーを巻き込むことによってインタビュアーの支持を得ようとしがちである。時にこれは話し手とインタビュアーが同じことを知っている（つまり，心を共有している）と仮定することを含むが，その一方で他の例では，インタビュアーの同意，または導きすら求めようとすることも含まれる。より極端な例では，家族メンバーとの長年続いている論争においてインタビュアーが共犯になることを求めることも含まれる。共犯は顕在的に求められることもあれば潜在的に求められる，つまりインタビュアーは話し手の家族に敵対する同盟を話し手と結ぶように誘惑されることもあるかもしれない。最も極端な例では，話し手はインタビュアーが他者（たとえば，当局や話し手の両親など）と共犯していると想定しているかのように振舞う。

イメージ記憶

　イメージという点では**バランスの取れた話し手**は生き生きとして新鮮なイメージをエピソードの中に統合している。

　A タイプの話し手はイメージを除去するか（A1），提示はしても，自己には結びつかず文脈に固有のものとしてのイメージであり，話し手が認識していない（そして統合していない）情動をイメージが表象しているように見える。アタッチメント対象およびアタッチメント対象からの慰めを話し合うために，慰めとなる場所のイメージが代わりに用いられることが多い。不快なイメージは置き換えられるか現実離れしたもの，つまり自己に関連しないものにされる。

　C タイプの話し手は多くのイメージを使用し，彼らの混合した感情の一つを明確にするためにイメージを用いる。イメージは自己に関連はしているが，文脈を失っている，つまり，その源である時間と場所から独立して「生きている」ように見える。これらのイメージは他の記憶システムに頻繁に著しい影響を与えるため，完全なエピソードが提示されることはほとんどなく（つまり，時間的秩序，特に原因となる出来事とその結果，が欠けていることが多い），意味記憶上の発言が特定の出来事に関するイメージへと分解される。

意味記憶[原注8]

　意味記憶上では**バランスの取れた話し手**は的確な評価をするが，そこには以下のものが含まれることがある。

- もし～ならば if ／その場合 then（または，～すると when ／その場合 then）という随伴性（たとえば，「もし彼がしらふならば，彼は寛大である。しかし，酔っていると，彼は時に乱暴なこともある」）
- 複数の原因となる要因
- 時間的秩序と因果関係と責任の区別

　たとえば，上の3つのうち最後のものに関して言えば，乳児の頃の話し手の行為が悪い出来事を引き起こした（因果関係において時間的に先行していた）かもしれないが，乳児は他者がした悪い行為に対して責任を負わない。B タイプの方略を用いる人はこのことを認識している。したがって，成熟（子どもたちは成人の行為に対して責任を負わない）と力／ヒエラルキー（真に無力な人々は力をもつ人々の行為に対して責任を負わない）と知識（行為がなされた時にその人は何を知っていたのか）に応じて責任は割り当てられるのである。しかし，成熟は子ども時代を通して変化する変数なので（つまり，乳児は責任を全く負わないが，児童はいくらかの責任を負

原注8）この構成概念は Bowlby によって導入され，Main and Goldwyn（1984, 1994）によって AAI へ適用された。ここでは大きく変更することなく，適用されている。

A1–2　問題は存在しない。したがって，私は責任について決定する必要はない（つまり，理想化）。

A3–4　問題は存在し，それを引き起こしたのは私のアタッチメント対象である。しかし，これらの（述べられた）理由から，アタッチメント対象に責任はない（つまり，免責）。さらに，私自身の行動でそれを防ぐことができる。したがって，私のアタッチメント対象を非難する理由はないし，私は自分の行動の結果に対して責任を負わなければならない。

A5–6　問題は存在し，そして私の行為が先にあったので，またはそれが起こることを私は知っていたので，私はそれを防げなかったことに対して責任がある（つまり，自己責任），または私がこのような（悪い）ことを求めたのである（つまり，マゾヒズム）。さらに，私の行為がアタッチメント対象の反応を引き起こしたので，彼または彼女の行動にも私は責任を負っている。

A7–8　問題は存在し，それは私自身である。それは私の性格と私の生き方である。これからのいかなる解放も他者によってなされなければならない。なぜなら私は自分の性格も生き方も理解できないからである。

図4.2　Aタイプの話し手の自己責任

C1–2　これらの出来事は意味をなすように秩序立っていない。したがって，いかなる結論にも結び付かない。それゆえ，私は責任の所在を特定する必要はない（つまり，受動意味思考）

C3–6　悪いことが起こった。私は幼かったり，無力だったり，知識がなかったりしたので，私のアタッチメント対象に責任がある（つまり，還元主義的非難思考）。

C3/C5　私は強いので，彼らは私を傷つけることはできない。私は彼らに復讐するだろう。

C4/C6　私は弱いので，誰かが私を助けなければならない。（どちらの観点も通常はほのめかされる。つまり，偽りの強さ／怒りが弱さを隠している，あるいは逆もまた同様である。）

C7–8　悪いことが起こった。私は傷つけられたので，私は犠牲者であり，私以外の他の誰かに責任があるかもしれない（つまり，認知の否認）。

図4.3　Cタイプの話し手の自己責任の欠如

い，青年はそれ以上の責任を負う），年齢にふさわしい方法でバランスが解釈されなければならない。

Aタイプの話し手は（自己を含んだ）個人の良い／悪い性質に比較的はっきりと妥協のない形で言及する不適切な発言をしがちである（図4.2参照）。特に彼らは因果関係を責任と混同し，かなり高数字のAの人は時間的秩序を因果関係と責任の両方と混同する。したがって，Aの人々の中には自己と他者への責任の割り当てに漸次的段階がある。

Cタイプの話し手は，Aタイプが責任を分割する過程の正反対のものを用いて，自分自身よりも他者に責任があると考える（図4.3参照）。別の言い方をすれば，Cタイプの話し手は，子どもが責任を負わないことを未熟さや無力さや知識不足の機能として説明するが，現在をも含む後

の人生までこれを変えないまま保持する。低数字の，つまりほぼバランスの取れているCタイプの話し手は一般に意味記憶上の発言をすることができないか，できるとしても大きくためらいながらのみであるか，以前の意味記憶上の発言を無効にする（あるいはそれらをほとんど意味がなくなるまで曖昧にする）ことが多いか，あるいは葛藤的で統合されていない意味記憶上の発言をする（判断がぐらつく）のである。高数字の話し手の中には真実のわずかな部分を誇張したり，自己の寄与に関する決定的な情報を否認することで，誤解させるような結論を生みだす者もいる。

したがって，Cの人々の中には正反対の漸次的段階がある。

情動暗示言語

情動暗示言語は認知心理学者によって記憶システムとして認められてはいない。しかし，徐々に洗練され正確になる表象形式を生み出す感覚刺激変換に対する記憶システムアプローチを論理的に延長したものである。ここで使われているように，情動暗示言語はイメージ記憶の言語化された形式を反映している。それは，意味記憶が手続き記憶の言語的延長であることの論理的対比であり，発言と単語選択と組み合わせの非言語的特質から成っている。情動暗示言語の構成要素はリズム，韻，頭韻，擬音，誇張，平行構造，直喩，隠喩，象徴化，反語，皮肉などである。隠喩と象徴化を解釈する際には特定の問題が生じる。動的‐成熟モデルではこれらの意味は話し手によって定義されなければならない（つまり，普遍的に理解されている隠喩の使い方をAAIの話し手に当てはめることはできない）。情動暗示言語を用いることによって，意味を明確にすることも曖昧にすることもできる。

人工的あるいは知性化された談話は自己と感情を談話から取り除く。また，それは言語的構造からすべての感情刺激的要素を取り除き，すべての注意を内容へと集中する中立的提示にする。こうするために，Aタイプ談話の遠ざける特徴を多く使用するが，そのようにしても（必ずしも）構文や思考の過ちを犯さない。人工的談話は話し手の情動状態や好みや個人的視点や偏見について聞き手が知ることを妨げ，聞き手の中にいかなる感情も引き起こさない。たいていの科学的コミュニケーションはこの形式の言語的談話を使用している。

情動喚起的言語は人工的談話と正反対である。それは頭韻，擬音語，活動そのものの繰り返し（たとえば，「動いて，動いて，動いて」），押韻，直喩など，とりわけ聞き手の中に感情を生じさせる文学的装置だけでなく，強力に情動換起的な単語（たとえば，「連れ去られるwhisked」，「のどを締め付けられるstrangled」，「ゾッとするhorrific」，「押し込まれるtucked in」など）も含む。別の言い方をすると，情動喚起的言語は聞き手の心の中にイメージを作り上げ，さらに聞き手の中に感情を引き起こすかもしれない。これは聞き手に話し手の視点を経験させることを可能にする。情動喚起的言語はCタイプの話し手によって使用されるのが典型的である。

Bタイプの話し手は両方の種類の言語を組み合わせることで明確かつ生き生きとした談話にする。分析的言語と情動喚起的言語の両方が適度に用いられることによって，話し手が話した内容に集中することと，また話し手の情動的状態を共感的に理解することの両方が聞き手に可能になる。さらに，もし話し手が自身のバイアスと自己に関連した意味をはっきりと述べることができるならば，聞き手は話し手の視点を理解し，それを聞き手の視点から区別し，両者の視点の歩み

寄りを交渉することが最もうまくできるであろう。もちろん，これには話し手の側の高水準の内省的，統合的思考が必要となる。そのような思考は両方の形式の言語的コミュニケーションを適度に使用することによって促進されるのである。

全般的に低数字のAとCの話し手は情動暗示言語を控えめに使用し，情動暗示原語はコミュニケーション過程に意味をもたらすために特に機能する。一方で，高数字パターンの話し手は表示的意味に取って替えるために，そして最高数字のパターンでは意味を曖昧にするために，情動暗示言語に大きく依存している。

エピソード記憶[原注9]

エピソード記憶に関しては，**バランスの取れた話し手**は認知情報（時間的秩序，初期事象とその結果，そして因果的明晰さ）と情動情報（感情やイメージに関する発言）の両方を含むエピソードを提示する。

Aタイプの話し手はエピソードを思い出せないので何も話せないと主張するもの（A1）から，意味記憶上の推論からエピソードを構築するもの（A1-2），不快な出来事が起きる前にエピソードを中断するもの（A2），否定的エピソードを思い出すものの，それらをアタッチメント対象の視点から語るもの（A3-6），そしてアタッチメント対象にある程度の責任を負わせるであろう情報を排除するために情報を歪曲するものまでさまざまである。

Cタイプの話し手は否定的エピソードを含んだ情動刺激的エピソードを自由に話すが，彼らの関心は何が起きたかよりも，彼らがどのように感じたかのかということにあるように見える。さらに，部分的に語られたエピソードをはっきりした秩序がないまま，とりとめなく話す。しかし，彼らのとりとめのない発話の底にあるのは，時間的または因果的連鎖に注意を払うことなく，情動の頂点（Aタイプの話し手から中断を最も引きだしそうな部分）へと直接的に達するパターンの一つである。非常に高数字のパターンのCタイプの話し手は，時間的秩序は正確であるが，情報がはなはだしく排除されて因果関係が偽装されるため，自己は実際には他者への脅威に責任がある時に罪のない犠牲者に見える。

内省的統合[原注10]

統合的記憶に関しては，**バランスの取れた話し手**は作業記憶を用いて，すべての情報変換を一緒に考慮する。彼らは不一致に焦点を当てることで変換された情報を同定かつ修正することで，新しく，より賢明な理解を生み出す。特に重要な皮質の機能は，新たな統合的可能性と新たな情報を過去の経験に適用することで，将来の出来事に関してより正確な予期を構築することである。このように統合することによって，バランスの取れた話し手は，過去に彼らを傷つけた両親の行

原注9) この構成概念はBowlbyによって導入され，Main and Goldwyn（1984, 1994）によって適用された。ここでは大きく変更することなく，適用されている。

原著10) この構成概念はMain and Goldwyn（1984, 1994）によって導入されたものであるが，DMM方式ではいくらか修正されている。

動を理解し，許すことができるようになるのである。しかし，重要なことは，話し手は新しい見方の妥当性を認識すると同時に，彼らの子ども時代の経験の真実を否認することもないということである。

A タイプの話し手は統合的に考えることを避けようとして，楽観的な決まり文句や無関心をより多く用いる。さらに，彼らは意味記憶上で提示した情報がエピソード記憶やイメージ記憶上で提示した情報と合致していないことに気付けない。新たに得た能力や情報のために，親の行動を説明できるようになった時に，彼らは子ども時代の見方を否認するか，「自己中心的な」感情のために自分自身を非難しがちである。

一方で **C タイプの話し手**は本やテレビや他の人から「借りてきた」心理学的専門用語や結論を用いることで理解したかのように見せるが，彼らが実際には聞かれた質問に答えていないことや，時間や場所や人の境界を侵犯していることや，複雑な現実について混合した感情を持っていることに気付くことができていない。特に心理学的専門用語はそれが「記述」しているにすぎないものを「説明」するために用いられる。したがって，バランスの取れた話し手だけが，異なる方法で，つまり異なる記憶システム間で処理された情報間の一致（あるいは一致に達する能力）を示すのである。

談話の特徴とアタッチメントパターン

発話の言い淀みは，話し手が統合上の問題を抱えている地点の目印となる。多くの場合，これらは競合する思考や感情を反映している。ここでは言い淀みが特定の意味を持つというよりも，単に心理的不一致を示していると提案したい。不一致は，話し手が考えたり，感じたり，覚えていたりしたいものと，彼または彼女が実際に考えたり，感じたり，覚えていたりしたいものとの間にあるかもしれないし，またはいつも考えられてきたことと今真実に見えることとの間にあるかもしれない。前者は防衛的過程に帰着しやすいが，後者は新鮮な回答，ひょっとすると新しい洞察やメタ認知により帰着しやすい。したがって，言い淀みは，(a) 異なる情報源，(b) 以前の見方と現在の見方，(c) 矛盾している情報変換，(d) 防衛の実行と真実の発見，の間で心が奮闘している地点を示しているのである。

言い淀みは他のインタビューよりも AAI でより多く起こる。なぜなら質問項目が予想外で，挑発的で，情動的に刺激的なものだからである。コーダーは，それぞれの言い淀みが情報を隠すのか，あるいは最終的には重要な情報を利用可能なものにするのかという観点から評価しなければならない。評価には以下のものを考慮することが含まれる。それは，言い淀みの形態（たとえば，排除された単語，どもり，動詞の時制の変化），言い淀みの文脈（特に危機に関連しているかどうか），排除された情報の内容と性質（たとえば，イメージ記憶か，意味記憶か，エピソード記憶か），この言い淀みと他の言い淀みのインタビュー全体での使用パターン，である。ある言い淀みをどのように解釈するかについての最終決定は，危機に関する思考の心理的明晰さを優先した上で，談話行動のパターンによって決定される。Main and Goldwyn（1984, 1994）が記述した主要な言い淀みのタイプはここに提示された方式にいまだに残っている。しかし，いか

なる言い淀みの解釈も機能によって決定されるのであり，その形態によってではない。結果的にDMM方式では言い淀みは評定（つまり数字で測定）されない。代わりに，使用の頻度，機能，状況，一貫性について評価（つまり，質的にアセスメント）される。

複数の談話マーカーについて以下に説明する。談話マーカーは方略によって組織化され，また方略の中でも記憶システムによって組織化される（図4.4も参照）。その上で，軽度の情報変換を重度の変換の前に説明する。どの場合でも覚えておくべきなのは，単一の言い淀みの例があるだけではパターン全体を決められないこと，危機に関して情報変換を使用している場合の方がその他の場合よりも重要であること，カテゴリー間の境界にあるカテゴリーについて必然的に意見の不一致があること，パターンの中でも多様性（時に重要な多様性）がある，ということである。

Bタイプ方略に典型的な談話の特徴

手続き記憶

1. 談話 **変換しない言い淀み**はどの話し手の発話にも起こるものであり，どもり，言い直し，ためらい，言い間違いなどから成るが，それらは基底にある意味の変換を反映してはいない。別の言い方をすれば，これらの言い淀みは情報を歪曲したり，隠したりしない。実際，あたかも話している間に話し手が意味を伝えるより良い方法を見つけたかのように，これらの言い淀みはより明確な情報を提示する結果になることが多い。

2. 情動表出 **適切な非言語的情動**は，話し手の言葉の内容と一致するあらゆる種類の情動（肯定的，否定的，ユーモラスなど）である。バランスの取れた話し手は彼らの情動の表現上やコミュニケーション上の機能に気付いていることが多い。

3. インタビュアーとの関係 **インタビュアーとの協力的関係**[原注11]は，インタビュアーに聞かれた質問を話し手が注意深く聞き，それらに取り組む一方で，同時にこれらの質問を自分が気付いている自身の生育歴における重要な問題点に当てはめて，これらの問題を話し合う方向へインタビュアーを導くというものである。

イメージ記憶

新鮮で統合されたイメージ[原注12]は出来事の文脈を示し，その個人的な意味をインタビュアーに伝えるために用いられる。それらは以前にも使用されたかもしれないが，単になじみのある，使い古された決まり文句ではない。さらに，その意味は話し手にとって明らかである（つまり，それらは出来事または話し手から切り離されていない）。バランスの取れた話し手はこのイメージを自己と文脈の両方に関連付ける。そしてこの情報を用いて，自己にとっての意味を自己の将

原注11) この構成概念はBowlbyによって導入され，Main and Goldwyn（1984, 1994）によって限定された形式で適用された。ここではかなり拡張されて適用されている。

原注12) この構成概念はMain and Goldwyn（1984, 1994）によって導入されたが，DMM方式ではいくらか修正されている。

	Bタイプ	Aタイプ	Cタイプ
手続き記憶 （談話）	変換しない言い淀み	遠ざける談話	巻き込む談話 巻き込む怒り 巻き込む恐れ
手続き記憶 （情動表出）	適切な非言語的情動	軽蔑的ユーモア 排除された正確な情動 偽りの肯定的情動 否認された否定的情動と身体的苦痛	ご機嫌取りの情動 嘲る／ひっかかったな！ユーモア 覚醒的な非言語的情動 歪曲された肯定的情動 冷酷な，またはサディスティックに残酷な情動
手続き記憶 （インタビュアーとの関係）	協力的	中立的 分析的 他者への恭順	巻き込む 対決的／共謀的 哀願的／服従的 はぐらかす 誘惑的 威嚇的／不気味な
イメージ記憶	新鮮で統合されたイメージ	排除されたイメージ 置き換えられたイメージ つながりのないイメージ 間接的につなげられたイメージ 妄想的に保護的なイメージ 妄想的に懲罰的なイメージ	強烈なイメージ (怒りや恐れや慰めへの欲求)に関する動くイメージ 一般化されたイメージ 妄想的に脅迫的なイメージ
意味記憶	分化した一般化	理想化 免責 自己責任 意図の誤帰属 非主体性	受動意味思考 未来への理想化された期待 還元主義的非難思考 軽蔑 個人的に定義された否定意味 因果関係の誤帰属 偽りの認知 責任の否認
情動暗示言語	自発的で活気のある談話	人工的言語	情動喚起的言語
エピソード記憶	完全なエピソード 信頼できる証拠	中断されたまたは正反対のエピソード 肯定的エピソード経験の再生の欠如 置き換えられたエピソード（置き換えられた否定的情動を含む） 親の視点 歪曲された罪悪感 妄想的理想化 外部参照	ぼやけた，または堂々巡りのエピソード 否定的エピソードの欠如 断片化されたエピソード 自己への有害な影響を除いた否定的エピソード 三角関係化されたエピソード 偽りの無実／非難 妄想的復讐
内省的統合	内省機能 メタ認知	排除された統合 決まり文句 失敗したメタ認知 結論に至らないメタ認知	排除された統合 偽りの内省 正当化 技巧的誘導

図4.4　DMM-AAIにおける談話の構成概念

来の経験にいつ適用するのかを選択する。

意味記憶

分化した一般化は人物や文脈や時間の変動性（つまり，それらは条件次第で変化する）を説明する複雑な意味記憶上の結論を指している。つまり，心理学的に確かな方法で適切であるとみなされた意味記憶上の発言である。これらは B1-2 の話し手に典型的である，比較的歯切れよく，困難な経験の詳細から（経験の性質を歪曲することなく）距離を取った，やや一般化され過ぎた説明から，B4-5 の話し手に典型的である，より出来事に特有の（しかし，この種の出来事がいかに再発するかに焦点を当てることを失うことのない）やや口数の多い，一般化の不足した語りまでさまざまな範囲にわたる。

情動暗示言語

自発的で活気のある談話は分析的言語（つまり，現実に基づいた形式の人工的言語）と，聞き手を関与させはするが捉えてしまうことはない情動喚起的言語とのバランスの取れた混合物である。それによって聞き手（と話し手）は共に経験を再生し，その経験について考えることができる。

エピソード記憶

完全なエピソード[原注13]は聞かれた質問に答えていて，開始状態，発展状態，終結状態があり，その経験に対する話し手の情動的反応を伴うものである。つまり，統合された情動と認知が含まれている。さらに，参加者が異なれば同じ出来事を異なるように見たかもしれないし，話し手の見方は時間が経てば変化するということについて明らかに自覚していることが多い。

信頼できる証拠は，話し手によって提示された証拠のうち，完全なエピソードではないかもしれないが，問題になっている出来事が話し手によって個人的に再生されたものであるという信頼できる証拠を提供しているものを指す。信頼できる証拠は特定の時と／または場所における出来事に関する証拠を提供する。それは話し手に特有である。つまり，たいていの子どもにとって共通する経験ではない，または他者によって正確にこのように語られないであろうことである。そこには（たとえその秩序が歪曲されていたり，混乱していても）時間的秩序を伴う出来事が含まれているか，または状況に特有のイメージや情動喚起的言語が含まれている（文化の中でよく知られた言い回しは，個人的イメージや情動喚起的言語として扱われるべきではない）。また，それは自発的に提供される。つまり，話し手から引き出されなければならない詳細は，話し手が自発的に提供する詳細よりも，かなりの疑いを持って扱われる。さらに，信頼できる証拠には自己

原注13) この構成概念は Main and Goldwyn（1984, 1994）によって導入されたものである。ここでは大きく変更することなく，適用されている。

関連性があり，またアタッチメント対象に関するものである場合は，他者関連性もある。

内省的統合

内省機能は，行動の動機付けや組織化やその結果を説明するような自発的発言および統合的質問への回答の両方を指している。この構成概念は，Fonagy et al.（1996）が導入したものである。内省的発言は賢明な心理学的識別をすることを含む。内省的であるためには，発言は認知情報および情動情報の両方を説明しなければならないが，話し手はそのうちの一方またはもう一方を強調するかもしれない。B1-2の話し手は認知を強調しがちであるが，B4-5は情動を強調しがちである。さらに，内省的発言は他者の視点と話し手自身の視点の両方を説明しなければならず，またこれらを区別しなければならない。

メタ認知[原注14]は皮質機能の一形式であり，心的機能の過程と産物を意識的に検討することを含んでいる。その結果——考えることについての思考，または自己内省的思考——がメタ認知である。メタ認知的思考は不一致によって引き出されることが多いが，不一致自体は言い淀みによって知らされることが多い。したがって，言い淀みは注意深い心にジレンマを見つけ出し，調査し，ひょっとしたら解決するかもしれない機会を与えるのである。メタ認知がその最高の状態で英知に達するのは，個人が自分独自の経験を人間の可能性全体の中に置くことを可能にすることによってである。このようにメタ認知は人生の過程が持つ複雑さに対する理解を示唆し，どのように行動するべきかをバランス良く導いてくれるのである。（これに代わるものとしては単純化してしまうか，または複雑さを理解できずにいる，というものが挙げられる。）メタ認知はバランスの取れたパターン，特にそのうちの「獲得された」パターンと関連している。

Aタイプ方略に典型的な談話構成概念

手続き記憶

1. 談話 遠ざける談話[原注15]は，危険な状況から，そして怒りや恐れや慰めへの欲求という感情がアタッチメント対象へ向けられた場合はそれらの感情から，自己を取り除く言語的構造を指す。別の言い方をすれば，遠ざける談話は時間の中（過去と現在の間）に，人と人との間に，そして危険な場所と安全な場所との間に硬直した境界を人工的に作るのである。遠ざける談話は一人称の名詞を取り除くこと（たとえば，「私」を自己に関する文から削除し，代わりに三人称の曖昧な構文を使用する）や非人称名詞を人称名詞の代わりに用いる（たとえば，「私のmy」両親ではなく，「そのthe」両親と言う）ことによって示されることが多い。あたかも子ども時代のアタッチメントは現在進行中のものではないかのように，過去形が過剰に使用されることが多

原注14）この構成概念はMain and Goldwyn（1984, 1994）によって導入された。ここでは大きく変更することなく，適用されている。

原注15）この構成概念はMain and Goldwyn（1984, 1994）によって導入された。ここでは大きく変更することなく，適用されている。

い。自己と自己の否定的感情を遠ざける談話はAタイプの分類と関連している。Cタイプの話し手は分割排除され，否認された情動について遠ざける談話を用いることが多い。また彼らは他者の情動も遠ざける。このような特徴は高数字のCタイプのパターン（C5-8）に最も良く見られる。

2. 情動の表出　**軽蔑的ユーモア**は聞き手から同情や助けを引き出そうと試みることなく，自己の価値や自己に対する悪影響の意味を減らすものである（たとえば，小さく神経質な笑いや苦笑いなど）。

排除された正確な否定的情動は沈黙，または判別できないほど静かにささやかれた理解できない言葉のパターンによって通常示される。そのような沈黙と低音の発話が起こりやすいのは自己について話されている時，特に自己が危機に遭っているか不快な思いをしている時である。解釈する上で決定的に重要な特徴は言い淀みのパターンを同定することである。

偽りの肯定的情動は，否定的情動がより適切な時，特に危機について話し合われている時に不適切な肯定的情動を話し手が使用することを指す。AAIの逐語記録では偽りの情動は，たとえば，話し手が笑ったことを記録する時のように，通常は括弧に入れられて記録される。怒りや恐れや慰めへの欲求を欠いた状態で見られる不適切な笑いのパターンは偽りの情動を示すものであり，Aタイプの分類，特に強迫的分類と関連している。

否定的情動と身体的苦痛の否認は，説明された出来事が強烈な苦しみや痛みを必然的に含む時に，情動の喚起と表出が欠けていることを指す。これは**妄想的慰め**と組み合わせることができる。

3. インタビュアーとの関係　**インタビュアーとの中立的関係**は，話し手が極端に短く非協力的な回答をして，話し合いを打ち切り，フォローアップの質問をさせないことによって，長くて詳しい，または思慮深いインタビュアーとのやりとりを避けるというものである。

インタビュアーとの分析的関係は，話し手が自己から距離を取り，他者の視点から話すというものである。他者には両親（つまり，親の視点）とセラピスト／インタビュアー（つまり，インタビュアーとの間のほのめかされた「職業的」連合）の両方が含まれている。自己，特に子どもの頃の自己は非常に遠くから眺められた調査の対象として扱われる（成人の自己の中の大切な統合された一部として扱われるのとは正反対である）。

他者への恭順はいかなる種類の人間的視点もほとんど持ち合わせていない話し手を指す。つまり，彼らは自分自身の視点を持っておらず，また他者の視点を自分自身のものとして引き受けることもしない（つまり，親やセラピストの視点を使用しないという点で分析的ではない）。

イメージ記憶

排除されたイメージはそっけない説明の中に潜在的に見られる。つまり，情動を掻き立てる出来事を話し手はイメージを用いずに説明する。

置き換えられたイメージは，慰めや脅威のイメージが文脈に帰属されたものである。つまり，通常それらは家や場所のイメージである。

一方で，**つながりのないイメージ**はある種の強迫的Aタイプの話し手の談話の中に見られがちである。それは（a）情動を掻き立てる出来事（通常は危険な出来事）を経験し，（b）インタ

ビューでは自分自身の感情についてほとんど，または全く話すことがなく，(c) 驚くほど鮮明かつ侵入的で繰り返し起こるイメージの中で文脈の幾つかの側面を説明する，ような話し手である。これらのイメージは自己と関連しておらず，文脈と過剰に関連しているため，他の危険または安全な状況を予測するために解釈されたり，用いられることができない。それらは談話に侵入し，アタッチメント対象を話し合うことの代わりとなることが頻繁にある（たとえば，話し手は母親よりも家について説明する）。他方で，つながりのないイメージはそれらを経験した出来事や文脈と正確に結びついている。その機能は，その経験が自己にもたらす意味に話し手の心が焦点を当てないまま，文脈と話し手の感情に関する情報を保持するというものである。その欠点は，それほど正確に特定の状況に結び付いているため，他の状況における自己に関連した予測を生み出すのに用いるのが容易ではないということである。その影響は危険な状況を見つけにくくなるということである。

間接的につなげられたイメージは，逐語記録の他の箇所で（完全なイメージが後で現れたり，話し手がつながりに気付いたりすることもないまま）反復される特定の単語や断片的イメージを含んでおり，間接的に結び付けられた部分に別の意味（通常は自己に脅威となる意味）を与える，つながりを作る一筋の言語を提供するものである。このつながりの特徴は，イメージのない文脈における単語や語句のつながり方が普通ではないというところにある。慰めや痛みや性愛がこれらのイメージのテーマであることが非常に多い。もし話し手がそうしたイメージを自己に関連付けて，文脈から少し離すことができるなら，感情の持つ保護的および予測的意味は話し手にとって役立つ情報となり得る。

妄想的に保護的なイメージは危機的な出来事を説明する際に，自己を支える保護的人物（有害なアタッチメント対象であることが多い。言い換えれば「人質症候群」であったり，または自分で作り上げた神様やその類の聖霊などである）に関する誤った想定を含んでいるものである。つまり，それらはある種の慰めや保護を表す肯定的な類のイメージであるが，そのような慰めや保護を話し手は得られなかったし，得られるはずもなかったものである（言い換えれば，あり得ないものであり，それゆえに妄想的である）。それらは否定的情動情報の否認と機能的につながっている。これらのイメージはA7のパターンと関連しがちである。

妄想的に懲罰的なイメージは，その人物が予期する（しかし，実際には起こらなかったし，起こるはずもなかった）懲罰的随伴性のイメージ版である。そのため，そうしたイメージは服従の指示がなくても服従を動機づけ，また自分で下した懲罰が安全な行動を動機づけるため，実際に罰せられることが繰り返されるリスクがないという点で，それらのイメージは保護的である。妄想的に懲罰的なイメージは特定の人物に関するものであり，また現実のアタッチメント対象が承認しないであろう行為に関して話し手を非難して罰するアタッチメント対象（あるいは神のようなアタッチメント対象代理）を表している。否定的出来事が自己にもたらした影響についての否定的情動情報を否認することによって生じたギャップを，こうしたイメージが埋めるのである。これは強迫的従順の非合理的な延長である。

意味記憶

理想化^{原注16)}の定義は，(a) 証拠が否定的な説明の方をより良く支持している時に，または (b) いかなる証拠も示されない時に，**過去**の関係を非常に肯定的な言葉で説明することである。通常の過去を幾分より好ましく見ることは理想化ではない。理想化は「すごく，すごく」や「本当に」などの言葉で特徴づけられることが多い。他の場合では陳腐な決まり文句が用いられる（たとえば，「彼は水の上を歩いたんだ」）^{訳注1)}。理想化する話し手の，良いと悪いとを分割する性質のために，両親が理想化される時，自己は一般にけなされる。つまり，否定的なものや，対人関係の問題に責任を負うものとして，あるいは恥ずかしいものと見なされる。理想化は遠ざける談話を使用し，低数字のAパターン（A1-2）と関連している。

免責には親の欠点を認めて許すことが含まれるが，それは両親の視点を取り，また自分自身の視点を捨てることによってである。免責を許しと和解から区別するのは後者，つまり自分が子どもの時の痛みと成人になってからの悲しみを見過ごすという点にある。このようになるのは対人関係における困難を自分のせいにすることによってであることが多い。つまり，親と子どもは関係性に対して共同の責任があるということが歪曲され，子ども（つまり，話し手）が欠点に対してすべての責任を負っているのである。免責は遠ざける談話を用いており，またA3-6という強迫的Aタイプのパターンと関連している。

自己責任は自己に過剰な責任を負わせることを指す。これは思考の誤りであり，話し手は時間的秩序が因果関係と同じであると想定し，それが今度は他者の寄与や行為がなされた時の自己の状態に関係なしに，自己は結果に対して責任を負うということにつながる。観察者のより統合された視点からは，その人は結果に対して責任を適度に配分し損ねてきている。特に思いがけない，予測不能の結果が意図的なものとして扱われるかもしれない。あるいは，子どもの頃や自己が権限を持たない時に起きた因果関係が，成人やもっと権限のある人の責任ではなく，自己の責任であるとして扱われるかもしれない。

意図の誤帰属は養育者からの敵意のある，または危険な扱いを妄想的な方法で愛情深いものとして捉え直すような，有害な養育者の意図を歪曲することを指す。これは否定的情動の否認と機能的に組み合わせられている。

非主体性とは，自己は自分の人生における活動的な主体ではなく，代わりに自己は他者の行為の受け手として作用を受けるという意味記憶上で表明された信念である。それは，自己は自らに起きたことについて因果関係上は積極的な役割は果たさないが，それにも関わらず他者の行為の受け手であるという認識を指す。別の言い方をすると，他者への受身的順応状態であり，自己責任への過剰帰属を拡大し過ぎたことの論理的帰結である。非主体性はA8の話し手に典型的である。さらに，必ずしもうつ病を示唆するものではないが，DMM方式における抑うつ修正項目（Dp）と関連していることが多い。

原注16) この構成概念はMain and Goldwyn (1984, 1994) によって導入された。ここでは大きく変更することなく，適用されている。

訳注1)「水の上を歩く（walk on water）」は，イエスが湖の上を歩いたという新約聖書の一節に由来し，「不可能なことを成し遂げる」という意味がある。

情動暗示言語

人工的言語はあっさりして遠ざけられた言語から成っており，複雑な構文構造の中で通常は形成され，構成概念に言及する多音節の語彙を使用する。それは単に言語をはっきりと使用する以上のものである。実際，言語と人生経験とのつながりを妨げるのは人工的言語の使用なのである。Aタイプの話し手は自己から情動を遠ざけておくような形で情動暗示言語を用いることが多く，そこには自己嘲笑や皮肉が含まれる。

エピソード記憶

中断されたエピソード，または正反対のエピソード[原注17]とは，意味記憶上の肯定的形容詞を支持するために話されるものの，愛情深いとか，慰めてくれるとか，保護してくれるなどの期待された結末が起こる直前に中断されるエピソード，もしくは意味記憶上の言葉と反対の証拠を提示するエピソードのことである。これらは話し手の心理的困難を反映している。話し手は意味記憶上の情報と矛盾する事実を思いだし，気付いているが，脱線することによって自己（とインタビュアー）の気を逸らしたり，話題を変えたり（中断），あるいは意味記憶上の肯定的結論を証拠もなく提示したり（肯定的締めくくり）することによって，アタッチメント対象に関する否定的情報を考えなければならないことを避けるのである。

肯定的エピソード経験の再生の欠如[原注18]は，話し手による肯定的な意味記憶上の一般化を支持する（つまり，証拠を提示する）エピソード記憶の情報を明らかに再生できないことである。再生の欠如は「思い出せません」などの言葉を特徴とすることが多いが，エピソード記憶へアクセスできないことをそのような言葉が常に示唆しているとは限らない。たとえば，話し手が5つの形容詞を思いつかないと言う場合，彼らは意味記憶の欠如を主張しているのである。これは受動意味思考である（本章で論じられているCタイプ方略を参照）。同様に，Cタイプの話し手は妨害したり誘惑したりするために沈黙を用いることがある。通常，これは否定的な意味記憶を調べることへの反応である。Aタイプの話し手はエピソード記憶の欠如を意味記憶上の説明でたいてい補おうとするものである。このようにすることで，質問に答えるという社会的責任を果たしつつ，意味記憶上の肯定的な言葉をエピソード記憶によって裏付けることはできずにいる。ある事柄を再生できないことや，失われた情報に関して言い淀みを示すことのパターンそれ自体が，話し手がこの情報について警戒していることの証拠である。エピソードの再生の欠如は低数字のAタイプパターン（A1–2）に典型的である。

置き換えられたエピソードが生じるのは，話し手が自己とアタッチメント対象に関する否定的エピソードを話し始め，それから（a）アタッチメント対象の否定的行動を別の成人へと移して，その成人が話し手を傷つける場合，または（b）話し手の行動を他の子どもへと帰属して，その

[原注17] この構成概念はMain and Goldwyn（1984, 1994）によって導入された。ここでは大きく変更することなく，適用されている。

[原注18] この構成概念はMain and Goldwyn（1984, 1994）によって導入された。ここでは大きく変更することなく，適用されている。

子どもがアタッチメント対象から攻撃される場合，である。どちらの場合も，自己はアタッチメント対象によって傷つけられていない。置き換えられたエピソードは**置き換えられた否定的情動**を含み得る。これは話し手が自分の否定的情動を自己の代理（たとえば，きょうだいなど）に帰属させることを指す。このようにすることで話し手は，距離を取ってはいるものの，感情を保持することができる。これは敵対する人物に情動を「投影」することを指してはいない。なぜならば，投影の過程では自己から感情を取り除き，それを非自己である人物へと割り当てるからである（このような場合は，威圧的Cタイプに見られる過程であろう）。

親の視点から語られたエピソードとは，否定的な出来事と結果を含むエピソード的出来事のことであるが，その際話し手がこのことをどのように規定しているのかが語られないまま，両親が知覚した通りにその出来事が説明されているものである。このように，話し手は自分自身の視点を否認して，両親の視点をその代わりに用い，両親を過失から免責するのである。話し手は両親の否定的行動を引き出した自らの過失に対する責任を認めることが多い。両親の視点からエピソードを説明することはA3-6のパターンと関連している。

歪曲された罪悪感のエピソードは，話し手が経験した（否定的）結果に対して少なくとも部分的には他者に責任を負わせることになるであろう他者の行為に関する情報を排除している。そのため，話し手は責任はすべて自分にあると考えている。

妄想的理想化は，保護されていない（そして保護されることが不可能な）自己が空想上の人物または空想的に振舞う人物によって保護されるか慰められるというエピソードを指す。妄想的な慰めが可能なのは，否定的な情動情報が否認されている場合である。

外部参照は自己に関して他者が語ったエピソードのことであり，特に専門家から言われた，または専門家によって記録されたエピソードのことである。これらのエピソードは，両親が話し手の幼い頃について話し手に語ったことや，家族写真から主に再生された出来事を単に指すものではない（これらはよく見られる出来事であり，ほとんどすべての人に存在する）。外部参照された出来事とは自己生成された自己物語の代わりとなっているもののことである。

内省的統合

排除された統合は統合的質問を思慮深く考えることを拒み，それらの質問が熟慮に値しないと示唆することに表れる。「わかりません」「思い出せません」「彼女に聞いてください」などである。統合的思考すべてを最も排除しそうなのはA1-2の話し手である。

決まり文句とはありふれて，表面的で，思慮深さに欠け，しかしまた反駁するのも難しい考えのことであり，そこでは自己の感情は無視され，重要な問題がより深く考えられることはない（たとえば，「なぜあなたの両親はそのように振舞ったのだと思いますか？」という質問に対して，「彼らはそのように育てられたからでしょう」とか「彼らは私たちを愛していたからですよ」と答える場合）。宗教的原理や教育的／科学的教訓などの道徳的または倫理的体系へ訴えることも含んでいる。決まり文句は非個性的で一般化された判断であり，代わりの選択肢を独自に個人的に考えたり，特定の状況と環境に合わせて適用しようとする欲求を排除している。

失敗したメタ認知は，話し手が気付き，心理的重要性を与えた不一致から生じる。つまり，自

分が話したことが意味をなさないと話し手の側で気付いた瞬間のことである。（単なる発話の淀みというよりも）思考の心理的淀みが見られる。これに気付くことで内省的またはメタ認知的思考の機会が生まれるが，実際には不一致に気付いても，話し手はそのまま進み，不一致を建設的に取り扱うことはないのである。内省を避けるために，話し手は結論を出すかもしれないし，それは時には思慮深く，心優しい結論ですらあるかもしれないが，自分自身の経験を反映したものではない。むしろ，この結論は話し手の視点と感情を否認し，両親の視点を取ることを選択しているのである。またある時には，話し手はこの不一致にそれ以上気づくことなく，単にそのまま進むこともある。失敗したメタ認知は強迫的Aタイプパターン（A3-6）と関連している。

結論に至らないメタ認知は内省的思考の形式を取るものの，結論には至らない。しかし，それらは（失敗したメタ認知のように）軽視されることはない。むしろ，話し手は不一致があることとその解決が重要であることを認識している。同時に，重要な情動情報を否認しているために，解決は不可能なのである。したがって，話し手はこの不一致を解決するために他者（通常は専門家である他者）に頼らなければならない。これは妄想的理想化や外部組織化自己（A7-8）と合致するものである。

Cタイプ方略に典型的な談話の特徴

手続き記憶

1. 談話　巻き込む談話[原注19]には複数のタイプがあり得るが，最もありがちなのは（怒り，恐れ，慰めへの欲求などの）感情を強調するものである。どの形式の巻き込む談話にも共通しているのは，時間や人や場所に対する境界が侵犯されて，別々の物事が実際以上に結合しているかのように見える，ということである。巻き込む談話は遠ざける談話の反対であり，Cタイプのパターンと関連している。巻き込む怒りと巻き込む恐れは巻き込む談話の特殊な種類である。

巻き込む怒り*は怒りへの単なる言及ではない。むしろ，過去の経験が関係している時に，話し手が（インタビュー中に）実際に怒っているように見える状況に限定されている。機能的には，過去と現在の境界が曖昧になる。形態的には，逐語記録上で（a）内容は不満を言っている切れ目なく続く文章，（b）話し手が腹を立てている親に対抗するために話し手から支持を得ようとする努力，（c）過去について不満を言っている時にいつの間にか現在形になっている話し方，（d）インタビューされているという文脈を忘れること，（e）その場にいない人に対して，その人がそこにいないことを忘れたような話し方を用いること，という形で示されることが多い。別の言い方をすると，軽症例では話し手は過去の問題を（現在）解決しようと試みることにとらわれている。重症例では話し手は過去に関する話をインタビュアーにしていることを忘れて，その事態が現在本当に起こっているかのように振舞う。巻き込む怒りであるためには，現在の文脈（インタビュー場面）を失い，そこでは過去と現在の境界が曖昧になることが必要となる（Crittenden,

---

原注19）この構成概念はMain and Goldwyn（1984, 1994）によって導入された。ここでは大きく変更することなく適用されている。

1997d の心的情報処理におけるバイアスに関する議論を参照。奇数番号の C タイプパターン，特に C1，C3，C5，C7 に関連している）。

巻き込む恐れ[原注20] は巻き込む怒りに非常に良く似ているが，情動が恐れであって怒りではない点が異なっている。したがって，恐れを示す内容を伴う切れ目なく続く文章と，恐れを定義する言葉の使用と，過去にのみ存在する人物を恐れる発話はとらわれ型の恐れを示している。巻き込む恐れは幾つかの C タイプパターン，特に C4，C6，C8 を示唆する。

2. 情動の表出 ご機嫌取りの情動は軽く脅したり，怒りを表したりする発言に伴って生じる，決まり悪そうな笑いやクスクス笑いなどから成っている。これらの機能はそれらの言葉がもたらす影響を和らげたり，怒りの反応を話し手から逸らしたりすることである。

嘲る／ひっかかったな！ユーモア Mocking/gotcha! humor は他者を嘲る（C3）ために，あるいは自己軽視的に自分を嘲る（C4）ために嘲笑的に用いることができる。これには話し手と誰かとの間に力のヒエラルキーを作るだけでなく，ユーモアによって権力構造を鈍らせる機能もある。

覚醒的な非言語的情動は情動の強烈な爆発から成る。それは（a）語られている話題に対してあまりにも強烈であるか，（b）インタビュアーから世話を引き出すか，または（c）話し手の言葉から注意を逸らす，というものである。多くの場合，その情動のために発話は理解できないものとなる。思慮深い反応が求められる時にはいつも繰り返し起こる，興奮と理解不能な発話というパターンは覚醒的なとらわれ型のパターンを示唆する。覚醒的な非言語的情動はすべての C タイプパターンと関連しているが，特に中数字のパターンと関連している。

歪曲された肯定的情動は，話し手が（他者に）積極的に危害を加えて快感を得てはいないという点で，サディスティックに残酷な情動にはわずかに至らないものである。その意味は「悪意のある喜び」を意味するドイツ語の Schadenfreude という言葉に含まれている（それは他者が傷つけられることから得られる喜びを文字通り意味している）。心理学的には，怒りと恐れ fear という感情の脅威の源（つまり認知情報）が特定されて「憎しみ」と「恐怖 dread」という情緒になったことから生じるものである。誇張された否定的情動を自分自身が道具的に用いると，他者が表出した感情の妥当性を否定することになるかもしれない（他者の感情表出は道具的使用のために歪曲されていると想定するため）。

冷酷な，またはサディスティックに残酷な情動は執着的な話し手，特に C7-8 に分類された者が時に用いる。それは他者の悩みや苦しみを前にした時，特に自分がこの苦しみを意図的に引き起こした時の冷酷で狡猾な見かけから成っている。多くの場合，ぞっとするような性質を備えている。冷酷でサディスティックな情動は非常に高数字の執着的 C タイプパターンと関連している。

3. インタビュアーとの関係 インタビュアーを巻き込む関係[原注21]が起こるのは，インタビュアーが話されたことを理解し，受け入れている（承認している）という証拠を過剰に求める場合である。多くの場合，インタビュアーが話し手の経験すべてを何も言わなくても理解しているこ

原注20）この構成概念は Main and Goldwyn（1984, 1994）によって導入された。しかし，DMM 方式ではいくらか修正されている。

原注21）この構成概念は Main and Goldwyn（1984, 1994）によって導入された。しかし，ここではかなり拡張されている。

と，あるいは話し手が見出していない意義を与えてくれるということが示唆されている。これは低数字のCタイププターン（C1–2）に典型的である。

インタビューアーとの対決的／共謀的関係は，話し手がインタビューアーに対決するか，三角関係化連合を作るかのどちらかによって力のヒエラルキーを確立するものである。この連合において話し手は，まるでインタビューアーが関わることによって古くからある家族の苦闘がもたらした結果を変えることができるかのように，話し手のアタッチメント対象にインタビューアーが敵対するように仕向ける。対決的話関係では，インタビューアーは両親の代理として扱われ，攻撃され，けなされ，きまりの悪い思いをさせられ，あるいは話し手から挑戦される。共謀的関係では，インタビューアーは両親に対抗する潜在的同盟者として扱われる。三角関係化は中数字のCタイプパターン（つまり，C3，C5）に典型的である。

インタビューアーとの哀願的／服従的関係は逆転した力のヒエラルキーを確立するものであり，話し手はインタビューアーに関して愛情を求めたり，譲歩したりしているように見える。話し手の家族に敵対する話し手／インタビューアー同盟を作り出すために，インタビューアーの専門的地位へ敬意を払うことが操作的に用いられることが多い。これは中数字のCタイプパターン（C4，C6）に典型的である。

はぐらかす関係は，明らかに反抗的な話し手たちという直接的対決を避けて，代わりに目に見えない言葉の戦いを作り出す。New Shorter Oxford Dictionaryによると，その機能は「止める，そらす，あるいは受け流す。無効にする。自分への脅威を防ぐ。やっかいな質問や要求にうまく対処する」（Brown, 1993）というものである。

ゲームのようにからかうような性質の中にのみはっきり見える「はぐらかす」という用語には欺きを暗示するものがある。したがって，言葉によるはぐらかしには遠回しなところが必然的にあるので，談話分析の観点から見るとはぐらかしは，沈黙したり，回答を拒否したり，思い出せないと言ったりすることよりも，洗練されているのである。それは「鬼ごっこ」や「いたちごっこ」のような戦いに参加することを示唆する。

インタビューアーとの誘惑的関係は不正な手段を用いてインタビューアーを話し手の目標に取り組ませることを含んでいる。特に他者が望んでいると自分が信じているものを提供することによって他者をそそのかすことと，自分が望んでいることについて他者を欺くことが含まれている。機能としては，激しい情動を示して慰めを引き出すことが含まれる（たとえば，繰り返し涙を流したり，魅力的な情報をじらせるように少しだけインタビューアーの前に説明することなくちらつかす，など）。性愛が示唆される（しかし，はっきりと口に出されることはない）時は特に強力である。このような効果を得るために正反対だが極端な手段が用いられる。沈黙は（インタビューアー，または見かけは無防備な自己に対する）脅威をインタビューの中に無言だが強力に押し込むことができる。その一方，単なる話題として少しだけ情報を見せるということやインタビューそのものを中断してしまうことで，インタビューアーが長々とこの話題を追求するように誘いこむことができる。より目立たない形の誘惑には，話し手が誤った議論をしているように見える時に，インタビューアーがそれを――話し手が望むような歪曲された形で――訂正する，というものが含まれる。言い換えれば，インタビューアーは話し手によってかつがれているのであり，その結果，話し手のためのごまかしを完成させることになるのである。脅迫と誘惑は高数字のCタイプ分

類（C5-8）に典型的である。

インタビュアーとの威嚇的／不気味な関係は，危機と暴力が突然，その起源もはっきりしないままインタビューに侵入することを含んでいる。やり場のない脅威の感覚を生み出す手段は沈黙に始まり，話し手の生育歴における極端な暴力行為を突然「目の前で」攻撃的に議論することにまで及ぶことがあり得る。通常，そのような行為は過去に置かれているか他者に帰属されてはいるものの，聞き手がそのような行為について聞くための準備を話し手がさせなかったり，それらの行為を適切な情動の文脈に位置付けることができないために，特定不能な危機のオーラが作り出される。ほのめかされた脅威のためにインタビュアーは非常に居心地が悪くなるので，適切な質問をすることをためらうことが多い。

イメージ記憶

強烈なイメージは場所や身体的反応や危険な／安全な行為者に関する情動刺激的なイメージのことである。これらが特に重要となるのは，意味記憶やエピソード記憶について尋ねられた際に頻繁に用いられて，出来事の順序や話し手にとっての意味を伝えようとする際の一般化よりもイメージの方が勝っている場合である。強烈なイメージは聴覚イメージ（会話も含む），触覚イメージ，嗅覚イメージ，味覚イメージ，そして（もちろん）視覚イメージから成る。強烈なイメージを頻繁に用いることは低数字のCタイプの話し手（C1-2，C3-4）に典型的に見られる。脅えさせるような性質を持つイメージはC3-4（またはさらに高い数字の）話し手を示唆する。

（怒りや恐れや慰めへの欲求に関する）**動くイメージ**は，まるでそれらが生きているかのように「振舞う」ものである。それは現在の文脈と時間が一時停止される巻き込む発話から，再生することで行動の反応が引き起こされるような動作イメージまである。多くの場合，そのイメージは現在の文脈よりもリアルになる。動くイメージはC3-6の話し手に典型的である。

一般化されたイメージは脱文脈化されて，制限なしに他の文脈へ適用されると同時に過度に自己に関連付けられているイメージのことである。その効果は脅かす環境の表象を可能な限り多くの類似した環境へと運ぶことである。このようにすることで実際に起こる危機のすべてを同定する可能性と，脅威ではない環境を危険であると誤認する可能性の両方が高くなる。

妄想的に脅迫的なイメージは，全能である話し手または自己に対して復讐心に燃えている他者のイメージのことである。これらのイメージは信頼できる証拠を欠いた経験を反映しているだけでなく，これらの経験は起こりようのないこと，つまり妄想でもある。機能的には，これらのイメージは因果関係における自己の役割の否認と一緒になることで，否認された認知情報の代わりになっている。

意味記憶

受動意味思考[原注22]とは意味記憶上の結論，特に否定的な結果に対する責任を自己がアタッチメント対象と共有するような意味記憶上の結論に達することができないというものである。たいていの場合，結論に対する証拠はすでに提示されている。受動思考は5つの記述的単語に関する

質問への応答の中で起こることが多い。たとえば，話し手は「思いつきません」と言うか，記述的単語を提示する代わりに，（特に動作動詞を伴う）エピソードまたはスクリプトを話すか，特定の性質を同定しないまま取り留めもなく話したり，この課題はとても大変であると愚痴を言ったりするかもしれない。さらに，受動意味思考は長いエピソード（またはエピソードの断片）の後に起こることが多い。話し手は自分で重要な証拠を提示してきたにもかかわらず，そのエピソードの明確な結論に至ることができない。C2の話し手は曖昧に表現したり，言葉の使い方がわかりにくかったり，語り方が取り留めもなくなったりすることで，意味記憶上の個々の単語の区別が曖昧になることが多い。目印となる談話マーカーは連結する接続詞（そして，それから，つまり，など）を含む，長くて切れ目なく続く文章である。さらに，「わりと sort of」や「みたいな kind of」などを付け足すことではっきりした言葉を曖昧にすることで，意味記憶上の結論の意味が弱まる。これも受動思考である。意味記憶上の正反対の結論を揺れ動き（たとえば，「彼は意地悪だった。そうだな，そんなに意地悪ではなかったな。わりと良い人だったよ」），それが解決されることがないというのも受動思考を示すものであり，C1の話し手が通常使うものである。接続詞（それで，したがって，なぜならば，など）や反対を示す接続詞（しかし，だけれども，それにもかかわらず，など）が適切な意味記憶上の結論を伴っていない場合，それらが受動思考の目印となる言葉であることが多い。

未来への理想化された期待は過去に関する否定的情報の認識と未来の理想的環境への期待とが組み合わさったものを指している。未来が理想化される時，話し手は乗り越えなければならない問題の性質をはっきりと述べることができないし，また問題に対する未来の解決策があることを主張するが，解決を生み出す過程をはっきり述べることもできない。まるでCタイプの話し手は十分長く苦しんで，問題に見切りをつけることを拒否すれば，解決への権利が得られるかのように信じているかのようである。これはCタイプの話し手に典型的なことである（B4–5の話し手は未来を理想化しているが，自分で解決しなければならないことや，他者を自分の計画に合わせるように強制できないことや，「何かに値する」ことは因果条件とは異なることを認識している）。

還元主義的非難思考は，矛盾する情報を排除することによって単純化された極端な意味記憶上の区別に到達することを含んでいる。（多くの場合，非常に遠い）過去から来る侮辱と不公正が，現在の感情と行動を引き起こした直近の原因として保持されている。このようにすることで話し手は自分の視点を明確にして，それゆえにより効果的に振舞うことができる。多くの場合，強力な正義をめぐる主題がある。そこでは他者は不公正に振舞い（そして，それゆえに報復に値する），自己は他者によって侵害された「権利」を持つとされる。C3の話し手は問題を他者のせいにする自己中心的視点を持ちがちであり，また虚勢を張って，他者の攻撃的行動に対して自分が傷つかないことや強いことを主張しようとしがちである。C4の話し手は自己中心的で他者のせいにする点では似ているが，自分は無力なふりをして，他者に攻撃されると，自分には罪はなく，非力であることを強調する。

原注22）この構成概念は Main and Goldwyn（1984, 1994）によって導入されたものであるが，DMM方式ではいくらか修正されている。

軽蔑[原注23]は両親や両親との関係を極端に否定的観点から描くこととして定義される。軽蔑は理想化と同じ心的過程を含むが，結果は正反対となる。つまり，両者は現実を純粋に良い要素と悪い要素へと二分割し，言語的に認識されるのは片方のみである。軽蔑の場合，自己は通常良いもの，または保護されるものとして見なされ，両親や両親との関係は悪いもの，または危険なものと見なされている。軽蔑は遠ざける談話を使用するが，強迫的 C パターン，特に C5 パターンと関連している。

個人的に定義された否定的意味は表面的には肯定的または中立的に見えるが，エピソード上で定義される場合，話し手の心の中では否定的なものとなる言葉を指す。これは肯定的な言葉に否定的エピソードが伴っている場合，つまり正反対のエピソードを伴う理想化とは異なる。この場合，話し手は肯定的な言葉を否定的な意味で考えている。たとえば，「保護的」という言葉は「振り払うことができないほど，侵入的に過保護であること」を話し手が意味する際に使用される。ここでの誤りは，インタビュアーがその言葉をどのように理解するのかを話し手が予見できず，それゆえに自分で定義した否定的意味についてインタビュアーに注意を喚起しないということである。

因果関係の誤帰属とは，因果関係の帰属が不正確である場合を指す。そこでは自己の寄与は最小限にされて，多くの場合，分かりにくい三角関係化における自己の共犯的関わりを認識することはできない。つまり，その基底にある現実は複雑な多層的人間関係であり，そこではかつての子どもは両親の間で何が起きているのか，そしてこのことが子どもの人生にどのように影響したのかを正確に理解することができなかったのである。したがって，これは情報変換の一つであり，そこでは不完全または曖昧な情報が自分にとって不吉なものとして扱われ，またはっきりとした情報でさえも歪曲されて自己を危機に晒す意味を持つようになったかもしれないが，それはおそらく不正確なものである。

偽りの認知は因果関係の逆転を含んでいる。つまり，出来事の時間的秩序に関して，および偽りの期待に対する自己の寄与に関して他者の判断を誤らせるものである。もっと具体的に言うと，それは（a）他者の見かけの動機と意図を疑い，（b）物事は見かけとは異なる結果になるであろうと予想し，（c）他者の判断を誤らせる偽りの見かけを構築する，ことから構成されている。これらのうち 3 つ目は潜在的形式も顕在的形式も取り得る。欺きが潜在的なものである場合，通常本人は自覚していない。このような場合，彼らがわれわれに信じさせるものと実際に起こったことは正反対である。それが欺きであると見なされるのは，パターン化され，予測可能で，自己防衛的な形式で繰り返されるからである。基底にある記憶のメカニズムはおそらく潜在的（非意識的）記憶システム（つまり，手続き記憶とイメージ記憶と潜在的な意味記憶）から構築された傾性表象モデルに過剰に依存して行動を組織化しているということであろう。潜在的な欺きは C5-6 の話し手に典型的である。AAI では偽りの認知に関する最も明確な証拠は，出来事の時間的秩序や因果関係に関してインタビュアーの判断を誤らせようとすることである。偽りの認知はわかりにくく，非常に欺瞞的であり，操作的である。これを，幼少期に話し手に対して両親が

原注23）この構成概念は Main and Goldwyn（1984, 1994）によって導入された。ここではかなり変更されて適用されている。

偽りの認知を使用していたという生育歴と混同してはならない。また，話し手が過去に他者を欺いたとはっきり述べることも偽りの認知ではない（ただし，どちらの場合も，話し手の現在の正直さが疑わしくなってくることは確かである）。注目すべきは，実際の生育歴においては偽りの認知の犠牲者のほとんどが共犯的被害者であり，また偽りの認知の加害者のほとんどが彼ら自身，欺瞞的な親子関係の犠牲者であった，ということである。成人が因果関係を理解することの困難，そしてそれに対応して逆に，治療や司法システムが因果関係を理解することの困難を作り出しているのは，被害者と加害者という両方の役割を担っているという複雑な現実なのである。

責任の否認は話し手を自己防衛に集中させて，焦点の定まらない憎しみ／脅威という動機づけとなっている感情が意味記憶によって干渉されないようにする。これには他者が何を考え，感じるのかを慎重に制御することで欺こうとする意図が含まれている。他者の力と裏切りを考慮すると，そうすることが自己防衛に不可欠であると見なされている。同時に自分の行動のために他者を傷つける可能性があることは否認されている。危機に関連した因果関係において自己の役割をこのように否認することはC7–8とACの話し手に関連している。

情動暗示言語

情動喚起的言語は人工的言語と正反対の機能をする。感情を喚起し，言語と経験のつながりを促進するような単語や構文構造が使用される。また情動喚起言語は表現された状態を聞き手の中に喚起する。例としては，詩において通常使われるすべての伝統的表現技法（たとえば，擬音語，並置，頭韻，脚韻，韻律など）だけでなく，より洗練された形式（直喩，隠喩，反語を含む）も含まれている。C3–6の話し手が聞き手を説得するために，またC5–8の話し手が情動的共鳴を聞き手の中に引き起こすために，それぞれ効果的に用いることが多い。

エピソード記憶

ぼやけた，または堂々巡りのエピソード[原注24]には2種類ある。一つのエピソードから別の類似したエピソードへと滑っていくものと，話し手が使用する際に言葉の意味が曖昧なものである。複数の出来事が混交するということは，人や場所や時間の境界を侵犯することを含んでいる。その効果は多くの経験を一般化し，個人の因果関係上の入力と出来事に対する最終的な責任を曖昧にするということである。別の言い方をすると，ぼやけたエピソードはエピソード記憶の中で意味記憶的な一般化機能を使用していることを反映している。本来の意味記憶的思考とは異なり，すべてが個別的で特有の場面のままであるが，本来のエピソード記憶の機能とは異なり，話し手が気付かぬまま，エピソードは混交されているのである。意味がぼやけることとは，その言葉に関連はしているものの，それを支持することも反駁することもないエピソードを指している。その言葉は公的で一般に合意された意味というよりも，「個人的」意味を持っているように見える。

[原注24] この構成概念はMain and Goldwyn（1984, 1994）によって適用された。ここでは大きく変更することなく，適用されている。

ぼやけたエピソードは C1–2 の話し手に典型的である。

否定的エピソードの欠如は，否定的で非難する言葉を支持する否定的エピソードを提供できないことである。

断片化されたエピソード[原注25] は，話し手がエピソードの中で出来事を順序付けることができないことを指す。代わりに，話し手が出来事の間を行ったり来たりするために時間は乱れ，重要な起点および終点となる出来事が排除されるため，結果が予測不能で出来事の順序に無関係に見え（つまり，魔術的思考），あるいは時間的形式を伴わないイメージとしての感覚的／情動情報の断片からのみエピソードが構成されている。特にありがちな排除には，他者の行動の欠点を補う側面や話し手の行動が寄与した側面が含まれている。通常は現在が強調されているため，過去のエピソードがすぐに現在の何かと結びつき，その後語りを支配する。断片化されたエピソードは C タイプの分類に関連している。

自己への有害な影響を除いた否定的エピソードは傷つかない話し手の態度を指す。「ああ，奴らはひどくて，最悪だったよ。でも，俺は何ともなかったけどね。何であろうと誰であろうと俺を傷つけることなんてできないのさ！」このような偽りの虚勢の中に情報の歪曲が見られる。

三角関係化されたエピソードは情報がねじれていることと，行為者を出来事にでたらめに参加させることから生じるものであり，そのため物事が実際とは異なる形で起こったかのように見える。それにもかかわらず，話し手が言うことにはわずかな真実が残っている。通常，幼少期には話し手は夫婦関係や親子関係の機能の中に巻き込まれており，それは子どもには見えないか，または理解し難いものである。成人期に語られるエピソードでは，複雑な現実は単純化されているものの，話し手を守ったりその無実を証明したりするために，その意味は歪曲されている。これは C5–6 または C5–6+ と分類される話し手の中に最も頻繁に見られる。

偽りの無実／非難は，語られた話し手の役割が，現実に最もありそうな役割とは正反対であるものを指す。たとえば，殺人者は実際には自分が他人の誤解や悪意の犠牲者であると話すかもしれない。これは通常は危機的な出来事と関連している。それらの出来事において話し手は，両親が「無実」であったとはっきりと述べてから，両親が脅威の原因である（つまり，有罪である）と聞き手に結論付けさせるような証拠を提示したり，あるいは話し手が脅威の原因ではあったが，自分のことを罪のない犠牲者として提示したりするのである。これらを示す特徴には，説明されていない危機や，話し手が時間的および因果的連結を無自覚なまま排除している危機を伴うエピソードが含まれている。話し手がこのようにエピソードを歪曲している場合，C5–6 として分類される。

妄想的復讐は，妄想的対象が敵であり，妄想の内容が復讐か逃避である場合に生じる。エピソードはもっぱら情動情報を中心に組織化され，妄想的（非合理的）認知情報と統合されることで，因果関係における自己の役割に関する正確な認知情報と置き換わるのである。代わりに，自己は正当な復讐者となるか，美化された犠牲者となる。これは C7–8 パターンを示唆するものである。

原注25）この構成概念は Main and Goldwyn（1984, 1994）によって導入されたものであるが，DMM 方式ではいくらか修正されている。

内省的統合

排除された統合は簡単にわかるはずのものを認識することを避けるという単純なメカニズムである。低数字のCタイプの話し手は，過去の経験に関するバランスの取れた有用な視点を獲得することを避けるために，情報を統合することを単に拒否する。代わりに，なぜ人が過去にそのように振舞ったのか，または過去の経験が自分の機能にどのような影響をもたらしたのかを問われると，わからない，思い出せないと言うか，関係のないことを話したりするのである。排除された統合はC1–2の話し手によく見られる。

偽りの内省は，話し手が（宗教的指導者や本やセラピストを含む）他者から借りてきたものの，自分の経験に十分に関連付けられずにきた内省的発言である。そのような発言をしても，話し手はそれによって不一致に気づくことには至らないことが多い。むしろ，自己満足した話し手，つまり自分自身の機能に満足して更なる内省や変化の必要性を感じていない話し手が，統合的質問に答える際にほとんど証拠もないまま提示するのである。偽りの内省は現在のままの自己を正当化するために機能する[原注26]。低数字のCタイプの話し手はこのような「心理療法隠語 psychobabble」を使用する。

正当化は，理想化された形式の利己的な還元主義的正当化から構成されており，話し手の分割されて誇張された感情と結びつくことで，自己を合理的に免責する。慎重な読者にはこれらの安直な内省的発言が非合理的なものであると最終的にはわかるであろう。正当化は執着的話し手（C3–8）が最も頻繁に使用しがちなものである。

技巧的誘導は一連の心理的過程を指している。まずは，聞き手の心の中にすでにどんな情報があるのかを知る能力である。そうすることで，それを否定しないようにすることができる。その知識に基づいて，話し手は一見告白するような形でその情報を提示することが多い。そうすることで情報源としての話し手の妥当性を確立する。最後に，話し手は一連の詳細や感情や見解を示して，話し手が実際には決して語ってはいない誤った結論を聞き手が導き出すようにするのである。聞き手に自分で結論を導き出させ，はっきり述べさせることによって，話し手が結論をはっきりと述べた場合に比べて，聞き手が結論を批判的に評価する可能性は低くなる。その機能は，聞き手が誤った結論を作り出すように仕向けるというものであり，同時に話し手は危機などの因果的連鎖における自己の役割を最小化しようと努力している。C5–6パターンを使用する話し手は自分の役割にある程度気づいており，他者を誘導することにその努力を集中している。C7–8パターンでは因果関係における自己の役割に気づくことから自己を守るため，つまり自己責任の否認のために誘導が主になされる。

変化の過程：方略の修正項目

変化は自然な人生の過程であるが，すべての心的過程が変化に対して均等に反応するわけではない。Bowlby（1973）の発達的経路という着想に従って，ここで用いられている視点は，心

原注26) Main and Goldwynは偽りの内省を「隠語jargon」と呼んでいる。

的組織化と行動パターンが生育歴の中で変化することと現在変化していることの両方の可能性を強調している。バランスの取れた話し手は自己内省的で統合的な過程を継続的に用いるため、そのような変化が絶えず起こっている。他の話し手の場合、何らかのいつもとは異なる出来事によって変化の過程が引き起こされるのが通常である。多くの場合、これらの出来事は発達上の「節目」（たとえば、結婚、出産、離婚、死など）である。他の場合では、自己を脅かす思いもよらぬ出来事である。変化が進行中である時は、「再構成 reorganization」と見なす。再構成が起こらなかった場合、トラウマや喪失が未解決であるという結果がもたらされるかもしれない。

トラウマおよび喪失の未解決[原注27]は極限の危機に対する反応である。それゆえ、インタビューの他の箇所で用いられたのと同じツールを使用して、トラウマと喪失に対する話し手の心理的反応を分析することが可能である。一般に、話し手は小さな危機にも大きな危機にも同じ方略を使用するものである。つまり、A→U（ds）、そしてC→U（p）、ということである[訳注2]。しかし、危機があまりにも大きいため（そして多くの場合、現在進行中であるため）、いつもの方略では話し手は安全を確保したり、安心を感じたりすることができない時もある。このような場合、いつもの方略は捨てられるかもしれない。時には正反対の方略に置き換えられることもある（たとえば、Aタイプの話し手が喪失にとらわれるようになる）。時には危機のために心理的混乱に陥ることもある（つまり、無秩序型未解決）。特にこれが起こりがちなのは、複数の重大な危機が類似した特徴を持ち、そのどれもが話し手を無防備な状態にする時である。時には危機のために保護されることは不可能であるという信念に陥ることもある（つまり、抑うつ的未解決）。また時には建設的なメタ認知的思考へとつながり、以前から存在していた表象モデルの再構成が生じることもある。

「トラウマ」と「喪失」という用語がこのDMM方式で使用される場合、Main and Goldwyn（1984, 1994）の方式よりも広い意味で解釈されている。さらに、喪失はトラウマの下位カテゴリーとして、つまり自己を脅かす出来事の一つの特定のタイプとして扱われている。その上、トラウマは、話し手が直接経験した虐待に限定されてはいない。それどころか、虐待以外の危機、観察された危機、アタッチメント対象や自己へアタッチメントを形成している人物に対する危機、さらに抑圧的な政治体制やテロリズムや歴史上の危機や暴力的地区に住むことなどの非個人的危機も含んでいる。DMM方式では、トラウマとは危機的な出来事のことではない。ある危機的な出来事に対する未解決の心理的反応のことである。言い換えれば、トラウマとは自己を危機に晒す条件に対する心理的反応の一形式なのである。

同様に、喪失には以下のものが含まれる。アタッチメント対象や他者の死、アタッチメント対象が経験した死に対する代理的反応、生存中のアタッチメント対象の機能の喪失（たとえば、養子縁組、里親制度、離婚などの一部の例）、予期される喪失（死が現実的にまたは非現実的に予期される場合）、などである。

未解決は複数のいかなる形式をも取り得る。（Main & Goldwyn, 1984, 1994に見られるような）とらわれ型、軽視型、置き換えられた、遮られた、否認された、妄想的に修復された、代理の、

[原注27] この構成概念はMain and Goldwyn（1984, 1994）によって導入されたものであるが、DMM方式ではいくらか修正されている。
[訳注2] 未解決の種類と記号については第11章参照。

想像された，示唆された，ほのめかされた，妄想的復讐あるいは攻撃，予期された，無秩序型，抑うつ的，などの形式である。一人の話し手は異なる出来事や人に対して，あるいは同じ出来事や人に対して一つ以上の未解決の形式を用いることができる。

　要約すると，DMM方式の談話分析は虐待と喪失だけでなく，他の脅威となる出来事も扱い，自己に起きた出来事も代理的に経験された出来事も予期された出来事も分析することが可能である。未解決が示唆しているのは，話し手がその出来事にのみ関連している（そして，それゆえに過去にしっかりと位置付けられるべきである）出来事や状況の側面と，未来の安全に関連している（そして，それゆえに先へ持ち越すべきである）側面とを区別できていないということである。

　アタッチメント関係の**再構成**は心的方略および行動的方略を修正する，または変化させることを含んでいる。不一致を経験することで以前のパターンの限界と他の方略の可能性の両方に気づくことができると，再構成が可能になる。それが成功した場合の結果が，以前のものとは異なる，またはより洗練された新しいパターンである。新しいパターンはよりバランスの取れた自己防衛的視点を反映している「獲得された」バランスの取れた方略かもしれないが，いつもそのような結果が得られるわけではない。成熟することで，以前は脅威であったものがもはや脅威ではないと認識できるようになる場合もある。このために，今度は話し手が一つの自己防衛方略を捨てて，別のものを選ぶことができるようになるのである。したがって，否定的感情を表出してももはや危険な目に遭わないことに気づいたAタイプの青年は両親の不正に対する怒りにとらわれるようになるかもしれない。同様に，両親がいなくても生き抜くことができると気づいたCタイプの青年はアタッチメント関係から距離を取るようになるかもしれない。（これらの過程はどの年齢でも起こり得るが，青年期では特に頻繁である。）いずれにせよ，AとCの両方のパターンが積極的に使用されている場合，知的理解が手続き機能よりも成熟している場合も含めて，話し手はあるパターンから別のパターンへと再構成しているものとして分類することができる。（その過程が完了した時，話し手はその結果の分類へと割り当てられる。）変化の方向はAまたはCからBへということもあり得るし，AからCへ，またはその逆という変化もあり得る。

　抑うつは，話し手が方略を自己防衛のためにもはや使用しない，基底にあるパターンの修正として見なされている。その理由は，多様な記憶システムにおける表象が自己に関連していないからである。つまり，それらの表象は自己が反応するいかなる傾性も含んでいない。したがって，話し手はある方略の談話マーカーを持っているが，それらは機能的に適用されてはいない。実際，話し手は方略的行動が役に立たないことに対する気づきをはっきり述べる。自己防衛方略は実際には可能であることが多いが，それが可能になるのは，信用されていない情報に話し手がアクセスして使用できる場合のみである。しかし，話し手が直面している危機を考慮すると，可能な方略が無い場合もある。

　失見当は機能的な自己防衛方略を構築できない場合を指す。しかし，この場合は，異なる人々に由来するが，誰からのものであるかわからない複数の表象を話し手は持っている。その結果，話し手は自己の視点だけでなく他者の視点とも一致するように行為しがちである。情報源記憶にアクセスできない場合，異なる人物という相反する方略の目標を区別することはできない。したがって，行為は一貫しておらず，葛藤的であり，究極的には無方略的である。言い換えれば，抑うつと失見当は情報源記憶に関する正反対の過程を反映している。抑うつの場合，表象を自己へ

と連合する過程が中断され，表象は自己関連性を失っている。失見当の場合，他者から「借りてきた」表象へ自己関連性を過剰に帰属している。自己関連性の過少帰属と過剰帰属は共に心的表象の方略的機能を減少させる（あるいは完全に失わせる）。

禁止された否定的情動の侵入は，否定的情動が強迫的 A タイプに調整されないまま，突然侵入することを指す。これは非常に重篤な精神病理と関連している。

身体表現症状は AAI の実施を妨げるように起こる非言語的行動である。これらの症状のために話し合われている話題から注意が逸れることになる。また，話し手が知っていることや疑っていることと，言うことが許されていることや言っても安全なこととの間の葛藤をこれらの症状は表しているように見える。

談話の一貫性

特定の情報変換を同定することに加えて，談話と基底にある思考過程の全体的一貫性[原注28]を考慮することはコーダーにとって有益であろう。**逐語記録の一貫性**[原注29]は話し手の談話の全体的一貫性を指す。それを左右するのは特定の談話マーカーがあるかないか以上のものである。最終的にはインタビュアーと話し手との関係性に依拠している。インタビュアーが質問をする。話し手は応答する義務がある。Grice の 4 つの格率は尋ねられた質問と話し手の応答との関係性を評価する手段を提供する（Grice, 1975）。

質という格率は応答内容の証拠としての妥当性を指す。話し手が自分の発言を支持する適切な証拠（他の箇所での発言とも矛盾しないもの）を提示した時，彼らの語りは一貫しており，バランスが取れている可能性がある。証拠が一貫していない時，逐語記録は A タイプまたは C タイプのものである可能性が高い。

量という格率は応答の長さを指す。長さは尋ねられた質問の種類に関連しており，閉じられた質問は短くて簡潔な応答を生み出し，開かれた質問は長い応答を生み出す。必要とされるよりも少なく答える話し手は A タイプである可能性が高く，必要とされるよりもはるかに多く答える話し手は C タイプである可能性が高い。

関連性という格率は質問と応答との関係を指す。自分の応答を自分の心の中にあることへ向けたり（C タイプの話し手），あるいは特に関心のない，気を逸らす無関係な話題に向けたり（A タイプの話し手）するよりも，バランスの取れた話し手は自分の応答を尋ねられた質問へ向けることがより多く見られる。

様態という最後の格率は応答の仕方を指す。応答が混乱していて，ある話題から別の話題へと飛んだり，時系列が乱れたり，想定されてはいるが言語化されていない情報を必要としたりする場合，それは C タイプの話し手に典型的である。時系列は厳格であるが，感情が欠けている場合，A タイプの話し手により典型的である。バランスの取れた話し手は尋ねられた質問に注意を向け

原注28）Main and Goldwyn はこれらを逐語記録の一貫性と心的一貫性というように別々に呼んでいる。
原注29）この構成概念は Main and Goldwyn（1984, 1994）によって導入された。ここでは大きく変更することなく，適用されている。

ることによって，そして適度な長さを持つ関連性のある興味深い応答を聞き手に理解できるような形で提示することによって，インタビュアーとの関係を他の話し手よりも積極的に維持する。

心的一貫性[原注30]は逐語記録の一貫性よりもさらに要求水準の高い構成概念である。心的一貫性があると見なされるには，話し手が自分自身やアタッチメント対象や対人関係を心理学的に妥当な形で説明することが必要となる。最も良い場合は逐語記録全般にわたってこれが起こる。しかし，一部の話し手はインタビューの最初の部分では情報を歪曲する変換を用いるものの，インタビューの終わりにある統合的質問への応答では内省的で心理学的に正確な思考へ取って代わるのである。

原注30）この構成概念はMain and Goldwyn（1984, 1994）によって導入された。ここでは大きく変更することなく，適用されている。

第II部

分類システム

分類を扱う各章への導入

　第 5 章から 9 章までは，各方略を全般的に説明する。最もバランスの取れているもの（B3）から始まって，認知へ偏っているもの（B1-2 とすべての A タイプの方略）へ，それから情動へ偏っているもの（B4-5 とすべての C タイプの方略）へと進む。各方略を，その特性に注目しながら，詳細に説明する。つまり，6 つの記憶システムのそれぞれにおける各種談話マーカーと，話し手を守るための談話マーカーの心理的機能，そしてそのような談話／方略にはありがちな生育歴，である。A タイプ方略と C タイプの方略の中で，健常群の方略と強迫的 compulsive A タイプおよび執着的 obsessive C タイプの方略は区別される。後者はたいていはより危機的な文脈の中で発達する。

　第 10 章は，同一人物が A タイプ方略と C タイプ方略を同時に，もしくは異なる瞬間／文脈の中で結合するかもしれない場合をいくつか説明する。

　第 11 章は，基本方略を妨げる可能性がある未解決のトラウマティックな出来事を扱い，第 12 章は，方略が自己を守る機能を果たさなくなるよう修正条件について論じる。

　本書は DMM 方式の使用説明書の代わりにはらならない（どんな教科書も，その教科書を指定している講習会の代わりにはならないのと同じである）。むしろ，談話のパターンと記憶システムの機能を全般的に説明して，方略と修正項目を機能によって定義する。これらをまとめることで，個々人を概念的に区別することができるようになる。

　目標は，ナラティブの談話において証拠の観点で構成概念について考える方法を読者に提供し，本方式を使っている研究を評価するための方法を研究者に提供することである。方略を実際に判別するためには，語られた談話の逐語記録を読む経験が必要である。司法上の目的に関して言えば，訓練を受けて認定された熟練者は，自らが行った成人のアタッチメントの評価に関する実証的裏付けをこれらの章から得ることができる。

第5章

Bタイプ（バランスの取れた）方略の概観

すべてのBタイプ（バランスの取れた）分類に当てはまる一般的特徴

概　観

　バランスの取れた話し手の主要な心的過程は情動と認知を統合しているということである。そこでは一方を使用して他方の誤りを修正することが可能であり，それゆえ心理的反応と行動的反応のバランスを取ることができる。バランスの取れたタイプ（B）の逐語記録の特徴は，手続き記憶，イメージ記憶，意味記憶，情動暗示言語，そしてエピソード記憶という，すべての記憶システムに話し手がアクセスするということである。さらに，認知の歪曲や言い淀みはほとんどなく，言い淀みが起きる際に思考の歪曲を示すことはほとんどない。つまり，言い淀みは重要な情報を歪曲したり，隠したりするようには機能しないのである。加えて，たいていのBタイプの話し手は，過去の否定的な出来事を最小限にして肯定的な経験を最大限にする（B1-2）こと，もしくは適切ところが最小限しかなかった過去をよりよい未来へと変換する（B4-5）ことのどちらかを通して，いくぶん楽天的である。言い換えると，一般にBタイプの人たちは物事の明るい側面を見るのである（Scheier & Carver, 1982; Taylor & Brown, 1988）。最後に，バランスの取れた方略を用いる話し手は統合的質問を最低でも適切に，時にはずば抜けて見事に扱う。つまり，自らの幼少期の経験が成人になった自分たちにいかに影響してきたのか，両親の発達歴がそのような親になる上でどのように影響したのか，そしてこれらの理解を現在のアタッチメント関係における自らの役割にどのように当てはめているのかを説明することができるのである。特に，彼らの経験の説明の仕方にはその経験の基底にある複雑さが反映されているものの，そのために筋の通った結論を引き出せなくなることはない。統合的質問への応答は，インタビューの最初の方で提示された情報と共に，話し手やその家族に関する心理的に健全な描写を作り上げる。このように，観察者としてわれわれは話し手の経験に関する結論に同意することになりやすい。

Main, Goldwyn and Hesse（2003）は二種類のバランスの取れた話し手に言及した。それは，サポートされて育ってきた生育歴を持つ人たちと，幼少期の不安定型アタッチメントを含む，困難な生育歴を持つ人たちである。後者の人たちは「獲得されたBタイプの人たち」と呼ばれる。というのも，バランスが取れて統合されている彼らの心的状態は，自らの発達過程や両親の発達過程を理解しようとする個人の努力のたまものとして成人期に出現するからである。つまり，それはこころの再構成の成果なのである。前者の人たちは「純真なnaive Bタイプの人たち」とここでは呼んでいる。彼らの心的機能は自らの発達的文脈における安全性や心地良さの統合を，素朴にかつ前意識的に反映しているのである。

　純真なBタイプの人たちは典型的なBタイプの人たちであると見なされることが多い。しかし，危機の文脈においては，彼らは獲得されたBタイプの人たちよりももっと危機に晒されるであろう。つまり，純真なBタイプの人たちが示すバランスや組織化は，彼らがいたであろうと思われる安全で心地良く，組織化された環境の中で発達した自然な結果である。その環境の中では物事は見えた通りであった。つまり，たいていの情報は正確に予測に役立つものであり，存在する歪曲は危機をもたらさないのである。そうした状況では，自己防衛的行動に関して素早い決断を下さなければならないというプレッシャーはない。それゆえ，時間をかけて情報を統合することは安全である。さらに，情報が誤解させるような形で変換されることはめったにないため，情動や認知を統合することは容易である。さらに，表象間に不一致がないということは，統合には意識的自己内省やメタ認知的熟考があまり必要ないということを意味している。その結果が，安全性は確保されており，支えてくれる人たちがいるという期待を中心に組織化されて，危機に対して比較的経験の浅い，ハッピーで気楽な人なのである。

　アタッチメント対象との間に問題があったことを示す幼児期の生育歴を持っているにもかかわらず，バランスが取れているとみなされる逐語記録を呈示する話し手は，「獲得された」Bタイプの人たちであると考えられる。獲得されたBタイプの人たちは自らの幼少期の不安定型アタッチメントパターンを再構成して，成人期ではよりバランスの取れた，洞察力のある心的組織化を選んだのである。獲得されたBタイプの人たちは，困難で矛盾しており，多くの場合脅威を与えるような情報を統合しなければならなかったという機能のために，特に思慮深く自己内省的になりがちである。困難な生育歴を再構成して解決するという心的過程によって，成人期における危機に対する気付きを促進できる。というのも，そうした人たちは，誤解させて潜在的に危機をもたらすような情報の変換を同定する経験を持っているからである。つまり，獲得されたBタイプの人たちは，すべてが安全なわけではないし，すべてが見た通りではないということを知っているのである。欺きを見分けられると，あからさまな危機と隠れている危機の両方を含んだ世界のなかで，しっかりと身を守ることができる。困難な生育歴を持った成人は心的変換や欺きの知識に関して有利になるかもしれないが，純真に気楽なBタイプも含んだすべての成人に，この困難な現実を学ぶための機会がある。したがって，すべての成人が十分に統合された獲得されたBタイプの人になれる可能性がある。

　話し手が現在バランスの取れた統合された状態であることを十分に確信するためには，話し手がすべての記憶システムにおいてBタイプとして機能しているという証拠を観察者は必要とする。つまり，再構成しつつあるBタイプは，アタッチメントに関連している不一致に十分に意

識的に注目している時，たとえばAAIの統合的質問に対して答えている時に，統合に最も到達しやすいのである。そのような人は，機能が前意識的である時（つまり，イメージ記憶や意味記憶やエピソード記憶への探索に対して手続き記憶レベルで反応する時），自己防衛的な心的過程（つまり，AタイプやCタイプの様式で機能すること）をより用いやすくなる。したがって，再構成しつつあるBタイプは，AAIの最後の統合的質問と比べると，最初の方の質問に対してはバランスの取れた応答を示しにくい。完全に統合されるためには，この到達されたバランスがさまざまな記憶システムを通じて結びつけられ，最終的には前意識的機能の一部として手続き記憶レベルで自発的にバランスが取れるようにならなければならない。インタビューのすべての箇所でバランスが取れていることを示すことに加えて，話し手が再構成の過程をどのようにして成し遂げたのかを説明できるのであれば，役に立つであろう。これは真の統合から偽りの統合（Aタイプの話し手による「正しく」「平均的な」決まり文句，そしてCタイプの話し手による「専門用語」や偽りの内省や合理化）を区別することを促進するのである。

　話し手の生育歴に関する話し手自身の結論を分析の最終段階で評価する際，バランスの取れた話し手の視点にわれわれは同意しがちである。われわれは，生育歴は話し手が描く通りであると思うか，あるいは関係性に関する説明は心理的に健全なものであると思うかのどちらかである。

情動と認知

　情動：バランスの取れた話し手は，悲しみや後悔や思いやりのような複雑な情緒状態を含んだ人間の感情を最大限に示す。ここで用いられている「情緒 emotion」というのは，認知的なもの cognitive と情動的なもの affective とが統合されていることを指している（Crittenden, 1994）。感情はすべての記憶システムではっきりと見られ，認知情報によって調整されている。特にBタイプの人たちは慰めを求めたり，与えたり，受け取ったりすることを気楽にできる。

　認知：バランスの取れた話し手は，複雑な因果関係を説明することができる。そこには，多様な原因を含んでいるものや互恵的影響や相互作用的影響やシステム論的過程が含まれる。複雑さを認識しているにもかかわらず，個人的な責任を負わせられないという落とし穴に彼らは陥らない。むしろ，責任は区別可能なものであるが，単純なものでもないということである。さらに因果的状況は行為と感情の両方を含むものと見なされている。つまり，予期される結果と感情状態の両方によって人間は動機付けられると彼らは理解しているのである。

　Bタイプの話し手は時間に関して柔軟である。つまり，過去そのものは変えることのできないものであるが，過去に関する個人の理解と過去の用い方は変化し得るものであるとみなしており，また未来は個人の行動の影響下にはあるものの，完全に支配できるわけではないと見なしている。予測していなかったり，望んでいなかった出来事が起こる可能性があるが，そのことを変えることはできないのだということ彼らは理解している。

談話マーカーとその心理的機能

1. **手続き記憶**：
   (a) Bの話し手は流暢な発話を用いており，そこで生じるいかなる言い淀みも，ためらいやどもりや言い直しなど些細なものである。情報変換を示唆するような深刻な言い淀みはまれであり，それらが実際に生じる場合，思考の不一致があることに話し手は通常気付くのである。結果として，自己内省的思考（Fonagy, Steele et al., 1997）や言い淀みの心理的意味に関するメタ認知がそれらに伴うことが多い。加えて，バランスの取れた話し手は，逐語記録の中で逐語記録の他の箇所で述べたことに言及することを通して，彼らが統合を積極的に用いているという証拠を示すのである。特に，情報に不一致がある場合，バランスの取れた話し手はこれら二つのことがいかにして両方とも真実であるのかを積極的に説明するか，あるいは多くの場合メタ認知的発話を伴いながら，情報源の一つを修正するかのどちらかである。
   (b) 表出された情動は広範囲におよび，議論されている話題に調和して，全般に肯定的な傾性を概して反映している。
   (c) バランスの取れた話し手はインタビュアーに協力的であり，筋が通らなかったり不正確な不一致に関して自分の発話をモニターしている。これには間違いを特定して修正するだけでなく，他者との情報交換を促進するという機能がある。
2. **イメージ記憶**：バランスの取れた話し手は，さまざまな情動状態を伝えるために生き生きとしたイメージを用い，これらを彼らの経験に関する意識的理解にはっきりと結びつけることができる。これには注意や動機付けを集中させる際のイメージの有用性を最大化すると同時に，歪曲の影響を最小化する機能がある。
3. **意味記憶**：バランスの取れた話し手は，人生経験から節度のある距離を保っている。つまり，代わりの視点（他者の視点も含まれる）を考慮するための十分な距離を取ると共に，自己の視点を保つために十分なだけの関与もするのである。彼らの意味記憶の結論は肯定的なことを強調する傾向がある。これはB1–2の話し手にとっては，過去の否定的側面は最小化し，未来を改善するための自力本願を最大化する，ということを意味している。B4とB5の話し手は未来への楽観主義を最大化する。どちらとも，「理想化」の形をとってはいるが，バランスの取れた話し手たちの中では，それらは健康な可能性を強調し，悲しみや抑うつのリスクを減少させるために用いられる（Scheier & Carver, 1982, Taylor & Brown, 1988）。これらの理想化は現実の重要な側面を否認するためには用いられない。
4. **情動暗示言語**：バランスの取れた話し手は，意味記憶上でも語った感情が非常にはっきりと伝わってくるような語り方をする。彼らは言語の情動喚起的性質と表示的性質のどちらが優勢であるのかという点でスタイルは異なる可能性があるが，情動を伴ったコミュニケーションは彼らの言語に共通した特徴である。
5. **エピソード記憶**：バランスの取れた話し手はさまざまなエピソードを思い出すが，人がみなそうであるように，安全で心地良い経験よりも，困難であったり，脅かされるような経

験についてより細かな部分を覚えている。それゆえ，人間関係の肯定的特徴を示す例は，完全なエピソードという形式よりも，ユニークな詳細を伴うスクリプトという形式[訳注1]の中に見られやすい。子ども時代に危機に晒されたと自己が感じた時のエピソードは，成人の視点（つまり，幼少期におけるたいていの恐怖から自分自身を守ることができる安全な状況）から回想される傾向にある。困難なエピソードを思い出すことへのバイアスには起こり得る未来の危機への準備を促進する機能がある一方で，幼少期における経験の意味を再評価することで，もはや脅威ではない過去の経験に区切りをつけることが可能になる。

6. **内省的統合**：バランスの取れた話し手はすべての記憶システムから認知情報と情動情報のすべての変換を統合して，他者，特に自らの子どもたちに適用可能な，バランスの取れた自己防衛的結論を導き出す。これらの結論は，どの人にも好ましい特徴と好ましくない特徴とが混じりあって反映している，という認識を含んでおり，何度も起きる状況というのは，参加者全員が寄与していることが基礎になって維持されているのが通常である（つまり，人間関係の状況では参加者すべての共犯関係があり，人はみな時とともに変化し，同じ状況であっても人が異なれば経験の仕方も異なる可能性があり，すべてのものが見かけ通りであるとは限らない），という認識を含んでいる。これらの真実を認識することで，人間関係が階層的になっており，条件付きであり[訳注2]，限定的であり[訳注3]，そして現在進行形の改訂に開かれているような自己と他者の傾性表象を，バランスの取れた話し手は構築することができるのである。

　Bタイプの話し手の談話に見られる内省的統合の重要な側面は，メタ認知を使用することである。メタ認知的思考とは，考えることそのものについて考えることである。洞察に満ちて，（過度に批判的になったり，結論が出ない状態に陥らずに）評価することができて，視点や責任に関してバランスが取れている発言は，メタ認知の候補になりそうである（それらが話し手の経験と直接結びついており，それゆえ普遍的真実を示す単なる格言ではないと仮定しての話だが）。

　インタビューの最中に生じた思考の結果として生じたメタ認知的発言が，メタ認知が機能していることの最も強力な証拠を示す。

　十分に統合された話し手は自分自身の情報変換と他者の情報変換に気付いている。さらに，彼らは自らの心的方略に気づいており，そうした方略を幅広く（AタイプからCタイプまで）持っていて，これらの方略を適切な状況へ自覚しつつ効果的に適用することができて，その方略に囚われることはないのである。

　Grice（1975）の格率に関して言うと，バランスの取れた話し手は**質**の高い情報を提供し，秩序ある**様態**で語る。情報の**量**においてはさまざまであるが，通常の期待を大きく超過したり，下

訳注1）スクリプトとは多くの似たようなエピソードを要約した一般化された発言を意味する。たとえば，今日自分が何をしたのかを語るのがエピソードであるのに対して，スクリプトであれば「私は起きて，顔を洗って，朝食を食べて，車で出勤して，5時に帰って，夕食を食べて，テレビを見て10時には寝た」という形の表現になる。
訳注2）条件によって予期する事態は変化し得るということ。
訳注3）完璧な表象はなく，だからこそその改訂が必要となるということ。

回ったりはしない。さらに、**関連性**のある情報の中には、非常におおざっぱであったり（B1）、やや過剰であったり（B4-5）するものもあるかもしれないが、バランスの取れた話し手は自らの生育歴の組み立て方に敏感であり、聴き手が理解することのできる一貫性のあるストーリーを示す。したがって、概してバランスの取れた話し手の談話は中程度から高程度の一貫性を示し、心的一貫性はなお高い場合が多いのである。

関連のある方略および修正項目

Bタイプの逐語記録は、他の方略や修正項目と組み合されることはほとんどない。一つの例外は未解決のトラウマや喪失を伴う可能性である。そうなるのはこれらの出来事が極めて最近起きた場合である。

精神病理のリスク

安全な環境下においては、Bタイプの方略を使用する人たちが精神病理を患う恐れはほとんどもしくは一切ない。一つの例外は、予期せぬ悲劇（すなわち、喪失やトラウマ）に侵されてしまうことである。いくつかのケースにおいては、これらの悲劇によって反応性の精神病理が生じるかもしれない。圧倒的で永続的な、かつ蔓延していて、欺くような類の脅威の下で、Bタイプの人がどのように機能しているのかについてはほとんど知られていない。こうした状況下ではBタイプは適応的な方略ではない可能性があり、純真であるがゆえに、リスクを作り出しさえするかもしれない。

経験／生育歴

純真なBタイプの人たちは安全で支持的な生育歴を持っている一方で、獲得されたBタイプの人たちはいかなる種類の生育歴も持っている可能性がある。

B3（心地良くバランスの取れた）

概　観

この方略はバランスの取れた方略の典型である。それは、Ainsworth（1973, 1979）のB3の乳児パターンと、Main, Goldwyn, and Hesse（2003）のF3のパターンに基づいている。

B3の話し手は、他のどの話し手たちよりも、自らの意図や感情を他者へはっきりとコミュニケーションして、他者の視点に耳を傾け、これらの中に見られる自己と他者の違いについて交渉することによって、環境が許す中で両者を安全で心地良くしておくような、互いが満足する歩み

寄りへと達する。他の話し手よりも，彼らは情報の歪曲を避け，自分の振る舞いの基底にある動機に気づいている。

談話マーカーと心理的機能

1. 手続き記憶において B3 の話し手は談話の中で言い淀みが最も少なく，これらの言い淀みのどれも深刻な情報変換を作り出すことはない。彼らは気軽に流暢に話し，言い直しや繰り返しを超える言い淀みを示すことはほとんどない。

    彼らは穏やかな感情を表出するが，そこには彼らが本当にどう感じたかのかが反映されている。彼らは自身の感情を過剰に扱うことも，些細なものとして軽視することもない。ある強烈な情動が唐突に表出された場合，彼らはその情報を使用して，話し合われている主題について再考するのである。

    彼らはインタビュアーに協力的であり，どちらか一方の人に大きすぎるまたは小さすぎる負担を強いることのないような心地良い互恵性を示す。Grice（1975）の格率を破ることはほとんどなく，そうした違反があるときは，彼らはそのことを認めて，違反することの許可をインタビュアーから（顕在的にも潜在的にも）求める。その機能は，自分の環境について考える自らの可能性と，その環境についての他者の視点の両方から，話し手は恩恵を得ることができるというものである。

2. 彼らは自分の話をさらに良くするために，新鮮で活気があり，多くの場合ユニークなイメージを用いる。これらのイメージは，効果的にコミュニケーションすると同時に，話し手がその出来事を自分自身の現在の視点から再評価しながら，それを再体験できるようにするという両方の機能を持っている。

3. 意味記憶上では，両親との関係は多様で分化したものとして示される。このことによって B3 の話し手は，自己や親の影響や経験を広い範囲で説明することができる。つまり，B3 の話し手は，階層的に構築され，随伴性に基づいた，文脈に応じて多様な，複雑な表象を構築しているのである。彼らは，出来事の時間的秩序と，その出来事の間にある因果関係の両方に気づいている。情報が知られていない場合，彼らは混乱の性質についてはっきり知っている。彼らは幼少期の理解と大人になってからの理解とを区別することもできる。特に，現在では因果関係は単一の原因を持ち，一方向的であるというよりも，複雑であり，双方向的なものとして理解されるのである。

4. 彼らの情動暗示言語は，明晰さを曖昧にすることなく，コミュニケーションを向上できるように，彼らが語っている感情と一致している。

5. B3 の話し手は情動的に生き生きして，因果的に秩序立ったエピソードを語る傾向があり，またエピソードが肯定的な時には，それらを思い起こすことを楽しむ傾向がある。経験が痛々しいものであったとき，彼らは情動を表出し，同時に調整する。さらに，このような場合でさえも，心地良くバランスの取れた話し手は自らの生育歴を再び語ることを情緒的に満足なものであるとみなす。愛されるなどの日常的経験に対して，彼らは十分ユニークな詳細を伴うスクリプトを報告するので，彼らが関係性の具体的な側面を思い出している

ことは明らかである。これらのエピソードには，話し手が新しい理解を構築し，そして再構築できるだけの具体的な情報を提供するという機能がある。

6. B3の話し手は自分の行動の不一致を容易にモニタリングできる。これらの不一致によって，手続き記憶上の行動を意識的に検討しやすくなる。彼らの生育歴における困難にもかかわらず，B3の話し手は自分の視点の妥当性を失うことなく，経験に関する多様な視点を受け入れることができる。言い換えると，B3の話し手は，それぞれの人が自らの発達的文脈の中にどのようにして埋め込まれているのかということだけではなく，変化を起こそうと行動する可能性を伴って，その文脈にどのように積極的に関わっているのかということについても理解を示すことができるのである。時にこれは安全で組織化された幼少期の自然な帰結である。他の場合では，脅威的で複雑な経験を理解するために話し手は苦心せねばならなかった。このような場合は，成人期の成熟と自立と発達上の経験が達成されるまで，統合は不可能だったのかもしれない。すべて（あるいはほとんど）の情報を利用できることによって，B3の話し手は大人になってからの自身の行動を柔軟に組織化することができる。器用に統合していく過程には，生涯進んで行く再構成が最大限のものとなるようにする機能がある。

B3の話し手，なかでも獲得されたB3の人たちは，最も広範囲の心的方略，行動方略，そして談話方略を示す。つまり，B3の話し手は，適切な**とき**に，基底にある正確な情報に関して心理的に混乱することなしに，すべての方略を使用するのである。そうした柔軟さは大いに保護的であるのだが，防衛が全く見られない「完璧な」逐語記録を期待する読み手は混乱する可能性がある。

B3の逐語記録には各種の談話マーカーがあって，多くの分類の側面が複数見られるが，他の方略とは以下の点で区別される。(a) 情報の心的処理のスタイルに幅がある，そして (b) これらを話し手の経験に関する心理的に健全な視点へと最終的にバランス良く統合する，という点である。

B3と他の方略との区別

B3は，他の形式のBタイプに間違われることが最も頻繁にあり，強迫的Aタイプの人たちとも間違われる。Bタイプの人たちを（よく間違われることの多い）強迫的方略と区別できるのは，バランスの取れた人たちは他者の視点に思いやりを示す時でさえ，自分自身の視点を保持していることと，軽視型の談話マーカーが見られないということによってである。時に彼らはA/Cタイプの結合型，特に欺きを示す高数字の方略と間違われることがある。インタビューの仕方の質はB3の逐語記録をA/CやACタイプの人たちから区別する上で特に重要である。なぜならば高数字のA/CやACタイプの方略は欺きに基づいているからである。もしもインタビュアーが適切な証拠を得るためのプレッシャーをかけず，代わりに表面上の応答を受け入れて，その応答を適切なものとして扱うならば，話し手が脅威，この場合，危機に晒されるという脅威に対していかに応答するかを知ることが難しくなる，もしくは不可能にすらなる可能性がある。

経験／生育歴

B3 の話し手はあらゆる種類の生育歴を持っている。しかし，もし共通点があるとするならば，それはおそらく彼らの生育歴のどこかで，人間の変わりやすさや間違いやすさを慎重に，思いやり深く受けとめるモデルがいたということであろう。つまり，ほとんどの B3 の話し手は，彼らを受け入れるバランスの取れた人物と関わる経験を持っていたということである。この人物は多くの場合アタッチメント対象であるのだが，必ずしもそうである必要はない。教師やご近所さんやセラピストが，アタッチメント対象になることなく，この機能を果たすことができる。さらに，時にはそのような対象がおらず，長期にわたって個人的な心的内省と再評価の過程が続く中で，統合が達成されることもある。

B1（過去から距離を取った）

概　観

これはバランスの取れた方略のなかで，最も距離を取ろうとするものである。Ainsworth による乳児の B1 パターンと，Main, Goldwyn and Hesse（2003）による成人の F1 パターンに基づいているが，アタッチメント対象の理想化 対 自己の否定 という分割に合致するように修正されている。この分割は A タイプ方略の中の奇数番号方略／偶数番号方略を区別するものである。

B1 の話し手は自分の意図や感情に対して開かれていて率直であり，それらの違いについて相互に納得のいく妥協へと辿りつくために他者と交渉する。他方，他の B タイプの話し手と比べると，彼らは自らの機能に対して他者が寄与したことの否定的特徴ついてあまりくよくよ考えず，その代わりに自力で何ができるのかということに焦点を当てているのである。

談話マーカーとその心理的機能

1. 手続き記憶では，B1 の話し手は簡潔で短く，距離を取った話し方をするが，それにもかかわらずそれは心理的に健全なものであり，両親や自分についての否定的な情報を排除したり，否認したりしない。B1 の話し手の方略は，少なくはあるがはっきりとした言葉で，核心に直接迫るものである。談話は，意味を歪曲することなく，言葉遣いの中で最小化を頻繁に用いる。

    情動は発話のパターンで強調されることはないが，情動状態，特に否定的状態と脆弱な状態は的確に，そして多くの場合，人の心に触れるような形で語られる。その情動状態は明確に自己に帰属されるものの，それについて話し続けることはない。

    彼らはまたインタビュアーに思慮深く協力する一方で，それにもかかわらず，両親の否

定的な情報や両親に傷つけられた自身の感情には相対的にあまり注意を払わない。しかし，彼らはこの情報を排除したり，偽装したりすることはない。その機能は，現在とその肯定的可能性に焦点を当てることができるというものである。通常の場合，彼らはたたき上げでやってきた自立した人であり，自らの経験を真に反映してはいない観点へとインタビューアーによって容易に導かれることはない。その一方で，彼らの理解を向上するような発想は受け入れるのである。

2. B1の話し手は，不愉快な出来事を詳細にあれこれ考える必要なしに，意味を簡潔に表わすために，はっきりとしたイメージを用いることが多い。そのイメージは，時間的にも因果的にも秩序だったエピソードに埋め込まれており，イメージを引き出した意味記憶上の形容詞に合致している。イメージは経験を情動的に自己に関連性のあるものにするという機能を持っている。

3. 意味記憶は，特に筋の通った説明状況という観点からは，両親に対してやや寛容なところがあるとしても，多様であり，かつエピソードによる証拠と一致している。自己に関しては，因果的随伴性が強調されている。時には，おそらく実際にそうであったかもしれない場合よりも，話し手の行動をもっとコントロールできるように因果的随伴性を誇張している場合もあるが（もちろんこれは，その随伴性の中にある程度の真実がある限り，適応的な自己防衛方略である）。これらの特徴は，話し手を守るような形で行動を組織化して，自己効力感という感覚が増加するように，幼少期に機能したのである。

4. エピソード記憶は短く，簡潔で，正確に再生されており，意味記憶上の言葉を支持するものである。エピソードには否定的経験が含まれているが，それらは中断されたり，歪曲されることはない。そのように明確に思い出すことが持つ機能は，成人がより包括的な統合へと着実に向かっていくにつれて，再統合されうる，比較的変換されていない情報を話し手に提供する，というものである。それでもなお，たいていエピソードは過去の中にしっかりと遠ざけられており，それゆえに話し手は過去の問題に悩まされずに人生を組織化することができるのである。

5. 言語の情動暗示的性質が集中しているのは，情動的な質を伝達するごくわずかなフレーズの中である。その他の点では，発話の様態は情動喚起的な性質よりも，情動の意味記憶的な定義に焦点づけられている。

6. B1の話し手における統合はある程度の努力を経て獲得された場合が多い。この統合によって，B1の話し手は以下のことが可能となる。(a) 両親と最大限に肯定的に触れ合うことを保ち，(b) 両親が持つ親としての欠点から自らを心理的に守り，(c) 豊富な知識をもって意識的に，成人期の自らの行動を変化させる。話し手は多くの場合，(a) アタッチメント関連の話題から心理的に距離を取るための自らの能動的選択，そして (b) 視点や方略が変化したのは了解できる過程の結果であるような，幼少期から現在に至るまでの自らの発達過程，についてはっきりと述べることができる。しかし，アタッチメントや人間関係は重要であり，軽視できないものとして，取り扱われるのである。

Grice（1975）の格率のうち，発話の量はかろうじて十分なだけであることが多いものの，様

態と関連性と質に関する基準はすべて満たされている。話し手たちが提示した生育歴を評価する際に，われわれは彼らの見方に同意する傾向にある（つまり，われわれはその生育歴が心理的に健全であると思うのである）。

関連のある方略および修正項目

最近起きた出来事に関して未解決のトラウマや喪失がある場合で，B1 の人たちに最もよくある反応は，軽視型形式の未解決の喪失やトラウマである。加えて，他の B タイプの人たちよりも，B1 の人たちはうつ病になるわずかなリスクが若干あるかもしれない。

B1 と他の方略との区別

B1 の逐語記録は，幼少期のアタッチメント関係の否定的側面を理想化することはなく，そして否定的なエピソード情報を認識して再生するという点で，A1 の逐語記録と異なっている。B2 の逐語記録とは，B1 の談話が比較的簡潔であり，他者の肯定的側面を強調するという点で異なっている。

経験／生育歴

B1 の話し手の生育歴は実に多様であるが，通常，アタッチメント行動や自己をある程度拒絶されたことが含まれている。多くの場合，話し手が愛されていたということを示すものもある（つまり，保護されて慰められていた）。もし話し手の生育歴が大部分否定的であったり，危機的であったならば，話し手を情緒的に支えたアタッチメント対象（あるいは重要な親しい対象）への言及がたいていはいくらかあるものである。たとえその生育歴に危機が含まれていないとしても，細やかな感情を裏切るような，情緒を抑制するパターンがたいてい示される（つまり，家族のコミュニケーション「規則」が抑制の一つなのである）。

B2（受け入れている）

概　観

ここで述べるように，B1-2 の方略は，A タイプ方略に向けて開発した理論に合致するように，Ainsworth (1973) のパターンからわずかに変更してある。つまり，B1 はアタッチメント対象をより理想化しており，B2 は自己をより否定している。しかし，どちらの場合も，真実を大きく歪曲することはない穏やかな過程である。特に B2 の話し手は，悪い結果に対する自らの寄与を強調するが，彼らは自分自身を本質的に悪いものとは考えていない。また，彼らは他者の行動

に対して責任を負うこともないし，これらの結果を取るに足らないものとして軽視することもない。

B2の話し手はオープンで率直である。彼らは互いに満足のいく妥協へと達するために，相手との違いについて交渉する。一方で，他のBタイプの話し手と比較すると，彼らは自分の機能に対する自らの否定的影響についてちょっとばかり長々とあれこれ考え，他者の限界をいくぶん無視するのである。他者の限界のために困難が生じている時でさえ，アタッチメントや家族関係を価値あるものとしてはっきりと評価している。

談話マーカーとその心理的機能

1. 手続き記憶では，B2の話し手はインタビューとインタビュアーに対して心地良さを感じるまでは距離を取るように見える。このゆっくりと温めていくアプローチの機能は，否定的感情の不快さから自己を守るというものである。
2. イメージ記憶は，話し手が安心するまでは抑制されている。これには，先がどうなるのか話し手が最もよくわかっていないインタビューの箇所で，情動をコントロールしておくという機能がある。
3. 意味記憶はエピソード記憶からの証拠が支持できる以上に肯定的なものであるが，偽りであるというところまで歪曲されていることを示す証拠はない（それゆえ，B1の話し手の意味記憶に似ている）。これには，B1の方略と同様に，変えることのできない過去の側面にとらわれてしまうことから話し手を守るという機能がある。B1と比べると，アタッチメント対象との関係の否定的側面をより認める傾向にあるのだが，これに対するいくらかの責任は自分にあると考えている。
4. 彼らの言語が持つ情動暗示的性質は，ひとたび彼らがインタビューの過程になじみさえすれば，B1ほど抑制的であったり，用心深いということはなくなる。
5. エピソード記憶は再生され，過去に物事をどのように解決してきたかに関する信頼できる指針として機能する。それらは，話し手が語っていることに対して信用できる証拠を提供する。つまり，意味記憶の情報とエピソード記憶の情報との間で認識されていない不一致があることを示す証拠はない。「バラ色の眼鏡」をかけて過去を見ているかもしれないが，レンズは歪んでいないのである。
6. 統合という観点では，B2の話し手は内省的であり，時にはメタ認知を示すことがある。これは，不一致や変化に注意をはらうために機能し，自己と状況が変化していく中で，統合の過程が自己に関連するように保つことを可能にする。彼らは自らの経験の中にある良いものを見つけて，それに意識的に注意を向ける傾向がある。

関連のある方略および修正項目

B2の話し手はうつ病になるわずかなリスクが若干あるかもしれない。

B2と他の方略との区別

B2の逐語記録は，否定的な自己像を誇張せず，望ましい結果へ自己が肯定的な貢献をしていることに気付いているという点で，A2の逐語記録から区別される。B2の逐語記録は，B1の逐語記録よりも長く，また否定的な結果に対して自己が負う正当な責任により注目を払っているという点で異なっている。B2の逐語記録は，遠ざける談話が存在することや，インタビュアーに対するゆっくりと温めていくアプローチや，そして自分の両親の限界を比較的寛大に見ているという点で，B3の逐語記録とは異なっている。

経験／生育歴

純真なB2の話し手はB1の話し手と似たような生育歴を持っているが，一般的にはB1よりもう少し暖かみがあるものである。幼少期に話し手に与えられた慰めを制限していたものが外的条件であるのか，親のパーソナリティであるのかにかかわらず，自分は無条件に愛されたということが話し手には当時も明らかであったし，今でも明らかなままである。つまり，話し手は自分の個人的特徴のために遠ざけられていたわけではないということを確信しているのである。もし話し手の幼少期に危機があったとしても，通常それは両親の限界によるものではなかった。むしろ，たいていそれは戦争とか，死とか，深刻な病気といったような，外的な，または不幸な出来事を含んでいたことがより多かったのである。もちろん，両親が代わりにもっと愛情深く保護的になることを容易に選べたかもしれないように見える場合に比べると，このような出来事を理解したり，それらが両親や自分自身に及ぼした影響を許したりすることはより容易にできるのである。

B4（感傷的な）

概　観

B4の方略はAinsworthのB4の乳児のパターンに基づいている。しかし，Cタイプ分類の中での偶数／奇数による区別を定義する，否定的情動内の分割を反映するために修正されてきた。怒りをもう少し強調するB5の話し手と比べると，B4の話し手は心地良さや慰めへの欲求により焦点を合わせている。

B4の話し手は情動と認知に関してバランスが取れているが，彼らは認知よりも情動，特に慰めへの欲求を強調する。さらに，自分が結果に寄与しているような困難な状況に自分自身を因果的に結び付けることができると同時に，起こったことに対する責任が完全に親にある場合は，B4の話し手は距離を取ることもできる。つまり，Aタイプの人とは違って，彼らは因果関係を自らに過剰に帰属することでコントロール感覚が増大する場合でさえも，そのようにすることは

ない。一方で，Cタイプの人とは違って，彼らは望ましくない関係や出来事を他者のせいだけにはしない（つまり，彼らは他者を非難しない）。代わりに，彼らは自らの経験が生じた際の，自分と他者との間の相互作用について筋の通った説明をすることができる。

談話マーカーとその心理的機能

1. B4の話し手は，やや冗長ではあるとしても，自由に話し，発話上の深刻な誤りはほとんどない。思考の誤りを犯した場合，B4の話し手はそれに気付いて修正する傾向がある。こうした明晰さには，B4の話し手が他者とお互いに満足できるような相互作用を持てる可能性と，不一致に気づいて修正でき可能性を増大させるという機能がある。彼らは時間的関係と因果関係（つまり，認知情報）についてはっきりわかっている。発言は，特に感情に関するものについては，誇張されているかもしれないが，不正確ではない。

    B4の話し手は容易に気持ちを表出するが，それはインタビューを中断させたり，さもなければ邪魔したりするような形ではない。感情状態は，怒りや恐怖よりも柔和なものであることが多い傾向がある。さらに，話し手が過去を内省するときに，幼少期には認識していなかった親の経験に対する深い思いやりを示すかもしれない。

    彼らはインタビュアーに協力しながら過去の探索に取り組む。彼らのコミュニケーションは情動に対して開かれているが，話し手はそのせいで話題について話し合うことから注意がそれることもないし，インタビュアーが話し手の情動状態を調整することに巻き込まれるように強いられることもないのである。

2. B4の話し手は，特に人間関係の肯定的側面を説明している時に，多くのイメージを使い，そのうちのいくらかはいささか「やりすぎ」のものもある。これらには，情動状態や文脈について迅速にコミュニケーションする機能があり，そのため他者は評価されていると感じることになる。またこれらのイメージのために，話し手は人間関係の肯定的側面に注意を集中することになる。これらのイメージは孤立して現れるよりもむしろ，十分に精緻化されたエピソードの中に埋め込まれている傾向にある。

3. B4の話し手は意味記憶に適切にアクセスしており，出来事の時間的秩序やその因果的なつながりに関して正確であるが，自分の考えていることについて必要とされている以上に長々と話したいと感じるところが多少はある。それゆえ，操作しやすい思考の単位へと情報を凝縮するという意味記憶の機能は弱められ，話し手は細部にややとらわれてしまう。しかし，話し手が意味記憶上で理解していることは，状況には多様な性質が含まれており，これらのために複雑な感情が生じる可能性があるということである。B4の話し手は，状況と自分自身の両方の中にこうした複雑さがあることをはっきりと言葉で表現して，受け入れることができる。

4. 彼らの言語の情動暗示的性質は説得力のある，情動喚起的な側面を示すが，それらには喚起された同じ感情を意味記憶的に表現した発話が伴っている。情動暗示言語が持つ暗示的機能が，感情をはっきりと意味記憶上で言葉にすることに，取って代わることはないのである。

5. エピソード記憶ははっきりとしており，たやすく利用できて，意味記憶と一致しており，関係性の良い側面と悪い側面の両方に関連している傾向がある。これには，話し手に良好な「生の」データ源を提供して，話し手がそこから自身の経験を検討し，再検討することができるという機能がある。実際，彼らは現在に焦点を当てる傾向がある。
6. 統合的過程はB4の話し手の中で活発であり，新たな考え（古い情報の新たな統合）を容易に思いつく。さらに，すべてのBタイプの話し手のように，B4の話し手は新たな洞察へ達することに一般に喜びを覚えるものであるし，その洞察が不快な情報を反映するときでさえも同様なのである。彼らは楽天的であり，人間関係の価値に注目し，両親が課した制約の中で，現在可能な限りの最大限の許しと支えとなる関係を見つける。両親との間でこのことが成し遂げられなかった場合，B4の話し手は過去の困難への解決として現在の自分の家族について語ることが多い。

関連のある方略および修正項目

特に最近起きた，思いがけない喪失や危機に晒された場合，B4の話し手は脅威に対するとらわれ型の未解決を一時的に示すかもしれないが，これは極めて限定されたものであるか，コンテイン[訳注4]されたものである傾向にある。

B4と他の方略との区別

B4の方略は，発話の量が多いことや，アイデアの繰り返しが見られたり，感情に頼って人間関係を説明するという点で，B3と区別できる。B4の話し手は，人間関係に対してより哀願するようなアプローチ（つまり，慰めへの注目）を取り，怒って不平を言うことが少ないという点で，B5と区別できる。

経験／生育歴

すべてのBタイプのように，B4の話し手にはどんな種類の生育歴もあり得る。

B5（不満気に受け入れている）

概　観

このパターンはMainとCassidyによって6歳児の間で初めて実証的に同定されたものである

訳注4）その話題について質問された時にだけ出現するトラウマ反応。第11章参照。

(Main & Cassidy, 1988)。本書で提示された理論的観点から見ると，B4-5 の組み合わせは，恐れと慰めへの欲求から怒りを切り離す，脅す／ご機嫌を取るという分割と心理的過程において対応している。この分割は威圧的方略（たとえば，C1-2, C3-4）で見られるものである。しかし，B4-B5 でははるかに統合されており，この過程に対する自己の寄与をもっと自覚している。

　B5 の話し手は，他者と関わる際に隠し事をせず，率直である。しかし，彼らは過去の否定的経験やそれが未来に意味することについて，他の B タイプの話し手よりも意識し続けている傾向がある。彼らはかなりの怒りを感じていて，それが人間関係から来ているということに気付いている。怒りを示すことは効果的なアタッチメント行動となりうるが，怒りがすべての問題を解決できるわけではなく，度が過ぎると，個人の幸せや適応の妨げとなる可能性があり，人間関係を台無しにさえするということを彼らはわかっているのである。加えて，B5 の話し手は，これらの人間関係に含まれる怒りの性質を維持することに自分自身が寄与している場合，そのことに気づいている。それゆえ彼らの心的活動は，怒りに満ちた防衛的反応を防止するように組織化されている。

談話マーカーとその心理的機能

1. 手続き記憶上では，B5 の話し手はインタビュアーに協力的であり，冗長に話す時には，多くの場合ユーモラスに（「後どれくらい時間はあるかしら？」など）冗長になっていることを認める。このように，Grice の格率（1975）を破る許可を求めるのである。手続き記憶には，他者との関わりを促進し，それゆえに他者が自分を支えてくれる見込みを高めるという機能がある。思考の誤り（つまり，情報の変換）が比較的ないことで，B5 の話し手は注意を集中して，出来事と感情と人間関係との間にある関係を同定することができる。
2. イメージはよく用いられる。それらは生き生きとしており，話し手に明確に結びついている傾向がある。さらにイメージ記憶は，意味記憶上での理解の代わりとして用いられたり，もしくは時間と文脈の境界を侵犯するために用いられたりするよりもむしろ，説明に役立つように用いられる。イメージ記憶は，現実的な複雑さを曖昧にすることなく，感情状態を明確にするように機能する。
3. 意味記憶上では，B5 の話し手は両親との関係に別々に焦点を当てて，いくつかのユニークな記述的単語または語句を用いて，それぞれの親との関係について要約することができる。これらの単語は正反対なものかもしれないが，話し手はその関係の中に両方の性質がどのようにして存在しているのかを説明することができる。多くの場合，意味記憶上の一連の記述的単語には否定的な趣があるが，たとえ話し手が自身の視点，特に幼少期の視点へと偏っていたとしても，その用語に反映された状況は信頼できるものである。これには問題を注意の最前線（ひょっとしたら問題を解決できるかもしれないところ）に保っておくという機能がある。
4. 情動暗示言語は刺激的で，内容に一致する傾向がある。情動喚起的な特徴として長々とした反応が含まれ，そこでは繰り返しや，否定的な環境に結び付いた怒りを強調するために著しい修辞的形態が使用されている。

5. エピソード記憶は広範囲に及んでおり，話し手による人間関係の意味記憶的な概観に対して信頼できる証拠を提供している。またそれは特に現在に焦点付けられているが，そうすることで現在の機能を再検討できる可能性を改善し，それゆえに変化できる可能性を創り出すという機能を果たしている。
6. インタビュー全体を通じて，また統合的質問への応答の中では特にそうであるが，B5の話し手は自らの経験をバランス良く振り返る。これによって対人関係過程の認識が促進される。彼らは人物と人間関係とを上手に区別し，それぞれの肯定的側面と否定的側面の両方を見ている。特に自分の経験に対する親の寄与と自分自身の寄与とを区別している。したがって，彼らは人間関係における問題の責任を両親に完全に押し付けることはない。代わりに，過去に存在した人間関係のそれぞれを作りあげ，維持することに自らが寄与していたことを認識している。さらに，彼らは状況を変えようがなかったことに対する後悔を依然として表明し続けているが，実際には幼少期が終わってしまったということを受け入れており，過去を変えることはできないし，両親を自分の願望に合致するようには変えることはできないのだということを認めているのである。インタビューでの彼らの思慮深さは自己内省的な発言の中で示される。そして今度は，このことが変化を促進するのである。加えて，それによって話し手は両親の欠点を再解釈することができるので，不当に扱われたという観点よりも，両親には限界があるという観点で親の欠点を理解できるのである。この過程がもたらす一つの結果は，両親に向けられた怒りをすべての家族のメンバーの状況に対する思いやりへと置き換えるということかもしれない。

要するに，われわれはB5の話し手による状況の評価に同意しがちである。彼らは依然としてかつての葛藤の中へと引き戻される傾向はあるのだが，Cタイプの方略が終わりなく続くことを終わらせる方略を彼らは持っていて使用しているのだ，という結論も含めてわれわれは同意する傾向にある。

Griceの格率に関しては，B5の話し手は多すぎて詳しすぎる情報を提供することによって，**量**の格率を破ることが多いものの，その情報は話題と**関連性**があり，インタビューの初めから終わりまでずっと意味は一貫している（つまり，情報の**質**には一貫性がある）。さらに，B5の話し手ははっきりと秩序ある**様態**で情報を関連付けるので，その量にもかかわらず，読み手は圧倒されることも混乱することもない。総合的にみると，B5の話し手の発話には適度な一貫性がある。

結論として，威圧的に行動するよりも，彼らは行動に移す前に躊躇して余分な時間を使って，生産的で人間関係を維持する反応を促進するような，よりバランスの取れたやり方で情報を統合することを報告する。心的機能のこのようなパターンによって，彼らは怒りの経験を制限し，人間関係には双方が寄与するということに注目し，安全や慰めへの欲求を満たすための他の方法を見つけることができるのである。

関連のある方略あるいは修正項目

B5の話し手は一般に他の方略と関連してはいないが，喪失やトラウマのとらわれ型の未解決

を持つ場合があるかもしれない。

精神病理のリスク

B5 の話し手は，精神病理を患うリスクがほとんどない。しかし，困難な状況に置かれると，怒りがより支配的で歪んだ状態となり，それゆえ不安障害になるリスクがわずかに生じる。

B5 と他の方略との区別

B5 の話し手は不満げな発話のトーンや C タイプの話し手に典型的な談話に反映されているとらわれ型の性質，たとえば（思考の誤りのない）長くて，切れ目なく続く文章によって他の B タイプの人たちとは区別できる。彼らは C タイプの話し手と以下の点で区別できる。たとえば，思考の誤り（巻き込む怒りや動詞の現在形の使用や揺れ動きなど）を示すような深刻な言い淀みがほとんど見られないというように，談話にはもう少し一貫性があり，また思考過程にははるかに一貫性がある。

経験／生育歴

B5 タイプの話し手は，子どもの視点やニーズよりも，親自身のことや親の問題が中心となっていたような両親と葛藤的な関係を持ってきた傾向がある。両親は子どもを巻き込むことが多く，過保護的あるいは放任的である。にもかかわらず B5 の話し手は，身体的または心理的な種類のどちらかの現実の危機に晒されなかった傾向がある。

幼少期のアタッチメントパターンが A タイプか C タイプの生育歴であった者が，成人になってから結果として B5 の状態になった場合は，どんな種類の生育歴もあり得る。しかし，話し手は，現在の統合が達成された過程のある程度の部分をはっきりと説明することができる。

BO（その他のバランスの取れた方略）

BO の記号表記は，バランスの取れた方略の一般的な基準を満たしているが，それにもかかわらず B タイプの特定の方略のどの基準にも合致しないような逐語記録のために取っておいてある。つまり，それらは少なくとも 3 つの記憶システムの中でバランスの取れた談話パターンを持っていることによって，バランスが取れていると見なされる。しかし，それに加えて，B 方略とは矛盾しそうな形態が複数見られる。第一に，逐語記録はいかなる特定の B タイプの方略の基準にも合致しない。第二に，多くの BO の逐語記録は，バランスの取れた方略のうち軽視型寄りのもの（B1–2）と巻き込み型よりのもの（B4–5）の両方の記述子に一致している。第三に，バランスの取れた項目とバランスの取れていない項目の両方が同じ記憶システム内で，また同じアタッチメント対象に対して確認されるかもしれない。しかし，BO に割り当てられる逐語記録

には，訂正されないままの，いかなる深刻な思考の誤りも含まれない。具体的に言えば，他のAタイプあるいはCタイプの分類のうちのいくつかに分類されるためには，最低でも3つの記憶システムにおいて思考の誤りが含まれている必要があるが，そのような思考の誤りは見られないのである。

加えて，BOの逐語記録は，Griceの格率が定義する一貫性のある談話の基準を満たしており，また最後の4つの比較質問，つまり，話し手が下した自身の経験に対する評価にコーダーは同意しているか，異なる記憶システム間で情報は一致しているか，すべての記憶システムに直接アクセスできるか，アタッチメントの問題は一貫性のある形で話し合われているか，に答えているのである。

それにもかかわらず，そこに見られる不一致（一貫したパターンの欠如，バランスの取れた項目と取れていない項目との混合，そして一つの記憶システム内でのAタイプの要素とCタイプの要素との混合）のために，「十分に」バランスの取れた人に予想されるよりもはるかに大きな脆弱性を話し手は持つことになるのである。

逐語記録がBOに分類されることに関連している生活状況は数多くある。以下の3つが最もよく見られるものである。

- 心理療法を最近終結した，または終結が近づいている。
- 最近，生活状況が自己を脅かすような形で大きく変化した（たとえば，最近の離婚や死など）。
- 十分にバランスが取れていると見なされるためには，未解決の喪失やトラウマが逐語記録全体にわたってあまりにも高頻度で見られるものの，その他のアタッチメント関連の話題に関しては思考の歪曲は見られない。

第6章

Aタイプ方略の概観とA1-2

すべてのAタイプ分類に当てはまる一般的特徴

概　観

　Aタイプ方略と関連する主要な心的過程は（a）自己と他者と人間関係の肯定的特徴と否定的特徴とを分割すること，そして（b）アタッチメント対象の否定的情動に用心深く注意を払いつつも，自身の心的処理や行動からは否定的情動を軽視することである。機能面から見ると，これには，（a）自己を自身の感情から遠ざけること，（b）アタッチメント対象についての否定的結論を軽視すること，そして（c）人間関係の否定的特徴を自分自身のせいにすること，が含まれる。「分割」の過程は，一部の情報についてはそれ以上処理を進めないようにしておく一方で，他の情報についてはさらに変換を進めていくことを伴う分離 disassociative 過程である。Aタイプ方略は，アタッチメント対象の否定的側面と自己の否定的情動に関する情報を処理から排除する。この情報が欠けていると，意味記憶的な情報が絶対的である（つまり，例外がない）ように見え，そして，それゆえに，その情報はアタッチメント対象の理想化もしくは免責という方向へと歪曲されるのである。否定的情動が表出されないと，経験について肯定的感情を持つことが可能になる。一連の方略の中では，主にアタッチメント対象の肯定的特徴を中心に組織化された方略（奇数方略）と，主に自己の否定的特徴を中心に組織化された方略（偶数方略，図2.2参照）とに二分されている。

　Aタイプ自己防衛方略を使う話し手の逐語記録には以下のような特徴がある。（a）自己を軽視する談話，（b）インタビュアーとの手続記憶上の関わりが限定されている，（c）イメージの不足，つながりのないイメージ，もしくは曖昧につながったイメージ，（d）歪曲された（理想化された，免責する，もしくは妄想的に大喜びしている）意味記憶，（e）限定された，もしくは歪曲されたエピソードの再生，（f）統合がほとんどなされていないか，陳腐であるか，もしくは失敗して

いる。とりわけ重要なことは，どのAタイプの逐語記録の中にも，話し手自身の視点と真に否定的な感情（たとえば，怒り，恐れ，慰めへの欲求）が欠けているということである。意識から感情が排除される方法は方略によって変わるが，排除はすべてのAタイプの逐語記録に共通して見られるものである（その他の感情や情緒，たとえば肯定的情動や恥やアタッチメント対象の感情，などは含まれるかもしれない）。

　加えて，Aタイプの自己防衛方略を使う語り手は，時間的に秩序立てられた情報を用いて意味記憶的一般化を生み出す傾向があり，特に，責任や，責任を果たせないことの結果に関して，もしif／その場合thenという発話の構造を持った意味記憶的理解を生み出す傾向がある。たとえば，「もし悪いことをしたら，罰を受けるのです」というように。

　特に，A1-2方略では，AAIの中で意味記憶を主に探索する5つの記述的単語についての質問では，良い関係性という単一の特性を記述するために使われるのはほとんど同じような意味を持つ言葉（たとえば，**とても良い**，**愛情深い**，**とても親密な**，**支持的な**，**思いやりのある**，など）であるようなステレオタイプな答えが生じがちである。加えて，意味記憶においては良い属性と悪い属性が分割されているために，実際にそうであるよりも，過度にはっきりと述べられる傾向がある。つまり，「**いつも**」とか「**決してない**」などのような絶対的な言葉を伴うのである。よく見られるのは，父親と母親に対する形容詞がほぼ同じものであるため，父親と母親がどのような人であるのかがほとんど分化されていないということである。このことから示唆されるのは，両親との関係を表す記述用語を選ぶために，親との特定の関係性を実際に思い出しているのではなく，むしろ心的ステレオタイプを用いているということである。エピソードを再生できないことが多くあるが，エピソード記憶が存在している時には，情動やイメージよりも時間的秩序を有する傾向がある。さらに，苦痛，病気，けが，分離，拒否，怒りなどの否定的状態に関する質問に含まれるエピソード記憶を直接探索するよりも，5つの記述的単語または語句を挙げるという意味記憶による再生方略を通しての方が，エピソードをより良く再生できる。エピソード記憶を直接探索すると，否認されたり置き換えられたりすることがより多くなる。「そんなことは絶対になかった。私は病気になったことは全くない。私には苦しかった記憶はない。妹が苦しんでいたことは覚えている。」

　発話の一貫性（一貫した発話に関するGriceの4つの格率）という観点では，Aタイプの自己防衛方略を使う話し手は，(a) 秩序だった**様態**で話す（様態という要件は満たしている），(b)（特に，アタッチメント対象の否定的側面と自己の肯定的側面に関する）情報の**量**は不十分である，(c) 根拠によって（肯定的な）一般化を裏付けられない（それゆえ，**質**という要件は満たしていない），(d) アタッチメント対象の視点から自身の子どもの頃の経験を述べる（それゆえ，**関連性**という要件は完全には満たされていない）。次に全体的に見ると，Aタイプの自己防衛方略を用いる話し手は，談話の一貫性においては中程度から低い方であるが，混乱してはいない。つまり，彼らの言葉は読んでいてわかりやすく，その意味も理解できるが，しかしどちらも歪曲されている。結果として，彼らの心的一貫性，つまり，バランスの取れた，統合された結論に達する能力はきわめて低くなりがちである。一見したところ流暢な発話と歪曲された思考との間にあるこの不一致のために，経験不足の読み手は思考過程が非常に統合されていると誤解しやすい。またこの不一致は，心理的方略が話し手を守る過程でもある。

熟練したコーダーは，話し手が語ったことのすべてをよく考えて，重大な情報が排除されており，それゆえに提示された主要な結論は不正確である，または誤解を招くものであると最終的には判断するのである。

情動と認知

情動：Aタイプの自己防衛方略を使う話し手は否定的情動を表出することを抑制し，危機や安全に関するイメージがほとんどないか，もしくはイメージにはつながりがない。彼らは非言語的な偽りの肯定的情動を用いることが多い（たとえば，不快な思いをした時のことを笑う）。しかし，彼らは情動について意味記憶上や名詞化された形式では話し合うことができる。

認知：このような話し手は自分の行動を時間的予期を中心に組織化する。その予期の中には否定的情動を表出すると拒否されるという予期が含まれがちであるため，感情の根拠は抑制されがちである。これに対して，肯定的感情を表出することで報酬を与えられる場合，たとえ肯定的感情を感じていない時でも表出されるようになり，こうして偽りの肯定的情動が作り出される。それゆえ，認知面ではAタイプの話し手は防衛的行動の導きとなる予測可能なルールを強調する。

時間に関しては，Aタイプの自己防衛方略を用いる話し手は，時間は有限かつ不変であると概念化している。その結果，彼らは過去を変えることはできないということ（正確な信念）だけでなく，その関係は将来にも適用される，つまり因果関係は時間がたっても変わらないということ（誤った信念）も信じることになる。このことは，過去を再考することや将来変化することは無駄であるという信念に影響を与える。この不変性にうまく対処するための心理的方略は，できるかぎり過去の再生から距離を取って，安全な行動のためのガイドラインのみを保持して，将来へ持ち越していくことである。しかし，それらのガイドラインが導き出された文脈を再生することが放棄されると，ガイドラインが現在の文脈にとってどの点において不適切であるのかを見つけることがその個人にとって難しくなってしまう。別の言い方をすると，エピソード記憶を排除することは情報源記憶を排除することでもあり，このために，話し手が自分の意味記憶上の結論についての妥当性を評価する能力が減じてしまうことになる。さらに，たとえAタイプの自己防衛方略を用いる話し手が，自分たちの行動が正常に機能していないことに気づいたとしても，彼らが身に付けている手続き記憶的ルーチンをあまりにも自動的に使用するため，意識的な思考がより適切な別の行動を生み出すことができる前に，その方略が実行に移されてしまうことが多い。このように，新しい反応を学習することと，自動的な手続きの代わりに，それを実行に移すことの両方が必要である。最も難しいのは後者の方である。

さらに責任に関しては，Aタイプ方略を用いる話し手は，因果関係に関する時間的秩序と責任に関する因果関係とを同一視する。したがって，年齢や相対的な能力にかかわらず，そのような話し手は自分の行動の後に生じた出来事に対して，自分に責任があると見なすことが多い。そのため，たとえ子どもであっても親の行動に対して責任があるということになり得る。もちろん，一連の出来事がどこから始まったのかを決めることは主観的な選択である。Aタイプの自己防衛方略を用いる話し手は，自身の行動から一連の出来事が始まったとすることが多い。このようにすることで，結果をコントロールできるという見かけを彼らの心の中に作り出すのである。特に自

分自身の生命をコントロールすることが成人よりも十分にできない子どもの場合，両親が格別に脅威を与える存在である時には，この方が適応的であり得る。しかし，成人期にそのようにすると，個人は恥という内的感覚を抱くだけでなく，同時に他者から見ると「誇大」もしくは傲慢であるような見かけを作り出しもするのである。

談話マーカーとその心理的機能

1. 手続き記憶：
    (a) Aタイプの自己防衛方略を持つ話し手は，**遠ざける**談話を使う。マーカーには，文章からの自己の排除，他者の視点からの発話，自己を反映する人称代名詞を距離を取った代名詞へと置き換えること，答える前の長い沈黙，時間的秩序の明晰さ，因果関係の明晰さ（たとえば，〜すると／その場合 when/then，およびもし〜ならば／その場合 if/then，などの言い回し），強烈な否定的感情や脅威に晒された経験の最小化，否定的状況の正常化，情動の名詞化が含まれる。

    　彼らの談話において，低数字の方略を使う話し手（A1–2）は，注意深く話したり，自分自身の話をモニターするように何度も躊躇したりしながら話すことが多い。したがって，残存する誤りは思考の誤りでありがちである。注意深さには，矛盾した，または禁止された情報を話し手が自分から漏らしてしまうことを防ぐという機能がある。

    　高数字の方略（A3–8）を使う話し手は，気持ちが動揺していることが多く，何度も言い淀みを見せる。話し手は時にこれらに気づき，失敗したメタ認知，もしくは結論に至らないメタ認知で覆い隠すことがある。

    　言い淀みを生み出す話題についてよく考えることが大切である。言い淀みは，自己に関して（たとえば，**私は，私は，私は，**などとどもる）や重要なアタッチメント対象に関して（たとえば，……んんん，**お母さんが，**などともごもご言う），Aタイプの逐語記録によく見られる。

    (b) 表出された情動という観点から見ると，**正確な否定的情動の排除**には，拒絶を引き出すかもしれない行動を話し手が抑制できるようにするという機能がある。言い換えると，否定的情動の表象を不活性化することによって，話し手は否定的情動に基づいて行動することが少なくなり，その結果，アタッチメント対象から拒絶される可能性が低くなる。逆に，偽りの肯定的情動を表出すると，親の世話や承認を引き出すことができる。

    (c) インタビュアーとの関係においては，低数字のAタイプ方略を使う話し手は，インタビュアーから**中立的**なやり方で距離を取る。これには，覚醒を低くしてインタビュアーが質問することを限定し，苦痛を引き出す情報に話し手が気づく危険性を減らすという機能がある。高数字のAタイプ方略の話し手は，分析的に（そして自己批判的に）インタビュアーと同盟を組むことによって，自分自身が置かれている状況から距離を取る。こうすることによって，他者の批判から自己を守るのである。

2. イメージ記憶：**排除**されたイメージには，脅威を与える経験や感情から注意をそらす機能

がある。イメージ，特に自己から**切り離されている**場所に関するイメージは似たような機能を果たしているが，その一方で危機的な文脈に関する情報は依然として利用可能である。

3. 意味記憶：意味記憶上の結論は（自己と両親との間，もしくは片方の親とその再婚相手である継親との間で）良い人と悪い人とを分割させることによって単純化されている。こうすることで意志決定が速くなり，またその個人の行動がアタッチメント対象を不機嫌にさせてしまいそうな見込みが減少する。加えて，意味記憶の歪曲は規則をはっきりさせることや，両親の満足や不満足を自分の責任にすることによって，両親の脅かしに傷つきやすい子どもの自己効力感を増大させる。

4. 情動暗示言語：Aタイプ方略が最も良く維持されるのは，用いられている言語が特定の人に言及せず，感情を引き出さない時である。その結果，**人工的**で，抽象的で，知性化された言語が用いられる。

5. エピソード記憶：A1 と A2 の話し手はエピソードを詳しく述べることが**ほとんどない**。その代わりに，彼らは自分の考えを意味記憶的に言い直す。彼らがエピソードを実際に語る時には，そのエピソードを**中断**したり，間違えて説明したりする。このため，彼らの意味記憶上の結論を支持する証拠が一見あるように思われるが，実際には証拠は欠けているか，もしくは意味記憶上の結論とは矛盾する証拠が見られる。強迫的Aタイプの話し手は，エピソードを実際に再生するのだが，**親の視点から**思い出す。これには，個人的苦悩を感じたり，アタッチメント対象との間で葛藤を経験したりすることがないまま，重要なエピソード記憶の情報を利用可能にしておくという機能がある。

6. 内省的統合：Aタイプの自己防衛方略を用いる話し手は一般的に，異なる記憶システム間の情報を**統合していない**。これには，自身の弱さを認識したり，もしくは幼少期に話し手を他者が守ってくれなかった，または慰めてくれなかったと認識したりすることを妨げる機能がある。幼少期の否定的な経験に気づいている話し手は，彼らの経験はしてはいけないことを教えてくれたのであり，彼らはこの情報を使って，自分の子どもとの間でその否定的方略を逆転するつもりだと主張することが多い。多くの話し手は提起された問題について考えることを避けるために決まり文句を使用する。他者に本当の感情を見せることを拒否したり，他者が自己に及ぼした影響と効果を含んだ意味記憶上の結論に達することを拒否するのに加えて，これらの特徴があるために，こうした人々は親密さを経験できないのである。これらのおかげで子どもは自分自身の脆弱さに完全に気づくことから守られるが，このような機能は成人期には望ましくない効果を生むことが多い。

経験／生育歴

Aタイプの自己防衛方略を用いる話し手の親はたいてい，子どものアタッチメント行動を拒絶していた（A1-2 タイプの場合）か，もしくはアタッチメントを形成している子どもを拒絶していた（A3+ の場合）。その拒絶には，子どもが実際には安全な時（たとえば，夜にベッドにいて実際には安全であるけれども怖くなった時に泣くのをこらえている時など），もしくはほんの少し怪我をしただけの時（たとえば，親が包帯を怪我した部分に巻きに来てくれた後など）にアタ

ッチメント行動を拒絶することから，子どもを危険にさらすようなやり方で拒絶すること（たとえば，身体的虐待やネグレクトなど）までの幅がある。前者の例では保護はされているが，慰めは拒絶されている。後者の例では保護も慰めもないまま，実際に危機が伴っている。拒絶されることが予測可能であったので，子どもは拒絶されることを防ぐために自己防衛方略を組織化することができた。慰めてもらえない場合，その親自身もたいていはAタイプ方略を使っていたのに対して，A3-6タイプの話し手の場合，その親はC+タイプの方略を使うことが多かった（Crittenden et al., 1991; Hautamäki et al., 2010; Shah et al., 2010を参照）。A7-8タイプでは，話し手には複数の危険な養育者がいた場合が多かった。

A1（理想化する）

このA1方略は，Ainsworth（1973）が提唱した乳児のA1パターンと就学前児のA1方略，そしてMain, Goldwyn and Hesse（2003）が提唱した成人のDs1パターンに基づいている。

A1の個人は自身の親の否定的特徴を最小化するか排除する傾向がある。アタッチメント対象の肯定的側面のみが意識化できるようにすることによって，そのような側面は簡単に誇張されて，親は理想的に見えるようになる。加えて，A1の成人は否定的情動の表出を抑制して，肯定的情動をできる限り強調する。

談話マーカーとその心理的機能

A1方略では，談話様式の機能は否定的感情についての傾性表象（DR）を不活性化することである。
1. 談話の**遠ざける**機能は否定的な出来事や自己の感情を話すときに用いられるが，言い淀みを特徴とすることが多い。A1タイプに典型的な遠ざける談話の進行には，反応が遅れたり，話し合うことを中断したり，否定的出来事や感情（名詞化されている場合が多い）を最小化したり，問題から自己を遠ざけたりすることが含まれる。軽視型談話には，(a) 幼少期およびアタッチメント対象との関係性に関する一貫性のある論理的なモデルを，否定的素材に侵入されることなしに提示できるように，自身の考えを意識して組織化するための時間を話し手に与え，そして (b) 否定的行動を動機付けるかもしれない傾性表象（DR）を活性化することを避ける，という機能がある。

    手続き記憶的には，A1方略のために，インタビューの間に感情を表出することはほとんど，もしくは全くできない。

    インタビュアーとの**中立的な**関係は，インタビュアーがそれ以上問い詰めたくない気持ちになるような，答えの短さがその特徴である。
2. 話し手の中には慰めになる場所に関するイメージを話す者もいるかもしれないが，イメージは談話から**排除**されているのが一般的である。イメージが述べられる場合，それらはすぐに中断されてしまう。これには，親についての否定的感情を認識することから話し手を

3. A1方略を用いる成人は自身のアタッチメント対象を**理想化**しがちである（たとえば，5つの記述的単語のように）。良い特徴と悪い特徴とを分割して，アタッチメント対象に肯定的な特徴を割り当てることによって，一般化は歪曲される。しかし，AAIでは，意味記憶上で理想化すると，エピソード記憶上の証拠を提示しなければならないという責任を負うことになる。意味記憶上の記述的単語は歪曲されているため，実際の経験はその概念を裏付けることはないであろう。このことは，エピソード記憶をどのように使用できるのかということに関して示唆的である。理想化された両親は十分に分化していないことが多い（なぜなら完璧である場合，違いを見出すのはあまりにも難しいからである！）。さらに，ほのめかされた否定的属性を除外するために，片方の親に関して何か良い面を話すと，もう片方の親に足りない所など全くなかったとすぐに再保証しようとすることが多い。意味記憶上の理想化には，アタッチメント対象が話し手の感情を拒絶していたという情報について意識させないでおくという機能がある。こうしてA1の話し手は，自分たちは安全で愛されていたという信念を維持することができ，また傷つきやすく感じたり，慰められていないと感じることを回避することができる。それはまた，彼らの行動を導く上で親のルールが影響力を持ち続けるという機能も果たしている。このことは規範的な性質を持つ意味記憶的一般化を頻繁に使用することに表され，それらは「もし／その場合」という語句の形式で表現されることが多い。

4. A1の話し手が用いる言語は事実に基づいていて，多くの場合は無味乾燥で知性化されており，一般に社会的に望ましいものであるが，その望ましさは承認を引き出すものの，感情は引き出さないようなものである。しかし，時折，強い言葉が滑り込むことがあるだろう。そのような言葉はあまり出現しないことや調和を欠いていることによって，話し手が語るストーリーの否定的側面を伝える上でその言葉が持つ重要性が増すのである。

5. 幼少期の経験が意味記憶上の記述的単語を裏付けない時，A1の話し手は多くの場合，幼少期早期を，もしくは幼少期に起こった特定のエピソードを**思い出せない**と述べる（排除されたエピソード記憶）。その結果として，彼らは意味記憶上の単語や語句を裏付けるような証拠を提供するために，場面特有の情報を再生するよりも**仮定の話として**論じる。それはスクリプトのような形式を取ることが多い（たとえば，「たぶん，彼女だったら…するでしょう」，「もちろん，彼女ならば…することでしょう」などのように）。こうすることによって，理想化された一般化と葛藤するような情報に話し手が直面してしまう可能性が減少するのである。一般的に，そのような話し手はエピソード記憶に関する意味記憶の側面からの質問（つまり，5つの単語や語句）に応答する時よりも，エピソード記憶に関する直接的な質問（たとえば，病気や怪我や怒りや拒絶などに関するエピソード）に応答する時の方がエピソードをあまり話さないものである。実際，A1の話し手は，苦しんだ経験は全くなかったと否認することが多い。

6. A1の話し手は統合的質問に対して表面的でその人らしさが見られない応答をする。それらの答えは，私たちがインタビューの中で観察している成人のパーソナリティを話し手がどのようにして持つようになったのかという部分について何の気づきも示さない。教養のあ

るA1の話し手からは，個人的で家族に特有の説明をする代わりに，広範な社会学的または文化的な説明がなされることがあるかもしれない。あたかも親の行動についての評価は必要ではなかったかのように，親の良い性質を維持している理想化された見解が述べられることも頻繁にある。たとえ話し手自身がいくぶんか変わりたいと思っていることを示唆しているとしても，話し手は親にも限界があるという可能性について追及しない。その結果，矛盾した情報が統合されずに残る。**統合の欠如**は，社会的に受け入れられる**決まり文句**を用いることによって覆い隠されることが多い。A1の話し手の親が「理想的」であったとか，もしくは幼少期の経験に彼らは心地良さを感じることができていたということについて，私たちは分析の最終段階では彼らに同意しない。

関連のある方略および修正項目

通常，A1は関連のある方略もしくは修正項目を持たない単純な分類である。しかし，A1は1人のアタッチメント対象に適応され，他の人には適応されない場合が時にある。加えて，軽視型の未解決の喪失が存在することがあるかもしれないが，再構成は可能である。

精神病理のリスク

安全な状況下では，A1に分類される人は精神病理を患う脅威をほとんど，あるいは全く経験しない。

A1方略と他の方略との区別

A1の逐語記録は，親の望ましい特性をより強調することやエピソード記憶の再生がより欠如していることによって，A2の逐語記録から最も容易に区別される。また，理想化の仕方がより激しいということによって強迫的方略から区別される。B1タイプからは否定的情報が不足していることによって区別される。A1の逐語記録は，話し手の身体的または心理的統合性に対する深刻な脅威があったという根拠がないことや，「夢のような」もしくは妄想的なエピソードがないことによってA7からも区別することができる。方略的には，A7の話し手が否定的特性を完全に否認し，時には肯定的妄想へと変換することがあるのに対して，A1の話し手は肯定的な特性を強調し，否定的な特性を最小化するのである。

経験／生育歴

A1として分類された成人の親は子どもの行動に対して厳しくなりがちであり，子どもが不必要なアタッチメント行動を示した時や，自立やパフォーマンスに関して親が要求する基準を満たさなかった時には，A2タイプの成人の親よりも，子どもを実際に罰しがちであったようである。アタッチメント行動を不必要に示すことは，子どもにとって脅威ではあるものの「安全な」分

離（たとえば，代理の養育者のところに行くことや病院に行くこと，など）と関連していることが多い。求められた「パフォーマンス」は見事な成績か，良い／従順な行動のどちらかを指していた可能性がある。A1 の話し手の親は，自分たちの要求が満たされた時に子どもを承認したり，子どもに報酬を与えることができていたかもしれない。

身体的には安全な環境における承認された行動の範囲内では，このような成人は良く機能する傾向がある。彼らは頼りになり，予測可能で，自立している。また，彼らは長い期間と距離にわたって良好な関係を維持する。彼らの弱さは，親密さや情緒の互恵的な相互作用が求められる状況で最も容易に明らかとなる。

A2（距離を置く）

A2 方略は，Ainsworth（1973）が同様に A2 と名前を付けた乳児期のパターンや，就学前期における A2 方略，そして Main, Goldwyn and Hesse（2003）の Ds3 パターン（ただし Main, Goldwyn, and Hesse に比べると限定されてはいるが）に基づいている。

A1 の話し手のように，A2 の話し手は十分に保護されている文脈において否定的情動を拒絶されてきた。A2 タイプの人たちは A1 タイプの人たちとは異なり，良いと悪いとの分割において，親の「理想的な」特徴に焦点を当てるよりも，両親が彼らを制限したり拒絶したりする必要があったことを説明できるような，彼ら自身の否定的側面に焦点を当てる。否定的自己に焦点を当てることによって，アタッチメント対象に否定的な判断を下すことを避けることができる。もし否定的判断を下したならば，非常に否定的な情動が掻き立てられるであろうし，そのような否定的情動を示すと，両親から拒絶されることになるのである。

談話マーカーとその心理的機能

1. A2 方略を使う人たちは，(a) 自己を**軽視**する談話を用い，そして (b) インタビューの間，居心地が悪くなりがちである。結果として，A2 方略の多くの人は，インタビュアーの期待に沿うための試みとして会話を急ぐ。どのような場合であろうと，彼らは子どもの頃の関係性についての否定的情報をどのようにして述べるかという方法について苦心して，完全に回避的でも協力的でもなくなる。言い淀みや他者との間で距離を取ることには，（否定的情報が知らぬ間に侵入してこないように）話し手が意識して自分の考えを組織化するための時間が得られるという機能がある。口ごもることや言い直しは，侵入的で好ましくない考えをコントロールしようとする試みを反映している。

   表出された情動に関しては，A2 の話し手は不安と，そして時には自分自身への不快感や**自己卑下的ユーモア**を示すことがある。Ainsworth（1973）の乳児期における A2 パターンのように，怒りに満ちた A タイプの話し手である。つまり，A タイプ方略を使うすべての人が怒りを実際に感じているが，A2 の話し手の心の中では怒りは意識の表面に最も近く，かつ完全には抑制されてはいないのである。しかし，その怒りはアタッチメント対象に対

してよりも，自己もしくは文脈に対して向けられている。しかし，場合によっては，距離の遠いアタッチメント対象（たとえば，再婚した血縁関係のない親や，離婚して現在は不在の親）に対して怒りが向けられることがあり得る。

　　A2 の自己防衛方略を用いる話し手はインタビュアーと比較的やる気を持って関わるが，質問に答えるまでにかなりの時間がかかることが多い

2. A2 の話し手はほとんどイメージを用いない傾向があり，また実際に生み出されたイメージは意味記憶上の発言と矛盾していることが多い。そのイメージには，意識的な認識を伴わないまま，話し手の本当の否定的感情を表す機能がある。

3. A2 の話し手は意味記憶を歪曲して，一見したところ自己が悪くて，また自己のニーズが満たされないことなどないかのようにされている文脈で，彼らの親が良い親であるかのように見せかけている。特に，A2 の話し手は未来の親の行動（特に自分に応答する際の行動）を予測する際に役に立つ情報と，親からの非難を引き起こすような情報とを分割している。役に立つ情報は，知覚や行動や発話を組織化する際に優先的な注意を向けられる。それゆえに，A2 の話し手はアタッチメント対象を**理想化**し，自分自身をさげすむ。否定的感情が語られる場合，それらの感情は最小化されたり，正常化されたりする。こうすることによって否定的感情を心理的に遠ざけ，その結果話し手はより安全で，愛されていると感じることができて，また弱くて守られていないと感じることを避けることができる。歪曲された意味記憶には親のルールを，自己の否定的感情とは対照的に，行動を動機付けるものとして重要なものにするという機能がある。

4. 情動暗示言語的には，A2 方略を使う話し手は，自分自身の活動や場所についてのイメージの中に否定的な情報を持ち続けているが，アタッチメント対象に関連付けられるような否定的な言葉は仮にあったとしてもほとんど使わない。これには話し手が，親に関連付けることなしに，否定的情動へのアクセスをある程度保持できるという機能がある。彼らの語りには，覚醒が高まっていることを表している性急で切れ目のない性質が見られることが多く，そのエピソードには痛切なイメージが含まれる可能性がある。根底にある怒りっぽい調子がこれらの特徴に加わると，聞き手／コーダーは誤解して，その話し手が C タイプ方略を使っていると思ってしまう可能性がある。提示されているのは誰の視点なのかを考慮すれば，A タイプ方略であるとたいていの場合は明らかにすることができる。

5. エピソード記憶は意識から**排除**されるか，もしくは部分的に排除されている。これには，話し手が持っていたと想像していた理想化された親と，彼らが実際に持っていたやや拒絶的な親との間の不一致に話し手がはっきりと気づくことがないようにする機能がある。提供されたエピソードは，実際には意味記憶上のスクリプトであるか，もしくは意味記憶から組み立てられた「推測されたエピソード」であることが多い。本当に起きた，状況特有的なエピソードが語られた場合，それらのエピソードは肯定的な形容詞が意味するものとは矛盾しがちである（**正反対のエピソード**）。このようになるのは，アタッチメント関係の否定的側面を自分のせいにしているためである。この過程のためにエピソード記憶の排除は部分的なものにすぎなくなり，肯定的な意味記憶上の記述的な単語とは矛盾するエピソードがある程度再生可能となる。その結果，話し手は親との関係が紛れもなく否定的性質

を持つものであったという結論に至ることを避けるために自己防衛的な過程を用いなければならない。矛盾した情報はすでに意識にもたらされているため，これらの自己防衛的な過程はたいてい部分的にしか成功していない。このような場合，A2 の話し手は（a）これに気づかないまま，その形容詞を裏付けていると結論付けたり（つまり，肯定的締めくくり），（b）他の話題に注意をそらしたり，（c）アタッチメント対象が慰めることに失敗する時点でエピソードを中断するかもしれない。エピソードを唐突に中断する必要性があるということから，否定的な情報が**現在再生されており**，そして不一致が見つかると防衛的な行動を取れるように，心は**今何が話されているのかをモニターしている**という証拠が得られる。

6. 統合的過程は歪曲されているため，自己に関する誤った結論がエピソード記憶から引き出される。侵入してくる素材が存在すると，自己の気づきにとって重要な機会が生まれるが，A2 の話し手において統合は大きく制限されている。その代わりとして，話し手は統合的質問に対して表面的かつ正常化する答えを述べる（たとえば，「**なぜあなたのご両親はそのように振る舞ったのだと思いますか？**」「**なぜなら彼らは私を愛していたからです，そのように彼らは育てられてきたからです，それが正しい行動だったからです**」，など）。この場合もやはり，このような答え方には，話し手の不快な感情に関する否定的情報を意識の外に置いておき，アタッチメント対象からの拒絶に脅かされるという感情を減じる機能がある。全体的に見ると，親には肯定的特性があり，話し手には否定的特性があり，そして話し手と親には肯定的関係性があったとする話し手の見解に対して読み手は同意しない。

関連のある方略および修正項目

A2 は，通常の場合，関連のある方略や修正項目を持たない単純な方略である。しかし，時に A2 は一人のアタッチメント対象に対して適用され，他の人たちには適用されないこともある。加えて，軽視型の未解決の喪失はよくあることであり，再構成は可能である。

精神病理のリスク

安全な文脈では A2 の個人が精神病理を患うリスクはほとんど，あるいは全くない。

A2 の逐語記録と他の方略の逐語記録との区別

A2 の逐語記録は，話し手がインタビューにより意欲的に参加すること，エピソード記憶により多くアクセスすること，自己の否定的特徴をより強調することによって，A1 の逐語記録から最も容易に区別できる。A2 の逐語記録と B2 の逐語記録との違いは，幼少期のアタッチメント関係の否定的特徴に対する意味記憶上の認識が限られていることや，この否定的特徴に対する親の寄与について，そして自身の経験が自己に与えた影響について熟慮することを渋るという点にある。

経験／生育歴

　A2 の自己防衛方略を用いる話し手のアタッチメント対象はたいていの場合は実際の危機から子どもを守っていたが，心理的な脅威（たとえば，分離や病気）の際には慰めを与えそこなっていた。代わりに，両親が子どもたちに教えたのは，破壊的な情緒表出をせずに，予測可能で論理的なやり方で自立的に振る舞うこと，また他者は等しく予測可能で論理的であるだろうと信じること，であった。その結果，A2 の話し手はアタッチメント対象によって**不必要なアタッチメント行動**を拒絶されることを経験することが多かった（しかし，アタッチメントそのものや彼ら自身を拒絶されてきたわけではなかった）。一方で，親が承認する行動を示した時には，彼らは通常は受け入れられていた。

　A2 と分類された人たちの多くが経験した脅威は軽度のものである傾向がある（たとえば，アタッチメント行動を示した時や親の基準が満たされなかった時に非難されたり，承認を撤回されたりすること，など）。それゆえ，愛情に欠けて守ってくれない親と愛情に飢えた自己についての情報を完全には切り離す（軽視する）ことができないでいる。

　A タイプ方略を用いる人たちは人間関係において自立していて頼りになる傾向がある。A2 方略を用いる成人は，他の A タイプ方略を用いる成人に比べると，より否定的情動を表出し，より怒りっぽい傾向がある。

第7章

強迫的Aタイプ方略（A3-8）

危機への対処

　強迫的 Compulsive A タイプ方略（A3-8）はアタッチメントと適応の動的‐成熟モデルから出てきたものであり，Bowlby（1973, 1980）によって説明されたパターンを発展させたものである。それらは，Ainsworth の基礎的な A1-2 方略（Ainsworth, 1973）とはいくつかの重要な点で異なっている。談話に関しては，強迫的 A タイプ方略（A+）を使っている話し手は，A1-2 を使っている人よりも，インタビューにより意欲的に従事している。つまり，中断，長いためらい，電報のように簡潔な反応などははるかに少ない。さらに，彼らはインタビュアーと分析的な同盟を作ることが多く，それゆえ彼ら自身の視点からは距離を取っている。彼らはアタッチメント関係を理想化せず（A7 を除く），意味記憶上で記述された両親の限界を裏付ける否定的エピソードを語る。しかし，彼らは両親の責任をその限界のために免責することが多い。

　加えて，いくつかの重大な特徴のために，これらの話し手が B タイプや C タイプに分類されることはなくなる。第一に，彼等は自分自身や自分の情動や自分の視点を軽視するために軽視型談話を終始一貫して用いる（それゆえに，彼らは自己中心的ではない）。第 2 に，彼らは否定的情動から自分自身を遠ざけ，偽りの肯定的情動に置き換える（それゆえに，彼らはバランスが取れていない）。第 3 に，彼らはエピソード記憶を再生するよりも，意味記憶を用いる。そして意味記憶上の一般化は単に仮定的（A1-2 のように）なのではなく，より多くの場合，起こるべきことについて規範的（A3-6）であったり，または彼らが起こそうとしていることについて意図的（A7-8）であったりする。第 4 に，彼らはアタッチメント対象の視点から見た彼らのストーリーを語る（したがって，バランスが取れてもいないし，自己にとらわれてもいない）。第 5 に，彼らは情動と認知，自己と他者，過去と現在との相互作用的関係を自分自身のためにも両親のためにも説明できるほどには十分に統合していない（それゆえに，彼らはバランスの取れた状態になることはできない）。多くの強迫的 A タイプの話し手は，彼らの経験は何をやってはいけないのかを教えてくれたし，この情報を使って自分の子どもとの関係ではこの否定的方略と反対のことをするつもりだと主張する。彼らは変化の過程，特に自分自身の視点を含む多様な視点から成

る過程を説明できないので，彼らが自分の方略を修正できなかったという証拠が見られることが多い（もっとも，彼らは方略の逆転を引き起こし，それゆえCタイプ方略の子どもを育てたかもしれないが。Crittenden et al., 1991; Hautamäki et al., 2010; Shah et al., 2010 を参照）これが「振り子育児」の一例である。

　生育歴に関しては，強迫的方略を使っていると分類された成人は，A1 や A2 の話し手とは異なり，通常，両親の威嚇的行動，または両親の保護的行動の失敗によって子ども時代に危機に晒されていた。さらに，たいていの場合は，強迫的成人の方略は一連の方略が変化した結果であるか，または乳幼児期と児童期を通して再構成が行われた結果である。

　Main, Goldwyn and Hesse（2003）の方式を使用すると，強迫的方略は B か C または分類不能として分類されることが多い。この意味では，これらの方略はストレンジ・シチュエーションで当初は安定型として誤って分類されていた障害のある子どもたちの行動パターン（Cicchetti & Barnett, 1991; Egeland & Sroufe, 1981）に類似しているが，現在では A3, A4, または A/C であると見なされるであろう（Crittenden, Claussen, & Kozlowska, 2007; Spieker & Crittenden, 2010）。

A3（強迫的世話と強迫的注意）

概　観

　強迫的世話の方略（A3）は，就学前期の子どもたちのアタッチメントの組織化の観察（Crittenden, 1992），臨床的観察，そして母親の不安が子どもに与える影響に関する Bowlby（1973）の論文の中での Bowlby によるこのような子どもたちの記述に基づいている。A3 方略には 2 つの形式がある：強迫的世話（A3）と強迫的注意（A3-）である。どちらにも自己の否定的情動を抑制し，アタッチメント対象の要求を優先することよって，他者の視点に焦点を置くことが含まれている。この 2 つの形式の違いは，注目の対象が誰なのかという点にあるが，どちらの場合も，その方略を用いている個人が保護を求めているのである。

　強迫的世話（A3）は，引きこもったり，ネグレクトするような親の注目を自分自身に引きつけるようなことを個人が子どもの時に実利的に行う方略である。多くの場合，それは両親を喜ばせるか，世話することを意味する（つまり，役割逆転）。成人期では強迫的世話役たちは，自分自身の要求を排除してでも，他の人々を世話する時に最大の安心と心地良さを感じる。彼らは，通常，自身の要求を親が満たせなかったことを免責する。

　この方略の「よりソフトな」形式である強迫的注意（A3-）は完全な役割逆転には至らない。というのも，子どもは両親がより自信を持ち，重要であると感じられるように，注意を安定して払うようにする必要があるだけだからである。成人期までには，A3- 方略は重要な人々や彼らの優先事項のためにそこにいて注意を向けることに集中して，自己の優先事項を相対的に軽視するようになる。

談話マーカーとその心理的機能

1. 手続き記憶上は，A3 方略を使っている話し手は，自己軽視型談話と世話をされる側である親の視点を用いる。

    正確な否定的情動は抑制されて，**偽りの肯定的情動**に置き換えられる。それゆえに，強迫的世話の話し手はインタビューの中での困難な瞬間に偽りの情動を示す傾向がある（たとえば，喪失について話し合っている時に笑う，など）。このおかげで，彼らはインタビュアーにストレスを与えておらず，自分自身には共感してもらいたいという要求などない（なぜならばこのような要求はアタッチメント対象によって満たされることが期待できないので）と感じることができるのである。偽りの肯定的情動の機能とは，アタッチメント対象の利用可能性を増大して，心理的または身体的に見捨てられる可能性を減少させるというものである。

    強迫的世話方略を使う話し手は自分自身について**分析的**スタンスを取る傾向があり，結果として彼ら自身とインタビュアーは同盟を形成する。これにはインタビュアーとの親密さやインタビュアーからの承認を増大したり，批判から彼らを保護する機能がある。加えて，強迫的世話の話し手は常にインタビュアーに同情したり，インタビュアーを世話したりすることが多い。

2. **置き換えられた**イメージは A3 の逐語記録ではよく見られる。それらは安全な場所を描いているものが多く，親について言及すべき応答への代わりとして用いられる（例：**母親について話して下さいですって？　私たちはいつも大きな家に住んでいたわ…**）。他のイメージは危機に関連しており，危険な人々や危機に晒された身体／危険な身体の一部の代わりになっている傾向にある。自己からできるだけ遠い文脈の中に位置づけられた正確な否定的情動を含んでいるこれらのイメージには，情動に基づいた情報，特に危険な場所や状況および安全な場所や状況に関する情報へのアクセスを維持するという機能がある。

3. 意味記憶上では，強迫的世話の話し手は両親を理想化することはない。代わりに，彼らは親との関係について比較的正確に述べるが，失敗に対する両親の責任については免責する。特に，彼らは親の欲求や弱さを表現する形容詞を提供し，親の行動を両親の要求や弱さという観点から許すか説明する傾向がある。さらに，彼らは自分自身の行動を説明する際に，人はどのように行動すべきかに関して**規範的な**意味記憶的発話を用いる。意味記憶は，両親の限界は容赦できるものであり，自己は問題の創造と解決に対して責任があるように見えるような形で歪曲されている。その機能は話し手とアタッチメント対象との関係性を維持することを可能にするというものであり，そうすることは子どもの時に生き延びるために必要不可欠なことである。また自己は関係性を改善することができたり，効力感を感じることもできるのである。

4. A3 の情動暗示言語は，両親の視点があまり堅苦しくない形で示されているかもしれないが，**人工的**で冷淡である。

5. エピソード記憶は存在しており，時間的秩序については正確（多くの場合，詳細なスクリ

プトの形式）であるが，自己の視点は欠けている（イメージが自己の情動の代わりとなっている）。その代り，エピソード記憶は歪曲されて，**親の視点**を反映している。話し手の恐れや怒りや慰めへの欲求といった感情は脇に置かれるか，軽視されるか，言及されない。その機能は，重要な出来事に随伴することの再生を促進する一方で，両親に受け入れられない行動を動機付ける可能性のある否定的感情から話し手を守るというものである。

6. 統合は広範囲にわたって**拒否**されている。その代わりに焦点が当てられているのは，両親を非難や責任から免責することによって守ることである。否定的情報が利用可能であるためA3の話し手は統合のための機会を何度も得られるし，話し手はそれらの機会に気づいていることが多い。つまり，話し手はある程度不一致があることに気づいている。しかし，統合のための機会は，それ以上熟慮されることがないまま，抜け落ちしてしまうのである。メタ認知が持つ可能性は**失敗する**。幼少期には，このようにすることで傷つきやすく感じることから自己を守っている。成人期には，たとえそうすることが適応的でないときでさえ，世話する行為をし続ける。

関連のある方略および修正項目

A3はA1やA4と連結して見られることが多く（異なるアタッチメント対象に対して異なる方略が用いられている），またセラピストの間ではA3が再構成の状態にあることが多い。また，未解決の喪失もよく見られる（軽視型の未解決もとらわれ型の未解決もあり，両者が同時に見られるものもある）。時折，世話をしていた対象によって見捨てられたことに関する，とらわれ型の未解決のトラウマが見られる場合もある。

精神病理のリスク

精神病理のリスクは，ある種の状況を除いて比較的低い。世話することができない時は，A3方略を使う個人は過剰に不安になるかもしれないし，時には抑うつ的にさえなるかもしれない（たとえば，世話をしていたアタッチメント対象の喪失に直面した時など）。さらに，多くのA3の話し手は子ども頃に，または成人になってから（または両方の時期に）心身症を経験していたが，それらは最小化されて，世話を引き出すことや両親の行動をコントロールすることには使われなかった。精神病理のリスクが増大するのは，方略がより広範囲に適用されて，否定的情動が生活状況にますます統合されなくなっていく場合である。

A3と他の方略との区別

A3の逐語記録は，話し手の視点や情動が欠如しているという点でBの逐語記録とは区別され，意味記憶上の理想化が欠如し，否定的エピソードが認識されているという点でA1やA2とは区別される。A3は，偽りの肯定的情動を表出することの方が，パフォーマンスを見せたり，従順になることよりも手続き記憶上で優勢であるという点でA4とは区別される。A3-の逐語記録は

A3 の逐語記録よりも，話し手がイメージを通して示す情動が少ないことや，切れ目なく続く発話を通して表す不安が少ないことや，偽りの肯定的情動が少ないことで区別される。また，A3-の話し手は，完全版の方略を持つ話し手に比べると，より抑制的であり，また率先して世話をすることがあまりないように見える。

経験／生育歴

役割逆転をする，つまり強迫的世話をする A3 の自己防衛方略の基盤は，主要な養育者が子どもを保護したり，慰めたりするように機能できなかったということである。軽度のケースでは，安全感が最大の危機に晒される。より深刻なケースでは，実際の安全が危機に晒される。代理の養育者たちは理想化されるか，軽蔑される傾向にある。それは，養育者が遠く離れて，日常生活の中で相対的に不在である（理想化）のか，養育者はそこにいて，子どもまたは主要なアタッチメント対象にとって脅威である（軽蔑）のかによる。話し手が威圧的に，そして多くの場合怒りながら行動するような青年期の反抗期があったと話し手が報告することが多いが，長期的なエビデンスは不足している。成人期には，話し手は世話する役割を引き受けたり，両親の限界を許したりすることで，役割逆転をするアタッチメント対象との関係を維持する。

強迫的世話の成人は，自分がどう感じているのかわからない人々や，通常以上の支援や構造を必要とする人々との仕事が特に得意であることが多い。集団の設定では，生産的に機能するために十分な心地良さを他者が感じられるようにできることが多い。しかし，同時に，彼らは表出された否定的情動を不快に感じて，時期尚早に，つまりこの動機付けとなる状態を経験している本人にその情動が意味することを探索する前に，否定的情動の表出を終わらせようとするかもしれない。

A4（強迫的従順と強迫的パフォーマンス）

概　観

A4 の自己防衛方略は乳児（Crittenden, 1985a; Crittenden & DiLalla, 1988），就学前期の子どもたちの行動（Crittenden, 1992），青年，成人，臨床事例素材，そしてアダルト・アタッチメント・インタビュー（Adult Attachment Interviews: AAI）の観察に基づいている。

A4 方略は大人たちの視点を取ること，彼らの要求を予測すること，そして自身の欲求や感情を考慮することなしに，彼らの要求を満たすことから構成されている。この方略が使用されるのは，大人の望むように振舞うことへの過度なプレッシャーにさらされてきた時である。要求を満たせないという結果に終わったのは，力を持っている大人の否定的性質のためというよりも，自分の悪さのためであるとみなされる。

この方略には二つの形式がある。A4，つまり強迫的従順はこの方略の完全版であり，他者の

要求に従わなかった際に受ける厳しい罰を避けようとする試みが基盤となっている。A4-，つまり強迫的パフォーマンスは「よりソフトな形式」であり，そこでは体罰の代わりに両親の愛情や承認が，子どもが他者（通常は両親である）の望む通りに，たとえその目標と基準が完全に満たすには高すぎるものであったとしても，パフォーマンスをすることを強要する手段となっている。たいていの場合，その個人のパフォーマンスは非常に優れていて自分自身の見返りとなっているようであるが，その人が感じているストレスは見過ごされる。

談話マーカーとその心理的機能

1. 手続き記憶上では，A4 の話し手は典型的な A タイプの談話マーカーを示すが，理想化やエピソードの再生の欠如は見られない。A4 の話し手は時間的秩序に焦点を当てる。つまり，何が暴力や拒絶に先行したのか，そしてどうすればそれを防ぐことができるのか，に注目するのである。危機的な経験は遠ざける談話によって語られる。A4- の話し手は同じ談話を使うが，どのような結果になったのか，そしてその結果は他者の期待を満たすものであるのかどうかに注目する。

   通常，情動はほとんど見られず（もしかしたら不安は見られるかもしれないが），否定的情動が表出されるとしても，それは他者に直接向けられることはない。正確な情動は不安として表現され，特にストレスフルな話題の周辺では発話の言い淀みの中に反映される。A4- の話し手は，失敗のリスクがある時には，軽度の偽りの肯定的情動を表出することができる。これには脅威の知覚を減じて，非難を和らげる機能がある。

   インタビュアーとの関係は分析的であり，そこには承認を引き出したり，批判を減じるという機能がある。権威のある人々との関係における自分自身の行動を用心深く観察し続けるように，注意は入念にモニターされる。それゆえに，A4 の話し手はインタビュアーの依頼（要求と見なされる）に過度に詳細に従うことが多い。AAI の間，多くの場合彼らは，質問される前ですら，インタビュアーの依頼を汲みとって応える。A4- の話し手は「良い」インタビューをすることに過剰にこだわり，質問を「テスト」とみなす。AAI の間，彼らは答えを完全なものに近づけようとして修正することが多い。

2. イメージ記憶には，恐ろしい経験（あるいは，A4- の話し手にとっては恥ずかしい経験や不適切な経験）についての**つながりのないイメージ**が含まれている。しかし，これらのイメージの重要性ははっきりとは認識されない。安全は場所（そして過度な仕事）の中に存在する傾向があり，ある人と一緒にいるよりも，ある場所にいたいという欲求の中に明らかに見て取れる。これらのイメージには自己が安全であると感じられるようにしたり，危険な文脈を同定する機能がある。

3. 意味記憶上では，アタッチメント対象の視点は**規範的**な形式で表される。アタッチメント対象との関係に限界があることが認識された場合，その限界は（a）自己の力不足，または（b）アタッチメント対象が置かれたやむを得ない環境によるものと見なされる。それゆえに，アタッチメント対象はいかなる限界についても**免責**され，自己は責任を負わされる。その機能は，A4 の話し手が自分でコントロールできること，つまり自分自身の行動に

集中できるというものである。A4- の話し手が，両親の要求が過剰であることを理解することはまれである。代わりに，彼らがすべきことに関して両親が課す基準を規範として受け入れるのである。この機能は，A4- の話し手が自分の努力を通して両親と同調することを可能にするというものである。

4. A4 の話し手の情動暗示言語は淡々として理性的であり，情動を活性化する性質を欠いている。A4- の話し手は誠実でひたむきな表示的言語を持っており，時折，自己の犯した「失敗」について皮肉を込めて語ることがある。

5. エピソード記憶では，A4 の話し手は否定的経験，特に危機的経験を再生する。しかし，再生した感情をエピソードの中に統合することができず，代わりに「もし／その場合」という因果関係を強調して，出来ごとの予測可能性に焦点を置く傾向がある。その出来事は，アタッチメント対象の悪行や過酷な行動が排除されるように，歪曲されていることが多い。この機能は，怒りを感じることから話し手を守る一方で，重要な随伴性の再生を促進するというものである。

   また，A4- の話し手は成功よりも，失敗した試みや恥ずかしい瞬間を再生する。彼らは自分自身を感情から遠ざけて，達成するための努力を継続することにより集中する。それはあたかも自分が不注意であったため，または故意に，あるいは身勝手さゆえに準備が出来ていなかったので，達成できなかったことに責任があるかのようである。彼らは自身の動機付けを再生することやそれらの価値を考えることができない。両親の喜びや満足はエピソード記憶では大きくは目立たない。自己の喜びや満足は欠如している。この機能は両親との葛藤および内的には傾性表象間での葛藤の両方を減少させるというものである。

6. 出来事の詳細や関連に用心深く注意を向けることによって，統合が始まることが多い。しかし，不一致を認識した瞬間に，A4 と A4- の話し手は考えることをやめる。それゆえに，これらは**失敗したメタ認知**である。代わりに，個性のない，わかりきった**決まり文句**が提供され，通常，こうした決まり文句では，責任とは年齢や地位の機能によるものであることを認識されていない。その他の結論が導かれるとしたら，通常それは**親の視点**からかもしれない。

   A4- の話し手は，他の人が自分に下す（現実および想像上の両方の）評価を過度に気にする。彼らは，他者が彼らにどんな影響を与えるのかについてはあまり気にしておらず，自分自身の意見や好みを気軽に述べることができない。自分はよくやったと結論付ける代わりに，将来の課題を達成するという義務に焦点を当てるのである。

関連のある方略および修正項目

A4 と A4- は A3 と連結して見られることが多い（異なるアタッチメント対象に対して異なる方略が用いられる）。子どもの時にとても深刻に，かつ広範囲にわたって危害が及んだケースでは，A4 は A7（妄想的理想化）と結合されるかもしれない。また，未解決の喪失もよく見られる（A4- の場合は代理的な未解決が多く，A4 については軽視型の未解決かとらわれ型の未解決かまたは両者が同時に見られる場合もある）。（多くの異なる形式を取るかもしれない）未解決のト

ラウマは A4- よりも A4 によりよく見られる。時に，特に方略が非常に広範囲にわたって適用されると，抑うつによって修正されたり，特に A4 では禁じられた否定的情動の侵入によって修正される場合がある。さらに，A4 方略は三角関係化された C5-6 の方略と連結して見られることがある。たとえば，境界性パーソナリティ障害のケースがそうである（Crittenden & Newman, 2010）。

精神病理のリスク

A4 と A4- の人たちは，他者の要求を満たすことができて，そうすることに満足感を得られているならば，精神病理のリスクは比較的低い。もし要求を満たせない場合には，結果的に不安になるかもしれないし，満足感が得られないならば，結果的に抑うつになるかもしれない。どちらの場合でも，苦痛は身体的に経験されるかもしれないが，身体的状態に注意が向けられたり，意味のある情報として個人に扱われることはなさそうである。一方で，精神病理のリスクが深刻で制御できないものであるか，または現在進行形のものである場合，強迫的従順は非常に深刻な精神病理と関連する可能性がある。さらに，それは多くの場合，薬物療法から施設への入所までにわたる，集中的治療が引き起こした医原性の結果である。

A4 と他の方略との区別

A4 と A4- の逐語記録は話し手の視点や感情が欠けていることによって B からは区別され，意味記憶上の理想化が存在せず，否定的エピソードが認識されて，頑固なまでに否定的に自己を見るという点で A1 や A2 の逐語記録からは区別される。A3 の逐語記録とは，偽りの肯定的情動を用いることが相対的に少ないことや自己の欠点を意味記憶上で強調する点で異なる。強迫的パフォーマンス方略（A4-）は A4 と非常に似ている一方で，恐れが相対的に少なく，また従順にならないことによって被るリスクよりも，達成に強調を置くという点で A4 から区別することができる。

経験／生育歴

厳格で敵対的，そして／または懲罰的な両親を持つ子どもたちは強迫的に従順な A4 方略を子どもの時に組織化することが多い。そのような子どもたちは危機が迫る兆しに非常に用心深い。その兆しは彼ら自身の行動か，またはアタッチメント対象の情動状態のどちらかであるかもしれない。これらの兆しを見過ごしてしまうと，アタッチメント対象はその子どもを拒絶するが，そのやり方は懲罰的で暴力的で，時には非常に危険なものである。多くの強迫的従順の成人は児童期には「過度に」良い子だったようである——彼らは自分自身を悪い子だったと語るのだが。多くのケースでは，話し手は一人の親（弱い親）を世話しており，もう一方の親（暴力的な親）には従順である。時には，成人期への移行期に従順と自立の葛藤を作り出し，精神病的崩壊が起こることもある。成人期では，A4 方略は A3 方略と結合することが多く，時には A7 方略と結合す

ることもある。

　A4-の強迫的パフォーマンスの方略を使う成人は、子どものパフォーマンスによって満足を覚えたり、人生の競争において子どもが失敗することに怯えたりするような不安の強い両親を持っていたことが多い。強迫的パフォーマンスをする成人の多くは子どもの頃は「過剰に」良い子だったようである——もっとも彼ら自身は自分のことをダメな子だったと語るのだが。多くのケースでは、そのような話し手もまた片方の親（弱い親）については世話をして、もう片方の親（厳しい親）についてはパフォーマンスを見せているのである。

　A4方略を使う成人の中には、罰を与えることを避けるか、もしくは達成を求めて要求しすぎることがないようにすることによって、自分の子どもに対して、自分が育てられた時よりも、良い育て方をしたいという願望をはっきり自覚している者が多い。このため、両親が子どもの感情に焦点を当てすぎて、それゆえに子どもはCタイプ方略を持つことになるという逆転が起きる（そのようにしている時、親は他者の視点に焦点を当てるという方略を維持していることに注目せよ）。逆転が起きた結果、子どもは威圧的方略を使うことになるが、Aタイプ方略を使う両親は、通常、それを理解したり調整したりする心の準備ができていないものである。

　成人期には、自己満足をもたらさないような終りのない課題に直面したり（A4-）、自己の視点を全面的に否定されることに直面した場合は抑うつ的になるリスクがある。それにもかかわらず、強迫的従順やパフォーマンスの成人には成績優秀者が含まれており、また対人関係面では、彼らは非常に厳しいまたは難しい人々と立派に仕事をすることができる。この方略は深刻な不適応と並外れた達成の両方に関連する可能性がある。

A5（社交的または性的な強迫的無分別）

概　観

　この方略は理論（Bowlby, 1980; Crittenden, 1995, 1997b）や臨床事例素材やAAIからの臨床的観察に基づいている。この記述は他の方略よりも少ない例から導き出されたので、改訂や推敲が必要となるかもしれない。

　A5方略には社交的無分別と性的な無分別の2つの形式がある。どちらの形式も（保護的なアタッチメント対象や信頼し合った性的パートナーのような）適切で親密な関係から**距離**を置くことと、身近な関係ではない、不適切もしくは危険な人物と（性的にも非性的にも）**親密**になること（つまり、「無分別な」アタッチメントやマゾヒスティックなアタッチメント）を好む。言い方を変えると、A5方略を使う個人は家族メンバーを理想化したり免責したりすることを諦めるが、理想化する過程は維持しており、それを（まだ自己を見捨てたことがない）見知らぬ人たちに適用するのである。さらに、機能的にも情報処理という点でも、危機や痛みを安全や慰めと混同しているところがある。この混同は、不快や痛みの知覚をほんの少しだけ自己に関連するものとして扱うことに基づいており、そしてこのようにすることによって被るかもしれない危険にも

かかわらず，見知らぬ人から慰めを個人が手に入れられるようにするという機能を果たしている。

強迫的無分別方略のうち社交的（A5-）形式と性的な（A5）形式は，個人が方略上容認しがちな危機の性質において異なっており，したがって方略を実行するために使用される情報変換の程度においても異なっている。A5- の方略はアタッチメント対象からの分離の痛みを克服するために見知らぬ人を理想化し，見知らぬ人への急激な接近が持つ恐れを克服するために偽りの肯定的情動を用いる[原注1]。A5 の方略は，偽りの性的覚醒を用いることによって孤立を克服しようとしたり，時には親密な関係に関する傷つきの痛みや恐れを克服しようとすることがある。

強迫的無分別の方略は通常 A6 と連結して発達し，児童期から見られた他の強迫的方略の断片を含んでいることが多い。例として，A5-6 の話し手は片方の親に対して過去に（もしかしたら現在も）役割逆転していたか，従順であったかもしれない。しかし，これらの方略は子どもを適切に守れず，成人期には理想化されているが見知らぬ他者との親密さを優先することへと置き換えられるのである。

談話マーカーとその心理的機能

1. 手続き記憶上では，強迫的無分別の話し手は過剰なまでにインタビュアーに進んで従うことが多く，個人的なものも含んだ詳細にあふれた，切れ目なく続く反応を示す。発話のスタイルは軽視的で，あまりにも簡潔であり，家族に問題があったことを認識してはいるが，苦悩を感じることはなく，親密さと疎遠さを並置することを繰り返す（たとえば，話し手は「私はママとの関係がどんなものだったのか思い出せないの」と言うかもしれないが，この文の中では，母親との関係が疎遠であったことと，愛情のこもった「ママ」という言葉が並置されている）。そして特に A5 の形式では，性について聞いていない質問に対する応答の中に性的な内容が侵入してくる。

   情動はほとんど表出されない。

   インタビュアーは遠ざけられつつ，同時に相当な暴露話を聞かされる。私的な情報が侵入してくると，他者は興味を掻き立てられ，自分は特別で信頼されているのだと感じて，それゆえに関係の中に引き込まれていく。鋭い観察者は，私的な情報が侵入してきた場合，親密さをめぐる問題があるのだろうと察知する。このような不完全さには個人の恥の原因を知られないようにしておく機能があり，それゆえに他者に嫌われるリスクを負うことがないまま，他者との接触を促進するのである。

2. イメージ記憶は簡明であるが強烈であり，それらは身体や身体の一部や行動に関するものではあるが，人物に直接関わりを持ってはいない。これらのイメージは**つながりのない**ものであり，つまり心理的に身体を持っていないものである。イメージ記憶は慰めに関するものと，危機や痛みや嫌悪に関するものとの間で分割されている。通常，慰めに関するイメージ記憶は危険な人々もしくは保護的ではない人々，特に話し手を（子ども時代に）性

原注1）これは，DSM-5 の脱抑制型対人交流障害に類似している。しかし，DSM とは異なり，DMM 方略は意味のある適応的な組織化であり，情報処理によって他の方略と関連付けられている。

的に虐待したり，そのような経験から子どもを守れなかった人々に関連している。さらに，性的接触や場所に関するイメージがあり得る。それらは（安全ではない）慰めか明白な脅威のどちらかに関連している。**つながりのない性的なイメージ**は，逐語記録全体にわたって繰り返し見られ，通常は十分に説明されることはない。加えて，イメージの中で使われた言葉が，逐語記録の他の箇所で（性的なイメージを再生させる）思いがけない方法で再び用いられるかもしれない。つまり，それらは**間接的につなげられたイメージ**である。つながっておらず，不完全な性質をイメージが持っているおかげで，自己は自分の脆弱さをはっきりと意識せずに済んでいる一方で，それにもかかわらず話し手は関係性と親密さに焦点を当て続けることができるのである。実際，そこには話し手が対人関係を持つように促して，孤独から来る絶望から抜け出すような自体愛的な機能があるのかもしれない。これによっていくらかの慰めが得られ，さもなければ孤立したであろう人々が生殖を進んで行うことになるのである。

3. 意味記憶は歪曲されており，そのため話し手は特に性的行為も含んだ他者の行為に関して責任を負う，つまり**自己責任**に過剰帰属する。特に，無分別さが性的なものである場合，子どもの時に強要された他者との性的接触を開始し，それを好んだことへの責任を話し手は負う。これによって話し手は，さもなければコントロール不可能な形で自己が犠牲になる状況をコントロールできているという錯覚を得ることができるが，その代償は，自己の定義の中に痛ましい対人関係の経験，特に自分にとって屈辱的で（時には）痛みを伴うような性的活動が含まれ，もしかしたらそれが中心となってしまうかもしれないということである。

4. 情動暗示言語には談話のほとんどを通じて性愛の芽を現前させ続けるという機能がある——たとえその意味が決定的また明確ではないときでさえも。時には，選んだ言葉が性的な意味合いを伴う独特のものであるか，もしくは言葉があいまいな二重の意味を持ち得ることがある。性愛は，あたかも活性化されるのを待機しているかのように，逐語記録の底流に存在し続けている。たとえそうであったとしても，談話自体は荒涼としたものであり，聞き手を性的に刺激することは全くない。慰めや危機のイメージに関連した特定の言葉が繰り返し現れることには，エピソード記憶が不完全で歪曲されているにもかかわらず，情報を保持するという機能がある。

5. エピソード記憶は歪曲されていることが多く，他者の欲望や動機を反映する虐待的行為を自分で選んだのだと主張する。多くの場合，エピソードの話題は性に間接的に関係しているが，性的接触に関してではない。たとえば，エピソードはトイレやお漏らしや思春期早発症や月経等に関するものであるかもしれない。これには孤独と侵入的な親密さをめぐって経験した脅威と無力感を減じるだけではなく，現在の行動が正確に評価される見込みをも減じるという機能がある。

6. 強迫的無分別の話し手には統合がほとんど見られない。A5- の話し手の間では，統合の欠如は知性化によって覆われており，そこではすべての情報が提示されているものの，自己からは遠ざけられて表面的なものとなっている。それに対して他の例では，何かを説明する必要性をほとんど認識していない場合もある。極端な A5 の話し手，特に最も深刻な被

害を受けた者の中には，自分でコントロールできていたと主張し，暗に自分自身や親を守ることができたと述べる者もいる。しかし，これらの防衛は，被害を受けた自己を単に否認しているのであり，そこには本当らしさは全くない。代わりに，彼らは抑うつを示すかもしれない。そこではすべての事実はわかっているものの，因果関係の帰属が誤っているため，生き続けていくためのいかなる解決法も見出すことはできない。すべての高数字のAタイプ方略がそうであるように，統合が欠如していることによって，逐語記録の異なる箇所で片方もしくは両方が「嘘」と見なされなければならないような矛盾した発言が生じる可能性がある。しかし，話し手は通常はそれらの矛盾に気づいていない。それらは統合されていない分離 disassociative 過程を反映しているだけなので，その機能は，C5-8 タイプの方略を使う話し手の中に見られる意図的な欺きとは大きく異なるものである。通常，その矛盾には自己への責任の帰属や，慰めの代理として機能した自己屈辱的性質を持つ行動が含まれる。この矛盾を解決しないままでおくことは，話し手がコントロールできなかった脅威をめぐる感情を避ける一方で，どのような関係性がアタッチメント対象（またはその代理）から利用可能であるのかを受け入れられるようになるという点で，幼少期には役に立つものである。しかし，それをし続けると，後になって，成人期に自己を危機に晒すような結果を招くことになり得る。その結果，自己に脅威を与える，または自己に屈辱を与えるような成人の関係性のパターンを持つこととなり，そこでは話し手の正確な情動または因果関係の役割は正確には評価されない。

関連のある方略および修正項目

A5 の話し手の生育歴の中に A3 と A4 が見られることは多い。また，多くの異なる形式を取るかもしれないトラウマ（特に性的虐待）の未解決がよく見られるのと同様に，未解決の喪失もよく見られる（軽視型の未解決もとらわれ型の未解決も，また両者が同時に見られる場合もある）。抑うつも A5 方略にはよく見られる状態であり，禁じられた否定的情動の侵入や身体表現症状を伴うかもしれない。さらに A5 方略は他の強迫的方略と共に，A/C 結合の中に見られるかもしれない。全般的に，A5 は主要な方略としてよりも，他の A+ 方略と結合した状態で見られることが多い（Crittenden & Newman, 2010 参照）。

精神病理のリスク

この方略は，非性的で親密さを欠いた人間関係が真に親密な性的関係の代わりになっているように見える，軽度の強迫的社交的形式（A5-）としても存在し得るが，それと同時に（近親姦の犠牲者，売春婦，小児性愛者，連続殺人者の一部にさえ代表されるような）より重篤な性的無分別（A5）の形式としても存在し得る。社交的形式には人間関係が解消してしまったり，抑うつ的になったり，身体的シグナルに注意を払わないまま，悩みを身体化するなどのリスクがある。性的形式は同じリスクをはらんでいるが，加えて，小児性愛（Haapasalo, Puupponen, & Crittenden, 1999）やマゾヒズムを含む，見知らぬ人との危険な性的接触と関連する身体的およ

び心理的リスクもはらんでいる。

A5と他の方略との区別

A5 の逐語記録は B の逐語記録と混同される可能性がある。なぜなら話し手が非常にオープンに見えるからである。しかし，話し手の視点や感情は欠如している。A1 や A2 の逐語記録とは異なり，意味記憶上の理想化はほとんどなく，否定的エピソードは認識されている。A3 や A4 の逐語記録とは異なり，免責や両親の視点から語られるエピソードはほとんどない。A5 の逐語記録は，性愛的な言葉やイメージやほのめかしが頻繁に侵入してくることや，他者からの自立を明らかに高く評価すること（つまり，孤立し続けることへの意味記憶上の動機付け）がないということによって A6 の逐語記録とは区別される。A5- と A5 は，性的無分別の形式では性や危機に関する間接的につながりのあるイメージが存在することと，社交的無分別の形式では B タイプと間違われるような気軽な愛想の良さが存在するという点で区別される。

経験／生育歴

A5 方略は脅威や危機といった文脈において慰めを極端に欠いていたという生育歴に通常は関連している。A5- 形式の事例の中には，両親の愛を失うかもしれないという脅威と組み合わさった，両親からの過剰な要求にそのルーツを持つ者もいた。これらの事例では，強迫的パフォーマンスが基礎的方略であり，無分別な行動のおかげで自己はすぐに慰めてもらえるという報酬を得られるのである。

たいていの場合，その危機とは，短期間だけ担当であった養育者たちの多くから繰り返し拒絶されたり，見捨てられたりしたというものであった。このように，複数の異なる里親を経験するという不適切な養育を受けた子どもたちは，（無分別のアタッチメントを示すことが多い）施設暮らしの子どもたちのように，A5 方略を発達させるリスクがある。これらの事例では，子どもは強迫的世話と強迫的従順という両方の方略を使うことが多かったが，潜在的なアタッチメント対象を本物の人間関係の中で起こり得るよりも早く惹きつけたり，とどめたりする手段を必要ともしていたのである。

最も深刻な事例では，性的無分別の A5 方略を後に使用するようになる子どもは，児童売春やポルノグラフィーの被害に遭っていた。成人の強迫的無分別が不法な行為にまで及ぶような事例で，特に犯罪行為や暴力行為もある時には，その生育歴には両親やその他の養育者から受けた暴力的な身体的虐待が含まれる傾向にある。性的無分別の方略が完全に発達するのは青年期後期になってからである。

A6（社交的または孤立した強迫的自立）

概　観

　この方略は理論（Bowlby, 1989; Crittenden, 1995）と臨床事例素材とAAIからの臨床的観察に基づいている。

　強迫的自立方略を使う個人は否定的情動表出を抑制し，自己関連性を軽視し，失望や自己の傷つきを防ぐために，親密な関係性から引きこもる。

　この方略には2つの形式がある。社交的形式のA6-と孤立した形式のA6である。強迫的自立の社交的形式は，（A6の個人が拒絶を恐れるあまり，サポートや慰めを求めることができないような）近い関係性または親密な関係性から自己を遠ざける一方で，社会的関係を持つことを可能にする。この方略のより深刻な，孤立した形式には，安全のためにすべての関係性から引きこもることが含まれている。こうすることで，相当の社交的および対人関係的要求が軽減される一方で，受け取ることのできる保護や慰めだけでなく，生殖の機会までもが同時に制限されることになる。

談話マーカーとその心理的機能

1. 手続き記憶上，A6は自己を軽視し，家族に問題があったことを認識し，話し手には自立して機能する能力があることを強調するという発話のスタイルに特徴がある。このように談話は流暢であるが，その内容からは自己の視点や弱さが排除されている。A6方略を用いる話し手は情動をほとんど表出しない傾向にあるが，読み手の中には寂しさや空虚感が掻き立てられるかもしれない。一人でいることに対して不満をこぼしたり，世話を引き出そうと試みることはないものの，通常は談話にはもの悲しいトーンがある。

　　時折，特に脅かされた過去の状況を話し合う時には，A6の話し手はそうした経験の重要性を軽視するために自己をあざ笑ったり，卑下したりする。恐怖が見られるとしても，それは危機的出来事に関するよりも，他者が自分に下す判断に関する恐怖である。

　　最後に，A6の話し手はどの質問に対する答えも誠実であり，彼らは自分が開示することに関して意外なほどにオープンであり，自分自身をどのように考えるかということに関してやや分析的になり得る。このため，コーダーを含む他者は彼らをバランスの取れた人であると見てしまいがちである。自己軽蔑的で分析的視点を取ることによって，インタビュアーから批判される脅威は少なくなる。さらに，この方略のおかげで彼らは親密さのリスクを招くことから守られている。

2. イメージ記憶は見られないのが一般的である。イメージがある場合，それらは自己も含めて人々とは関連づけられていないか，身体化されているかのどちらかである。前者の過程には，再生から情動を取り除き，それゆえに解決できない感情（つまり，決して慰められ

なかった感情）から自己を守る機能と，心の「片隅」に安全にしまい込むことのできる重要な情報を保持する機能との両方がある。身体化すると，話し手は慰めをことのほか必要とするようになり，A5（強迫的無分別）方略を使うか，抑うつ的になる可能性が高くなるかもしれない。理想化された場所のイメージは人間関係における安全や慰めの代わりになっているかもしれない。

3. 意味記憶は低数字の強迫的方略ほどには分割されておらず，免責もあまり見られない。その代わりに，意味記憶は非常に実用主義的であり，こういう次第であったし，これからも常にそうなるだろうと単に認識していたかのようである。これには，支えになってくれないアタッチメント対象と連絡を取り続ける必要性や，彼らとの間で生じた問題を解決しようと試みる必要性から話し手が解放されるという機能がある。一般に，A6方略を使う話し手は彼らに起こったこと（たとえば，夫婦の問題や犯罪行為など）への責任を認める。彼らが他者に責任を負わせる場合は，そのような問題は避けられないものであり，非難されるべきものではないように扱う傾向にある。自己の限界ははっきりと認識されており，そのような限界は自己にもともと備わっているもの，または変えようのないものとして扱われる。

4. 情動暗示言語は，置き換えられた形式（つまり，自分には疎遠で，非個人的な話題）で痛ましい経験についての情報を保持しているが，そう簡単には行動を活性化しないように遠ざけて保持している。その一方で，個人的性質や家族の性質に関する談話の中に暖かみや感情が完全に欠如しているために，読み手は絶望感を喚起されることが多い。

5. エピソード記憶は完全ではあるものの，概して意味記憶的様式で語られ，特定の出来事が想起されることを明確にするのに十分なだけの詳細しか伴っていない。ストーリーは簡潔に語られて，自己に関連した痛ましい詳細についていつまでもぐずぐず話すことはない。感情の説明は欠如している。多くの場合，親の視点の方が話し手の視点よりも明確である。このように再生することによって，話し手はなぜ自分が人間関係から距離を取ったままでいるべきなのかについて自覚し続けることができて，その一方で再生の仕方が意味記憶的であることによって，和らげられていない情動が喚起される可能性が低くなるのである。

6. 孤立した強迫的自立の話し手は統合を示すことがほとんどない。特に，彼らは自身の情動や，彼らの方略のために自身や他者が支払うことになる代価や，早期の経験が成人期の人間関係に及ぼした影響の仕方や，両親が示した行動や感情に関する発達上の理由に気づいていないように見える。情動が表立って言及される時は，それは名詞化されるか，対人関係上の交流や関係性の相互作用がもたらした結果としてよりも，個人の内的な状態として取り扱われる。最も決定的なこととして，彼らは物事がどのように関係しているのかが分かり，因果関係を述べることができる場合でさえも，彼らは別の選択肢や変化の可能性を見出せないのである。洞察に至りそうな瞬間が訪れても，「いや，まあ，そういうもんだよ」と軽視してしまう。つまり，基底にある抑うつを匂わせる**失敗したメタ認知**が頻繁に見られる。これには，過去の関係性を回復しようとする試み（それもまた失敗してしまうかもしれない）やそうした失敗に伴うであろう後悔から話し手を守る機能がある。

関連のある方略および修正項目

（社交的または孤立した）強迫的自立方略は通常，児童期に役に立たなかったA3やA4方略から発達し，それは他の強迫的方略と連結して見られることが多い。たとえば，それは結合方略の一部（A6, $A3_M$）かもしれないが，その中でA6の話し手は母親に関しては強迫的世話をするという役割を維持したままである。もしくは，孤立した方略は時に無分別な方略と一緒に見られる，つまりA5-6ということもある。多くの異なる形式を取るかもしれないトラウマ（特に暴力と見捨てられること）の未解決がよく見られるのと同様に，未解決の喪失もよく見られる（軽視型の未解決もとらわれ型の未解決も，また両者が同時に見られる場合もある）。抑うつもA6方略には頻繁に見られる状態である。

精神病理のリスク

この方略は軽度の強迫的自立の形式であるA6-方略として存在し得る（たとえば，結婚はしているものの配偶者から心理的に距離を取っている話し手や聖職者の一部や独身の成人など）。これらの個人は，親密さを伴わない社会的関係や仕事上の関係ではとても有能であるかもしれない。しかし，彼らは抑うつ的になったり，身体疾患を未治療のままにしたり，働き過ぎや物質乱用によって自己の気晴らしをしたり，自殺したりするリスクがある。より深刻な，孤立した形式であるA6は一匹狼や放浪者や一部の犯罪者がその代表である。誰もが抑うつ的になったり，身体化された苦痛を未治療のままにしたり，嗜癖性の障害になったり，自殺に陥りやすい傾向がある。

A6と他の方略との区別

A6の逐語記録は話し手の視点や情動が欠けていることによってBの逐語記録とは区別され，A1やA2の逐語記録からは意味記憶上の理想化がないことや否定的なエピソードを認識していることによって区別される。A6の逐語記録は，生育歴の内容には親を世話していたり，親に従順になっていたりしたことが描かれているために，A3やA4として間違って分類されることが多い。しかし，用いられている談話はA3-4のそれよりもより変換（歪曲）されており，強迫的世話／従順方略が役に立たず，よりもの悲しいA6方略に取って代わられたことが示唆される。A6の逐語記録は，話し手が示す覚醒水準の低さや，語りの中に性的暗示が相対的に欠如していることによってA5とは区別される。

経験／生育歴

A6方略は，子どもが拒絶されたと感じる生育歴と最もよく関連している。しかし，強迫的世話方略や強迫的従順方略とは違い，両親から認められるような偽りの自己を子どもが作り出す余地はなかった。したがって，子どもは現実の自分も，ありえたかもしれない自分も両方とも拒絶

されたのである。その拒絶は時には心理的ネグレクトのみによる場合もあったが，（旅行，遠隔地での勤務，入院，児童養護施設や繰り返し里親の家に預けられることによって）両親が身体的にもそばにいなかったことにまで及ぶことが多かった。このように，拒絶は実際に見捨てられるという危機を伴うものであった。強迫的自立が孤立にまで及んだり，特に犯罪的な行為もあった事例では，子どもの反応では和らげることができなかった，両親や他の養育者からの予測不能な暴力がその生育歴の中に含まれがちである。

　自立には最低レベルの能力が必要となるので，この方略は小さな子どもには観察されない。代わりに，ありがちな前兆には，A1 や A3 や A4 の方略を使おうと試みてうまく行かなかったことが含まれる。これらの試みはうまく行かなかったので，関連する生育歴には幼少期の不安に関する身体的証拠を含んでいる（たとえば，睡眠障害，おねしょ，どもり，など）。このような生育歴を考慮すると，A6 の話し手が児童期に仲間との交友関係があったことを報告することがほとんどないことは驚きではない。むしろ，彼らは人気があったわけでも，特に嫌われていたわけでもない，注目されない子どもであったことが多いようである。後に孤立することになる者の中には，学童期に同級生たちから「まぬけ」や「バカ」としてすでに注目を集め，拒絶されていた者もいるかもしれない。強迫的自立方略は，自立が最小限は達成できる青年期の間もしくはその後に形作られる。この時点で，A6 の話し手は見捨てられることや孤独であることに関する幼少期の不安を反映する感情を突然切り捨てたことを報告することが多い。実際，多くの A6 の青年たちは極めて早い時期に家を出たことを報告する。

　青年期後期には，孤立した形式の方略は性的な無分別や，時には性的で暴力的な無分別と連結していることが多い。どの場合でも，この方略は人間関係の世界に対する自己防衛の殻を構成するものの一つである。殻の後ろに隠れながら，強迫的自立の成人は他者からの助けなしに自分一人で管理できるように自分の行動を制限するのである。

　この方略の強みは，長期間にわたって一人で機能できたり，素早く簡単に新しい人間関係を始められたり，自分自身の行動に責任を取ることができるという能力である。開拓文化やそれ以前の文化では，この「自分でやりなさい」という考え方，厳格な個人主義，そして自助のアプローチは極めて価値があるものとされた。なぜなら，そうすることが適応的であったからである。

A7（妄想的理想化）

概　観

　A7 方略は理論と AAI からの臨床観察に基づいており，さらには臨床理論と経験，たとえばストックホルム症候群（Cassidy, 2002; Gpddard & Stanley, 1994; Kuleshnyk, 1984）と呼ばれるようになったものに見られる，自分を捕らえた犯人に人質が「同一化」すること，に合致している。この方略は，自分の子どもに深刻な危害を加える親や，近親姦的な性犯罪者や暴力的な犯罪者，そして精神病や境界性パーソナリティ障害と診断された精神科患者に最も良く観察されてきた。

A7方略は，子どものそばにおらずに見捨てるようなアタッチメント対象や，子どものそばにはいるが脅威を与えるようなアタッチメント対象を理想化することを指している。理想化が妄想的であると決定するのに必須であるのは，（a）その個人の人生が理想化された人物によって脅かされた（または脅かされたと信じられる）か，もしくは理想化された人物によって守ってもらえることができたはずなのに，実際には守ってもらえなかったという信頼できる証拠と，（b）理想化された救出の出来事はとても起こりえなかったという信頼できる証拠，である。さらに，機能的な観点からも情報処理の観点からも，A7の話し手は否定的情動，特に恐れや怒りや痛みを否認し，そして安全と養育がほとんど，あるいは全くなかった時に，それらがあったと妄想的に宣言するのである。

談話マーカーとその心理的機能

1. 手続き記憶上では，A7の話し手の特徴は，オープンで情報を開示しつつ，同時に重大な瞬間には中断して情報が欠落する大きなギャップを残すような軽視的に知性化されたスタイルの談話である。

    情動はほとんど表出されず，痛みを伴ったであろう瞬間には著しく欠如して（**否認されて**）いる。

    インタビュアーとの関係は意欲的に従事し，思慮深いそぶりを見せるが，最終的には何も説明しないという特徴がある。これにはその生育歴や現在の人間関係から来る痛みに完全に直面することなしに，統合の必要性を知らせるという機能がある。

2. イメージ記憶は最小限であるが，その激しさは際立っている。通常，イメージは慰めに関連するものと，危機や痛みや怒り（特にこれらの感情を経験した際の自己の状態）に関連するものとの間で分割されている。慰めの**妄想的に保護的なイメージ**は妄想的に理想化された人物と関連している。これらのイメージは，それ以外の点では現実的なエピソードの中に埋め込まれた実際には起こり得ない出来事のように見える。これらの妄想的保護のイメージは，**実際には起こらなかった**望ましい経験や慰めとなる経験に関連している。これらのイメージには話し手が自分への影響を否認している危機に際して慰められることも，守られることもなかったという文脈において慰めの感情を表象する，あるいは引き出すという機能がある。危機のイメージはほとんど存在せず，多くの場合，それらは自己に関連付けられていないだけでなく，お互いは間接的につながっている。これによって自己は自身の脆弱性をはっきりと認識することから守られる一方で，それにもかかわらず，過去の危機に関する情報にある程度アクセスできるのである。これが，未来はどうあるべきかを説明することの基礎となることがよくある。

3. 意味記憶には，良い属性と悪い属性という通常のAタイプの分割が反映されている。自己は悪い属性を引き受けるが，否認された痛ましい経験からは何も良いことを引き出すことができないので，意味記憶上の良いことは妄想的に構築しなければならない。同様に，因果関係の点では，時間的秩序に関して肯定的に説明できない出来事に対して，肯定的な因果的説明を話し手は虚しく探している。結果として，話し手は過去の出来事の中の因果関

係を自分がコントロールできているという信念を維持することができないのである。A7の話し手は物事が「いつも」どうであったかについて言及することが多い。しかし，仮説的（A1–2）または規範的（A3–6）な意味記憶的一般化を用いる代わりに，彼らは危険なアタッチメント対象に対して**肯定的意味の誤帰属**を妄想的に行うか，あるいは未来への修正的意図について言及するかのどちらかである（つまり，「補足的」な一般化）。これには話し手に希望，つまり生活には秩序があるという錯覚と，過去の混乱や不正な行為を将来修正することに最終的には成功するという信念を与える機能がある。話し手は，因果関係がわからないために，危機は避けられないものであると思うかもしれない。

4. 情動暗示言語は極めて記述的かもしれない。話し手は実際には起こらなかったことを少なくとも部分的には記述しているので，そのストーリーはAタイプ方略を使う他の話し手が語る現実のエピソードよりも，もっと現実的で情緒的な様式で装飾されて語られる可能性がある。しかし，その情動暗示言語は陳腐で退屈でありふれたものである。多くの場合，同じ語句がステレオタイプ化された呪文のような形で繰り返される。一般的に，その情動暗示言語は情動状態を掻き立てることがないままに記述する。たとえ自己がもっとひどく苦しんだと予想される時でさえ，痛みや苦しみは他者が被ったこととして描かれる。

5. エピソード記憶は排除されることが多いが，肯定的エピソードの中に間違って置かれた否定的な動詞や記述の中に危機的経験の断片が見られる可能性がある。否定的なエピソードが再生された時は，ありえないような意思決定の役割を自己が担っていたと主張するが，それは自己の正確な欲求を表象していたものではなかったであろう（**歪曲された罪悪感のエピソード**）。例として，話し手は，彼らが施設に入ったのは，あたかも自分の選択であったかのように述べる。そのような否定的エピソードでは，自己は非人格的な視点から対象として見られている。身体的痛みを含む否定的情動は，出来事の中に必然的に含まれていたに違いない時でさえ，**否認**される。肯定的エピソードは再生されるが，取るに足りないものであるか，またはアタッチメント対象以外の人物に関連しているものであるかのどちらかである。極端な場合では，いくつかのエピソードには実際には起こりえなかった，保護されたり，慰められたりした出来事が含まれていることがある。これらの**妄想的理想化**のエピソードにおいては，否認された苦しみの代わりに安全感が妄想のおかげで得られる。これには苦痛や無気力の経験を減少させる機能があるが，現在の行動が不適応になりそうな見込みを増大させるという代償を払うことになる。

6. 妄想的理想化の話し手は，知性化された表面的統合を見せるかもしれない。これは比較的完全な情報を提示することとして見られるが，それにもかかわらず，自己からは情動的に遠ざけられている。知性化にはA7の話し手を，彼らが晒されてきた危機や理不尽な残酷さをそのまま経験することから守るという機能がある。しかし，それはまた現在や未来の人間関係が変化する見込みを減少させもする。実際，現在の関係性において同じような過程が生じていることを示す証拠があることが多いが，話し手はそのつながりを見過すのである。

 しかし，さらに言うならば，話し手が不一致に気づき，それに注意を向けて，なぜそのような不一致が存在するのかと思いをめぐらす機会は何度もある。だが，これらのコメン

トや疑問が言葉にされることがあっても，理解を深めて統合に促すような生産的な答えには至らないのである。代わりに，理解におけるギャップはそのまま残り，不一致は再び現れ，課題は再び言葉にされて，それでもまだ解消されないままである。その形式は内省のように見えるが，結果的には統合に至らない。その代わり，これらの**結論に至らないメタ認知**は，否認された情報過程にアクセスすることなしに思考を先へと進めることが話し手には不可能であることを示している。また抑うつも見られるかもしれない。そこではすべての事実が明らかであるものの，因果関係が不正確に帰属されるため，現在へのいかなるつながりも見つけることができないのである。

統合への試みがうまく行かないために，逐語記録の異なる箇所で矛盾した発言がなされる可能性がある。一つの理由は，聞き手が聞く準備のできていることを同定しようと話し手が気を配って，これらの（想定された）要求や期待に刻一刻と応えようとして反応を形作っているからかもしれない。否定的な情動情報を否認すると，統合は失敗に終わるか，もしくは否認によって生じたギャップを埋めて，容認可能に見える反応を作り出すために妄想的情報を生み出すことが必要となるかのどちらかであるかもしれない。これらの要因がストーリーを形作ることになる。というのも，話し手はその過程に気づくことなしに，ストーリーを語っているからである。これらの意図しない「嘘」は分離 disassociative 過程と，一貫性やアイデンティティを保持するために結果として生じた試みとを反映しているので，これらの機能は C5-8 タイプを用いる話し手に見られる意図的な欺きとは大きく異なっている。同様に，責任と能力を自己に過度に帰属すると，「誇大さ」の見かけを創り出すことになり，それは C5-8 方略と似ている。しかし，A7 の話し手は（C タイプ方略を用いる個人とは異なり），他者の要求を満たさなければならない規範的世界の中に生き続けているのである。

関連のある方略および修正項目

他の A タイプ方略，特に A4 は A7 の逐語記録の中に部分的な形式で見られることが多い。未解決の喪失やトラウマ，特に自己に対する暴力の再生が遮られていることが頻繁に見られる。抑うつも A7 方略に伴うことがよくある。怒りや非難や恐れの暴発が，禁止された否定的情動の侵入として観察されるか，あるいは A タイプ方略と連結して用いられている基本的な C タイプ方略として，そのような暴発が交互に起きるかもしれない。

精神病理のリスク

A7 の個人は精神病理と犯罪行為のリスクが非常に高くなる。その中には極度の不安，被害妄想，精神病，物質乱用，性犯罪または暴力，そして抑うつと他の気分障害が含まれる。A7 方略を用いる両親は子どもを虐待する可能性が高い。

A7と他の方略との区別

　A7の逐語記録は，話し手が極度の危機に晒されていることや慰めが重要性を持っていないこと，また痛みが際立っているはずの時を含めて，苦しみが表面的には見られないことによって，A1の逐語記録から区別される。A1の話し手が情報を歪曲する（否定的情報を最小化して，肯定的情報を強調する）のに対して，A7の話し手は否定的情報を否認して，妄想的な肯定的情報を作り出すことが時折ある。A7の逐語記録は，話し手の視点や感情が欠けていたり，完全で意味のある統合的結論が欠けていることによって，Bの逐語記録やBへの再構成の逐語記録から区別できる。さらに，A7に割り当てられた逐語記録は常に未解決のトラウマや喪失を抱えており，そして非常に多くの場合，複数のトラウマと非常に複雑な形式のトラウマ（11章参照）の両方が存在する。これらの逐語記録は，危機を強調したり，聞き手を脅かしたりするよりも，守ったりなだめたりする妄想的なイメージやエピソードがあることによって，C5-8の逐語記録から区別される。禁止された否定的情動の侵入は，二者間での調整がなかったり，侵入に関して話し手が困惑したり恥じたりすることによって，Cタイプ方略から区別される。

経験／生育歴

　A7方略は，身体的暴力や子どもの性的虐待や繰り返し見捨てられることを含んだ過酷な危機を伴った生育歴と関連している。通常，心理的虐待には身体的脅威が伴ってきた。多くの場合，その個人は守ってくれる可能性のあった人々から続けざまに見捨てられた。妄想的形式の保護を作り出しても，自己を守るための本当に可能な手段があるわけではないので，そのような方略を用いる個人は繰り返される危険な行動パターンに対して脆弱なままである。彼らが特に脆弱であるのは，利用不可能な保護的対象を理想化する一方で，満足感や安全感を得るための明白なガイドラインを述べているような人生観（たとえば，情動的に冷淡な信念体系と，その反対の，催眠的に覚醒的で穏やかなカルト的集団の両方を含む，極端に厳格な形式を持つある種の宗教的信念）に対してである。

A8（外部組織化自己）

概　観

　A8方略はAAIの理論や臨床的観察に基づいており，さらに臨床理論と，ひどく脅かされたり，虐待されたりした経験についての報告と一致している。その起源はDMMのアタッチメントアセスメントを用いた子どもたちに観察されてきており，そこにはアタッチメント対象が何度も交代してきた（つまり，複数の里親に預けられた）子どもたちや，アタッチメント対象にほとんど，もしくは全くアクセスできなかった（つまり，施設に預けられた）子どもたち[原注2]が常に含ま

れている。そのような事例では，専門家が親機能を肩代わりしており，それゆえ専門家は何がその個人にとって最も良いことなのかを知っているだけではなく，その個人自体を知っているという妄想を促進することになる。A8は避けることのできる，重篤な医原的な方略である。

A8方略は，不在がちで見捨てるようなアタッチメント対象という文脈において自己表象を喪失することに関連している。見捨てられることはほとんどいつも人生の早期から始まって，子どもの頃ずっと続いていた。「自己」を構築する過程が無効化され，奪われてきたということを決定するために不可欠なのは，話し手が（a）アタッチメント対象によって全面的かつ継続的に拒絶されてきており，そして（b）自分自身の機能の決定的な側面を現在説明できない，ということを示す信頼できる証拠が談話の中にあるということである。さらに，情動の言語表象は名詞化されて見られるか，つながりのないイメージや間接的につながったイメージの中に見られるかもしれないが，特に拒絶に関する否定的情動が表出されることは逐語記録の中ではほとんど，あるいは全く見られない。表出された情動は社会的に望ましいものであり，語られている出来事とは一致しないものである。さらに，拒絶による痛ましい影響は話し手によって否認されるため，自己は子どもの頃の経験について自分で生成する情報を欠くことになる。その結果，「自己」は他者，特に専門家により生成された統合されていない情報から概して構成されている。つまり，A8の話し手は個人的な情報源記憶をほとんど持っていないのである。このため，話し手は自己定義に関して他者にほぼ完全に頼ることになる。

談話マーカーとその心理的機能

1. 手続き記憶上では，A8の談話は自己を軽視していて断片化しており，そこでは知られていることにはギャップがたくさんある。自己は対象として，情動的に距離を取って見られている（話し手の中には三人称で自分自身を語る者すらいる）。

   情動はほとんど，もしくは全く表出されない。特に痛みは，それが自己を守るためには不可避であり，最も重要であったであろう文脈において見られない。表出された情動のいかなるものにも対人関係上の機能はない。つまり，単に軽視的に悔やんでいるだけである。それが読み手の中に引き起こす効果は，ある種の悲しみであることが多い。

   インタビュアーとの作業関係が確立するよりも前に，通常は秘密にされている情報が容易に開示される。このように，話したいという意欲と，インタビュアーとの個人的関与の逆説的欠如とが両方存在しているのである。さらに，話し手はあたかも自分自身が再生したことよりも，インタビュアーが話し手に関して知っていることを優先して**インタビュアーに恭順する** defer to かのように，インタビュアーが話し手についての情報源として使われるかもしれない。これは「インタビュアーとの分析的関係」の極端な形式と考えることが可能である。そこでは話し手の立場はなく，自分自身の視点もなく，自己に関して自分よりも確かな情報を持っているものとして扱われる（他者に関する表象の一つとしての）

原注2）これらは児童期の反応性アタッチメント障害の診断基準であるが，この障害を成人期に結びつけるデータはない。ここにわれわれは仮説を提出する。

インタビュアーに完全に従うのである。A8の話し手は（報告書のような）安定した形式の情報を参照し，知識を得たり，個人的ストーリーのガイドにしたりする。率直であることの機能とは，可能な限り多くの情報に客観的で非情動的な形でアクセスできるというものである。

2. （写真や他の人々から）借りられたイメージによって，個人的歴史の感覚が創造されたり，生成されたりするものの，実際には生育歴について思い出せることはほとんどない。時折，そのイメージは他者の視点からのものであったり，話し手にはイメージできないであろう出来事に関連していることがある。本物ではあるがつながりのない断片的なイメージ情報が，話し手が気付かないままに談話の中にまぎれこんでくるかもしれない。このような潜在的な個人的知識は過去の危機に関する最小限の情報をある程度保持するために機能している。

3. 意味記憶は歪曲されているため，A8の話し手は自分の経験を説明することができない。自己は保護や慰めに関して**非主体的**なものとして提示される。このように，Aタイプの話し手に通常見られる認知的な自己防衛方略は機能してこなかった。代わりに，話し手は未来にやろうと思うことに焦点を当てる——専門家が彼らを適切に導くことができると自分自身を信じ込ませるのである。自分が何をすべきか，すべきでないかといった規範的な意味記憶上の拘束がかなり強調されてはいるものの，そのような拘束に従うことによって話し手が過去に守られたという証拠はない。物事は「いつも」どうであったか，そしてそれらはどうある「べき」かについて言及することによって，A8の話し手は，たとえ繰り返し正反対のことが起きていたとしても，人間関係は持続するのだという錯覚を得られるのである。

4. 言語スタイルには専門家から借りてきた発話が用いられている。そこにはインタビュアーの言葉の繰り返しや，専門家によって書かれた事例報告に似ている言い回しや，「借りものの」心理学的用語や，医学的診断に関連した学術用語などが含まれている。

5. エピソード記憶は，早期幼少期にさらに別の里親に配置されて新しいアタッチメント対象に出会う結果となった度重なる拒絶のあたりで排除されるか，中断されることが多い。他の危機的経験は極めて完全な形で提示され，自己の寄与は否定的な形に歪曲されているように見える。こうしたエピソード記憶の情報は通常**外部参照先**から引き出されたものであり，養育者や専門家の知覚を反映している。さらに，受け取った以上のことには自己は値しないことを示唆する否定的な観点から自己は描かれるかもしれない。これによって，不当な不正行為と無力さの経験が減じられるが，同時に今の行動が正確に評価されるであろう見込みも減じられる。

6. 話し手が十分には理解していない拒絶された経験や見捨てられた経験を中心に自己を組み立てようと試みている場合，話し手には表面的には内省能力があるかのように見えることが多い。しかし，そのような表面的内省からは理解が生まれることはなく，欠けている情報があるに違いないということすら認識されないのである。したがって，関連のある情報の断片が逐語記録全体にわたって散在しているかもしれず，適切な内省の質問がなされるかもしれない。これらは軽視されはしない（つまり，それらは失敗したメタ認知ではない）。

代わりに，自分が知っている以上に，他者の方が自分のことをより良く知っているという妄想の中でインタビュアーや他の専門家へと託されるのである。それゆえ，メタ認知になる見込みがあったものは**妄想的に不確定的**である。自己に対する影響を理解している場合でも，過去と現在の間のギャップに橋を適切に架けるにはその影響はあまりにも広すぎるか狭すぎるかのどちらかになりがちである。現在の人間関係においても同じような過程が進んでいるという証拠を話し手は一般に見過ごしている。

　再生や統合ができないことによって，危機や繰り返し見捨てられるという不当な残酷さを A8 の話し手は否認することができる。このおかげで，児童期には，話し手は利用可能ないかなる人間関係も受け入れる一方で，怒りや抑うつを避けることができる。成人期には，親密すぎるか距離を置きすぎるか（そして突然にこれらが逆転するか）という対人関係パターンに終わる可能性がある

関連のある方略および修正項目

　この方略は他の方略，特に A5–6 や C5–8 という文脈において，そして修正項目（たとえば，抑うつ，侵入，さらには再構成すら）と一緒に見られるかもしれない。未解決のトラウマ，特に遮られたトラウマは，禁じられた否定的情動の侵入と同様に，かなり頻繁に見られる。A8 方略と交替して現れる C 方略が，それに応答してきた養育者がいた場合は，存在するかもしれない。

精神病理のリスク

　A8 と分類される個人の間では精神病理はほぼ確実に見られる。自己表象の喪失に伴って，抑うつ，不安，深刻な身体障害，PTSD，物質乱用や構造化された設定の外では日々の生活を送れないことなどがよく見られる苦痛の症状である。

A8 と他の方略との区別

　A8 の逐語記録は，話し手が非常に危機的な経験に晒されてきたことや，慰めの必要性を軽視することや，痛みが優勢なはずの時に痛みの知覚を否認することによって，A1 や A2 の逐語記録と区別される。現実または想像上のアタッチメント対象を理想化できないことによって，A7 と区別される。話し手の視点や感情が欠けていることや，いかなる結論に至るための内省的発言や質問もできないことによって，B の逐語記録や B への再構成の逐語記録からも区別することができる。巻き込む怒りや欺きがないこと，自己の否定的寄与が含まれていること，インタビュアーを共謀的な支持者あるいは敵のように巻き込むことがないことによって，C タイプの逐語記録と区別される。

経験／生育歴

　A8方略はアタッチメント対象から繰り返し拒絶されてきたり，家庭外に何度も預けられてきたりした生育歴に関連している。専門家が，われわれは子どもを守っているのだと述べることによって，権威的人物に対する子どもの妄想的依存が促進されたかもしれない。多くの場合，子どもがとることができたたった一つの自分を守る行動は，利用可能な時には，不適切な親密さを受け入れるということであった。最後に，虐待のために児童期に異常行動が生じたことを立証できる場合でも，成人になって振り返った時に，親がそうしたネグレクト行動をしたのは，自分が原因ではないかと考えるかもしれない。**成人期に**自分を虐待すると同時に保護したり慰めたりするようなアタッチメント対象を探し求めるのは，この方略にとって中心的である否認や不完全な情報処理がもたらす可能性のある結果である。

第8章

Cタイプ方略の概観とC1-2

すべてのCタイプ分類に当てはまる一般的特徴

概　観

　Cタイプは，軽度のものから強烈なものへ，さらには人を欺くものにまで及ぶ，情緒的に威圧する方略である。因果関係に頼りつつも，それを単純化するAタイプとは違って，Cタイプの話し手はあまりにも複雑な因果関係を経験しているため，代わりに彼らは感情に頼るのである。感情は，彼らの行動を導くためと，自己防衛方略の基礎を形成するための，両方に用いられる。因果関係に自分自身が部分的に寄与しており，また他者も因果関係を共有していることを理解しているBタイプの話し手とは違って，Cタイプの話し手は，何がどんなことを引き起こすのかということも，自分自身が結果に対してどのように寄与したのかも簡単には見分けられない。過去の出来事を説明し，未来の行動を動機付けるために彼らに主に残されているのは混合した感情であるため，彼らは複雑さと共謀という問題に直面することになる。

　C1とC2に分類される話し手はこれらの問題に四苦八苦して，特に意味表象において軽度の混乱を呈する。今度はこのことがエピソード記憶と統合能力に影響を与えることになる。したがって，低数字のCタイプの話し手の主要な心的過程は，(a) 歪曲されて混合した感情を用いて行動を決定する，(b) 他者を巻き込んで自分の情動を調整する，(c) 自分自身がどのように寄与したのかが明確ではないため，エピソードの時間的側面に関する組織化が断片化している一方で，彼らの感情や他の参加者や文脈についての情報については広く保持している，(d) 因果関係に関する情報を排除する，(e) 自分自身についても他者についても結論を出すことができない，というものとなる。あまりにも不確かなことが多くある結果，彼らは過去を手放すことを渋る。代わりに，Cタイプの話し手は，過去と現在がごっちゃになるような形で過去に焦点を当て続ける。加えて，揺れ動く情動状態のために，行動が変わりやすく予測不能になるため，人間関係がより

複雑になるのである。C1 の話し手は，競合する視点の間で揺れ動くが，C2 の話し手は，物事がいかに関連しているかということについて漠然とした疑念を示す。

これに対して，脅かされる状況下においては，揺れ動いてはっきりしない行動は効果的でも保護的でもない。中数字から高数字の C タイプの話し手は脅かされる状況を経験してきたり，知覚してきているので，自己を守るために断固とした行動を取る必要があるが，原因となるその状況ははっきりしないままである。この問題を解決するために，怒りという，傷つくことのない／強力な情動と，恐れと慰めへの欲求という，傷つきやすい／無力な情動とをますます分割することになる。そうすることで，方略の数字が上がるごとに，どちらか一方の情動が行動をますます排他的に導くことになる。そのような「執着 obsession」のおかげで，心的表象は明確で単純なものとなり，行動を明確に引き起こすことになるのである。

DMM 以外のアプローチによる C タイプ方略の理解と比較すると，本書で述べられるアプローチは C タイプの行動に対する他者の反応に焦点をあまり当てず，自己を守るために，情報がいかに変換されて方略として組織化されるのかということにより焦点を当てている。見た目は「傷つくことのない」方略（C1, C3, C5, C7）の中では，苛立ちから激しい怒りへ，さらには冷淡な悪意へという怒りの勾配がある。見た目は「傷つきやすい」方略（C2, C4, C6, C8）の中では，主に慰めを求めること（C2）から，広範囲にわたり恐れること（C8）までの勾配がある。最も低い数字と最も高い数字の方略では，分割された感情はほとんど統合されており，中数字の方略（C3-6）の方がより極端に分割されている。C7-8 においてはほとんど統合されている状態であるのは「憎しみ」と「恐怖」という情緒である。そこでは怒りと恐れが融合しており，どこから危機がやってくるのかは過度に一般化されている。こうした情報変換が達成される過程については第 9 章で詳細に説明する。

手続き記憶については，C タイプの話し手は自分の過去について**巻き込む談話**の形式で語る。つまり，あふれるような刺激的な言葉を用いて聴き手の注意を惹きつけるものの，結論には達しないのである。高数字の C タイプ方略は，激しい言葉以外に同様の機能を果たすものはほとんどないかもしれない。AAI ではインタビュアーは語られている話に巻き込まれるだけでなく，話し手が焦点を絞って話を終えて，次のトピックに移ることを手助けすることも求められる。さらに，C タイプの話し手は多くの場合，必要とされている言葉や考えさえもインタビュアーが与えてくれることを期待し，自分の視点にインタビュアーが同意してくれることを求め，高数字の方略（C3-8）の場合は，他者に対抗する心理的共謀にインタビュアーを関与させようと試みる（あるいは，インタビュアーが自分たちに対抗してそのような共謀をしているのではないかと疑う）。

内容としては，C タイプの話し手は個人的な問題や家族の問題について，そのようなトピックが質問される前に話す傾向がみられる。時間は崩壊して現在に焦点が当てられており，そこでは過去の脅威が情緒的反応をいまだに引き起こしており，それは現在の行動に影響を及ぼしている。したがって，過去の出来事が現在形で語られるかもしれないし，早期幼少期のストーリーが現在の出来事と混合されていたり，過去の人々に対して，まるで彼らが現在居合わせているかのように，語りかけたりするのである。

C タイプの話し手は強い感情を文脈に関連付けていることが多い。これらの感情は人や場所のイメージの中に表象される。身体的イメージは，特に激しく潜在的な感情状態を反映している。

Cタイプの話し手は感情を意味記憶的に名付ける（たとえば，「彼はすごく怒っていた」）よりも，イメージでコミュニケートする（たとえば，「彼は目をひんむいていた」）。

　過去を意味記憶上で理解していないことは，アタッチメント対象との関係についての5つの記述的単語の生成と，その記述的単語を説明するエピソードの選択が困難であることに反映している。さらに，意味記憶上の単語は，Cタイプの話し手が使用する際には，正確な意味を持たない傾向がある。代わりにそれらは漠然としており，他の観念の側面を含んでいることが多い。最後に，Cタイプの話し手は出来事の時間的および因果的関係を明確には理解していない。結果として，Cタイプの話し手は人や場所や時間の境界が曖昧であることが多い。このために談話は混乱したものとなり，したがって彼らの考えを明確にするために他者を巻き込む必要性が生まれてくる。

　しかし，皮肉にも，Cタイプの話し手の多くは未来への期待を持ち続けている。だが，変化を達成するためのいかなる明確な過程も欠けていることを考慮すると，この期待は過剰であり，理想化されたものである。多くの場合，彼らは，状況が突然説明のつかないまま良い方向へ逆転したことを再生し，未来にも同じような変化が起きることを期待する——彼らが現在とらわれている問題が解決次第すぐに。具体的な問題解決能力を身に付けるよりも，執着することが期待するユートピアに到達するための最も重要な基準であるように見える。

　時間的秩序の混乱が表現されることが多いのは，ある出来事から他の出来事へと横滑りして完結しなかったり，意味記憶上の結論に到達しなかったりする，**曖昧なエピソード**という形式においてである。複数の出来事の流れの基底にある「論理」は情動的なものであるように見えるが，たとえそうであったとしても，怒りや恐れや慰めへの欲求が奇妙に反転されたり，並置されたりすることが頻繁に起こる。その上，何が重要なことであるのか話し手はあたかもわからなかったかのように，エピソードには重要なことと些細なこととが混じっている。なぜ物事が起きたのかをCタイプの話し手が知らないことを考慮すると，潜在的に重要な情報を失うことを極端に詳細な説明が防ぐ機能を果たしているのかもしれない。さらに，苦痛や病気や怪我や分離や拒絶や怒りについて質問してエピソード記憶を直接調べる場合よりも，5つの記述的単語を説明するという意味記憶を通して検索する方略の方が，エピソードをうまく思い出せない。したがって，5つの記述的単語に関する質問に対する話し手の応答は，その後に続く，ネガティブな経験に関する直接的質問に対してよりも，方向性のない，漠然とした無関係な談話を生み出すことが多い。

　Cタイプの話し手は過去の感情状態から適度な心理的距離を維持しにくいので，自分の経験を内省的に考えることは難しい。このために，彼らの統合能力は制限されている。特に，時間をかけて生じる発達的変化や，行動上の変化を説明し得る因果的随伴性や，後の機能に対して早期発達が及ぼした影響や，他者の視点の妥当性に気づかない傾向がある。その結果，彼らは子どもの頃の人間関係の問題の中に閉じ込められたままであることが多い。Cタイプの話し手は両親から心理的に分離する術を知らないので，成人期になって自律的になることに困難を感じる。

　「発話の一貫性」（Grice, 1975）という点に関しては，Cタイプの話し手は混乱した**様態**で語り，情報の**量**は過剰に提供する傾向がある。彼らは一般化を証拠に基づいて支持することも否定することもしないため，**質**の要求を十分に満たすことができない。最後に，彼らは尋ねられた質問に対して関連のある情報も関連のない情報も両方とも提供するため，**関連性**を十分に満たすことが

できていない。概して，Cタイプの話し手は，発話の一貫性が低いものから非常に低いものまである傾向があり，中には極端に矛盾している場合もある。彼らの心的一貫性もまた低いが，談話が示唆するほど低いわけでは必ずしもない。それにもかかわらず，読み手が話し手の経験の性質を評価するとき，読み手は話し手とは相当異なった結論に到達する。特に，読み手は，節度のある情報や説明的な状況や意味の正確さが欠けていると結論付けることが多い。

情動と認知

情動：過去に情動の方が，時間的随伴性よりも，将来の危機と安全をより良く予測したので，Cタイプの話し手は心理的過程と自己防衛的行動を組織化するために情動を用いる。このことは，高い覚醒の非言語的指標（たとえば，くすくす笑ったり，泣いたり，にやにや笑う，など）や，恐かったり，苛立たせたり，慰めたりする文脈のイメージの中に見られる。

認知：子どもの頃の出来事の時間的秩序と随伴性は予測不能であり，高数字の方略では誤った方向に導くものであったため，Cタイプの話し手は因果関係について混乱しており，認知的情報を使用しないか，あるいは偽装する傾向がある。Cタイプの話し手は時間を流動的で一時的なものとみなしている。つまり，過去は修正可能なものであると信じており（すなわち，彼らは過去を現在の一部と捉えている），また必要や願いに応じて，未来を先んじたり変えたりすることができると想像してもいる。結果的に，彼らは現在を精一杯生きていて，多くの場合は過去の問題を修正することに自らの活動を集中させており，また今日の行動が永続的な結果をもたらすかもしれないという懸念をほとんど持たないのである。

談話マーカーとその心理的機能

1. 手続き記憶：
    (a) Cタイプの話し手は巻き込む談話を用いる。C1–2の話し手は，以下の形式をとる。(a) 漠然としていて，脱線する談話，(b) 人物の混乱（特に，指示対象がはっきりしない代名詞を使用することを通して）や時間の混乱（現在形や現在分詞の動詞を含む），(c) 説明されていない意味記憶上の意味を伝える無意味な言葉，(d) 不完全な意味記憶上の発言，(e) 意味記憶上の結論の揺れ動きや矛盾，(f) 時間的秩序や因果関係がはっきりしない切れ目なく続く文章。手続き情報が誤っているために，人々は実際にはいなかった場所に位置付けられ，出来事の時系列は混乱する。そのような談話は現在においてあらゆる物事を自分に関連させ続け，また話し手の問題に他者を巻き込むようにも機能する。
    (b) 情動面では，話し手は強烈な感情を表現するために威圧的方略を用いる。誇張された非言語的情動には，話し手の視点を明らかにして，多くの場合，インタビュアーを巻き込むという機能がある。高数字のCタイプ方略を用いる話し手は，他者の中に強い感情を掻き立てるような形で感情を歪曲したり，排除したりする可能性がある。
    (c) Cタイプの話し手は，インタビュアーが彼らに同意しており，また彼らの情動状態や

視点を共有しているという保証を求める。威圧する際の強度や率直さや手段は，C方略間の違いによってさまざまである。

2. イメージ記憶：イメージは鮮明であり，覚醒を高めるような情動的負荷を帯びた性質を伴っているが，他の情報によってバランスが取られてはいない。その結果，彼らはある感情を誇張（歪曲）する一方で，他者への気付きを最小化する傾向がある。これには，混合した情動的傾性を明確化して，（どんなに一時的なものであったとしても）一つの明確な行動の動機付けを与えるということと，またその情動の由来や意味について完全に明確になっているわけではないものの，その文脈に関する情報を保持すること，という両方の機能がある。

3. 意味記憶：Cタイプの話し手は曖昧または極端な意味記憶上の記述的単語を用いる。これは，彼らの歪曲された情動表出がもたらす一つの結果である。すなわち，Cタイプの子どもに対して，彼が誇張された怒りを表出する一方で恐れや慰めへの欲求の表出を抑制している時に，彼は「怒っている」のだと伝えることによって，彼が学習する意味記憶的言語の正確さは減じてしまうのである。

　同様に，巻き込む談話には，わかりにくく揺れ動くという特徴があるために，明確な意味記憶上の結論に到達することが難しくなる。つまり，Cタイプの話し手は**受動意味思考**を用いるのである。相対的に安全な事例では，意味記憶の排除（つまり，一般化されている言語的な認知情報の排除）には，複雑な状況で早まった結論を話し手が出さないようにしておくという機能がある。欺くような危機を経験している事例では，**偽りの認知**のために，あらゆる物事が潜在的意味を持つようになる（つまり，同じことが安全を合図するかもしれなし，危機を合図するかもしれない）。高数字のCタイプ方略に位置する話し手の間では，偽りの認知は，他者がそれを用いることが予期されるだけでなく，話し手の潜在的な裏切りに関して他者を欺くためにも用いられる。超高数字のC方略においては，許容できない情報は否認されるかもしれないし，少数の事例では妄想的な推論に置き換えられるかもしれない。

4. 情動暗示言語：Cタイプの話し手の言語が持つ情動暗示的性質のために，情緒に基づいた応答（たとえば，慰める，ひどく警戒する，など）を聴き手から引き出すような形で，彼らの感情は伝達される。つまり，情緒調整と自己防衛のために他者を巻き込むのである。高数字のCタイプ方略では，言語には強力な情動喚起的性質がある。リズミカルで，音に響きがあり，隠喩的で，華麗な性質のために，聴き手の中に感情が掻き立てられる。これは話し手の状態を伝えているということでもあるし，話し手の経験に聴き手を巻き込むことによって，その正当性を主張するということでもある。

5. エピソード記憶：異なる時点に生じたものの情動的には類似している出来事を，再生する際に単一ユニットに押し込むことによって，エピソード記憶は歪曲されている。多くの場合，情動の（タイプよりもむしろ）強度のみがエピソードを統合している。これには，変化しやすい状況という文脈において警戒する必要性を明確にするという機能がある。一般に，出来事に対して自分がいかに寄与しているのかということは，自分が他者からいかに影響を受けたかということに比べると，あまり理解されていない。

6. 内省的統合：因果関係を説明したり，他者の視点に立ったり，関連のない情報を意識しないでおくことができないため，Cタイプの話し手は情報を統合して以下のことに関してバランスの取れた結論に到達しない傾向がある。それは，(a) アタッチメント対象と状況が持っている危険性と保護性，(b) 自己を守るための個人の責任と能力，に関してである。代わりに，彼らは過度におびえたままで，変化を起こすことに対する個人的責任ほとんど受け入れないし，他者に変化を強要しようとする。多くは，擬似心理学的な専門用語を用いてその行動を説明ないし正当化しようとするが，実際にはその行動を説明も正当化もできていない。

経験／生育歴

威圧的方略を用いる話し手の生育歴には，アタッチメント対象の利用可能性と応答性が一貫しなかったこと，目に見えない危機からの保護が過剰であったこと，もしくは目に見える危機からの保護が不足していたこと，認知的なコミュニケーションよりも情動的なシグナルに対してより多くの応答されたことが含まれている。分類の数字が高くなる程，実際に危機を経験することは増えていき，そこには親からもたらされた危機や家族以外からもたらされた危機，そして危機と保護に関して誤解を与えるような情報が含まれている。

C1（威嚇的怒り）

概　観

Ainsworth の乳児のアンビバレントパターン（Cタイプ）は，怒りと恐れと慰めへの欲求といった感情が入り混じっているという特徴がある。就学前の子どものCタイプ方略では，これらの感情は，威嚇的行動（怒り）とご機嫌取りの行動（恐れと慰めへの欲求）が交互に起こる方略として組織化される。心理学的に見ると，否定的情動は分割されている。一方の感情が誇張され，その反対の感情は抑制されており，その結果，それらの感情はアタッチメント対象の行動に随伴して交互に表出されるのである。これが威圧的方略を作り上げる。C1方略は威嚇を強め，C2方略は威嚇を和らげる（Crittenden, 1992）。ここで説明している談話パターンは，Main and Goldwyn（1984, 1994）の怒ったとらわれ型（preoccupied and angry）のE2パターンに非常に似ているが，威圧的方略の一部として見なされるという点や，執着的方略の一つであることを示す特定の談話マーカーが含まれない逐語記録に限定されているという点で異なっている。言い換えると，ここで用いられるC1方略はリスクのあるケースを除外した，限定的な Main and Goldwyn のパターンなのである。

　C1方略はC2方略と連結して用いられる。話し手の焦点は誇張された怒りを用いて，子ども時代に強く望んでいた養育と慰めを提供するようにアタッチメント対象に強要することに置かれ

ており，養育者が怒った時に対処するために，ご機嫌取りの行動は取っておいてある。C1の話し手たちの場合は，その怒りは，養育者の慰めの行動によって容易に（しかし一時的にのみ）鎮められる慢性の苛立ちとして説明した方がより適切かもしれない。他の者たちがなだめたり，謝ったり，助けたりするなどしてCタイプの話し手の怒りを鎮める場合，その者たちは威圧されてきたということである。（バランスの取れた理解という観点からは）その不満は歪曲されており，救済は早すぎたために，基底にある問題は解決されず，些細な不満が終わりなく続くことになる。

談話マーカーとその心理的機能

1. 手続き記憶上では，C1の話し手の談話は巻き込むものである。過剰に長くて言い淀むことが多く，また現在形（または現在分詞）へ切り替わったり，情報の一般的な水準と特定の水準を混乱したり，**逆接**接続詞（しかし，一方で，むしろ，その代わりに，ではあるが，など）を使用するものの，解決しないままであったり，人物を混乱するなどの特徴がある。言い淀みが最も多く見られるのは，（意味記憶的または統合的）結論を求められた時である。

   C1の話し手は，非言語的に混合した強烈な情動状態を表現するが，それらは誇張された怒りと，抑制／最小化された慰めへの欲求として現れる。恐れはほとんど見られない。言い換えると，情動は歪曲されているのである。このため，誇張された感情が，同じように本物ではあるが抑制されている感情と混同されることになる。

   C1方略を用いる話し手は子ども時代の問題をインタビュアーに伝えたがっているが，それは彼らの生育歴を思慮深く再考しようする意図からよりも，同意を引き出そうとする意図からである。これには，アタッチメント関係の中だけでなく，インタビューのような表面的な相互作用の中でも対話を拡げる機能がある。通常の場合，自分が今感じているように過去の出来事も実際にそうであったという保証を話し手はインタビュアーから間接的または非言語的に求める。

2. C1の話し手は葛藤に関するイメージを数多く持っている。AAIでは，怒りの発話の聴覚イメージは特に頻繁に見られる。時にそれらのイメージはあまりにも強烈な形式で現れるので，現在の文脈がほとんど失われてしまっているかのように見える。そのイメージは，イメージ記憶が誇張される形で歪曲されていることを反映しているだけでなく，話し手が直面している問題に注意を向けるという機能も果たしている。

3. 意味記憶は曖昧で混乱しているため，記述的単語と形容詞には正確あるいは的確な意味が与えられていない（つまり，その意味するところは話し手にとって曖昧である）。この言葉の意味に関する混乱は，言葉と抑制された感情との不適切な結合によっても説明される。また，意味記憶は解決されることのないまま揺れ動く，対立する視点によっても歪曲される。C1の話し手は，より適度な視点があるということに気付いていることが多いし，それらの視点を述べることも可能ではあるが，彼らはそれらの正当性を理解したり，それらを用いて自分の見解を修正することができない。その代わりに，彼らは複雑な状況を「二者択一」のやり方で単純化する。時間的秩序は多義的で不確かであるかもしれないが，因果

関係はひどくは歪曲されてはいないし，意図的に欺くことはない。時間的な明晰さが欠けているために，話し手は特に自分自身の行動に関する因果関係に気付くことを回避できる。

4. C1 の話し手の情動暗示言語の性質には，話し手の顕在的な怒りと潜在的な慰めへの欲求に対する聴き手からのサポートを得るという機能がある。情動暗示言語の情緒的な性質は強烈ではあるが漠然としており，引き出された感情は極端なものではない。

5. C1 の話し手は時間的／因果的秩序を十分に再生することがないまま，多くのエピソードの断片と詳細を再生する。したがって，彼らのエピソードは時間を前後することが多く，時に異なる出来事を横断することがある。これには，役立つ可能性のあるあらゆる情報に対するアクセスを維持し，話し手に出来事や人間関係における自分の役割を同定させないようにし，望ましくない結果について話し手が他者を非難できるようにするという機能がある。

6. C1 の話し手は，統合的質問を（偏った）証拠の再検討へとそらしたり，疑似心理学的専門用語を用いて要約するようにして内省を止めたりする傾向がある。情動情報は歪曲され，認知情報は思考過程から排除されているため，正確な統合は難しい。このように，統合機能の欠如には，過去の解決は実際には決して成し遂げられないのに，いつでも可能であるように見せるという機能がある。このために，C タイプの話し手には共謀しているという感覚と罠にはめられたという感情の両方が残る。この不一致を解決するために，自分は共謀については無実であり，彼らのアタッチメント対象に責任があるのだという保証をインタビュアーから求めるのである。

精神病理のリスク

安全な文脈では精神病理のリスクはほとんど，あるいは全くない。

C1 と他の方略との区別

C1 の逐語記録は，葛藤が続いていることに自己が寄与していることや，両親の発達歴がその行動に関与していることを共感的に理解しているような統合的発言がないことによって，B5 の逐語記録と区別される。彼らは，（a）激しい怒りの爆発がないこと，（b）怒りに満ちた強調されたフレーズを反復することがないこと，（c）C1 の話し手の方がインタビュアーと交互に話したり，インタビュアーの言うことに注意を払ったりする能力がより高いこと，（d）傷つきやすさを示す証拠が見られること，という点で C3 の逐語記録と区別される。

経験／生育歴

C1 に分類される成人になる子どもは，哀願するよりも，怒った方が親から養育をより効果的に引き出せるということを通常気付いていた。したがって，アタッチメント対象との間で怒りに満ちた争いを続けることによって保護が得られたのである。子どもの頃，両親は重要な出来事と

重要でない出来事の両方に対して同じように応答し，また同じ行動に対して異なった方法で応答する（たとえば，乱暴な少年を煽り，その後乱暴な振る舞いを罰する）ことが多かった。親からの脅しと約束の両方が実行されないことが多かった。

この方略の別の形式が起こるのは，Aタイプの両親が，彼ら自身の両親に比べて，自分の子どもたちにあまり要求せず，また否定的情動をもっと受け入れようと意識的に決心する時である。そのような両親は制限を設けることや「ダメ」と言うことをためらう。それゆえ，彼らの子どもたちは否定的情動を表出し，多くの場合は理不尽な要求をするのである。両親はそのような要求を心地よく感じないため，不意に厳しくしたり，拒絶したりすることが時折ある。このために，両親と子どもの両者とも混乱して欲求不満を感じ，要求することとご機嫌を取ることを交互に行うことになる（つまり，威圧的方略）。両親がAタイプの抑制に報酬を与えるものの，アタッチメント行動は罰しないとき，子どもは軽度のA/C方略の形式を示すかもしれない。要約すると，C1の話し手の両親は予測不能であることが多かったが，通常危険ではなかったのである。

C1方略を用いる成人は困難に直面しても活動的で粘り強いことが多い。多くの者が，彼ら自身の怒りや他者の怒りを鎮めるために，ユーモアを効果的に用いる。彼らは人間関係に熱心で忠実である。そして，愛情を感じている人や不当な扱いをされてきていると彼らが感じている人を進んで擁護する。

C2（ご機嫌を取りながら慰めを求める）

概　観

これはAinsworthが同定した乳児期のC2（受身的アンビヴァレント）パターンの成人の形式である。Main and Goldwyn方式（1984, 1994）ではE1と分類されるが，そこにはDMMでは高数字の方略として説明されている他の方略も含まれている。

C2というご機嫌取りの方略ははにかみを強調したり，ユーモアを含んだご機嫌取りをしたり，それと交替して今度は穏やかな怒りを一瞬ちらりと見せたりすることによって，慰めを引き出す方法の一つである。慰めを必要としている理由や，怒りを感じている理由を正確に示せないことによって，他者がC2の話し手に敵対する可能性は減る一方で，話し手が問題を解決することは同時に難しくなる。

談話マーカーとその心理的機能

1. C2の話し手の談話は長くて脱線する，**付加**接続詞（それから，そして，そしてその人は，つまり，言い換えれば，など）によって結合されている，切れ目なく続く文章であるという特徴がある。過去と現在が混乱しているのと同様に，行為の主体と客体も混乱している。C2の話し手は過剰なほどに話したがっているように見えるが，インタビューの構造に従う

ことをあまり好まない。代わりに，彼らは質問にはあまり注意を向けず，ある話題から別の話題へと脱線する傾向がある。これには重要な情報を監視できるという機能がある。

話し手が感じている漠然とした慰めへの欲求に対して曖昧かつ不明瞭に焦点が当てられており，それは実演された非言語的感情として表現される（たとえば，たわいもない笑いやご機嫌取りの笑い，ため息，など）。怒りの表現は概して抑制されている。恐れが見られることはまれであり，極端になることは決してない。

ご機嫌取りの方略を用いる話し手はインタビュアーと関わりながら，混乱しがちな視点を承認してもらうことと，時には何を言うべきかについて助言をしてもらうことを求める。これには支持的な関係性を確立し，困難な話題をこれ以上探究する必要はないということ確認する機能がある。

2. C2の話し手はイメージ記憶，特に慰めに関連する身体的イメージにアクセスしやすいことが多い。イメージは再生を歪曲して怒りよりも傷つきやすさを強調し，また話し手の比較的まとまっていない情緒状態を明確にすることで，結果として心理的過程と行動の両方を組織化する。これには，行動を引き起こす混合した情動的傾性を明確にして，そうすることで愛情のこもった世話を求めるように動機付けられるという機能がある。

3. 意味記憶については，C2の話し手は意味情報を再生から排除しているために，やや混乱したままである。このために，繰り返される対人関係上の誤解の基底にある中心的問題に焦点を当てることができず，その結果，あからさまに対立することは避けられる。

4. C2の情動暗示言語的側面には，インタビュアーから支えや援助を引き出す，どじな子どもっぽい談話が含まれている。

5. エピソード記憶については，C2の話し手は多くの経験を再生するが，それらを意味記憶上の語句と結び付けたり，出来事の順序を正確に述べることは困難である。彼らは他に取り得る複数の視点を混同しており，多様な因果的影響の中で生じた結果に対する責任を割り当てることができないように見える。語りの中で矛盾した情動を並置する傾向があり（たとえば，慰めのイメージが怒りに関するエピソードへと至る），混合した情動状態が示唆される。エピソード記憶には過剰で取るに足りない詳細が含まれていることが多い。エピソードをぼやけさせることには，話し手が怒りの理由に焦点を当てることを妨げ，それゆえ彼らの人間関係が脅かされないようにするという機能がある。同時に，過剰なほどの詳細を保持していることには，潜在的に重要な情報を失わないようにするという機能がある。

6. C2の話し手はある種のうわべだけの統合的思考をうまく取り扱うが，これらの「偽りの内省」は常識的な「民間伝承」の知識や「自己啓発本」に見られる表現などであることが多く，それゆえ格言または心理学的な専門用語（つまり，心理療法隠語 psychobabble）によって表現されることが多い。それらには，C2の話し手が自身の人生や人間関係をコントロールしているように知覚できるという機能がある。しかし，一般に，C2の話し手は統合には乗り気でない。統合するために，両親の限界や過去や未来を受け入れる必要がある場合や，自身の発達および現在の人間関係に対して自分自身が寄与したことに対する個人的責任を受け入れる必要がある場合は特にそうである。

精神病理のリスク

安全な文脈においては精神病理のリスクはほとんど，あるいは全くない。

C2と他の方略との区別

C2 の逐語記録は，子ども時代のアタッチメント関係の否定的側面を認識できないことと，これらに対する自己の寄与の責任を認識できないことによって，B4 の逐語記録と区別できる。C2 の逐語記録は，明らかな怒りが見られないことによって，C1 の逐語記録と区別できる。

経験／生育歴

ご機嫌取りの方略を用いる成人は，認識できる危機がない時でさえも不安感を伝えてくるような，不安で覚醒し易い過保護なアタッチメント対象を持っていたことが多い。同時に，アタッチメント対象たちは多くの場合は自己中心的であり，子どもが苦しんでいる時の慰め方は子どもにとって予測不能なものであった。このように，傷つきやすさという感情は安全な文脈と脅かされる文脈の両方に関連していた。そのような両親を持つ子どもたちは，傷つきやすさを表現する方が，怒りを表現したり能力がある証拠を見せたりするよりも，アタッチメント対象の養育をより確実に引き出すということに気付いたのである。最終的に，両親のご機嫌を取りながら親密に頼り続けることが，目に見えない危機やあてにならない養育に関する不安の問題を最もよく解決した。それゆえ，C2 の話し手は，アタッチメント対象と一緒に眠ったり，学校に行かず家にいたりすることなどによって，彼らの近くに居続けていたと述べることが多い。こうした動機付けに気付かぬまま，C2 の成人は過剰なまでの接近を求め続ける。さらに，彼らは過食などの自分を落ち着かせる行動や，不安として表現される過剰な警戒や，暗闇やお化け，子取り鬼 bogeymen[訳注1] や壁に映った影などに対する夜間の恐怖を報告することが多い。

それにもかかわらず，接近することで，慰めと同様に葛藤も生じるので，怒りがよく見られた。このように，接近が慰めと怒りの両方の感情を生み出すようなもつれ合う関係性が築かれた。傷つきやすい感情は誇張される一方で，怒りの感情は最小化されたり否認されたりして，個人の能力は制限された。しかし，これらはすべて，アタッチメント対象との関係性を維持するためであった。典型的な C2 の生育歴に見られる重要な特徴には，最小限の危機と，かなりの不安と，不安の原因について考えたがらないことが含まれている。

C2 の話し手は他者と共にいることを楽しみ，また他者からも共にいることを求められるような，暖かく愉快で，他者のご機嫌を取るような人々であることが多い。多くの場合，彼らは説得力のある，またはユーモアのある魅力的な人物である。

訳注1) 悪い子どもをさらっていくと言われる。

第9章

執着的Cタイプ方略

不確かさ，曖昧さ，脅威への対処

　執着的Obsessive方略（C3-8）は，Ainsworthに基づいたC1-2方略（Ainsworth, 1973）とは重要な点で異なっている。特に，C3-8の話し手の視点の揺れ動きは，C1-2の話し手よりもはるかに少ない。代わりに，彼らは単一の視点に執着するようにとらわれており，葛藤的な動機付けは概して排除されている。談話について見ると，C3-8の話し手は，他者に対抗するような共謀にインタビュアーを関与させようと努める。これを成し遂げる手段は強要することから操作すること，さらには欺くことにまで渡る。さまざまな点で，C+の話し手はA+の話し手とは反対の様式で機能する。たとえば，両者とも「軽視型」の談話を用いるが，C+の話し手は**自己**を軽視する（A+）のではなく，むしろ**他者**を軽視する。同様に，C+の話し手は**他者**よりもむしろ**自己**にとらわれている。

　C1-2がそうであるように，執着的方略は情動的に組織化されている。否定的感情を表出する場合，その激しさは誇張されているが，激しく表出すれば，他の（表出されていない）否定的感情に関する潜在的葛藤をあたかも排除できるかのようである。たとえば，奇数番号の執着的な話し手（C3，C5，C7）は，表面的には虚勢を張り好戦的に見えるが，それは傷つきやすさや慰めへの欲求を覆い隠し，否認するためである。偶数番号の話し手（C4，C6，C8）は，無実で傷つきやすいかのようにあまりにも誇張して見せるために，彼らが潜在的に抱えている憤怒や懲罰的な操作は気付かれないかもしれない。それにもかかわらず，排除された感情は行動を強く動機付けるため，執着的な話し手は予測不能かつ破壊的な行動を取ってしまうリスクがある。たとえば，愛する人からの裏切り（もしくは想像上の裏切り）に対して生じる怒りゆえに，その人を必要として愛しているという情報を遮断して，攻撃することさえも可能にしてしまうかもしれない（その結果，愛する人を失い，自分に対する刑事罰を受けることになるかもしれない）。

　傷つきやすい感情には慰めへの欲求から怖れにまで至る勾配が見られるが，低数字の方略と関連しているのは慰めをより強く求めることであり，高数字の方略と関連しているのはより強く怖れるということである（図2.3参照）。C7-8においては，慰めがもたらされる可能性は軽視され

る。恐れfearと怒りangerは，憎しみhate（C7）と恐怖dread（C8）という情緒に統合されていく。（因果関係についての自己の寄与だけでなく，抑制された情動にも関連する）情報を否認することによって，**安全な状況下で**適切に考えたり，行動したりすることに深刻な影響が及び始める（危険な状況下では，このような情報変換は自分を守るのに役立つ）。

特定のイメージやエピソードは，執着的な話し手のインタビューの中で繰り返されるテーマを提供する傾向があり，彼らのとらわれの源を同定する上で重要である。さらに，執着的な話し手は，偽りではあるが洗練され複雑な形で意味記憶的な論理を用いる。特に，彼らは正義，つまり物事はどのようにあるべきかについての理想化された感覚を持っている。公平とは何かに関する妥協のない彼ら自身の視点に基づいて，彼らは自分の「権利」のために闘う覚悟を決めている。ここでも，C方略とA方略の間には反転が見られる。Aタイプの話し手はアタッチメント対象の過去の行動を理想化し，Cタイプの話し手は未来を理想化する。過去の理想化は，正義は全く期待できないかもしれないという文脈において安全な行動に関する実用的なガイドをもたらす一方で，未来の理想化は，過去や現在の不正からの待望の解放をもたらす。

加えて，いくつかの重大な特徴ゆえに，これらの逐語記録はBタイプないしはAタイプに分類されない。第一に，執着的話し手は終始一貫して巻き込む談話を用いる（それゆえ，彼らはAタイプではない）。第二に，彼らは正確な認知情報を排除し，偽りの認知がそれにとって代わることが多く，時には自己に関わるすべての認知を否認する（それゆえ，彼らはBタイプではない）。第三に，彼らはもっぱら彼ら自身の視点からのみ自身のストーリーを語る（それゆえ，彼らはAタイプでもBタイプでもない）。第四に，彼らは一部の否定的感情状態を実際抑制するにもかかわらず（そして抑制された情動に対して遠ざける談話を用いるにもかかわらず），彼らは他の否定的感情は増幅させる（それゆえ，彼らはAタイプということはあり得ない）。第五に，彼らは，彼ら自身に関しても彼らの親に関しても，情動と認知，自己と他者，過去と現在についての相互作用的関係を説明できるほど十分には統合していない（それゆえ，彼らはBタイプということはあり得ない）。

よくある生育歴 生育歴という観点から見ると，執着的Cタイプ方略を用いている成人は，親から脅かされるか，また危機に関して親に欺かれるかによって，子ども時代に危機に晒されていた。何故自分の親が守ってくれないのか子どもが理解できない時，彼らはその情報を用いて理由を構築しなければならず，そして多くの場合，このために誤った因果的帰属をすることになる。誤った表象に基づいて行動しても望んでいた応答は得られないので，そういった子どもは見かけの情報を徐々に疑うようになり，自分自身が欺きを用いるようになる。これらの過程が進行している時，子どもは予測可能な意味を得るために入力情報を歪曲して，否定的結論を避けるために出力情報を偽装している。これらは両方とも自己を守るのに短期的には役立つが，長期的には，わかりやすい情報を用いて安全な状況に適応する能力が制限されるという結果になる。

成人の執着的方略は，通常，児童期と青年期にわたって生じる一連の方略の変化や再構成の結果である。つまり，完全な執着的方略を組織化することは乳幼児期には無理なので，乳児は一般的にAかCか，（DMMでは）A/C，もしくは（ABC+Dシステムでは）無秩序型に分類される。就学前期では攻撃的方略（C3）と無力なふり方略（C4）が効果的に組織化されるようになるが，成人期になってからC5-8になる可能性が高い子どもたちは，まだ方略的に使用しているわけで

はないものの，あるパターンの欺きを見せるようになる。乳児期の前 A3 や前 A4 方略と同様に，就学前期の前 C5–8 方略は自己を守るのにはほとんど役立たない。学童期には，C3-4 に分類される子どもの中には，より不穏な C5–8 方略へと進む者もいる。青年期までには，これらの方略は自己と他者の両者にとって危険なものとなり，また最も脅かされ，かつ脅威を与える方略の中にある C7–8 方略の基礎となる。加えて，思春期以降は，C6 方略は**性的**誘惑という特徴を帯びるようになる（Crittenden, 1997b）。

　Main and Goldwyn（1994）の方式が修正なしに用いられると，執着的方略は，脅えたとらわれ型 fearfully preoccupied（E3），軽視型（Ds），未解決型／無秩序型（U），分類不能（CC），もしくはバランスの取れた／自律型（B）にすら，分類されることが多い。皮肉にも，偽りの認知の使用がより回りくどいほど，もしくは因果関係における自己の寄与についての情報がより完全に軽視されるほど（つまり，方略が精神病質に近いほど），その逐語記録が B に誤って分類されてしまう可能性がより高くなるのである。これは，DMM 方式と ABC+D 方式を比較したところ，より年少時では B と D が混同されるという知見と一致している（Crittenden et al., 2007; Spieker & Crittenden, 2010）。

C3（攻撃的怒り）

概　観

　この方略は就学前の児童の行動観察に基づいている（Crittenden, 1992）。他のすべての C タイプ方略と同様に，C3 方略は偶数方略とペアになって，怒り方略／ご機嫌取り方略を交替して用いる方略を作り出す。ほとんどの場合では，C3 は C4 と連結されるが，他の偶数方略と連結されることも可能である。

　C3 の話し手はアタッチメント対象を威圧するために，怒りを攻撃的に表出する。威圧の焦点は取るに足らない問題に向けられることが多く，それによって根底にあって意識されていない安全感や慰めへのニードが隠される。さらに，C3 の話し手はアタッチメント対象に怒りを持ち続けていることを自覚しているにもかかわらず，彼らはアタッチメント対象と親密でありたいとする欲求を隠そうとせず，アタッチメント対象なしでは傷つきやすく感じている。つまり，彼らは怒っているように見えるが，傷つきやすいとも感じている。彼らの談話には，怒りに焦点づけて怒りを維持するという機能があり，またこの焦点づけを妨げるであろう，恐れと慰めへの欲求に対する気付きを減らすという機能がある。C3 の話し手は，意味記憶上の視点が揺れ動くというよりはむしろ，彼らの視点を正当化するために還元主義的推論を用いる。彼らの逐語記録はヒエラルキー，正義，強さのテーマに満ちている。

談話マーカーとその心理的機能

1. C3の話し手の談話は熱心に語られ，そこにはののしり言葉やばちあたりな言葉やわいせつなコメントを通して伝えられる**巻き込む怒り**の特徴が見られる。彼らは復讐心に燃えているわけではないが，彼らが怒りを見せることで他者は恐れを引き出されるため，他者の攻撃性は押しとどめられることになる。脅威と依存について言い淀みが見られるのと同様に，（彼らが本当の意味では感じていない）強さと自立についても言い淀みが見られる。C3の話し手は強調するために反復を用いる。因果関係が実際には述べられた通りではない時に，因果的接続詞（なぜなら，だから，それゆえ，など）を使いすぎるが，そこにはC3の話し手の因果関係に関する混乱が反映されている。

    怒りの爆発と共に，通常は他者を馬鹿にするような，**嘲る／ひっかかったな！ユーモア** mocking-gotcha! humor もある程度見せる可能性がある。インタビュアーとの**対決的／共謀的**関係には，話し手が強さと自信をもっと感じられるようになるという機能がある。これは社会的ヒエラルキーにおいて支配的立場に立つために奮闘するという形式を取ることがある。そのような過程は両親との関係で始まったが，今ではインタビュアーを含む，多くの関係で用いられている。手続き記憶上は，C3の話し手は家族関係を解決しようとする試みにいまだ巻き込まれていて，インタビュアーを味方として巻き込もうと試みる。その試みがうまく行かないように思われる場合，彼らは他者への集中砲火を続けることによって，インタビュアーの邪魔をするかもしれない。

2. **強烈な**イメージは意味情報やエピソード情報の代わりに用いられる傾向がある。親の発話の聴覚的イメージは特に頻繁に見られるが，こういったイメージは，話し手が自身のストーリーに強く巻き込まれているものの，自分の現在の文脈に関する認識を失ってはいない，ということがはっきりと伝わる形で導入される（たとえば，その場にいない人たちに話しかけたり，その人たちの声が聞こえてくるようなことはない）。他者は話し手が述べている通りの人であるとインタビュアーを納得させるために（つまり，共謀関係に巻き込むことを後押しするために），聴覚的イメージが説明的に用いられる。怒りを引き起こすイメージに焦点づけることには，混合して相容れない感情が明確になり（そうすることで，迅速で一貫性のある行動が促進される），さらに過去の脅威をますます直接的に知覚するようになるため，現在の自己警戒的な状態が維持されるという機能がある。

3. 意味情報は正確な因果関係が排除されること，特に自己の結果に対する寄与に関する情報が排除されることによって変換される。代わりに，感情が他者の行動に対する説明（たとえば，「**私が怒っているのだから，彼が悪い**」など）や，自身の行動に対する正当化（たとえば，「**私はひどく腹が立っているのだから，私には攻撃する権利がある**」など）として用いられる。そのため，C1–2の話し手の特徴である，評価的判断の揺れ動きはますます極端になり，**還元主義的非難思考**を生み出すようになる。これにより，話し手は被害者と加害者の役割を逆転して，攻撃的な話し手が自分自身を犠牲者であると知覚できる。逐語記録全体を通して情動は，話し手が受けた理不尽というテーマへ意味記憶的に変換され

4. 情動暗示言語は，反復したり強めたりすることを通して，**強調的**である。これには，C3の話し手の視点は重要で絶対的であると聞き手が確信するようになるという機能がある。その攻撃的な特性から，異議を唱えるにはリスクがあるのではないかということが示唆される。また，怒りを強調して，話し手の弱さを聞き手が気付かないようにすることで，混合した感情を明確するという機能もある。

5. C3の話し手は，実際に起きたエピソードを語る代わりに，非難するような意味記憶上の発現を繰り返すことが多い（**否定的エピソードの欠如**）。彼らが語るエピソードは，子ども時代についてよりも，現在についてのエピソードでありがちである。C1の話し手と違って，C3の話し手は正確な時間的秩序を持つことが多く，危機を含んだエピソードについては特にそうである。それでもやはり，その時間的秩序は，話し手が初期の段階で問題に寄与していたことを排除しているという点で，完全なものではない（**断片化されたエピソード**）。自分自身が寄与したという自覚がなければ，なぜ物事が過去にそのような経過をたどったのかを人は説明することはできない。こういったことが特に当てはまるのは，自己の寄与を排除することによって，話し手は無実で犠牲者の地位にいることが強調されるような，一見不当な暴力が含まれるエピソードが語られる場合である。これには，似たような出来事が繰り返される可能性に対して，個人が警戒し続けるようになる（つまり，闘争・逃走反応の「闘争」の側面を準備し，話し手の攻撃性を正当化する）という機能がある。

6. 異なった視点の間，過去と現在の間，異なったエピソードの間で混乱が起きることによって，われわれは談話とその基底にある思考過程についていくことが困難になる。統合機能は単に**排除**されていることが非常に多い。このために，C3の話し手は，以下に示す欠落している重要な情報を同定することが困難になる。それは，(a) 話し手自身の寄与と (b) 親が過去にそのような行動をした理由，である。これらの感情的爆発は他者によって引き出されるということもあるし，またそのように爆発してもが効果がないことが多いこともあって，C3の話し手は自分自身を，他者に反応するという受身的役割として経験することになり，そうして人間関係の問題に対する自身の否定的寄与を**正当化**して遠ざけるのである。つまり，怒りに満ちた言語的行動にもかかわらず，彼らは自分自身を犠牲者として考える。他者理解に関しては，「責任回避」の**偽りの内省**を用いる（たとえば，親の振る舞いを「アルコール依存」として非難する）。C3の話し手は，彼らが子ども時代に希求していた予測可能な養育と心を落ち着かせてくれる慰めを引き出そうと現在に至るまで試み続けているが，彼らは自分の対人関係における相互的で複雑な因果関係の影響をじっくり考えようとはしたがらない。これには，過去の争いから撤退しないようにするという機能や，話し手が特に現在において出来事へ寄与していることを認識できないようにするという機能がある。

C3-4の話し手たちの間に見られる家族内三角関係化

C3-4方略を用いる子どもの家族では，成人の問題を解決させようと，子どもを夫婦関係の中

に引き込むことが頻繁にあった。片方の親がもう一方の親に対抗するために子どもを利用していることを子ども自身が理解できない場合，親が自分たちに直接応答しているのだと子どもたちは誤って結論付ける。この結論は不正確なので，子どもの行動は予測不能な結果をもたらすことになり，子どもは予測可能性を得ようとして，周囲をより激しく扇動するようになる。

精神病理のリスク

C3のために，子ども時代に過活動や注意の問題や行為障害，そして不安障害などの一連の注意を引くための行動化障害が起きるリスクが生じる。こういった問題のほとんどは青年期までにはコントロールされるようになるが，その代わりに，対人関係上の困難が表面化してくる。成人期では，リスクは家族関係と仕事上の対人関係にもっぱら関連している。つまり，C3の個人に備わる怒りの性質は，やっかいな出来事への応答の幅を狭めるだけでなく，パートナーや雇い主の選択が不適切なために，そのような出来事が生じることにも寄与するのである。表出される問題には，過剰な不安，家庭内暴力，児童虐待（Seefeldt, 1997），そして不安を和らげるための自己調整法（たとえば，物質依存や過食（Ringer & Crittenden, 2007）を用いる，など）が含まれる。

C3と他の方略との区別

C3の逐語記録は，インタビューが進むにつれて，人を罵る性質を持つ発話が増えていく点で，C1の逐語記録と最も容易に区別される。傷つきやすさの認識が排除される点で，C4の逐語記録とは区別される。遠ざける談話もしくは軽視する談話が用いられない点，また偽りの認知が用いられない点で，C5の逐語記録とは区別される。

経験／生育歴

C3の成人の親は一貫性がないだけではなく，多くの場合自分の子どもを苦しめ，時には子どもにとって危険な方法で，積極的に間違った方向に導いたり，からかったり，だましたりする傾向があった。たとえば，親たちは子どもが攻撃的な遊びをするように促した後で，突然，子どもの手に負えなさを厳しく罰したかもしれない。なぜこのように変化したのかは，話し手が子どもであった時も，成人になってこのストーリーを語っている今でもはっきりしない。C3の生育歴のほとんどに，危機に遭った，または保護されなかったという証拠がある程度見られるが，それらは子どもにとって命の脅威になるような危機ではなかったし，安全であるかのように偽装された危機でもなかった。子どもは攻撃的になったり，挑発的な反抗をしたり，危険を冒したりといった行動上の問題を見せることが多かった。年長の児童から青年期の間では，自分の怒りを強調するために不機嫌に引きこもったという報告も含まれる。多くの場合，C3の子どもの両親は自分たちの問題を解決するために家族を三角関係化していた。家族関係と家族葛藤のいたるところに，ヒエラルキーと権力の問題が見られる。攻撃性の強度は，脅威の強度をどの程度知覚してい

るのか，また自分自身を守れないという無力感をどの程度感じているのかに関連している。

　C3の成人はものすごく保護的な恋人であったり，配偶者であったり，親であったりする可能性がある。加えて，社会的大義によって刺激を受けた場合，彼らは不屈の意志で，大胆不敵に，効果的なやり方で行動することができる。現実の脅威に直面すると，彼らは口がうまくて相手を魅了するという，方略のもう片方の側に柔軟に切り替え，そうすることで彼らの怒りゆえに危機に瀕していた対人関係を救うのである。

C4（無力なふり）

概　観

　この方略は就学前の児童の行動観察に基づいている（Crittenden, 1992），そして奇数番号方略とペアになって，怒ることとご機嫌を取ることを交替して使用する方略を作り上げる。

　C3の話し手と同様に，無力なふりをする成人は，予測不能なアタッチメント対象からの保護と慰めを獲得することをめぐる支配闘争にいまだに関わっている。彼らは恐れを誇張して，怒りは抑制するので，危機と人間関係についての彼ら個人の実際の状態について，他者は判断を誤ることになる。特に，一見恐れているように見えるが，その背後でその個人がどの程度怒っていたり，有能であるのかについては本人も他者もはっきりとは気づいていない。それにもかかわらず，成人期においてさえ，無垢な弱さを装うことと，征服者に保護される権利を被征服者が求めることは強大な力になり得る。C4の話し手は，不確かな危機から身を守るために相互的で互恵的な絆を結んでいるアタッチメント対象に絡め取られているままのように見える。

談話マーカーとその心理的機能

1. 談話は，**巻き込む恐れ**，絶対的否定，現在形の動詞，切れ目なく続く文章，などによって組織化されている。これによって，話し手は目下の危機に対して警戒し続けることになる。表現される情動は手続き記憶上で管理されており，たとえば，ほとんど聞き取れないような声や息切れや，弱さや服従を表すその他のシグナルなどを通して，恐れをはっきりと示すことに特権が与えられている。この**覚醒的な非言語的情動**は，対人関係において強い効果を持つ。インタビュアーとの**哀願的／服従的**関係はインタビュアーからのサポートを得ることに焦点付けられている。すべての形式の手続き記憶の機能は，潜在的な脅威を同定することや他者からの援助を得ることを優先するために歪曲されている。これには，自分が危機を同定する見込みと，他者が自分に保護的な応答をしてくれるように動機付ける見込みを，最大限高めるという機能がある。
2. イメージ記憶は，過去の恐れや慰めへの欲求についての，生き生きとした**強烈な**イメージによって歪曲されている。過去の恐れは，多くの場合，脅威が本人に実際に及んだという

証拠が存在しないものである。異なった文脈に由来する恐ろしいイメージが並置されていることが多い。これには，身体的覚醒を（現在において）誘発することで，目下の脅威をますます知覚しやすくして，自己を守ることに注意を集中しやすくするという機能がある。

3. 意味記憶は，完全に正確な因果関係の欠如，特に多重的で相互的な因果関係の欠如を反映するように歪曲されている。はっきりと残っているのは単純で一方向的な因果関係である。その中で話し手はあたかも罪のない犠牲者であるかのように見えるが，実際には，話し手が他者の攻撃的行動をいかに刺激し，引き起こしているのかについて，話し手は部分的には気づいているという偽装された証拠が存在する。**還元主義的非難思考**によって，過去の争いを終えることができなくなり，また話し手が，特に現在において出来事に寄与していると認識することができなくなってしまう。

4. 恐れ（**おびえ，パニック，心配**）を頻繁に**情動喚起的**に参照することが談話を支配している。情動喚起的な単語や統語論的構造は，話し手と聞き手の身体的な覚醒を高め，両者の注意を話し手の保護に焦点づける。

5. エピソードは存在するが，**歪曲されている**。多くのエピソードは**断片化**されており，開始条件や出来事の順序や特定の結論よりもイメージがより強調されている。恐れがどこから来ているのかははっきりせず，おしなべて恐れに打ち負かされる結果となる。これには，C4の話し手が，過去の危機は実際には全く些細なものであるということを認識できないようにするという機能がある。実際，C4の話し手にとって覚醒の原因になるのは，脅威があるということよりも，明確で予測可能な安全がないということによる場合が多いのである。

6. 統合は概して欠如している。代わりに，出来事を説明するために感情が用いられる。これには，過去の状況と現在の状況とを比較した上で，現在危機は全くないと決断する可能性や，話し手は現在は自分を守る責任を負うことができるかもしれないと決断する可能性を少なくするという機能がある。彼らと彼らのアタッチメント対象は，思考の心理的探索を含めた探索を制限することで，安全感を増大させるのである。

　共謀的分割，偽りの理想化，家族内三角関係化。家族の文脈が三角関係化された関係を含む場合，C4の話し手は両親を良い親と悪い親に分割する。この分割によって，話し手にとって好ましい親は，彼らが恐れ，かつ批難しているもう一方の親から，彼らと同様に，攻撃されている罪のない犠牲者であるという想定を含んだ「良い」親であるという，偽りの理想化が生じることになる。これがAタイプと異なるのは，偽りの理想化をされた親でさえ，常に関心の中核であり続けている自己の否定的状態に関する責任を究極的には負わされるという点である。

精神病理のリスク

C4は子ども時代に（攻撃的というよりもむしろ）犠牲者になる，および能力を発揮できないというリスクと関連している。社交場面では，C4の子どもたちは，他の子どもたちが積極的に彼らを嫌っているわけではないにも関わらず，締め出されてしまうことが多い。多くの場合，C4の子どもたちは受身的な夢想家であり，多くは学業的に振るわないか，もしくは成人が相当

に注意を払う必要がある心身症状に苦しんでいる（たとえば，アレルギーなど）。特に夢想には，自己正当化，復讐，恐れなどが反芻される思考が含まれ，そういった夢想は声に出して話されることはないため，自己がそれらを生み出したのだとは同定されにくい。自己に指示を与えるソース「コード」[訳注1]が欠如しているので，個人はそれらの情報を，内的に生成されたものというよりはむしろ，外部に根拠を持つものとして取り扱うかもしれない。

　成人期までには，C4の話し手は傷つきやすく愛情を欲しているように見え，他者からの世話や援助を簡単に引き出すものの，実際にはそれらから恩恵を得ることはない。そのため，彼らを助けようとしてくれる人たちをイライラさせることになる。彼らは高い不安と，意思決定や自立を効果的に成し遂げられないということを経験する。また彼らは，配偶者や職業をうまく選択できないために，生活上の出来事における危機が起こる可能性に寄与もする。

C4と他の方略との区別

　C4の逐語記録は，「私に同情して pity me」という性質を持った非難によって，C2およびC1の逐語記録から最も容易に区別される。C4の逐語記録にはC3の逐語記録と同種の言い淀みと心理的機能が含まれているが，C4では主要な情動が恐れや慰めへの欲求であり，怒りの表出は抑制されているという点が異なっている。そのため，C4の話し手は哀れに見え，またインタビュアーを（脅すよりもむしろ）魅了してインタビュアーに共感的な役割を担わせようとする。C4の逐語記録は，(a) 魅力的であるにもかかわらず，伏せられている情報についてインタビュアーに思わせぶりな態度をとることがない，(b) 偽りの認知を用いることがない，という点でC6の逐語記録と区別される。

経験／生育歴

　C4の話し手の親は，多くの場合，気分や行動が予測不能である。さらに彼らの親は過保護であると同時に予測不能な形で脅威を与えるという両方の傾向を持っている。このような親たちは，自分たちが受けてきた養育を逆転した方法を試みるAタイプの親であることが多い。さらに，説明し難い恐ろしい出来事が起きることが多い。これらの出来事は話し手を直接傷つけはしなかったものの，子どもを脅かす不気味な感情をもたらした。そういった出来事は親のトラウマであった可能性がある。多くの場合，C4の子どもの親は，自分が子どもにとってどれほど重要な存在なのかを，子どもがまとわりついてくることを通して確かめていた。自身の子どもたちをだますC4の子どもの親もいた。そういっただましに共通して含まれるのは不可視で非現実的な危機についての警告，たとえば子どもを傷つけるかもしれない子取り鬼やモンスターについての警告である。それにもかかわらず，子どもが怯えた反応を見せた時，親は時には安心させることもあったが，子どもを馬鹿にすることが多かった。子どもたちがあからさまに怒ったり，攻撃性を示した場合，親は支配的なヒエラルキーを再建するために懲罰的になった。このように，C4の親

訳注1）ソースコードとはコンピューターに指示を与える文字列のことである。

たちは子どもの攻撃的行動や怒った行動に対して厳しく予測可能なやり方で罰する一方で，子どもの受身的な無力さに対しては報酬を与えることも罰することも両方する傾向があった。結果として，子どもは危機に遭う可能性について過剰に警戒的になって，自分は弱い立場であると感じたり，時には実際に傷つけられることがあった。しかし，それに加えて，彼らは，安全に見えることをできなかったり，親のサポートを当てにできなかったり，親の権威に挑戦することができないことについて腹を立て，憤っていることが多い。

　無力なふりをする成人はコントロールを得るために服従的な役割を担うが，そうすることによって，自己を守れるという有能感を発達させられないという犠牲を払うことになる。幼少期には，気乗りしない養育者から世話を引き出すために，子ども自身が危機に置かれているように見える姿を操作的に作り出す。一方，成人期には，成人としての責任を回避するために無力である姿を操作的に示す。結果として，C4 の成人は，安全な状況と危険な状況とを時間的側面あるいは文脈的側面のどちらかにおいて区別する能力が制限されてしまう。

　無力なふり方略が家庭の外で用いられる場合，仲間による嘲りや仲間集団からの排除へとつながることが多く，そして彼らは時には実際に犠牲者となってしまうことがある。このように，無力なふり方略は子どもを親の怒りから保護し，親から世話を引き出すが，子どもは家の外では犠牲者になりがちなのである。このために C4 の個人が持つ不公正感は確証されることになる。加えて，この方略は，隠れた反抗性の抵抗（つまり，受動的攻撃的行動）が生じる可能性をもたらす。

　この方略を用いている成人は魅力的で，一緒にいて楽しい人であることが多いが，その一方であからさまにコントロールしようとすると対立を引き出してしまうような文脈においてすら，非常に効果的に成果を挙げる。

C5（報復的怒りと復讐への執着）

概　観

　この方略は理論（Crittenden, 1995），臨床事例の生育歴，AAI から得られた談話の観察に基づいており，偶数番号方略，通常は C6 とペアになって交替して用いられる威圧的方略を構成する。C5 は多様な現れ方をする，最も用途の広い方略の一つである。人間関係に困難を抱えている多くの人たちがこの方略を用いており，また心理的治療を受けている人たちは弱まりつつある C5 方略を用いる。

　C5 方略はアタッチメント対象への復讐を中心に組織化されている。C5 方略を用いる成人は怒りによってほぼ全面的に動機付けられているが，その怒りは，C3 の話し手の「熱い」怒りよりも，「もっと冷たい」怒りであり，より制御されている。それに加えて，C5 の話し手はその怒りがどこから来ているのかよくわかっていない。このため，非難する態度がまん延する「けんか腰」になりがちである。C5 方略を用いる個人は長期間にわたって恨みを抱き，極端な場合，ア

タッチメント対象を罰したいという欲求が近接への欲求を圧倒するために，C5方略を用いる人の中には報復を強いるために，自身の人間関係やアタッチメント対象を，あるいは自分自身さえも犠牲にする者もいる。言い換えると，怒りに満ちた没頭と復讐は，保護を得るための手段というよりも，それ自体が目的となり得るのである。

　低数字のCタイプ方略と比較すると，いくつか大きな違いがある。第一に，C3–4の話し手が見せる揺れ動き oscillation は C5方略では**矛盾** contradiction となる。これらは，言い淀んだ発言の中よりも，インタビュー構造の中に組み込まれているものである。実際，C1–4の話し手に見られる明らかな談話の誤りは C5 ではたいていの場合見られず，言語は見たところ容易に流れている。代わりに，逐語記録の異なる箇所で情報が矛盾しており，話し手はその矛盾を自覚していない。矛盾が生じてくる源としては，(a) 知覚された脅威と経験された危機，(b) 愛の理想化と愛する人への嘲り，(c) 力の誇示と犠牲者であるという主張，などがある。

　第二に，個人が抱えている怒りの動機を実行に移すために欺きを用いる。自己の欺きは報復への執着的な焦点づけを正当化するように機能する。C5の話し手の見せる二枚舌は，彼らがあからさまな嘘をつくというよりも，むしろ聞き手に不正確な結論を導き出させるような情報の伝え方なのである。たとえば，一連の出来事は連結する接続詞を用いずに表現されるかもしれない。このため聞き手が，原因と責任を帰属することが求められるようになる。しかし，これらの条件が正確でない場合，一連の出来事の語りは，話し手は無実で他者に責任があると示唆するように構築されるかもしれない。このようにして，聞き手は欺きの構築に寄与せざるを得ないので，方略は**共謀的**（つまり，ひそかに巻き込む）である。結果的に，真実が分かったとしても，聞き手は，自分が間違った原因に関しては曖昧なままであることが多い。欺きによって他者は攻撃に備えておくことが難しくなる一方で，ご機嫌を取って魅惑するもう片方の側の方略（つまり，C4，C6，C8）に切り替えることで，他者の憤怒から自己を守ることになる。このように，C5を用いる個人が欺く一方でご機嫌を取るというように，正反対の方略を交互に用いるために，争いの当事者もそれを見ている観察者も同様に混乱してしまうような解決できない争いが生じることになる。通常は，逐語記録にされた発話を注意深くコーディングすることによってのみ，そのような欺きを明らかにすることができる。

　第三の主な違いは，慰めに対する反応である。アタッチメント対象は利用可能で共感的であるように見えるが，予測不能なやり方で脅威を与えるように振舞うことが多いので，C5方略を用いる個人は慰めを信じない。そのことが，脅威よりも，彼らをもっと不安にするのである。言い換えると，C5は「慰めの障害」（つまり，C5–8）の始まりである。

談話マーカーとその心理的機能

　端的に言うと，C5はA1方略の反対である。つまり，A1方略と反対の結果を得るために，軽視し，遠ざける談話を用いる。他者は遠ざけられ，軽視され，おとしめられる。アタッチメントは重要ではないものとして扱われる。自己は美化され，他者は自己の否定的感情の責任を負わされる。さらに，分割の心理的過程はA1と同じであるが，分割は**自己**の視点を獲得するために用いられるということと，歪曲された意味記憶上の結論が**自己に関しては肯定的**で，他者に関して

は否定的であるという点で異なっている。（行為が責任を作り出す）強迫的 A 過程とは逆に，C5 の話し手は自身の行動の責任を取ろうとしない。逆に，彼らは自分は無力なのだから責任は免除されるべきだと主張する。他の方略と区別する重要な特徴は談話マーカーにあるのではなく（A1 と C5 の両方とも軽視するマーカーを用いる），むしろ（a）**自己**の視点が万遍なく存在していること，(b) C5 方略に関する行動への動機付けとして自分自身の**否定的情動**を強調すること，にある。

1. C5 の話し手の談話は簡潔で焦点づけられていて，敵意があり，**他者を軽視する**。外部からくる情報を排除することで，話し手の怒りに満ちた行動の動機付けが明確になる。他者の視点や自分の弱さや他者の肯定的特徴を軽視することで，複雑さが減り，怒りへの焦点付けが維持される。

   C5 の話し手は歪曲された怒りの情動を用いるが，C3 の話し手よりももっと冷たく，もっと軽視的な態度で用い（たとえば，防衛的なユーモアやあざけりや皮肉，など），そこには他者の不幸を喜ぶということも含まれる（**歪曲された肯定的情動**）。これらは C5 の話し手が経験している恨みを表している。同時に，傷つきやすい情動をほぼ完璧に近いほどに排除することで，自己から傷つきやすさを切り離し，傷つくことはないという空想を作り出す。

   対立（たとえば，インタビュアーを遮ること，反応の遅延，議論の自発的中断，長い沈黙，など）や**三角関係化された共謀**により，インタビュアーは話し手を支持するか，または話し手に異議を唱えるというような，非中立的な立ち位置に立つことを強いられる。それほど明らかではない策略ではあるが，**はぐらかし**が見られる。インタビュアーが肯定的情動を示すと，特に慰めを伝えようとする場合，まるでそれが嘘であると予想していたかのように，不安な反応をするのが通常である。こうすることで，他者からの攻撃に対して備えができていない状態で不意を突かれる可能性を減らしているのである。こういった手続き記憶は心的方略のもろさを示唆している。もし話し手がさらなる議論に応じるならば，防衛は機能しなくなるかもしれない。

2. イメージの使用は乏しいが，イメージが見られる場合は，**動く** animated ものであり，自己が保護されなかった強烈に脅かすような出来事が反映されていることが多い。それゆえ，すぐに中断されて，注意は他のところに向けられる。

3. 意味記憶上の一般化は，アタッチメント対象に（**軽蔑する** derogating 形式で）責任を負わせ，自己を罪のない犠牲者とする（つまり，これは A タイプと同様の過程であるが，反転されている）というように自己と他者の責任を分割することによって**歪曲されている**。これは**因果関係の誤帰属**という形式を取り，親の予測不能な攻撃性と二枚舌に対して自分が準備できていない可能性を減らすという機能を果たす。C5 の話し手は現実の因果関係について困惑しているだけではなく，話し手自身の意図した行動に関して他者を欺くために，**偽りの認知**を積極的に用いることもしている。つまり，彼らの談話は表面的には通常の認知構造（たとえば，もし／その場合 if/then，～する時には／その場合 when/then，など）が反映されているが，その意味は反対である（つまり，予測を裏切るものである）。出来事間の関係に関する正確な認知を排除し，偽りの認知を構築することによって，話し手の

怒りの意図を他者は誤解することになる。

4. 言語スタイルは，人を嘲笑する辛辣で冷淡なもので，特に軽蔑や策略や欺きを含意するような2, 3の辛辣な言葉で構成されている。また，言語は聞き手に主体の否定的な情動状態を経験させるように用いられもする（つまり，投影である）。

5. エピソードはほとんど再生されないものの（**否定的エピソードの欠如**），通常は，親の危険な行動について話し手が信頼できる説明をしたエピソードがいくつか再生される。それにも関わらず，それらのエピソードは話し手が弱さを排除することによって歪曲されている。そこでは自己はあたかも強かったり，守られていたり，またはその場にいなかったかのように語られるが，実際には自己はその場にいて，弱い立場で，傷つけられていたのである（**自己への有害な影響を除いた否定的なエピソード**）。上記以外のエピソードでは，話し手が他者をだました時間，もしくは彼らがだまされることで自分は犠牲者になったと感じた時に焦点が当てられる。他者をだますことに焦点づけることには話し手の自信を高めるという機能がある一方で，過去に犠牲者となったことに焦点づけると，復讐することへの根拠が得られることになる。そのような機能のために，信頼する能力が減少し，警戒心が増加するという結果になる。時には，話し手自身の行動がもたらす予測可能な結果から自分を守るために，話し手の役割を犠牲者から加害者へ（またはその逆に）変化するような形でエピソードの内容が変換されることがある（**偽りの無実／非難**）。そのようにエピソードを変換することで，C5の話し手は自身の弱さを認識することから自分自身を守るのである。

6. 統合は非常に制限されている。統合機能を縮小することには，自分はどの程度傷つきやすいのかを認識したり，問題に対してどの程度共謀しているのかを認識したりすることから，話し手を守るという機能がある。しかし，（恐れ，および慰めへの欲求という）抑制された感情は変化しないままである。統合的な解決がなければ，そういった感情を，後悔や悲しみなど，より成熟した危険の少ない感情に変化させることはできない。代わりに，偽装された認知と否定的感情が統合されることによって，嫉妬やねたみや憤りや復讐のような，激しく複雑で否定的な情動が生じることになる。その結果，子ども時代に感じていた感情に基づいて成人が行動するというリスクが生じる。正義は他者に相談することなく**正当化**され，それゆえにC5の話し手は他者の欺きや他者の視点を説明したり，それらに適応したりする必要性から自分自身を守ることができる。C5の話し手は，自分が他者の裏切りの犠牲者であると同時に，他者を裏切る怒れる加害者であるという複雑な状況を，自分自身を犠牲者であると認識することによって単純化する。こうすることで，彼らには攻撃的行動を取る権利があるということが明確になる。危機的な状況下では，このような変換は適応的である。安全な状況下では，自己は慰められる経験を持てず，また他者を危険に晒すという点で，このような変換は非適応的である。

共謀的分割，偽りの理想化，家族内三角関係化

執着的Cタイプの話し手の中には，自身の両親を良い親と悪い親に分割し，一方の親を理想

化して，他方の親をおとしめる者がいる。しかし，この理想化はAタイプの話し手のそれとは異なる。なぜなら，話し手は常に自分の視点を保っており，また自分の否定的情動に動機付けけられているからである。むしろ，偽りの理想化のおかげで，C5の話し手は一方の親と比較して他方の親を悪く言うことができるのである。

「偽りの」理想化（[A]と表記される）を招く主要な問題は，両親間の不和が隠されているために，子どもはそれぞれの親との関係を理解できなかったということである。そのため，親は子どもと交流しつつ，その一方で見えない不和によって動機付けられているという場合が時にあった。その子どもが自己に関連のあるものとして原因帰属をした場合，それは間違っていたのである。不可解な過程を単純化するために，子どもはその状況を良い親と悪い親に分割し，一方の親は無実とみなして，もう一方の親には自分と無実の親の苦痛の責任を負わせようとする。子どもは，両親の不和が見えないために，対人関係の問題が相互的なやりとりの中で生じて，共謀的な犠牲者化と無力な攻撃性を中心に組織化されていると概念化することができなかったのである。たとえば，両親間の言い争いが隠され続けた果てに，突然，親が子どもを特別に復讐的なやり方で罰するということが起こり得る。子どもは両親間の言い争いに気づいておらず，親の行動を気まぐれで冷酷だとみなすため，その親はけなされることになった。

子ども時代に両親間の争いの中で三角関係化された話し手は，自分の不適応を起こした機能を説明するために，何ら本質的なことを言葉で説明することができない。時にはトラウマが探索されることもあるが，綿密に調べると，次第に消散しがちである。せいぜい，それらは「想像された」トラウマと見なされる程度である（第11章参照）。中には，説明をしないまま口をつぐんで沈黙に落ちて，C5–6方略の行き詰まりの形式へと入っていく者もいる。これはAAIの中では話し手がインタビューの「進行妨害」をする際に現れる。つまり，その個人は不愉快に感じて不適切に振舞っているのだが，提供可能な唯一の説明はそうした状況を説明するにはあまりにも不十分なのである。それでも三角関係化が個人に及ぼす影響は，慢性的に否定的感情を感じることから摂食障害やパーソナリティ障害を罹患することにまで及ぶ可能性があり，無視されるにはあまりにも大きすぎるものである。何も言わないことで，話し手は何か不適切なことを言っていると嘲られることを避けることができる。しかし，対人関係上の対話を拒絶することで，彼らはそこから何か役に立つことを学ぶことができなくなる。彼らはあまりにも長い間，安心感を得ることもなく苦しんできた一方で，自分が抱えている憤怒をはっきりと表現することを抑制してきたことによって，自分は周りの世話をしているとか，親に従順であるとか，自立しているのだと自分を納得させている。今度は，これが彼らのストーリーの表面部分を形作る。つまり，世話焼きで，従順で，自立的な話し手であるが，強迫的方略を使用することを説明するのに十分なだけのネグレクトや虐待の生育歴を欠いているのである。現実はどうかと言うと，不満を明確に述べることができないし，そのつもりもなく，またインタビューそのものを支配している，憤慨していて威圧的で怒っている話し手なのである。このことが示唆するのは，「進行妨害する」話し手はC5–6方略の修正版を示すということである。この方略が持つ，行き詰まっていて非方略的であるという性質と，その方略では自分を保護することができないと話し手が認識することを合わせて考えると，抑うつ修正項目が割り当てられる可能性が示唆される。その一方で，覚醒が高く，話し手が長い間激しく悪戦苦闘していることを考えると，抑うつの基準には適合しない。将来的

な可能性として，われわれはこの形式のC5–6を説明する，新しい修正項目を定義するつもりである。

一方の親の価値を中傷するような形で三角関係化されていく過程の中で，もう一方の親から慰めを受け取ってきた場合は特にそうであるが，子どもが成人になった際に暗黙のうちに気づくのは，慰めは本当の意味で子どものために提供されたのではなく，むしろ自分は両親の争いの道具であったのだということである。そのような場合に慰めを提供しようとすると，話し手から怒りを引き出すことになるであろう。

C5と他の方略との区別

C5方略がC3方略と最も容易に区別されるのは，話し手が表出する怒りがより強くコントロールされていること，自分の傷つきやすさと他者の視点の価値を軽視する談話が存在すること，そして欺きを特にインタビュアーに対して用いること，によってである。さらに，受動思考（C1, C3）を特徴づける，不明瞭で無関係な詳細を含んだ切れ目なく続く文章の代わりに，関連情報を排除して注意深く選択した詳細を効率的に用いているため，話し手と聞き手の双方が過去に関して誤った結論に至ることになる。これには，話し手が現在の争いに怒りながら巻き込まれていることを正当化するという機能がある。C6方略とは異なり，怒っていることと力を尊重していることに関する直接的な証拠が見られる。C7方略と比較すると，怒りの対象である特定の人物に対して明確に焦点を当てているが，その焦点は現実の脅威を超えて，その特定の対象と関連のあるその他の人々まで広がることもあれば，自己の寄与を低減するために焦点を狭められることもある。さらに，C7–8の逐語記録とは異なり，逐語記録の異なる箇所を比較すると，矛盾は容易に明らかになり，用いられている欺きの形式には他者を巻き込むような性質はさほどない。さらに，非常に危険な行動（たとえば，殺人など）をほのめかすような脅かす性質やインタビュアーへの広範な不信感は見られない。最後に，C7–8と異なり，自己の責任を完全に否認しているわけではない。

C5がAタイプ方略と類似しているのは，遠ざける談話マーカーと軽視する談話マーカーが用いられている点である。C5が異なるのは，これらの談話マーカーの機能である。たとえば，Aタイプの話し手はもし／その場合という種類の因果関係の帰属を明確にして，その中で否定的な結果の責任を自己が負っているが，それに対してC5の話し手は多くの場合，時間的秩序のある情報を提示するものの，因果関係の帰属はせず，否定的な行動に関して（根拠もないまま）自分には責任はないと暗黙に想定している。加えて，Aタイプの話し手はアタッチメント対象の肯定的な特徴を強調し，他者の視点や感情を認識し，これらを自己組織化の基盤として用いるが，C5の話し手は他者の視点や感情を軽視し，他者の望ましい側面を弱点へと変換させる。強迫的Aタイプ方略の場合は，自己の傷つきやすさは想定された上で，検討する価値のないものとして軽視されるが，C5の話し手にとって自己の傷つきやすさは否認されている。すべてのAタイプ方略において，怒りは遠ざけられるか否認されているが，C5の話し手は怒りに心を奪われており，現在形の怒りを見せる。Aタイプの話し手はアタッチメント対象の誤りを最小化するか免責するが，C5の話し手はこれらを強調する。三角関係化されて，行き詰まった「進行妨害する」

C5-6方略を用いる話し手に関しては，Cタイプの話し手は，問題から注意をそらすような社会的に適切な反応を見せたがらないという特徴によって，Aタイプ方略と最も容易に区別される。逆に，「進行妨害する」話し手の沈黙のために，彼ら自身に対して，および（解決できない）問題の存在に対して注意が向けられることになるのである。

精神病理のリスク

C5-6方略では，軽度から中度の精神病理，特に不安障害に関してかなり高いリスクがある（Hughes, 1997）。加えて，家庭内暴力や軽犯罪行為や依存症のリスクも存在する。こういったリスクの多くは，この方略に典型的な心的歪曲の影響として起こる，下手な人生決定の結果として生じている。詳しくは，「進行妨害する」話し手であるC5+に関するこの後の議論を参照されたい。否定的情動間での極端な分割と意味記憶間での極端な分割のために，方略が機能しなくなるというリスクが生じ，それゆえ不適応のリスクが生じる。驚くことではないが，心理的治療を受けている人の中で，もしくは司法機関と関わっている人の中でC5-6方略を用いている人の割合は，C3-4方略を用いている人の割合よりもはるかに多い。C5方略を用いている人に共通する問題として，この方略の発達的起源に関連している注意に関する障害や行為障害や学習障害や不安障害だけではなく，いじめ，ギャング活動，非行，薬物およびアルコール乱用，配偶者への暴力などが挙げられる。非方略的で，「進行妨害する」形式のC5方略を用いる個人の間で共通する症状や診断には，ある種のパーソナリティ障害や制限型の摂食障害（Ringer & Crittenden, 2007）や自殺あるいは自殺の脅しなどが含まれている。

経験／生育歴

C5に分類される話し手は子どもの頃に，はっきりしない恐怖感が存在する文脈の中で，慰めやサポートを受けられないという経験をしていることが多かった。彼らの家族を特徴づけるのは秘密や，はっきりとしていないが潜在的には危険な出来事や状況（たとえば，夫婦間の葛藤，アルコール依存，親の精神疾患，隠された不貞，など）であることが多い。アタッチメント対象は多くの場合，沈黙することで子どもをこれらの状況から守ろうとするが，その結果，子どもは何に苦しんでいるのかわからないまま苦しむことになった。加えて，親が子どもを両親間の葛藤に巻き込んだ場合，争いの焦点が何であるのかはっきりしないまま激しい争いが起きるという結果になることが多かった。両親自身は結婚生活において攻撃者と犠牲者という正反対の立場にいるように見えることが多かった。子どもは，犠牲者となった側の親の味方に付いて彼らを理想化しがちであったが，家族の問題にその犠牲者と見られていた親が共謀していることを分かってはいなかった。このため，子どもは心理的にも身体的にも傷つきやすいと感じることになるが，これは脅威と感じられた危機よりも有害である。このように，生育歴上の出来事が話し手の行動の激しさとは合致しないのが一般的である。曖昧な脅威や不確かな慰めというこれらの状況下では，表面的な安全や慰めによって欺かれるリスクや，危機に遭うリスクが伴ったのである。子どもの頃，C5の話し手は，興奮，過活動，睡眠障害，行動上の問題もしくは規律上の問題など（つ

まり，C3-4 に関連した問題）を見せることが多かった．学齢時までには，ほとんどの（将来の）C5 の話し手自身が，自分の攻撃的な意図について他者をだますために偽りの認知を用いるようになっていた．親との軋轢が激しくなるにつれて，子どもは自分の傷つきやすさや責任を頑なまでに認めようとしなくなった．にもかかわらず，彼らのほとんどは，親や仲間からの嫌がらせ，迫害，つまはじき（たとえば，悪口を言われる，ばかにされる，など）の犠牲に繰り返しなったと報告する．多くの場合，ここには他者をいじめる行動が含まれており，その中で，犠牲者の感じる恐れや服従と比較することによって，自分は弱いという感覚を強いという感覚へと変換するのである．

青年期では，彼らの隠された攻撃的行動は長期間にわたる危険な結果をもたらしたかもしれない．たとえば，C5 の青年の中にはギャングの暴力行為に参加したり，恋愛関係の中で暴力を用いたり，婚姻関係外で妊娠したり（彼らの両親がそのことに驚き，社会的に孤立しているような場合は特にそうなる），または親の愛情と関心を証明するものを拒否する（たとえば，拒食症の一部のケースにおいて食事を受け付けない）者たちがいた．彼らの仲間は，C5 の青年の中に攻撃的特徴と，保護的／魅力的特徴が併存していることに当惑することが多かった．

成人の C5 の多くは欺きの方略を用いることによって，愛情関係を嫉妬深く，かつ執着するように守る（理想化する）．彼らの配偶者が彼らの行為に抵抗を示した場合，不貞の恐れ（つまり，犠牲者になること）が活性化し，復讐に向かうものも出るため，配偶者にとって彼ら自身が危機の源となる．

成人の C5 は強烈に魅力的なリーダーであったり，恋人であったり，配偶者であったりする．彼らは社会的大義のためにほとんど熱狂的ともいえる支持を集めることができる．そして彼らは英雄的行為の本質的な構成要素である，個人的な危機の軽視を見せることもある．この方略は他者と，方略を用いている個人との両者を簡単にだませるような，知的に誘惑的な方略であり得る．Elie Wiesel（1960）は「私には一つの願いがある．私の理性を真実に背くような形では決して用いないように」と記したが，C5 の話し手と高数字の C タイプ方略を用いている話し手は気付かぬままにこれを行うことが多い．

C6（誘惑と救済への執着）

概　観

この方略は理論（Crittenden, 1995），臨床事例の生育歴，AAI からの観察に基づいている．他のすべての C タイプ方略と同様に，奇数番号方略，通常は C5 とペアになっている．

この方略に割り当てられた逐語記録では，話し手の人生における（脅威を与えると想定されている）重要な対象に対抗する共謀へと聞き手を導き，誤解させ，巻き込むために，アタッチメントや性愛に関する情報が用いられる．しかし，証拠を注意深く検討すると，(a) こういった対象は過剰なまでに力強く，脅威である（言い換えると，支えてくれる人は全くいない）と見な

れており，(b)（乳幼児などの）無力な者たちでさえ，力強く狡猾なものと考えられており，(c) 実際の脅威よりも，些細な脅威が強調されることの方が多い，といったことが明らかになる。

C6方略を用いる個人は他者を探求へ誘い出そうと試みるが，そこで得られる結論は漠然としたままで，捕らえどころのないものとなる。実際，もしインタビュアーがそれを解決するために，いくつかの特定の論点に焦点を当てて，具体的な方法を探索することで彼らを助けようとしても，C6の話し手は器用に焦点を移して，不平の内容を変え，それ自体注意を向ける必要がある新たな障害へと突き進む。比喩的に言うと，インタビューの地盤は滑り続け，危機の脅威と救済のニーズだけは変わらないままのようなものである。さらに，表面的には何らかの形の救済や保護を求めているように見えるが，他者に対抗してインタビュアーと共謀することから示唆されるのは，最終的な収穫は攻撃された時に思わぬサポートをしてもらえることなのかもしれないということである。概して，C6の話し手は自分を率直に表し，油断しているインタビュアーを操作して，安心感の創造よりも救済の過程により焦点を当てているように見える方略に貢献する役割を担わせることが多い。実際，慰めを信頼すると，危機が隠された状況においては傷つきやすくなる可能性があるので，慰めは最も不安になる情動状態であることが多い。

談話マーカーとその心理的機能

1. C6の話し手はインタビュアーを巻き込んで未解決の問題から自分を救済してもらうということを手続き記憶上で複数の密かなやり方で試みる。彼らの談話は聞き手を**じらし**，魅了するような，不完全かつ曖昧な方法で情報を伝える。**巻き込む恐れ**は顕著であるが，C4方略ほど露骨ではない。**覚醒的な非言語的情動**は強烈に表出され，話し手を保護したい，助けたい，救済したいという欲求をインタビュアーの中に生じさせる。傷ついた情動は誇張され，断片化された形で表出されるが，同時に怒りは排除（抑制）される。こうして自己は怒りを解離し始める（つまり，抑制された感情を持っていることに気付かなくなる）。

   談話の中で情報がからかうかのように絡み合っており，聞き手がさらなる質問をせざるを得ないと感じ，そのためインタビューの方向性を変えて，自然な結論を超えたところまでインタビューが広がっていってしまうことが多くある場合，インタビュアーとの関係は**哀願的／服従的**であるだけでなく，**誘惑的**にもなる。時折，沈黙はインタビュアーを心を読むゲームに引きこむように機能するか，また話し手の沈黙がトラウマを反映しているという仮定にインタビュアーを引き込み，それゆえインタビュアーから多大な世話を引き出すように機能することがある。手続き記憶の機能は，話し手が自分自身を助けられるようになるというより，他者から助けを引き出すように歪曲されている。さらに，サポートを得ようとする話し手の努力は巧妙に操作的であるため，共謀を拒否することは難しく，また共謀をはっきりと同定することも難しい。加えて，C5に関して述べられていたように，C6の話し手の中にはインタビュアーの質問に応答することを拒否するためにインタビューの「進行妨害する」者がいる。

2. イメージは**動く**ものであることが多く，一般的には，話し手が無力に見えるヒエラルキーのある権力関係という外観を伝えるように歪曲されている。これらのために，本当の権力

関係の基盤にある複雑さを誤って伝えることになる。これらのイメージには，他者と自己の両者が話し手の力を認識できないようにするという機能があり，それゆえイメージの力は増大していく。

3. **因果関係の誤帰属と偽りの認知**は，多くの場合，情報の提示の仕方を巧妙に変えることによって，出来事と人との間にある本当の因果関係を隠す。たとえば，自己に受動態の動詞を用い，他者の力には能動態の動詞を用いたりする。他者は（誰かと一緒にいたり，安全であったり，うまくいっているという点で）恵まれている一方で，話し手（また時として話し手の家族）は排除され，嫌われて，もしくはいじめられるというテーマが（多くの場合，不満の形をとって）存在する。偽りの認知は話し手をこれらの厄介な出来事に影響を及ぼすことができない無力な存在として描くために用いられる。しかし，同時に，すべての人に対する慢性的な怒りというテーマが存在しており，そこには執着的な怒りさえも含まれる。
4. 言語は強力に情動を喚起するものであり，詩的な美しい方法で聴き手が話し手と同盟を結ぶように動機付ける。話し手は愛情に飢えて，弱い立場に置かれているように見えるが，同時に自分たちの発話で聞き手をうっとりとさせて誘惑できる能力を持っている。
5. **断片化されたエピソード**および**偽りの無実／非難**という歪曲されたエピソードは，傷つきやすい自己への脅威が強調され，出来事の流れを完全に伝えることはできない。しかし，同時に，そのエピソードのおかげで，怒りは正当化される。
6. C6の話し手は情報の統合を拒絶する。これには，一方の側の一連の感情を明確にしつつ，もう一方の側の，反芻を引き起こす隠された一連の感情が行動に影響を与えることと，結果に対する自己の寄与を覆い隠すことを可能にするという機能がある。情報が統合される代わりに，歪曲された情動的動機付けのために，複雑で互恵的な相互作用が謎めいてコントロールできないもののように見える。

精神病理のリスク

C6方略は学童期までは発達せず，またC4の子どもたちが必要と感じていた慰めや保護を引き出すにはC4方略が役に立たない場合に，C4の子どもたちがこの方略を用いることが多い。C6方略はその要求を強めて，他者を威圧する際に用いられた一連の手段に偽りの認知と性的誘惑の両方を加える。無能力さと恐怖を強調する結果，C6の話し手に不安障害（Hughes, 1995），家族成員や見知らぬ人からの被害，依存症，気分障害を被りやすくなる。その極端な形として，非方略的になって行く場合，C6方略は（それ単独で，もしくは他の方略と組み合わせて），自傷や自殺の脅しや自殺企図を含んだ他者の関心を引くことへの極めて絶望的な一連の努力と関連するだけでなく，一部のパーソナリティ障害，双極性障害，一部の摂食障害，ある種の形式のパニック障害と関連する。

C6と他の方略との区別

　C4方略と比較すると，C6の話し手はへつらった態度で服従的で，嫌になるほど自己憐憫的である。彼らは自分自身が圧倒されているかのように見せるが，それにもかかわらず彼らはインタビューの過程を実に効果的に操作することができる。実際，彼らはインタビュアーの関心をできるだけ維持しようと試みる。これは，インタビュアーの言葉をねじ曲げて，傷つける言葉であるかのように見せることで，インタビュアーに罪悪感を引き起こし，インタビュアーから世話を引き出すことによって頻繁に達成される。C5の話し手と比較すると，C6の話し手は，特に意味記憶上および手続き記憶上では，ほとんど怒りを示さず，代わりに恐怖に焦点づける。C8の話し手と比較すると，彼らは合理性を表面的には維持することがもっともうまくできるし，インタビュアーとの相互交流において，自信をもっと持っているように見える。特に，彼らはすべてのものや人を潜在的に恐れるのではなく，たとえ焦点付けが極端であったとしても，恐れの焦点を絞ることができる。

　C5方略と同様に，遠ざける談話マーカーの存在ゆえに，C6方略はAタイプ方略の一部と混同される可能性がある。C6の話し手は自分自身の怒りを軽視する一方で自分自身の傷つきやすさを強調し，また認知的に歪曲されており，さらに他者の望ましい特性を軽視する（それに対してAタイプの話し手は他者の望ましくない特性を軽視する）ことに注意することが重要である。C5の話し手と同様に，彼らが他者を非難するのは，圧倒的に否定的詳細があるということを通してよりも，他者には情状酌量すべき状況がないことや自分自身が共謀することを通してである。

経験／生育歴

　C6に分類される話し手の親たちは一貫性なく拒絶する傾向がある。受動的で服従的な行動に対して，事前警告となる識別条件を用いることなしに，報酬を与えることも罰を与えることもあったが，怒りによる行動は一貫して罰した。彼らは安全に関して子どもをだます（あるいは裏切る）ことが多かった。多くの場合，家族には秘密があり，子どもはその秘密を知らなかった。結果として，彼らは未来の出来事を予測するためにこういった情報を適用することはできなかった。加えて，多くのC6の子どもたちは親との分離（たとえば，親の死，全寮制学校への早期の入学，里親制度への措置，など）のために，故意に見捨てられたと感じていた。自分がこのような分離にどうして「値した」のか，あるいはそれを変えることがどうしてできなかったのかを子どもが理解できない場合，そして特に，もし子どもが自分自身を守れないような危機が分離の期間に起きたとしたら，そのような分離は特に大きな力を発揮しがちである。C6の話し手は，子どもの時も成人になった後も，深刻な心身症状があることを報告することが多い（たとえば，喘息，悪夢，アレルギー，あるいは頻繁に病気になったり事故に遭う，など）。加えて，子どもの頃にさまざまな形で犠牲者になったこと（たとえば，いじめられること，近親姦的な性的虐待，など）や，また現在まで継続している犠牲者になっていること（たとえば，乱暴で支配的な配偶者を持つこと，など）を報告するものもいる。C6のメンバーがいる家族は，多くの場合，三角関係化された関係性を持っており，そこでの二者間の同盟はこの先もずっと予測できない形で変化して

いくのである。

　C6 の成人の誘惑的性質や他者を喜ばせようという彼らの目に見える欲求は非常に魅力的なものとなり得る。その一方で彼らは，複雑で，時には当てにならない社会的文脈の中で他者の関心を引くことがないまま，内密に活動しつつ，それにもかかわらず，自分の目的を達成することができる。このために彼らは手ごわい敵になる可能性がある。

C5-6 内の漸次的変化

　C5–6 の分類には，慢性的に怒っていたり，愛想のよい状態から，生命を脅かす機能不全（そこでは生命への脅威が自己もしくは愛する人たちへのどちらかに及ぶ可能性がある）に至るまで広範囲の対人機能が含まれている。話し手の視点から見てその脅威がどれほど明確であるかが，方略の違い，ひいては方略の適応性の違いの根拠となる。脅威（そして脅威の源）が明確であればあるほど，個人はその脅威に対して方略をより直接的に組織化することができる。したがって，片方の親もしくは両方の親があからさまに，かつ広範囲にわたって危険である場合，その親たちにアタッチメントを形成している人物はその関係を否定し，危機をもたらす方の親を軽蔑するか，もしくはもう片方の親からの救済に焦点を当てることができる。言い換えると，その方略は極端であるにしても，焦点をかなり絞っているものである。脅威または脅威の源が曖昧であればあるほど，個人の方略は焦点がより曖昧になる可能性がある。それゆえ，脅威を与えるアタッチメント対象が同時に世話も巻き込むこともする場合（つまり，もしそのアタッチメント対象が奇数番号の C 方略と偶数番号の C 方略と A+ 方略を含む複合的な方略を用いる場合），そして特に欺きがある程度用いられているならば，話し手は（C5 もしくは C6 の割合がさまざまである）C5–6 の方略を組織するかもしれない。個人が，はっきりもしていないし，自己に直接関連もしていない脅威（たとえば，夫婦間の不和）に対して加担していると感じる，もしくは加担するようになる場合，その個人は自分の怒りを焦点付けることが難しくなる。脅威の明確さが減少していく度合が異なっている 3 つの下位グループは，C5–6 の個人の間で見られる機能の範囲を示唆している。

1. 時に，C5 は軽蔑する方略の部分的かつ一時的なものである場合がある[原注1]。つまり，それは完全な C5 になるにはあまりにも率直に怒っており，同時に，単なる C3 であるためにはあまりにも他者を軽視している。唯一見られる欺きは，軽蔑した対象を気にもしないし，その対象から慰めてほしいとも思わないと主張する自己の欺きである。表現された怒りの激しさのために，対人関係上の関わりを持つことができなくなり，そのため方略から柔軟性が失われる。軽蔑する形式で用いられる C5 はアタッチメント対象を明確に拒絶するものであるが，そのアタッチメント対象は過去に話し手をひどく傷つけたものの，話し手はその保護や愛情をいまだに（ひそかに）望んでいるという対象である。したがって，この

原注1) Main and Goldwyn の Ds2 パターンはここに含まれている。

方略は，自己が身体的に保護されることがほとんど，あるいは全くなかった幼少期に経験した，予測不能かつコントロール不能な危機から現在の心理的自己を守り，同時に慰めを求める現在の欲求を認識することから自分を守ろうとする試みなのである。それゆえ，片方の親を軽蔑しつつ，もう片方の親を理想化する，もしくは些細な人物を妄想的に理想化するなどの，複雑な組み合わせの中にこの方略は見られることが多いのである。軽蔑が最も起こりやすいのは，青年期や成人移行期もしくは，心的表象が再構成している過程の間（たとえば，両親にはその欠点（限界）に対する責任があると見なし始める成人が軽蔑へ反転するかもしれない）である。このように用いられる場合（つまり，C6と交替することがない場合），軽蔑は脆弱な防衛であり，もっと生産的で安定した方略に取って代わられるか，もしくはそのような方略と連結して用いられるのが通常である。

2. たいていの場合，C5はC6と交替して用いられる。この形式では，それは人間関係の中で柔軟かつ多様に振舞うことのできる機能的な方略である。結果として，解決することのない争いをすることが人との関わり方になるというように，この方略はいつまでも持続していく可能性がある。一般に，C5–6の話し手はインタビュアーに関わり，C3–4の話し手の特徴の一部を持ち（つまり，明らかに巻き込むという特徴），質問に応答する（歪曲された応答ではあるが）。この形式の方略は以下のものに関連している。家族の共謀という生育歴。嫉妬深く，もつれており，不安定な現在の人間関係。暴力のリスク（たとえば，配偶者からの暴力や児童虐待，など）。

3. 極端なケースでは，C5やC6の話し手は，インタビューが有意義な形で進行することを拒絶する。言い換えると，話し手はインタビュアーを締め出し，インタビューの「進行妨害」をする。この結果，他者は問題を知ったり解決したりできないままになる。この最もありがちな理由としては，何が問題か話し手はわかっていないということが挙げられる。代わりに，彼らはちょっとした不平だけを持っており，それらは些細なものであり，それゆえに隠されてしまう。それらの極端な場合において，コーダーが利用できる一次情報は手続き記憶，特にインタビュアーとの関係から来ている。それには2つの形式がある。（自己が第一であり，他者は遠ざけられている）談話と，（従わないことや無力であることを通じて問題を抱えている話し手に焦点を向ける）インタビュアーとの関係である。このようなインタビューをうまく扱うことは特に難しい。どのケースでも，インタビュアーは以下のことを避けるべきである。(a) 閉じられた質問を使用すること（代わりに，応答が自由で，はっきりとした枠のある質問を使用すること），(b) 不当な解釈を通して話し手を援助すること，そして (c) 語られた家族の争いにおいてどちらか一方の側につくこと。さらに，コーダーは最低限の応答以上の何かを含んでいるこうした発話の断片を注意深く検討しなければならない。方略が機能しなくなっているこれらのケースは，C5–6+と表記される。インタビュアーとの関係および歪曲された統合から，このパターンの最も有力な証拠を得ることができる。このような逐語記録の多くを慎重に見直した結果，示唆されるのは，C5–6+の話し手は以下のことについてはっきりわかっていないということである。過去に何が起こったのか，それについて彼らがどのように感じたのか（言い換えると，通常，彼らは，動機付けとなる具体的な感情状態よりも，一般化された覚醒を報告する），他者が

それにどのように寄与していたのか，もしくは自分はそれにどのように寄与していた（そしていまだ寄与している）のか。C5–6 の話し手は対人関係の争いに勝つことにあまりにも焦点を当てているため，争うことそれ自体が目的化してしまう。このような状況下では，その争いに勝つために，自己は犠牲にされるかもしれない。

C5–6+ の形式では，この方略は柔軟性を失い，かたくなまでに非方略的になる。これは適応が非常に悪いことの予兆であり，（この方略単独で，もしくは他の方略と連結して）重篤な精神医学的診断（たとえば，一部のパーソナリティ障害，Rindal, 2000），制限型の摂食障害（Ringer & Crittenden, 2007），一部の産後うつ病などと関連していることが多い。最も注目すべきことは，話し手が AAI に生産的に従事することに抵抗するのと同様に，これらの障害は心理療法に抵抗するということである。

C7（脅迫的）

概　観

この方略は理論（Crittenden, 1995），臨床事例の生育歴，そして AAI からの観察に基づいており，偶数番号の方略，通常 C8 とペアになって，全能の方略／全く無力な方略が交替して用いられる方略を作り出す。C7–8 の話し手は，否定的な結果を引き起こす自己の役割についての情報を否認し（認知情報の否認），焦点の定まっていない怒りや怖れによって動機付けられている（慰めへの欲求の排除と結びついた歪曲された否定的情動）。彼らは，否認によって作り出された不一致に直面した時，でっちあげられた認知情報と極度に歪曲された情動情報を妄想的に「統合」することによって応答することができる。これには 2 種類の効果がある。第一に，C7 の話し手は非常に高い不安を経験し，このために行動することへと動機付けられる。第二に，彼らは自分の行動がもたらすかもしれない結果についての気付きが制限されており，自分の行動がもたらした結果の責任に対する自覚はさらに制限されている。もし彼らが結果や自分の責任に気づいていたら，あまり行動しようとしないかもしれない。しかし，自覚がないので，彼らは危険な行動に従事することが多い。

C7–8 の方略を用いる個人は，脅威がまん延していると知覚して，援助や慰めが可能であるとはもはや想像できない。それゆえに，もっぱら怒りと怖れの間を揺れ動く。さらに，C3–4 や C5–6 の方略の典型となる自己の極端な分割は減少され，組織化する主要な情動として怒りと怖れを強調するという点で，C7 と C8 はより類似した方略となる。しかし，同時に，自己と他者の区別は増大する。C7 は，C8 と比較すると，恐れ fear／恐怖 dread よりも，怒り anger／憎しみ hate を中心に組織化されている。

怒りと怖れの焦点の範囲は，C7–8 の方略を用いる個人の方が C5–6 の方略を用いる者たちよりもさらに広くなっている。C5–6 は「俺と俺の仲間」と「お前とお前の仲間」という区別によ

って特徴づけられる。C7-8 では,「俺の味方か俺の敵か」となる（言い換えると,中立的な人々の立場が見えなくなる）。極端な C7-8 では,「俺と俺の仲間」が妄想的に「世界と戦う俺」となる。誰もが潜在的な敵となり,それゆえ潜在的な標的となる。このように,C7-8 にとって危険の源と焦点は非常に広範囲にわたり,著しく非特異的になる。自己と世界とをこのようにラディカルかつ妄想的に区別する基盤は,危険な結果をもたらす因果的連鎖の参加者もしくは開始者としての自己に関するあらゆる認知情報の否認,および自己の弱さの否認である。このために,世界は攻撃者のままであり,自己はその世界から正当に身を守り続けることになる。

　C7 の個人は,他者は彼らを傷つけようとする意図を持っており,この意図に関して彼らを欺こうとするであろうと信じている。C7 の個人はだまし討ちの先制攻撃を恐れているため,彼ら自身がそのような攻撃をもくろむ。このように,彼らは怖れを感じていることを否認するが,怒りと怖れの両方が彼らの密かな攻撃的行動を動機付けているのである。C5 の機能を動機付けている焦点を絞った懲罰的報復は,C7 の方略でははるかに一般化された報復となっており,因果的つながりはよりゆるやかになり,極めて非合理的で妄想的でさえある性質を伴っている。C7-8 の話し手が過去に持ったであろうと推定される,信頼を裏切るアタッチメント対象との経験を考慮すると,彼らは自身の行動を不当な攻撃というよりも,むしろ自己防衛的なものとして解釈している。そのような考え方は,自己防衛的かつ自己正当化的な過程の中で,時間や人や場所が融合していることに基づいている（そのために過去の裏切りがあらゆる場所でのあらゆる人々に対する現在の報復を動機付けるものとなっている）。さらに攻撃を引き起こさないように,C7 の個人は,自分が怒っている証拠を意図的に抑制する。このように,C7 の個人は怒りと怖れにとらわれており,慰めへの欲求という感情を軽視している。

　加えて,脅迫的な成人は,通常は実際の幼少期の経験に基づいて,他者は彼らの弁解や視点に鈍感であると知覚している。その結果,彼らは他者には本物の感情と思いやりに基づいた意図の両方が欠けていると知覚する。このように知覚するために,脅迫的な成人はサディスティックに行動することができるのである。つまり,他者には繊細な感情があるという証拠の信憑性と,痛みや危害を加えることの自身の責任に関する因果的情報の両方を否認する。代わりに,裏切りや欺きを疑い,自己のあらゆる責任を否認することによって,(彼らの推測だが) 他者が弱さを操作的に利用することを彼らは軽蔑できる。このことは,彼らが共感できないことと,被害者に随伴的に痛みを引き起こせることを残虐に楽しむことを説明するのに役立つ。

談話マーカーとその心理的機能

1. 手続き記憶上では,C7 の話し手の談話は他者の感情や視点を非常に軽視する。
　　表出された情動は**冷淡**で,コントロールされており,よそよそしい,もしくは不安を覚醒するようであり,特にひどくふざけている（**サディスティックなほどに残虐な**）ものであるが,その一方でイメージは,行動を動機付けている敵意のある感情を漏らすことが時にある（以下のイメージ記憶を参照）。他者が苦しんでいるという文脈においてこのような肯定的情動が表出されることは聞き手にはしっくりこないで,動揺させるものである。「情動の欠けている」うつ状態の話し手と違って,C7-8 の話し手は用心深く,時にはふざけ

ているかのように警戒する。話し手に主導権があると感じる場合，特に社会的に脅威がない瞬間には，誘惑的な表出はまだ可能である。

インタビュアーは「もてあそばれている」ように感じることが多い。C7の話し手は巻き込みつつ，勘ぐるようないたちごっこをインタビュアーと行う。インタビュアーは信頼されてもいないし，避けられてもいないが，その意図は用心深くモニターされている。これによって，サディスティックな情動と一緒になって，インタビュアーとの**威嚇的／不気味な**関係が作り出され，そこでは聞き手が話し手の不快感に参加することになる。

2. C7の話し手の談話には不安にさせるイメージがある。それらのイメージの中には，爆発的に**動く**（そのためにインタビュアーは驚くか，もしくは怖がる）ものもあれば，その一方で，**一般化された性質**，もしくは**妄想的に脅迫的な性質**を持つものもある。過去に危機と関連していた文脈の関連のない側面が，似たような感覚的側面が現在においても危機を表象している証拠として誤って受け取られる。これらは話し手と聞き手の両方に恐れを喚起する傾向があり，そして，自己が妄想的な力を持っているというイメージと並置される可能性がある。多くの場合，これらのイメージには慰めを与えてくれるか，もしくは慰めてくれるように見える場所や人々を含む。特に，そのイメージには，事態が安全で心地良く見える時に，話し手がガードを下げるという危機に焦点を当て続けるという機能がある。言い換えると，心地良さは明らかな危機よりも危険なものとして扱われる。イメージは，理論的因果的関連が全くない時ですら，感情を基盤にして経験をつなぐ強烈な連合過程の一部である。

3. 意味記憶上では正確な認知情報は失われている。代わりに，（欺くような偽りの認知を他者が使用したと想定して）他者が因果関係に寄与したのではないかと疑われており，そして自己が因果関係に寄与したことに関する情報は**否認**されている。このような歪曲のために，時系列の混乱と，時系列の中での個人の役割の混乱が生じて，妄想的な説明をするまでに至る。その結果，C7の話し手は時間の流れの終わりがないような形で関係のない出来事を繋げることが多くなり，そして人々が似たような役割を果たしていると見なすことが多くなり，人物の特異性が消失することになる。自己の攻撃的行為のそれぞれが他者からの反応（被害者と法的措置からの同等の反応であることが多い）を引き出すことになるため，C7の話し手はこれを不当な陰謀であると誤解することが多い。このような歪曲された意味の帰属のために，他者の結論とは正反対の結論になることが多い。それにもかかわらず，これらの結論のために，自己は復讐にかられ，時にははるかに遅れて，または他の誰かに置き換えて報復をすることもある。こうした情報変換には，（見たところ）潜在的に差し迫った危機に関して，C7の個人が絶えず警戒し続けるようにするという機能がある。

4. 情動暗示言語には悪意を持った不適切な言葉や，無生物に対する能動態が含まれている（それによって，そのような無生物が話し手を傷つける人生の陰謀の一部であるように見える）。

5. 再生されたエピソードには裏切りが含まれることが多いため，話し手が関係する重大な因果的出来事は排除される。**断片化された**暴力のイメージのみが残っている。さらに，他の箇所の情報からは，話し手は攻撃者でもあったかもしれないことが示唆されているものの，

エピソードの時系列からは，話し手は罪のない犠牲者であったことが示唆される。このように，エピソードは**偽りの無実**の方向へと歪曲されており，**妄想的復讐**にすら達する。加えて，不可解に危険な（そして説明が不十分な）出来事についてのエピソードが頻繁に再生される。

6. 脅威を知覚してから報復的に反応するまでの間に大幅な遅れがある中で，C7の方略を用いる個人は相当の内省に従事することが多い。そのような思考が誤帰属を増大させて，矛盾した情報を放棄する（それゆえ，再考のきっかけを全く作らない）のみである場合，そのような内省的過程は**反芻**であると見なされる。自己についての認知情報を否認するために，自身の行動を正確に評価できる可能性が少なくなる。自己の責任を否認し続けるために，C7の個人は自己防衛が必要であるという証拠を積極的に探し，それを見つけられない場合，証拠を妄想的に構築することもある。自分が脅威に晒されているという誤った結論に基づいて，C7の話し手は仕返しを計画し，彼らを正当化し，彼らの危険性を最小化するような誤った結論へと聞き手を**技巧的に誘導する**。これが成功すると，C7の話し手による**正当化**が他者から保障されることによって，話し手は罪のない犠牲者であるという感情が強化され，別の視点に立って内省を開始することができなくなる。

　予測不能な攻撃は極めて危険であり，またその攻撃を引き起こした出来事から通常は時間が経ってからその攻撃が行われるため，保護的で愛情に満ちた行動をアタッチメント対象から引き出すのには役立たないだけでなく，個人と人間関係を脅かしもするのである。C7の成人の談話には，話し手の意図を隠す一方で，他者の本当の意図に関する証拠を引き出そうとする機能がある。

精神病理のリスク

C7の話し手の方略は，危機，特に欺くような危機を同定できる可能性を高めるように，非常に歪曲されている。したがって，欺くような危機を含む文脈（たとえば，ナチスに占領されたヨーロッパ，スターリン時代のロシア，カンボジア，もしくは旧ユーゴスラビアなど）に対する適応的な方略なのである。より安全で，危機がわかりやすい状況下では，脅迫的方略は（脅威を過剰に同定してしまうために）他者への危機となると同時に，（そのような危険な人から自分を守りたいという他者のニーズの結果として）自己への危機にもなるのである。妄想的観念は頻繁に起こる。加えて，方略は恐れと怒りの両方を基礎としているため，強烈な不安を示す症状はどれもこの方略と関連している。安全な社会では，C7に分類されたほとんどの個人は，刑務所や精神科病院にいる。欺くような危機がまん延しているという特徴を持つ社会では，C7の方略を用いる人々は権力を持つ立場にいるかもしれない。

C7と他の方略との区別

C7の方略は，非常に危険な活動をしていることを密かに示唆する，誤った方向に導く発言が存在することや，安全／慰めと危機を並置することや，慰めへの欲求を否認することによって，

C5 の方略と最も容易に区別される。

経験／生育歴

　脅迫的な成人は，幼少期に危機がまん延していた生育歴を持っていることが多く，通常，それらの危機は，アタッチメント対象から行われた生命を脅かすようなものであった。さらに，その危機は予測不能であり，アタッチメント対象が危害を与える意図を持っているように見えない，一見すると安全な文脈において生じることが多かった。加えて，脅迫的な成人は子どもの時に彼らの両親の暴力行為を軽減したり効果的に修正したりすることができなかった。このように，決定的に重要な出来事であったのは，(a) 危機の原因はアタッチメント対象であった，(b) 危機は予測不可能であった，(c) 危機をもたらす人々は欺く意図を持っていた，(d) 子どもの苦痛を前にしてさえも危機が終わることはなかった，ということである。通常，このような子どもたちは，学童期や青年期の仲間たちから「不気味」と見なされる。

C8（被害妄想的）

概　観

　この方略は奇数方略とペアになる（たいていの場合，C7 である）。しかし，この方略の記述は，他の方略に比べるとより少ない事例から引き出されているため，未完成であると同時にさらなる改訂と精緻化が必要である。

　C8 の方略は，危機に関連した連続的な出来事において自己が積極的に果たした役割に関するすべての認知情報の否認を含んでいる。このために，危害を加えることを防ぐために自己ができるかもしれないことに対して気付くことが難しくなる。結果として，危機に関する疑いと不安は一般化された恐怖となる。そして圧倒的な危機が起こり，それがどこから来るのかわからないと予期するようになる。ひとたび自己の責任が否認されると，「恐怖」は「憎悪」という，方略のもう一方の側面の認知情動的情緒となる。C8 では恐れの側面の方が優勢である。それゆえ，C8 の方略は，攻撃されることに対する過度に熱心過ぎる準備の一つである。不安は絶えず極度に高水準である。しかし，不安を示す証拠があると，攻撃者は密かに警戒態勢を取るかもしれないので，被害妄想的な話し手は不安をあからさまに表出することをできる限り抑制しようとする。同じような理由で，彼らは基底にある怒りと（過去に，もしくは現在）他者を攻撃しようとする意図があることを示す証拠を抑制する。慰めへの欲求は否認され，怒りを示す証拠はほぼ完全に抑制される。彼らが安全であると感じた時，ほとんどの C8 の個人は脅迫的行動を示す。

談話マーカーとその心理的機能

1. 手続き記憶上では，C8 の談話にはためらっていたり，他者のモニタリングをしているだけでなく，不安を感じて用心深い予測をしていることを示す証拠も見られるが，これらは C タイプのパターンと関連している。

   表出されるいかなる情動も他者に対して，あるいは他者が示す苦痛に対して軽蔑したり，嘲ったりするものでありがちである。

   C8 の話し手は，インタビュアーが自分を救うように関わらせたいのと同時に，（裏切る可能性のある）聞き手を避けることも望んでいる。これによって，C8 の話し手にはインタビュー自体によって「恐怖に陥れられる」という感覚が生じる。これには，話し手が他者を信頼しないようにするという機能だけでなく，その他者から守られないようにもするという機能もある。

2. 被害妄想的な話し手のイメージには，**妄想的に脅迫的な**イメージや**一般化された**イメージが含まれることが時にある。それらのイメージでは，現在の現実が過去の恐ろしい経験と未来の恐ろしい予期に潜在的に関連付けられている。そのイメージは実際の経験に由来するだけでなく，誤って関連付けられた文脈（特に，慰めの証拠のために欺かれてきたような文脈）からも由来している。言い換えると，何かしら本当のことが，いくらか感覚的な関連はあるかもしれないが，重要ではないような他のことに妄想的に付着しているのである。このように活発に拡張して一般化するという意味で，イメージはほとんどそれ自身が生きているかのような様相を帯びて，話し手の心が意識的にコントロールできないところまで拡大していく。これらのイメージは強い動機付けとなるが，聴き手にははっきりとは説明されない。これらのイメージには話し手を警告し，覚醒を高める機能があるが，危機の可能性を過剰に評価している。つまり，それらは過度に包括的であり，それゆえ，実際の危機を見落とす可能性が低くなる一方で，同時に，安全を危機として誤って同定する可能性が高くなる。その機能はいかなる状況下でも警戒を保つということであるが，このために心地良さをいつも感じられなくなる。

3. 意味記憶的には，**自己関連性のある認知の否認**のおかげで，C8 の話し手は，他者が（一見慰めや救済のように見えるかもしれない予想外の危険な攻撃という形式で）偽りの認知を使用するかもしれないという恐れに集中することができる。彼らは因果関係を構築する際に，危機に関する因果的連鎖の開始者としての他者に完全に焦点を当てている。いかなる自己の能動的な責任も覆い隠す一方で，自己を守るという優先事項を明確にすることによって，攻撃者と被害者の役割が混同される。その後，自己のすべての活動は，たとえ不合理または敵対的であるように見える時でさえも，正当な防衛であるとでっちあげられる。

4. C8 の話し手の情動暗示言語はためらっていて用心深いが，そこには唐突で驚くほど不吉な恐怖を引き起こす性質がある。このために，話し手と聞き手の両者は慰められる可能性があっても，警戒して信じようとしない状態を共有することになる。

5. エピソードはほぼ完全に欠如しており，歪曲されたイメージへの固執によって置き換えられる。エピソードを再生する際に，因果関係における自己の役割を否認しているために，

出来事の間の時間的および因果的結びつきに重大な欠落が生じる。このために，自己は出来事に寄与していることを認識できなくなる。
6. 統合は，**技巧的誘導**という形式を取る。これによって，他者は誤った結論を導き出すことになり，それが実行されると，話し手は，始めから自分はずっと正しかったと確信する（言い換えると，聞き手の誤った結論が，話し手の自分自身に対する欺きを裏付ける）。この時点で，欺きは相互的で，かつ他者を巻き込むものになっているのである。

精神病理のリスク

C8 の話し手の方略は危機，特に欺くような危機を同定できる可能性を高めるように極めて歪曲されている。このように，これは欺くような危機を含む文脈に対する適応的な方略であり，実際，他者が恐怖や無力さを感じている時には，非常に説得力を持ち得る。より安全で，それほど欺くようではない状況下では，被害妄想的方略は，（もし被害妄想的な個人が自身を守る必要性を誤って感じる場合は）他者にとっても，そして妄想的な人にとっても両者にとって危険である。安全な社会では，C8 に分類された多くの個人は刑務所や精神科病院にいる一方で，危険がまん延している社会においては，被害妄想的な個人は指導者として機能するかもしれない。

C8と他の方略との区別

C8 の方略は，社交的な器用さ（魅力，魅惑）の欠如や，話し手が示す手続き記憶上の不安や，インタビュアーに対する不快感を含んだまん延する恐怖によって，C6 の方略と最も容易に区別される。C7 の方略とは区別するのは容易ではなく，実際，C7–C8 というペアの形式で生じることが多い。

経験／生育歴

一般に，C8 の話し手は幼くて脆弱である時にアタッチメント対象から繰り返し欺かれるようにひどい扱いを受けてきている。彼らは他者への恐怖と罪の無さを強調するけれども，C8 の話し手は非常に危険である。この方略は，受動的攻撃的行動の極端かつ非常に危険な形式である。

第10章

結合パターン

A/C と AC

　この章ではAタイプとCタイプの統合された結合と統合されていない結合について説明する。A/C方略はBタイプの人にも見られる過程を反映しているという点で興味深い。すなわち，人は危機に晒されると，はるかに洗練され，かつ条件に特化した自己防衛方略を構築し得るのである。このような方略では現在に関連する事柄が過去から持ち出され，過去のみと関連する事柄は捨てられる（過去に置いておかれる）のである。このように，最も適応的な人々は心的情報処理を歪曲することなく，すべての行動方略を利用することができる。獲得された／成熟した／賢い（純真ではない）B3の人は（方略として）いかようにも振る舞うこともできる。しかし，彼らは自分が何をしているのか，なぜそうしているのかを知っており，そして決定的に重要なことであるが，彼らはそれを止めることもできる。要するに，彼らは他者を欺くことができるが，自分自身を欺くことはなく，そして自分を守るために必要がなくなったならば，欺くのをやめることができるのである。これによって獲得された（あるいは，成熟した）B3の人と，究極的には精神病質へと向かっていく勾配を持つA/Cの人とを区別できる。B3の人のように，精神病質者はすべての行動方略を用いることができるが，それは歪曲され，偽装され，否認され，妄想的な情報を基盤にしている。彼らは欺き，特に巻き込む欺きや相互的な欺きを用いる。彼らが最もB3と間違われやすいのは，彼らが有効な方略を備えている，目に見えて明らかな脅威がある文脈においてであろう。彼らが最もBらしく見えなくなるのは安全や慰めに直面した時であり，それらは彼らの経験では危機の存在を事実上隠すものなのである。

A/CタイプとACタイプ

　これらの動的-成熟モデル（DMM）の分類は乳幼児と就学前年齢の子どもの観察（Crittenden, 1985a），理論（Crittenden, 1995），アダルト・アタッチメント・インタビューからの臨床観察に

基づいている。Ainsworth に基づいた分類（すなわち A1–2 と C1–2, Ainsworth, 1973）のみを用いる A タイプと C タイプの結合と，DMM 分類システム（すなわち A+ と C+ のことである。この表記は A3–8 および C3–8 分類のすべてを指す）に由来する方略を含む強迫的タイプと執着的タイプの結合との間には一つの重要な区別を設けることができる。後者はより重篤な精神病理と関連しており，またより深刻な危機とより少ない慰め，そして危機に関するより大きな欺きという生育歴と関連しがちなのである。

　まず，以下の点を明確にすべきであろう。(a) A/C と AC は分類可能な組織化された方略である。(b) A と C のいかなるパターンも結合することができる（たとえば，A1/C1，A3/C3，A7/C5 など）。(c) A7–8C7–8 の結合のみが真に精神病質的である。

概　　観

　成人の中には，知覚された危機から自身を守るために A タイプの方略と C タイプの方略の両方を用いる人がいる。その結合は交替型 alternating（A/C）または融合型 blended（AC）のどちらかであろう。その方略は低数字のパターンと高数字のパターンの両方からのいかなる結合を用いることもあるかもしれない（たとえば，A2/C1，A3/C2，A4/C6）。加えて，方略の交替には異なるアタッチメント対象に対する特定の方略の使用が反映されているかもしれない（たとえば，$A3_M/C3_F$）。あるいは異なった状況に対する特定の方略の使用，たとえば軽い脅威に対する C1–2 や深刻な脅威に対する A3–4 のようなものを示唆しているのかもしれない。

　融合型の結合はもっと統合されており，以下のような勾配を構成している。正確な情動と正確な認知の統合（B3）から，情動または認知は正確であるが，情報がいくらか排除された形での統合（A1–2C1–2）へ，歪曲された情報といくらか排除された情報との統合（A3–4C3–4）から，偽装された情報と時に否認された情報を含んだもの（A3–6C3–6）へ，さらに偽装され，否認され，時に妄想的な情報を含んだもの（A7–8C7–8）へ，というものである。この勾配の絶頂は精神病質的な統合である（以下を見よ）。それは獲得された B3 のようにすべての可能性を含んでいるが，B3 とは対照的に，偽装され，否認され，妄想的になった情動と認知が強調されるのである。

　A タイプと C タイプの方略として先に説明したすべての談話マーカーおよび関連する心理的過程は，どんな方法であれ，結合されて A/C および AC 方略となっているかもしれない。記憶システムの観点から説明すると，手続き記憶的には A と C の要素を両方持っている話し手は中断とインタビュアーの巻き込みの両方を用いることで，(a) 脅威となる話題への探索を妨げ，(b) これらの話題を巡ってインタビュアーからのサポートに集中して，それを得る。イメージ記憶の点では，彼らは情動を喚起する描写を避け，また思い出せないのが許されない時は，望んだ慰めの感覚的イメージや，彼らが怖れるものや怒りを喚起するものについての鮮明なイメージも用いる。どちらの過程も，生理的覚醒を活性化する。意味記憶上では，A/C と AC の話し手は可能な限り常に理想化を行う（時に免責することもある）が，それが不可能な場合，彼らは受動意味思考か還元主義的非難思考，または思考の揺れ動き，あるいは明らかに自己に関連する否定的結論を避けるため偽りの認知を用いる。情動暗示言語に関しては，談話は表示的言語と情動喚

起的言語の両極を揺れ動いたり，または普段は淡々としているが，時折著しく情動喚起的な構文や表現を伴うこともあり得る。エピソード記憶上では，A/C と AC の話し手は可能な場合は常にエピソードを再生しないか，親の視点からエピソードを語るが，それが不可能な場合，ぼやけたエピソードや断片化したエピソードや歪曲されたエピソードだけでなく，妄想的な疑似エピソードも用いる。

　二つの自己防衛方略を結合させることによって，A/C と AC の話し手は選択可能な防衛の範囲を二倍にし，またその時々においてどの情報へもアクセスできる。しかし，その情報は統合されていない。したがって，A/C と AC の話し手は，AAI の統合的質問への応答が表面的には複雑だが，最終的には満足のいかないものになってしまう。それにもかかわらず，これらの歪曲に話し手が気づくと，統合へのきっかけにもなり得る（Crittenden, 1997a）。真の統合の欠如を同定するためには，読み手は話し手のストーリーの根底に潜む前提とその信憑性について注意深く考える必要が出てくるかもしれない。すなわち，精神病質の AC 群の人たちの「反‐統合」は非常に一貫しており，明らかに偽りである発言は，たとえあったとしても，ほとんどない。偽りであるのは，自己，他者，そして自己他者関係に関する表象全般であり，特に聞き手（とコーダー）によって表象されるものが偽りのものとなるのである。

A/C と精神医学的診断

　多くの精神病理的状態は結合された A と C の方略と関連している。しかし，精神医学的診断は多くの場合，さまざまな症状を一つの診断名にまとめあげているが，情報処理または機能的観点から見ると，複数の診断名が一つのまとまりを成す可能性に留意すべきである。このように，精神医学的診断とアタッチメント分類が一対一の対応を示すことは期待されていない。

　双極性うつ病は両者の関係を示唆する明らかな例の一つである。双極性障害と診断された人の多くは A3–6/C3–6 の結合の範囲を示している。また境界性パーソナリティ障害も修正項目をかなり伴った A/C の組織化と関連していることが多い（Crittenden & Newman, 2010）

精神病質

　精神病質である AC の話し手（A7–8C7–8）は自身の（身体的な痛みも含まれる）否定的情動と危機を引き起こした自分自身の寄与を否認する。残りの情報は他者の視点や動機付けへと非常に強力なバイアスがかかっているため，それらを統合して作り出した方略では，観察者の視点は非常に良く理解されるものの，彼らの行動の意図はひどく誤解されたり，妄想的に構築されることすらある。

　その結果，話し手は観察者の（認知的には価値における，情動的には感情における）期待／欲求に密接に一致する見かけを作り上げることができるため，観察者は最終的に自分自身の欺きへ参加するように操作される。たいていの場合，嘘をつくことは避けられる（なぜならその種の欺きは簡単に露見するからである）。

　逆に，信頼を得るために，精神病質者はすでに聴き手が知っていそうな否定的情報を素早く，

率直に明らかにする。精神病質の AC の話し手の話し方はまるでバランスの取れた話し手のようである。つまり，滑らかで，流暢で，かつ人を引き付ける。精神病質の AC の話し手は協力的に見え，言い淀みは比較的見られない。B3 の話し手と精神病質の AC の話し手の両者とも非常に自覚的なようであり，自分の話していることに一貫性があるかどうかモニターしているように見えるが，精神病質の AC の話し手は非常に用心深く，不自然である。実際に，彼らの発話は多くの場合，周到に準備された性質を備えている。その機能はすべての記憶システムにおいて情報を組織化することによって，危機に関する自己生成された（情動および認知）情報をすべて否認して，他者に注意を向けるというものである。その際，他者の視点を利用すると同時に疑惑を向けることもある。

　永続的な不安を抱えている AC の話し手は慰めを切望し，魅力的で明らかに安全な人々との親密さを探し求める。しかし，話し手は脅威の可能性，特に優しい見た目の裏側に隠されていると想定される脅威を過大に評価しているため，攻撃と逃避が唯一の安全なオプションであると知覚する。このように安全を同定して接近する中核的機能と，危機を同定して回避する中核的機能は切り離せないほど混同されている。この混同はすべての認知と情動の情報変換を以下の目標へと向ける。それは，自己に関する否定的情報を否認しつつ，他者に関して予想される否定的情報（時に妄想的情報も含まれる）への用心深い注意を維持するというものである。

　非言語的情動の組織化およびインタビュアーとの関係はこのような人々を同定するために特に重要である。不適切な情動を伴う言い間違い（たとえば，慰めについて話している際の恐怖，あるいは苦痛，特に他者の苦痛を話し合っている際の喜び，など）には慎重に気を配る必要があり，インタビューデータを書き起こす者はそれらをカッコに入れて逐語記録自体に含む必要がある。同様に，精神病質の話し手は協力的な見かけを容易に作り出す。嘘を見破る手がかりは個人的な情報をあまりにも積極的に明らかにしようとすることや，彼らの過剰なご機嫌取りの振る舞いや，あるいは焦点が定まらず，気をもませるような「気味の悪い」相互作用の性質に時に見出せることがある。これはインタビュアー（とコーダー）に，感知できないほどの不快さを創り出すことがある。もしそれが意識されたならば，話し手をどのように知覚すればいいのか決められなくなるであろう。

　これを見分けるためには，承認や権威や慰めをインタビュアーに求めるすべての企てを注意深く考慮しなければならない。欺きを同定するために，インタビュアーは話し手の心を驚かせるような思いがけない質問をすることが重要である。自発的に反応するよう強制された時にのみ，話し手はあらかじめ準備された「口が達者な」答えを用いることができない。精神病質的組織化の可能性を示すもう一つは心理学的に問題のある生育歴である。とりわけ過去に欺かれた危機が含まれ，そこから話し手が「回復」したり，再構成しつつあることを十分には説明できない場合である。

　性愛のテーマは高数字の AC とのインタビューにほぼ常に含まれる。最終的には，十分に連結されていないエピソード（つまり，時間的情報や因果的情報が排除されたり，誤ったりしているエピソード）の中に攻撃性のテーマが見られる場合，高数字の AC の組織化が存在することが示唆される。したがって，ちょっとした言い間違いの中に倫理に反する行動歴が垣間見えるかもしれない。

また，このような AC の話し手は相容れない情報，とりわけ危機と安全／慰めに関するものを並置する傾向がある。したがって，精神病質の話し手は一見したところ（他者の視点への共感的気づき，つまり高度な心の理論を含む対人関係スキルを備えつつ）認知と情動を統合しているように見えるのに，彼らの生育歴は否定的なものである（あるいは談話の肯定的側面を説明できるような十分なサポートを受けてきた生育歴が見られない）という非同期性が AAI の逐語記録における彼らの自己表象の中に見られる。

経験／生育歴

　A/C と AC の話し手には予測可能で自己を拒絶する危機と，特定の原因や主体に容易に帰属できない予測不能な危機の両方を反映する多様な生育歴が存在する。A/C の話し手は時に特定の親へ特定の方略を用いることがある。このような場合，それぞれの親が子どもに示す危機の性質が異なっている。他の例では，これらの複数の方略が一人の親に結合している。このような場合，親の行動は変わりやすい。つまり，その親は時にAタイプの子どもの親のように振舞うこともあれば，Cタイプの子どもの親のように振舞うこともある。後者の場合，A/C の結合と AC の結合のどちらもあり得る。あるいは，A方略かC方略かを選択するのを決定するのは環境の種類かもしれない。たとえば話し手は，脅威ではない話題についてはとらわれ型の談話で話すかもしれないが，深刻な脅威を話す時は軽視型の談話に切り替えるかもしれない。最後に，Aタイプから C タイプへの変化，またその逆は発達的な変化に付随して起こることが多く，その結果 A/C 方略になり得る（たとえば，$A3_{childhood} \rightarrow C3_{adolescence} \rightarrow A3/C5\text{--}6_{adulthood}$）。しかし，はっきりさせておかなければならないのは，AAI はこの発達の軌跡を証明することはできないということである。

　精神病質の AC の人たちは，繰り返し起こり，かつ認知的および情動的に欺くような危機を，通常，アタッチメント対象から経験してきている。その危機は通常人生早期に始まり，子どもの頃ずっと継続した。さらに，一貫して安全な人や場所は全くなかった。ある時点で交流があった守る立場の人たちはその子を守ることができなかった。それにもかかわらず，子どもは少なくとも時々は自分を守る方略があることを学んだ。これらの方略はAタイプとCタイプの両方の組織化を含み，成熟の機能によって可能になれば，強迫的方略と執着的に威圧的な方略の両方を含んでいた。成長するにつれて，その後の AC の子どもたちは自分自身をもっとうまく守れるようになったが，その犠牲は永続的で親密で慰めとなる関係からの分断であった。代わりに，精神病質の AC の人は自分自身を他者の期待の鏡像として組織化する一方で，同時にすべての人と物事を疑い，休むことなく親密さを探し求め，裏切りに対する防御を準備し，必要としていた「受けて当然の」愛と保護を与えてくれなかった信用ならない人たちからの報復を探し出そうとしてきた。したがって，精神病質の AC にとって，最も望まれる人はバランスの取れたBタイプであろう。しかし，求めていた他のアタッチメント対象による過去の裏切りのために，バランスの取れたBタイプは最も恐れられ，そして（時間と場所と人の境界が曖昧になっている中で）最も憎らしい人になる可能性がある。精神病質者と一緒にいるバランスの取れた個人は，精神病質者が情報変換を用いて見かけを偽造していることに気付かない限り，純真なBの人は言うまでも

なく精神病質者の餌食となるであろう。

　またA/Cの結合は心理療法の過程によく見られるものでもある。Aタイプの話し手が抑圧された情動に気づくと，彼らは自分自身の感情にとらわれるようになることが多い。これはA/Cの結合につながる可能性がある。同様に，Cタイプの話し手は彼らの経験から引き出すことができる意味記憶上の否定的結論に気づくにつれて，彼らはどちらのタイプの方略も示すかもしれない。しかし，セラピーが進行するにつれて，統合がより頻繁に起こり，拡大されていくので，方略間を揺れ動くことは少なくなっていくはずである。

その他の不安定型 (IO)

　同定されるかもしれない逐語記録の最後のタイプは本方式では説明されていない重要な発話の言い淀みや思考の歪曲を伴うものである。つまり，談話の重要な要素がここでは説明されていないものである（すなわち，それらはB, A, A+, C, C+のパターンや，それらを修正したり，結合したものに当てはまらない）。本当に認識されていない要素とパターンを伴う逐語記録はIOとして分類されるべきである。その際，「無理やり」最善の推測をして最も適合するDMMの分類を選び，一致しない要素を書いておくことである。これらの逐語記録は定期的に再考するために取っておくべきである。類似した他の逐語記録が同定されるにつれて，それらの組織化を同定することが可能になるかもしれない。

　さらに，このマニュアルがMain and Goldwyn（1984, 1994）によって説明された一連の組織化を拡張するものであるのと同様に，同定されていない他の組織化はまだあると想定している。これらの組織化については，今後出てくる文献を読む必要があるだろう。

第11章

対人関係的自己防衛方略の崩壊を反映する状態

未解決のトラウマ（Utr）または喪失（Ul）

　この章が扱うのは，自己防衛方略が効果的に機能することを妨げるいくつかの状態についてである。これらの状態は個人の生育歴における特定の危機的な出来事と関連している。そして自己を守ったり，安全な生殖を促したり，子孫を守ったりするための個人の能力を一時的に妨げる可能性が時にある。

　これらの状態は特定の過去の危機的な出来事（アタッチメント対象の喪失，および自己やアタッチメント対象に対するその他の脅威）に対する心理的な**トラウマ**反応を反映している。これらの反応は不適応な情報処理を含んでいる。関連のない情報があまりにも多く保持され（そして行動を組織化するのに用いられ）たりするか，関連のある情報があまりにも多く放棄されたりするか，あるいは危機的な出来事に関してその他の思考の誤りが生み出されたりするのである。これらの方法の一つ（あるいはそれ以上）によって扱われる出来事は**未解決**であると見なされる。これらの誤りは方略の機能全般を妨げる可能性がある。比喩的に言えば，その効果は地雷に似ている。たいていの時間，人は地面の上を安全に，かつ方略的に歩いている。しかし，それは，前意識にある引き金を何かが引くまでである。手続き記憶やイメージ記憶の中にある情報が，通常は地下にある前意識的な引き金である。前意識上で喚起された場合，未解決な出来事が想起されることによって個人の傾性表象（DR）は変化し，限られた一連の条件下で行動は不適応なものになる。個人が用いる自己防衛方略に対してこれらの例が与える衝撃の程度にはさまざまなものがあり得る。トラウマ反応の中には，方略の機能に対して非常に狭い範囲で限定された影響を及ぼすものもある。他のトラウマ反応の中には，複数の危機的な出来事に関して複数の情報変換が相互作用している場合は特に，より広範囲な効果を及ぼすものある。

　危機や喪失へ晒されたことが未解決である場合，精神病理（すなわち，現在の状況にそれほど良く適合しない思考や行動）のリスクが増加する指標となることが多い。つまり，さまざまな方

略パターンおよびパターンの結合はそれぞれある状況では適応的であり，それゆえにそれ自体は精神病理を表すものではない。しかし，未解決であるということは，自己への脅威となる出来事が現在の機能と関連して統合されてきていないことを特にほのめかすものである。統合されていないと，現在および将来の機能がリスクを生み出すことが示唆される。

概　　観

解　決

　未解決を理解するには喪失や危機に晒されることの解決を初めに定義しなければならない。心的情報処理の機能とは危機的な出来事に対する有益な情報を収集する一方で，無関係な情報を捨てることである。危機を切り抜けることは人生で極めて重大であるため，心理的適応とは，何よりもまず過去を用いて将来の危機に備えることである。

　人間は危機に関して，および安全を確保する方法に関して2つの情報源のみを持っている。それらは，遺伝的に伝達されたもの，それゆえわれわれの中枢神経系に生まれながらに備わっているものと，自分自身の経験を通じて，または他者の経験を通じて我がことのように学んだものである。トラウマと喪失に関するこの議論の焦点となるのは，安全を確保する方法や自らにアタッチメントを形成している人たち（たとえば，子どもや配偶者や両親など）を守る方法に関する情報を生み出すような，生得的な潜在能力と独自の経験との相互作用である。

　危機を経験すると，脅威となる状況に知覚と注意が向けられる。このようにすることで，将来の危機を，そしてそこで用いることができる自己防衛反応を予測するシグナルをわれわれが同定できる可能性が増大する。このようなとらわれ型の知覚と注意の向け方は，(a) シグナルと防衛反応がわからず，かつ (b) 同様の危機が将来起こる可能性がまだある限り，適応的に働くであろう。

　また危機は心理的混乱を引き起こすので，人はそれを忘れて，より幸福で生産的な話題へと移りたいと思うこともある。こうした軽視型の過程は危機が再発しそうにもない時や，今にも起こりそうな危機のシグナルがたやすく認識され，防衛反応を取れる時に適応的に働く。

　脅威的または危機的な経験の心理的解決は以下のように定義される。危機のシグナルを同定して自己防衛反応を習得するか，出来事が繰り返される可能性はほとんどないと決定して，このどちらかの情報を現在の機能の中に統合すること，である。解決は予測に役立つ情報を保持し，予測に役立たない情報を過去に置いておくことを含む。それは危機に晒された経験から学んだことの利点を保ちながら，注意と心理的過程を脅威から離して，人生の他の側面へと移動させることを可能にする。個人が危機を心理的に解決している状態であると考えることができるのは以下のような場合である。

- 過去の危機的な経験から予測と保護に役立つ情報を引き出している。

- この情報を将来の経験に適用して，起こりそうな危機的状況と安全な状況とをそれなりの正確さで区別することができる。
- 万が一危機が起こりそうなシグナルがある時に用いる予防的方略を発達させている。
- 将来の安全に関係がない過去の危機に関する情報を過去に結び付ける（すなわち，それを将来の自己防衛機能から捨て去る）。
- 万が一予防不能な危機が起きた時に，自己を守る方略を発達させる。
- 過去の危機のために起きた自己と他者の変化を受け入れ，適応している。
- その経験と関連する激しい否定的感情を，より複雑で変化に富んだ感情状態，特に悲しみや後悔や受容や残っているものへのより一層の満足などの認知情報を含む状態へと変換している。
- 人生につきものの曖昧さや不確実性を受け入れているが，それにもかかわらず，危機に備えるだけでなく，人生の他の側面へ関心を向ける方法を見出している。
- その出来事から生じた，埋め合わせとなる，あるいは満足のいく結果をある程度見出している。

未解決

　非常に危機的な状況について信頼できる情報を持っていることは，心的機能と身体の安全にとって極めて重要である。自分自身を将来守れるほど十分に過去の脅威を理解するまでは，その出来事に対する自己防衛反応を維持しようとする強力な傾向が存在する。最上の環境においては脅威となる情報によって心的警戒態勢が起こり，その結果，統合的な心的活動が始まり，新たな，より洗練された心的反応と行動的反応が構築され，そして必要があれば，自己と他者に関するDRの改訂がなされる。この場合，脅威となる情報を意識的に再生できる傾向がある。

　より満足のいかない状況では，脅威となる情報は心的過程にまん延しているものの，将来自己を守るためにより効果的な方略を構築できるような統合的な心的活動を引き出すことはない。代わりに，もっと危険であるとすら見なされる真実の一部に気づかないように，情報は分割され，歪曲され，操作される。とりわけ，（特に過去の危機に関して）軽視型の心理的過程を用いる未解決の話し手は，現在進行中の人生のリスクを認識することを拒否する。この情報を意識や方略行動から排除しようとする継続的な努力が彼らの未解決には含まれる。対照的に，過去のトラウマや喪失にとらわれている未解決の話し手は，出来事の不可逆性と，安全と慰めを将来得られる可能性を認識することを拒否する。そうした情報を意識や方略行動から排除しようとする継続的努力が彼らの未解決には含まれる。注目すべきなのは，たとえ意識的な再検討や統合を利用することができず，それゆえ解決には至らないとしても，自己を危機に晒す出来事を軽視してきた話し手にとって「思い出さないこと」は心的機能の中に現存し，まん延している能動的過程であるということである。言い換えると，**軽視型未解決［U（Ds）］ととらわれ型未解決［U（p）］**は正反対の機能を持っているが，実際には階層的にも機能的にも平行する2つの構成概念である。つまり，その過程は異なっているが，未解決という結果は同じなのである。

　未解決に関する重要な問いは以下のようなものである。**将来の危機を同定したり，予防したり，**

それから身を守るために必要なものを心理的処理から排除することによって，あるいはそれらのために必要ないものを保持することによって，危機（あるいは危機となる喪失）は心的機能全般に影響を及ぼしているのであろうか？　言い換えれば，「解決」の機能は以下の通りである。(a) 危機（死の危機も含まれる）を予測し，予防し，それから身を守ることの手助けとなり得る情報を将来へ持ち越し，(b) 過去にのみ関連があり，将来とは関連のない情報を過去に置いておくこと，である。もし将来へと持ち越されるものが多すぎるなら，それはとらわれ型の未解決である。もし過去に置いておかれるものが多すぎるならば，それは軽視型の未解決である。解決とはこうした情報を正しく区別することである。

　未解決は日々の機能にとって多くの重要な意味合いを含んでいる。統合的活動が欠如していると，他者のパーソナリティのさまざまな側面を一つの全体像へと結び付けたり，あるいはもっと重要なこととして，いろいろな対人関係や時間や文脈にわたって見られるさまざまな自己の側面を全体像へと結びつけることができなくなる。そうした統合がなされないと，特に外的条件と相互作用する際に，自己と他者に関する予測が相対的に不正確になる。安全な条件下では安らぎに悪影響を与え，したがって親密なアタッチメントと生殖関係を維持する能力に悪影響を与える。脅威があまりにも過剰に予測されるような極端な例では，個人の自己防衛活動が危機を作り出したり，引き出したりすることすらあるかもしれない。脅威に晒される条件下では，未解決のままであると，効果的に考えたり活動したりするにはあまりにも過剰な不安が生み出されるために，あるいはその脅威に十分な注意と覚醒を向けることができないために，安全に影響を与えるかもしれない。

　George et al. の AAI（1985, 1996）は解決の証拠や軽視型未解決の証拠よりも，とらわれ型未解決の証拠を同定するのにより効果的である。このこととその他の理由のため，George et al. のインタビューの修正版を DMM 方式（Crittenden, 2007）で使用することを推奨する。どちらのインタビュー法が用いられようとも，話し手が解決の状態にあるかどうかをコーダーは決めなければならない。未解決には複数の形式があり，そのどれもが過去の危機に固有の側面を未来に関連する側面から区別できないことを示唆している。これらの未解決の形式を，最も軽視型のものから最もとらわれ型のものへという順番に並べると，以下のようになる。

軽視型形式 Dismissed forms
 a. 軽視型のトラウマまたは喪失　　　Utr/l（ds）
 b. 置き換えられた displaced トラウマまたは喪失　　　Utr/l（dpl）
 c. 遮られた blocked トラウマ　　　Utr（b）
 d. 否認された denied トラウマまたは喪失　　　Utr/l（dn）

とらわれ型形式 Preoccupying forms
 e. とらわれ型のトラウマまたは喪失　　　Utr/l（p）
 f. 代理 vicarious のトラウマまたは喪失　　　Utr/l（v）
 g. 想像された imagined トラウマまたは喪失　　　Utr/l（i）
 h. 示唆された suggested トラウマ　　　Utr（s）
 i. ほのめかされた hinted トラウマまたは喪失　　　Utr/l（h）

j. 予期された anticipated トラウマまたは喪失　　Utr/l（a）

その他の形式
k. 妄想的修復 delusional repair　　Utr/l（dlr）
l. 妄想的復讐 delusional revenge　　Utr/l（dlv）
m. 無秩序型 disorganized トラウマまたは喪失　　Utr/l（dx）
n. 抑うつ的 depressed トラウマまたは喪失　　Utr/l（dp）

軽視型のトラウマまたは喪失は基本的な A タイプ方略を用いる話し手に最もよく見られるものである。この場合，その出来事が将来の危機への備えという点，および感情という点の両方で自己にとって重要であることを話し手は軽視する。その結果，悲しみや，あるいは喜びや満足などの感情ですら感じることができなくなってしまう。そのような話し手は温かみがなく，鈍感に見える。

置き換えられたトラウマまたは喪失は軽視型の一形式である。そこでは実際にトラウマや喪失を引き起こした出来事に関する情報が処理から排除されると同時に，他の何か，おそらくはそれほど脅威でない出来事や人に移動されているというものである。したがって，自分が親に虐待されたことは軽視されるかもしれないが，一方で自分のきょうだいの味わった苦しみには過度の注意が向けられているかもしれない。言い換えれば，この方略には軽視型の要素ととらわれ型の要素の両方が含まれるが，その対象は分割されているのである。

遮られたトラウマまたは喪失は，総合的に考えると，話し手が認識していないトラウマ経験があることを強く示唆していると考えなければ説明のつかないような詳細を話し手が提示することを指している。つまり，話し手はトラウマや喪失があったとは主張していない（そしてほのめかしてもいない）が，観察者はそのような出来事の証拠を話し手の談話のスタイルと生育歴の事実の中に見出し，同時にこの仮説上の出来事を含むと，話し手の生育歴と談話のパターンが心理学的に妥当なものとなることにも気づいている。以前は，他の理論ではこのような出来事の記憶は抑圧されていると考えられてきた（すなわち，心の中に存在するが，思い出されていない）。現在の認知神経科学による理解では，再生が精緻化されないと，神経経路が促進されない結果になるかもしれないことが示唆されている。すなわち，記憶の候補の一部は精緻化される過程を通じて記憶として確立されることはこれまでなかったかもしれず，そうであるならば神経学的には存在しないということになるであろう（Schacter, 1996）。

遮られたトラウマを AAI においてコーディングするには以下の 4 つの条件が必要である。

1. 話し手が関連付けた出来事の中に，遮られた可能性のある出来事が起こった機会があることが不可欠である。
2. 話し手が語ったことと談話におけるその語り方を考慮すると，その出来事が起きたように見えなければならない。
3. 逐語記録の全く異なる部分を越えて結びつきながら，遮られた可能性のある出来事を示すような「遠回しの」マーカーが複数なければならない。これらのマーカーはイメージか情動喚起的言語であることが多い。遮られた可能性のある出来事が性行為である場合，両義

的意味を持つ言葉 double entendres[訳注1] はその意味を伝えるかもしれないが，そのような言葉だけでは遮られた子どもの性的虐待をコーディングするのに十分ではない。
4. 話し手の語りと自己防衛方略が心理学的に矛盾のないものとなるためには，その出来事が必要とされなければならない。

否認されたトラウマまたは喪失が生じるのは，話し手の身体的または心理的統合性に対する非常に深刻で逃れられない脅威が話し手を圧倒しているように見える時である（たとえば，他の話題を議論している際に頻繁かつ不適切に含まれることや，話し手を強烈に刺激し，それは［ina］や［ess］という形式すら取ること，などである。別表と第12章を参照）。それにもかかわらず，直接質問されると，話し手はその出来事を否認するか，または現在も継続している否定的影響を否認する。この複雑な反応形式は連合の失敗を含んでいる。潜在的には，過剰連合の過程がある。つまり，機能的には手続き記憶とイメージ記憶は脅威に対してとらわれていることを反映している。だが顕在的には，脅威は自己から分離されている。つまり，自己と無関係のものとして言葉の上では説明される。Utr/l（dn）はより単純な形式である軽視型とは区別される。なぜなら否認が働くのは意味記憶上のみであり，脅威に関する膨大な情報は潜在的に処理されるからである。どちらのDRも話し手の行動に影響する可能性があるが，相容れない形で，そして多くの場合は不適応な形で影響する可能性がある。一方で，Utr/l（ds）は機能的には一貫して軽視的であり，危機的な出来事が議論されることはめったにない。行動を調整するDRから排除することが危機に対する基盤となる。Utr/l（dn）において活性化された過程と非活性化された過程との間に生じる矛盾は時に妄想によって「解決」されることがある。

とらわれ型のトラウマまたは喪失は，自己への脅威となる出来事がもたらした心的処理を引き継ぐことを含んでいる。これはその出来事そのものに限定されることもあり得るし，その出来事があまりにも広範な刺激に関連するためにすべての機能に浸透することもあり得る。

代理のトラウマまたは喪失という反応形式では，話し手は危機に晒される出来事を経験したことも目撃したこともない。代わりに，この出来事はアタッチメント対象に以前起こったものであり，かつ現在の話し手の行動や心理的に構築された現実に直接的に影響を及ぼしている。この出来事を説明する時，代理の未解決の話し手は言い淀むことが多いが，それはトラウマや喪失が未解決の場合，よく見られることである。彼らはこれらの言い淀みをアタッチメント対象の経験にはっきりと結びつけることもできないし，その出来事に関する本質的情報も欠いていることが多い。

想像されたトラウマまたは喪失が起こるのは，その出来事が起こったという信頼できる証拠を話し手が提供するものの，根拠のない心理的トラウマの帰属をする場合である（すなわち，話し手は誤った因果関係の帰属をする）。

示唆されたトラウマがコーディングされるのは，インタビュアーがトラウマを想像して，話し手にアイデアや言葉をうっかり与えてしまい，話し手がそれらを本当に起きたこととして受け入

訳注1）研究社の新英和中辞典によると，double entendreとは二つの意味のうち，一つが性的に下品な意味を持つ語句や発音である。たとえば，'Lovely Mountains!' で山を女性の 'breasts' にひっかけるなど。

れる場合である。これが特に問題になるのは,「偽りの記憶症候群」は積極的な欺きと区別されなければならないからである。積極的な欺きでは話し手は真実を知っているものの,さまざまな理由から,過去に被害を受けたと嘘の申し立てをする必要性を感じている。示唆されたトラウマのような歪曲には「借り物の」情報が反映している。その情報源は実際にはセラピスト(または他の権威者)であるのに,話し手は自分が情報源だと思っているのである。

ほのめかされたトラウマまたは喪失に割り当てられるのは,話し手がたいていの場合は従順で無邪気な様子で,細部を狡猾に配置していくことで,他者が話し手(または話し手のアタッチメント対象)をひどく傷つけたと観察者が結論付ける場合である。別の言い方をすれば,話し手はインタビュアーの心にそのようなアイデアを植え付ける一方で,それが起こったことをそれとなく否認する。すべての場合において,話し手自身はインタビュー中も他の話題に関しても欺き(偽りの認知)を見せる。さらに,加害者とされる者は話し手を傷つけ,インタビュー時にまだ恐れられている人物であることが常である。この形式の未解決の機能は加害者とされる者を非難する過程に観察者を参加させることである。

予期された喪失またはトラウマは非合理なとらわれ型の様式で誇張された怖れを反映している。たとえば,子どもの頃に母親を失ったために,自分の子どもを失ってしまうという恐れである。死の恐怖の基盤は置き換えられたり(たとえば,自分自身の死の恐怖から自分の子どもの死の恐怖へ),変換されたり(たとえば,殺したいという欲求から死の恐怖へ,すなわち反動形成)するのかもしれない[原注1]。

未解決のトラウマまたは喪失の**妄想的な**形式が生じるのは,話し手が意味記憶や情動を基盤にして,あたかも起こったかのように見えるが,実際には報告されたようには起こっていないエピソードを想像する時である。話し手は「まるで as if」や「のような like」という言葉でこれに目印をつけるが,その後に「実際の」会話を引用することすらする,などということが頻繁に見られる。ここでの誤りは,話し手自身の心が情報源であると話し手が認識できていないことである。

妄想的に修復されたトラウマまたは喪失は危機に晒される出来事に関する説明を話し手が妄想的に構築したものを含んでいる。そうでもしない限り,それらの出来事は話し手にとって現在も許すことができず,説明がつかず,和らぐことのないように見えるであろう。出来事の周囲に配置された妄想的枠組みのおかげで,その出来事は公正で合理的な世界において意味のあるもの,あるいは不可避のものにさえ見える。こうして,不当なトラウマや喪失から生じた和らぐことのない苦しみを反転するのである。偽りの解決はあの世での将来の幸福を予期することを含み得るし,あるいはより自己誇大的な形式を取ると,ひどい目に遭った自己を,犠牲となった救世主または混沌状態を支配する強力な人物へと変換することができるのである。

あらゆる形式の未解決と同様に,危機と保護が妄想にとって重要である。認知と情動に関して言えば,起こったことに対して随伴性や正当な理由が全くないところに認知的,つまり合理的な意味付けをする機能を妄想は持っている。また,起こったことのために,激しくて解決できない否定的情動が生じるだけかもしれないので,有益な行為を動機付けられない覚醒を低下させるの

原注1)怖れの原因から切り離された,子どもが死ぬという恐ろしい予期は Main and Goldwyn によって軽視型(Ds4)の中のパターンとして扱われている。ここでは,危機の未解決の一形式として扱われている[Ul(a)$_{child}$]。

に妄想は役立つ。このような妄想は認知的時間的推論の歪曲に基づいているため，将来を予言できるという話し手の感情を含むことが多い。

妄想的に復讐的または攻撃的なトラウマまたは喪失は妄想的修復に似た変換を含んでいる。しかし，自己にとっての将来の報酬へ焦点を当てる代わりに，加害者の処罰を強調する。その結果，他者に対して一層の危機をもたらす。

抑うつ的という言葉が割り当てられるのは，話し手が危機的な出来事（または喪失）を以下のように知覚している場合である。すなわち，（a）出来事そのものと，その出来事をめぐる回復と再構成の過程の両方が自分のコントロールを超えており，そして（b）自分の身体的または心理的幸福にとって必要不可欠なものである。

無秩序型トラウマが割り当てられるのは以下の 2 つの条件の下である。（1）単一のトラウマティックな出来事に対して複数の心理的反応を示す場合。逐語記録のさまざまな箇所で，その出来事は軽視されたり，とらわれたり，置き換えられたり，などしている（最低三つの異なる反応が必要とされる）。（2）以下のような複数の出来事や死がある場合。（a）未解決を示すマーカーがあり，（b）トラウマティックな出来事としての資格を満たしておらず（なぜなら通常，一部は極めて些細なものであるため），（c）意味をなさない形で混同されている（過剰ではあっても，意味をなす形で結合されているものとは対照的である）。重要なのは，個人に対する心理的影響を説明する特定のトラウマはないが，むしろその経験が持つ一連の現実の属性と想像上の属性とが，ほんのわずかでもその性質を共有する経験のほとんどいかなるものとも結合されるということである。その影響のために非常に広範囲の出来事が激しい情緒反応を潜在的に引き起こすものとなる。

誰がまたは何が解決あるいは未解決となり得るのか？

「喪失の未解決」（Ul）はアタッチメント対象とアタッチメントを形成している人物（つまり，話し手の子ども）と自己の代理（たとえば，きょうだい）のために使用される。これらの人物のみが Ul(p) と Ul(ds) と Ul(v)（それぞれ，とらわれ型の喪失，軽視型の喪失，代理の喪失）を割り当てられることができる。親ではない親類（たとえば，継父母，祖父母，おじおば，など）はアタッチメント対象として機能していたかどうかについて判断しなければならない。これはそのような属性を持つ人物全員に対してではなく，各人物ごとに判断が下される。その上，（ある人がアタッチメント対象に形成しているのと同じような関係を形成している）きょうだいもまたアタッチメント対象であるか，あるいは自分自身に対してアタッチメントを形成している人物であるかもしれない。ペットがアタッチメント対象であるか，自己の代理でさえある場合があるが，これは話し手からその話題を出さない限り，調べない方が良い。ある出来事は，死がそこになくても，喪失になり得る。たとえば，離婚や里親への配置などである。しかし，そのような出来事には，実際のアタッチメント対象からの分離とアタッチメント対象を持っている状態からの分離とが含まれることに注意すべきである。

アタッチメント対象も，重要度が低いその他の人々もどちらも，Ul(dpl)，U(a)，Ul(i)（それぞれ，置き換えられた喪失，予期された喪失，想像された喪失）に分類されることができる。

危機的経験に関しては，自己への脅威か，話し手が直接観察した他者への脅威のみがUtr(p)とUtr(ds)を受けることができる。Utr(v)は，その出来事が起きた時に話し手がそこにいなかった場合に，アタッチメント対象やアタッチメントを形成している人物へ生じた脅威に使用される。Utr(dpl)とUtr(a)とUtr(i)とUtr(h)はあらゆる人や出来事に適用することができる。その人生が話し手にとってさほど重要ではない人物に関して未解決を示す証拠がある時，Ul(dpl)とUtrの両方が可能性として考慮されるべきである。Ul(dpl)が使用されるのは，喪失は決定的な要因であるものの，より重要な喪失から離れた所へと置き換えられている場合である。Utrが使用されるのは，その死のために話し手が自身の個人的安全に自信を持てなくなる場合である。特に，暴力的な死（たとえば，自殺や殺人など）にはUlとUtrの両方が割り当てられるかもしれない。

未解決と基本方略の一致と交差

未解決に関するこの議論を終えるにあたって，自己への脅威となる出来事に対処する方略と個々人の主要方略との相互作用があることに注目すべきである。これらが同じである時（つまり，これらが一致する時）に，話し手を「U」のカテゴリーに分類することは不要であるように思われる。それにもかかわらず，話し手が未解決であるならば，未解決を注記する。こうすることの利点は，それが将来のどこかの時点で爆発する小さな地雷のようにそこで待っていることに臨床家が留意できることである。

より興味深いのは両者が逆転する場合や，あるいは軽視やとらわれの程度に差異が生じる場合である。反対の方略が交差した例として，とらわれ型のトラウマや喪失を有するAタイプの話し手，もしくは逆に軽視型のトラウマや喪失を有するCタイプの話し手が挙げられる。方略の逆転を含むパターンが最も起こりやすいのは，（認知的または情動的に）さほど大きくはない脅威が存在してきたところに，ある重大な危機が生じて，正反対の予測と自己防衛方略が必要となる場合である。たとえば，父の死の重要性を軽視する，攻撃的なCタイプの話し手がUl(ds)$_F$C3となる場合，あるいは幼少期の事故がトラウマとなった，理想化するAタイプの話し手（A1）がUtr(p)$_{fall}$A1[訳注2]となる場合などである。後者の組織化は，パニック発作症候群と関連することが多い二つの組織化のうちの一つである（Heller & Pollet, 2010）。逆転は臨床的に重要であり，注目に値する。

一方，方略を誇張して使用する中で差異が見られる場合があるかもしれない。たとえば，軽度のCタイプの話し手（C1–2）が危機的な出来事や喪失に関して執着的性質または偽りの認知的性質を示すような場合である。具体例として，説明を受けないまま母親の足が切断されたことで代理的にトラウマを負った無防備なCタイプの話し手がUtr(v)$_M$C2となる場合が挙げられる。トラウマ的出来事をめぐってCタイプパターンを誇張することは別の形式のパニック障害と関連していることが多い（Crittenden, 1997a）。

最後になるが，トラウマや喪失の未解決はトラウマと喪失をめぐる情報と機能が統合されてい

訳注2) fallはトラウマの内容，つまり転落事故を示している。

ないことを示しているものの，個人の機能の他の側面が統合されていないことを示しているわけではない。結果的として，Bタイプパターンが優勢であっても，UtrとUlの状態になり得るのである。実際，自己に関連のある死やトラウマを経験した後に再構成の期間が見られるのは正常であり，かつ予期されることである。この期間，Bタイプの人は未解決の状態にある。

このような理由によって，DMM方式では優勢なパターンが何であるかに関わらず，すべての未解決のトラウマと喪失がリストアップされるのである。

コンテインされた未解決とコンテインされていない未解決

未解決が個人の機能に対してどれほどの範囲で影響しているかが重要である。AAIの開始時の質問には脅威を与えたり，挑発するようなものは含まれていない。もし心理的トラウマの証拠があるならば，話し手の機能にかなり浸透していることが予想できる。それに続いて，アタッチメント対象との関係について質問をすると，特定の親と結びついた幼少期の脅威の証拠が引き出されるかもしれない。このセクションは話し手の統制下におかれているので，つまり話し手が言葉やエピソードを選ぶので，トラウマや喪失が侵入してきた場合，アタッチメント関係に関連のあるものとなる。幼少期によくある危機についてのセクションは脅威を，したがってトラウマをさらに同定しやすい。問題は心理的反応がそれを引き起こした出来事にどの程度うまく限定されているかということである（たとえば，軽視されているのか，置き換えられているのか，他の出来事と混同されているのか？）。トラウマティックな危機と喪失に関するセクションでは未解決が最も暴かれやすい。しかし，もし思考の歪みが，それほど直接的には関連していないインタビュー部分に見られるのではなく，このセクションに限定されているならば，適応機能にとってそれほど重要ではない。最後に，統合的質問が示唆するのは，危機に晒された経験によって，話し手が自身の人生経験を解釈する仕方がどの程度影響されているのかということである。非常に不安定な話し手において特に留意すべきなのは複数のトラウマティックな出来事をめぐって混同が生じることである（すなわち，無秩序型の未解決）。その話題について質問された時にだけ出現するトラウマ反応は「コンテインされている」と見なされる一方で，自発的に出現するトラウマ反応は「コンテインされていない」と見なされる。

談話マーカーとその心理的機能

喪失やトラウマの出来事に**とらわれていること**を示すものは多数存在する。予想されるように，それらは巻き込む談話マーカーによって同定される。イメージはとりわけ重要である。未解決を示唆するのは以下のような危機をもたらす主体のイメージである。危険な人物や経験と結びついていないイメージ，注意をくぎづけにするイメージ，そして特にあたかも現在起きているかのように語られるイメージである。

トラウマまたは喪失の**とらわれ型**の未解決の指標は，激しい情動的興奮と認知的混乱または曖昧さを含む。これらすべてによって，脅威となる出来事が時間的にも空間的にも接近する（すなわち，**いつ**，**どこに**危機が起きるのかが歪曲される）。Main & Goldwyn（1984, 1994）はその未

解決／無秩序型カテゴリーに関してこれらの指標を詳細に説明しており，以下に再び記すことにする。

- 過去は不変ではない，つまり，危機はまだ妨げるかもしれない，あるいは故人は実際には，または完全には死んでいない，などという誤った信念が少なくともインタビューの一部で（通常，手続き記憶またはエピソード記憶において）見られる。
- 死や危機的出来事が起きた時間に関する時制上の混乱，もしくは危機的出来事や死が，少なくともインタビューの一部では，現在起きていると見なす時制上の混乱などが見られる（手続き記憶またはエピソード記憶）。
- 人物の混乱，たとえば自己と加害者の代名詞を，あるいは自己と故人の代名詞を逆転することなどが見られる（手続き記憶）。
- 実際にはその場にいなかったのに，危機的出来事や死の中に自己を誤って位置付けることが見られる（イメージ記憶やエピソード記憶）。
- 死の原因やそれを暗示するものに関する心理的混乱が見られる（手続き記憶や統合的記憶）。
- 危機や死の話題をめぐって生じる，激しく統制できない情動覚醒を含んだ，過度に単純化された情動反応が見られる（手続き記憶あるいはイメージ記憶）。
- 危機の原因に対する責任，特に一連の原因における自身の共謀に関した過度に単純化された推測，つまり還元主義的非難思考や魔術的思考が見られる（意味記憶や統合記憶）。
- たとえば，記念日効果のような，その出来事が高い確率で反復するであろうという不合理な信念が見られる（手続き記憶と意味記憶）。
- たとえば，強烈な再生イメージなどの，危機を示唆する文脈に関する過剰な警戒が見られる（イメージ記憶）。

とらわれ型の未解決の機能は以下の通りである。(a) 自己とその出来事との間の距離を縮め（このようにして，その出来事を現在に保ち，あたかも解決策が手に入るかのようにする），(b) あらゆる細部を警戒する意識を保つことで，その出来事が再び起こることを防衛できるほど十分早く認識できる確率を高め，(c) 危機の原因，特に自己が影響し得る原因への気づきを避ける，ということである。とらわれ型の反応の利点は，将来似たような出来事が起こることを予測し，防げる可能性を高めるということである。原因となる条件がはっきりしない時（あるいは危機的な出来事がより脅威的である時），可能な限り多くの「生の」感覚情報（文脈的なものと身体的なもの両方）を保持し，その出来事を後に再構成できるようにする。さらに，その出来事と関連した情動を覚醒し続けることで，また行動パターンの変化を拒むことで（すなわち変化を拒むことで），その出来事が実際には起こらなかったという偽りの見かけを作り出す[訳注3]。

とらわれ型の反応の対価は，**危機の過剰予測**と**責任の過小帰属**であり，それゆえ責任のある自己防衛行動をとることができない。さらに，人生で前へ進むことができなかったり，その出来事

訳注3) これは特にUIの場合を想定しており，たとえば，故人のことを常に思い出し（情動の覚醒），故人の部屋を片付けずにいることで（行動パターンの変化の拒否），故人があたかもまた戻ってくるかのように振舞う（出来事は起こらなかった）場合が挙げられる。

と関連する痛みから自分自身を解放することもできなかったりする。

　軽視型の未解決の指標には，通常の軽視するマーカーすべてが含まれているが，加えて以下のものが含まれている。

- 逐語記録の最初の部分とその出来事を最も直接的に質問した部分を除いたすべての部分から危機的出来事や亡くなった人を排除する（手続き記憶とエピソード記憶）。
- 危機や死に関して（インタビューの他のどの部分よりも）極端に短くなっている（手続き記憶）。
- 通常なら情動が予期される場合に，危機や死についての情動が著しく欠落している（手続き記憶）。
- その出来事は自己にとって全く重要ではないと明白に主張する（意味記憶と統合的記憶）。
- 自己が危機や死を引き起こした，もしくはその一部に対して責任があるという誤った信念を持つ（意味記憶，統合的記憶）。
- 自分が実際にはその場にいて，危険に晒されたような出来事から自己を引き離し，その出来事を一部の他の人たちへと置き換えることもある（エピソード記憶）。

　軽視型の未解決は地理的に遠い過去に，あるいは他者の中に危機を置くことで，自己から危機を遠ざける機能を果たしている（Pynoos & Nader, 1989）。軽視型の反応の利点は容易に鎮めることのできない痛みを感じることから自己を守ることである。加えて，情動の表出が過去に激しく罰せられ，拒絶につながった場合，軽視型のトラウマと喪失は（想像上の，または現実の）さらなる脅威から話し手を守るかもしれない。

　この方略の対価には，重要な予測因子や防御反応に注意を向けることができないため，危機がもたらす**脅威を実際より少なめに同定する**ことが含まれる。（このことは，他の人には皆見えていたのに，「脅威が迫りつつあることが全く見えなかった」ような人が証明している。）このために自己はある程度影響を及ぼし得るような出来事からは特に将来被害を受けやすくなるかもしれない。**責任を実際より多く負い過ぎる**ことには，自己が出来事をコントロールしていると感じられる機能があるが，それゆえに将来自己を守ることができるという誤った信念を持つことになる。

　とらわれ型と軽視型の未解決の他の形式はそれぞれのマーカーを共有している。無秩序型の形式はこれらのマーカーを混合している。抑うつ的な形式の特徴は抑うつの修正項目と同じ談話マーカーである（下記参照）。

経験／生育歴

　話し手の生育歴には，自己を脅かす知覚された出来事のどのような形式も含まれる。子どもたちは成人に比べてより広範囲の危機に対して脆弱で，それらを理解することがより困難なため，彼らは心理的トラウマに対してより脆弱で，アタッチメント対象の死という出来事ではより大きな危機に晒される。さらに，彼らは情報を蓄えたり，取戻したり，統合したりする力が弱いため，未解決のトラウマや喪失に対してより脆弱である。したがって，人生早期に起きた危機は，後に

起こる危機よりも，トラウマを生み出しやすい。生育歴の特に重要な側面は，アタッチメント対象が子どもを守り，慰めることができたかどうかである。

　2つの形式のトラウマが特に脅威となる。第一の形式は，人生早期の危機が年齢を重ねてから繰り返されるものである。幼少期にアタッチメント対象を喪失した後に他のアタッチメント対象も喪失すると，それはトラウマをひどい形で繰り返し与える一連の危機の例と言えるであろう。そこでは個人は解決のためのはなはだしい努力，つまり安全であると感じられることを必要とするであろう。その結果，個人は既存の方略をより頑なに自己防衛的に用いて，誇張してそれを使用することになるかもしれない。第二の形式は，危機の脅威をほとんど経験せず，アタッチメント対象が常に保護し，慰めてくれた人に見出されるかもしれない。これらの人々は欺かれる危機の経験を解決することを難しく思うかもしれない。つまり，Bタイプ方略を用いる人は，AタイプとCタイプの方略，特に高数字のパターンを用いる人よりも，行き過ぎた危機的条件ではトラウマを被る危険性がより高いかもしれない。

未解決に関するDMMの概念化の利点

　DMM方式における未解決の議論は複雑である。Main, Hesse, and Goldwyn（2008）による，とらわれ型の未解決／無秩序型という単一のカテゴリーよりもはるかに複雑である。それにもかかわらず，このような発想を明確に述べることで，苦しんでいる人が危機的出来事へ反応する際の重要な特徴を臨床家は同定できるようになる。

　DMM方式では危機が主要な問題であり，すべての方略は危機を中心に構築される。アタッチメント対象（あるいはアタッチメントを形成している人物）の喪失も一種の危機と考えられる。それゆえに危機，特にトラウマとなる危機に対する反応に関する理論（Crittenden, 1997b）は，トラウマと喪失の両方の未解決を概念化するための基礎となる。このうち，喪失は普遍的かつ究極的な危機である。幼少期にアタッチメント対象を喪失することは個人の生存にとっての脅威となる一方で，アタッチメントを形成している子どもを喪失することは遺伝子の存続にとって脅威となる。したがって，これらの二つの出来事は特別な危機である。しかし，喪失は避けることのできない普遍的な出来事であるため，人類はアタッチメント対象を失うという不愉快で，時には危機的な現実に順応する術を見出さなければならない。子どもがまだ依存的である場合に，あるいはアタッチメントを形成している子どもを親が守れない場合にこのような出来事が起きると，解決に至るのは特に難しくなってしまう。それにもかかわらず，誰もが喪失に適応する術を見つけなければならない。他の危機に遭遇することも珍しくはないが，誰にでも起こるわけではない。

　DMM方式では，解決は明白に論じられている。このために，解決へと至る機能と過程を同定することが可能になる。そのために今度は，話し手が成し遂げていない解決の側面はどこなのかを正確に評価することができるのである。**解決の機能とは，将来の保護と慰めに関わる情報を未来へと持っていき，特定の出来事にのみ関わる情報を過去に置いておくことを個人ができるようになることである。**未解決の個人はこれら二種類の情報を区別することができない。特に，課題が刻々と変化し，それに直面する自己も刻々と変化しているという文脈では区別できない。

DMMアプローチがもたらす重要な効果は，未解決がもはやカテゴリーではなく，むしろ**過程**と見なされるということである。その過程は勾配を備えており，また機能に対してより狭い，もしくはより広い範囲で影響するものとして観察される。このように，DMM方式が発展しつつある現時点では解決／未解決の区別は維持されているが，ここで用いている考え方をさらに発展させていくと，この区別はディメンジョナルになるかもしれない。しかし，現在でも臨床家は，単に危機が「解決」されたかどうかだけではなく，特に解決のどの側面がさらなる統合を必要としているのか，またはインタビューのどの部分が影響を受けているのか（つまり，未解決がどの程度まで一般的なのか，あるいは特異的なのか）も記録しておくことが役立つと思うであろう[原注2]。

ここで概念化されるように，未解決は**自己を脅かす知覚された状況**への心理的反応である（Crittenden, 1997d 参照）。この反応は心理的にも行動的にも生じ，またAAIの談話の中にも確認される。このように考えれば，**出来事に対する心理的反応はその出来事自体よりも重要な特徴である**。実際に，その出来事は目撃されただけなのかもしれないし，将来起こると予期されているのかもしれないし（予期されたトラウマ），他の出来事や人々に誤って帰属されているのかもしれないし（置き換えられたトラウマ），実際には起こっていないかもしれないし（示唆されたトラウマ），アタッチメント対象に起こっていて自身には起こっていないかもしれないし（代理のトラウマ），それについて個人が意識上では気づかないまま起こったのかもしれない（遮られたトラウマ）。このように，離婚，里親に預けられること，親が傷つけられること，「忘れられていた」子どもの性的虐待などのような自己を脅かす出来事は解決または未解決という観点で考えることができる。

DMM方式におけるトラウマの未解決は本質的にはCタイプ方略の延長ではない。代わりに，自己を脅かす出来事に対する軽視型の反応と，とらわれ型の反応と，軽視型／とらわれ型の結合した形式の反応はすべて未解決を示している。特に14個の未解決の形式を本書で提案した（他にも将来確認されるかもしれないが）。軽視型の未解決，置き換えられた未解決，遮られた未解決，否認された未解決，予期された未解決，とらわれ型の未解決，代理の未解決，想像された未解決，示唆された未解決，ほのめかされた未解決，妄想的修復の未解決，妄想的復讐の未解決，抑うつ的未解決，無秩序型の未解決である。

DMM方略と未解決の型は，欺きに潜在する危機に特に敏感である。両親が自身の危険性について子どもたちを欺く場合は，両親の脅威が隠されずに実行された場合に比べて，はるかに弱体化させる心理的結果を子どもに与えることになる。同様に，生殖のパートナーが性的活動について欺く場合は，身体的にも心理的にも子孫を危険に晒すことになる。

このようなDMM方式の未解決の特徴には，もっと単純に概念化した場合よりも，強みがあることを表している。実証研究は上辺をなでただけにすぎないが，単純なとらわれ型の喪失やト

[原注2]これと喪失からの回復の「段階」モデルとの間には，類似点も相違点もどちらも見られる。主要な相違点は解決の各側面を達成していく順序がここには示されていないことである。実際，時間の中のある時点で特定の側面を解決できるかどうかは，後で現れる何か他の問題によって変化するかもしれない。解決の過程におけるこのような動的かつシステム論的観点を取れば，個人が回復する際に見られる「逆転」を説明できるかもしれない。もしかすると，いくつかの逆転は実際に古い情報と新しく生み出された理解の連結であるのかもしれない。加えて，ここで取られた観点によると，解決のうち最初に試みられた側面，あるいは最も成功した側面においてAタイプとCタイプの個人は異なる可能性が出てくる。

ラウマが心理的障害と強い相関を示さない一方で,軽視型のトラウマと喪失は相関があるというエビデンスが蓄積されつつある。特定の歪曲（たとえば,想像されたトラウマと摂食障害やパーソナリティ障害との相関,または示唆されたトラウマと不安障害との相関,ほのめかされたトラウマとパラノイアとの相関,など）および反応の組み合わせ（軽視型かつとらわれ型のトラウマとPTSDとの相関,無秩序型のトラウマと境界性パーソナリティ障害との相関）も同様に心理的障害との相関を示している。これらの結果を報告している研究は第15章でまとめてある。

第12章

対人関係的自己防衛方略の破綻を反映する状態

個人内水準および家族外水準への移行

　第12章では，自己を守ったり，安全な生殖行動を促進したり，自分たちの子孫を守るための方略が機能不全を起こしている状態について論じる。**修正項目 modifiers** は心理的機能に広範囲にわたって影響を与えるものであり，その結果，個人の方略とそれが適用されている文脈との間には全般的かつ慢性的な不適合が生じている。加えて言うと，最初にAAIのインタビュー記録を読んだ時に，修正項目があることでインタビューを理解するのが難しくなるのだが，その難しさは，未解決のトラウマや喪失をトラウマ発生後の文脈と誤って結びつけてしまうこととはかなり異なっている。ここでは，抑うつ，失見当，禁止された否定的情動の侵入，身体表現症状，再構成という5つの修正項目について説明する。

概　　観

　11章で紹介した未解決の喪失とトラウマは地雷であるというメタファーを続けるならば，修正項目とは本格的で（時間的にも空間的にも）限りのない戦争のようなものである。安全や慰めは皆無であり，その人には自分を守る方略がない。それぞれの修正項目は方略を変化させるため，少なくともしばらくの間は方略として機能しなくなる。談話という観点から見ると，どの方略の分類基準も十分には合致しないことを意味する。生活上の経験という観点から見ると，修正項目は行き詰った状態（つまり，その方略を経験に対して臨機応変に適用できない），文脈を定義することができない状態（つまり，変化のない文脈に対して不規則に方略を適用するために，行動が相対的に予測しにくくなる），または，以前の文脈と変化した文脈とを十分には区別できていない状態（つまり，再構成を必要とするような新しい人生の状況）であることを指している。

抑うつ depression（Dp）の場合，話し手は方略が役に立たないことを知っている。彼らは，状況がどのようなものであるのかを知っており，自分を守るためにできることは何もないと（それが正確であろうとなかろうと）信じている。このように，彼らには正確な情報があるものの，それが現在の自分に関連するものではないと考えている。にもかかわらず，効果的な方略を持っていないので，話し手が利用できるのは役に立たなくなった方略しかなく，たとえそれが確実に役に立たないことがわかっていても，それを使い続けてしまう。このように，言語的に提示された方略は情報を歪曲したり，排除したり，侵入させる[訳注1]ことができなくなってしまう。代わりに，すべては率直であり，私たちから見ると理解しやすい。この率直さからBタイプに見えるが，悲しみや，自己への関連付けができないことや，そして生産的な内省的思考が見られないことから，Bタイプに分類することは不可能であることが確認できる。

失見当 disorientation（DO）の場合，話し手は方略が機能していないことに気付いていない。むしろ，彼らは方略的に振る舞っていると思っているが，相容れない情報源からの表象が混合しているため，行動は他者の保護と自己の防衛とが混合した一貫性を欠いたものとなっているので，自己を守ることも，子孫も保護することもない。別の言い方をすれば，失見当の話し手にとっては，すべてが自己に関連のあるものとなっているとも言える。失見当の話し手は情報源について混乱しており，その結果，あたかも現在の自分にそれらがすべて等しく関連しているかのように，たくさんの情報源から情報を結び付けてしまう。すべては一緒くたにごたまぜにされ，そのために現在の行動はまとまりを失い，見当違いなものとなる。

禁止された否定的情動の侵入 intrusions of forbidden negative affect［ina］が生じる場合，抑制的なA+方略は働かなくなるため，人は異常なほど強烈に感情的で，厳しく禁じられている，明らかに不適切な方法で行動してしまう。これはトラウマや喪失経験が未解決である場合とは異なり，かつて抑制されていた禁止された否定的情動の侵入は，自己の外側からの情報の入力，つまり随伴性や他者の感情の表出に伴って生じているようには見えない。しかし，このように見えることがあり得るということははっきりさせておくべきであろう。実際には随伴性はたいてい存在するのだが，認識できないのである。複数の否定的情動状態のうちどれでも侵入することはあり得るが，すべてが行為を動機付ける状態（つまり，慰めへの欲求，怒り，恐れ，性的欲求，痛みへの欲求）である。これらのうち，痛みへの欲求に関してのみ説明が必要であろう。おそらくこのような欲求が起こるのは，話し手の情動がほとんど絶対的に抑制されているため，命を脅かすような強烈な刺激だけがとにかく感じられるようになっている場合であろう。それは対人関係の中で求められる（すなわちマゾヒスティックな場合）よりも，自らの手で行われることが多い。侵入が生じている間，強迫的方略は役に立たなくなる。このようなことが起こるのは，極端に抑制的で強迫的Aタイプの話し手にだけである。強迫的Aタイプ方略はそれを引き起こす条件との関連をもはや失っており，代わりにすべての条件に万遍なく適用されているのである。

身体表現症状 expressed somatic symptoms［ess］はインタビューに対する非言語的で身体的な妨害のことであり，それは医学的には説明できないものである。たとえば，極端に遅い話し方，居眠り，ひどい咳，などがこれに当たる。これらの症状は方略を断続的な形で慢性的に混乱

訳注1）インタビュー中に質問されたこととは無関係な話をすることを指す。

させる。身体表現症状という修正項目はDMM-AAI方式に新しく付け加えられたばかりで，その修正項目の定義と理解は今のところ最も曖昧である。

再構成 reorganizing（R）している話し手は，ある方略から別の方略へと変化している最中である。そのような場合，どちらの方略も完全には機能していないために，その分類基準は混合してしまい，双方の基準を完全には満たさなくなる。非Bタイプの方略は内省的かつ統合的な過程を通じて，よりバランスが取れた状態になっていくことが多い。どの方略も完全には「責任を負って」いないため，その個人はとりわけ無防備である——正に新しい心理的スキルと機能が発達しつつある最中なのである。再構成は，AタイプとCタイプの間でも起こり得るが，非B方略間で変化する場合の基準はまだ定義されていない。

抑うつ

これはDMM方式の修正項目の1つであり，理論（Gut, 1989）とAAIからの臨床的観察（Crittenden, 1995）に基づいている。CARE-Indexを除いて，他のDMMアセスメントすべてに抑うつに相当するものがある。

概　観

抑うつ（Dp）はどんなパターンでも修正可能であるが，状況が実際に安全な場合は，高数字パターンの方が低数字パターンよりも抑うつとして分類されやすいであろう。反対に，危険な状況では，より低数字のA，B，Cタイプの方略を使っている人ほど，抑うつと分類されやすいであろう。このように直観に反する関係になる理由は，ここで使用される「抑うつ」の定義に関連している。

臨床的には抑うつの診断には非常に幅があり，比較的似ていない症状を広範囲にわたって含んでいる。ここではもっと狭く焦点づけたものを使用する。**具体的に言うと，AAI分類の修正項目としてのDpとは，方略を問題に適用しても問題を解決できないこと，そして話し手がこれを自覚していること，を指している。**このように方略が問題を解決できないことから，感覚情報の認知変換も情動変換のどちらも，**自己関連性のある**傾性表象（DR）を生み出さないということが示唆される。反対に，そこで提示された表象は，自己や自己の行動が結果には何の関連もないということを示唆している。言い換えれば，すべては見た通りであり，何をしても変化は生じないのである。談話マーカーは，どちらの変換（つまり，認知と情動）も行動するためのいかなる傾性表象も生み出さないということを扱っているのである。

談話マーカーとその心理的機能

抑うつはAAIの談話の中で談話マーカーの存在によって認識されるが，その談話マーカーは，機能不全を起こしている基底的方略と関連のあるものである。たとえば，距離を取っているが

危機を軽視しない話し方や，バランスが取れているが統合的で生産的な結論に達しない話し方や，とらわれ型であるが（a）問題を解決するための援助を引き出せなかったり，（b）攻撃を動機付ける怒りを生み出せなかったり，または（c）脅威から逃れるための恐れの感情を増大させられないような話し方，などである。代わりに，すべての情報が存在していて，歪曲は比較的少ないものの，自己を守るための方略は欠けている。したがって，適切なイメージ情報，意味情報，情動暗示情報，エピソード情報がある。手続き情報から見ると，話し手はインタビュアーに対して適切に協力するものの，生産的に考えていくためにその関係を利用することはできない。内省機能は，それが正確で洞察に満ちているように見える時でさえ，適応的行動の組織化を促すかもしれないような，自己関連性のある意味をもたらすことはない。さらに，そのような可能性は単に欠けているというだけではなく，話し手は期待してもいないのである。**これこそが正に全形式の情報が持つ根幹的問題である。つまり，自己を守ることや慰めを求めることに関して，それらの情報はすべて話し手を非主体的にしてしまうのである。**

　抑うつは再構成またはBタイプにさえ容易に間違えられやすいことに留意しなければならない。というのも，すべての情報が比較的歪曲の少ない形で利用可能であり，話し手はそれについて内省するからである。しかし，その情報は新たな，より適応的な理解と行動をもたらすように統合されることはない。

1. 手続き記憶的に見ると，AタイプまたはCタイプの方略を基盤に持つ抑うつ的な話し手は，自分の方略と関連のある談話マーカーをたくさん活用する。さらに，言い淀みがある場合，話し手にとって困難な話題であることがわかる。多くは自分自身について距離を取った形式で，つまり他者の行為の対象として自己を語る。これには受動態の使用も含まれることが多い。それにもかかわらず，重要な情報は比較的歪曲のない状態で保たれている。それゆえに，手続き記憶は，不快な情報を意識することを避けるという機能を失っている。

　　表出される情動は行動を動機付けない傾向があり，代わりに（a）徒労感を示す行為（たとえば，ため息や深呼吸など）と共に話し手の脆弱さを伝えるか，（b）あるべきところで，全く欠けている（しかし，情動は軽視されるわけでも，偽りの肯定的情動へと変換されるわけでもない）（たとえば，危機が生じる確率が変化するかもしれない可能性から主体の注意をそらすような，平坦なまたは悲しげな情動，など）か，（c）強烈だが分化さておらず，一般化されており，その情動はどこにも向けられていない，つまりいかなるものにも焦点付けられていないか，無為へと至る（たとえば，見たところ大したことのないようなことでも激しく泣きじゃくって反応し，慰められたり安堵したりする可能性はないかのようになる，など）。

　　聞き手との関係性という点では，抑うつ的な話し手はインタビューから撤退しようとすることも聞き手の感情を操作することもない。表面的には，質問 - 応答というフォーマットに協調するが，聞き手との作業関係を作ろうとは全くせず，新たなことを考えるための機会として聞き手の存在を活用することはない。彼らは相互作用しているようにも見えるし，インタビュアーとの繋がりを持とうとしないようにも見える。つまり，話し手は関係性を活用することによって，思い出したり感じたりすることを遮断したり，理解をさらに

深めたり，インタビュアーを巻き込んで同意を求めたり，あるいは問題を解決するということがない。

2. イメージ記憶は，非人間的で独特な内容を持つ少数のイメージへとまとめられる。それらは聞き手／読み手に感情を引き起こすことがない。つながりがなく，活気が失われているか独特であり，そして奇怪であるため，それらの意味は他者（または自分自身）に対して簡単には伝わらない。したがって，それらのイメージは自己に関連していたり，独自に個人的意味を持つことがほとんどない。またそれらが語られる際は，特有の感情状態を引き起こしたり，生活上の出来事に容易にわかるように結び付くことはない。このために，自己は情動から，または情動の動機付け機能から引き離されているのである。

3. 意味記憶的に見ると，抑うつ的な話し手は，本当ではあるが，同時に変化へのいかなる可能性をも閉ざすようなことを話す。たとえば，家族システムの外側から来る無作為な，または制御できないような出来事（たとえば，戦争や伝染病など）は取り返しのつかないダメージを子どもに引き起こす。ある程度明白で，かつ変えることのできない条件を強調してしまうと，方略が影響を及ぼすことができるその他の原因となる条件に気付きにくくなることが頻繁に起こる。たとえば，親のハンディキャップの影響に気づくと，親の行動のその他の側面に対する親の責任が曖昧になるかもしれない。抑うつ的な話し手は，変えることのできない状況に直面すると，行動しても**無駄**であるとか，またはすでに**運命**によってすべての結果が決まっているかのように結末付けてしまう。もしくは状況の見方を変えれば，どの程度の範囲まで自らの力で反応できるのかわかるかもしれないのに，今の見方では状況が動くことはなく，変えようがないと思えるかもしれない。これは過去の状況に対しては正確である場合もあるが，新しい情報をより頻繁に取り入れることで，この意味記憶を変えることができるかもしれない。というのもその情報は未来に関連しているからである。概して，意味記憶は（a）過度に一般化されており，（b）保護や慰めがないことに関して一般化された情報を保持しているが，親を免責したり，親への非難をそらしたりするような情報を含めることによって自己を守るようには組織化されにくくなっている。

4. 情動暗示言語に関しては，談話には情動が失われているわけでも満ちているわけでもなく，代わりに話し手と聞き手の両者は避け難い重苦しさや悲哀の感覚を味わう。

5. 再生されたエピソード記憶は意味記憶上の判断を支持するものとして適切であるか，または最低限適切であることが多い。つまり，生育歴は語られた通りであると信じることができて，話し手が使用しかけている方略に合致している。これに対して，エピソードの内容は問題を効果的に制限または変化させるような，取り得るはずの行動の指針を全く提供しない。また，過去に効果的な行動を生み出した感情を引き出すこともない。エピソードの中では自己は傷つきやすく，行為を受ける対象である。行為を受ける対象としての自己はその行為を引き出しているわけでもないし，その行為に対して自分を守ったり，避難・脱出したり，攻撃したり，慰めを得るために反応することもない。つまり，そのエピソードからは，保護されなかったことに対して自分を守ったり反応したりするということが見られないのである。結果として，これらも現在の自己に関連を持たなくなる。ほとんどの事例において，信頼できる証拠があるにもかかわらず，エピソード記憶を正しく分類するこ

とは難しい。
6. 統合は最小限であるが，真の統合と容易に混同されやすい。つまり，抑うつ的な話し手は不一致を明らかにすることも含めて問題を明確に説明し，そしてそれらを軽視することもないし，謎めいた結論の出ないものとして扱うこともない。その代わり，多くの抑うつ的な話し手は，問題はその状況に**もともと備わっていた**ものであると単純に考えて，解決を期待することもなければ，求めることもない。彼らはまた，リスクを知らせる前兆や危機を生み出した原因となる状況を認識はするものの，これらが彼ら自身の行動にどの程度関連しているのかをわかっていない。話し手は，状況を大きく歪曲することなく正確に説明できるにもかかわらず，状況を変えることはできないという無力さを感じている証拠を示す。たとえば，抑うつ的な話し手は，現状を変えることはできないとか，特定のやり方で振舞うことはしたくなかったが，それにもかかわらず実際そうしてしまった，などと言うかもしれない。このように，彼らは情報を統合して問題を明確に説明するものの，新たな，または創造的な解決策を生み出すために統合を使用することはできない。その結果，彼らは自分たちの振舞い次第で，今をどんなに安全で心地良いものに変えることができるのかがわからないのである。

結果として，抑うつ的な話し手は全般的方略または特定の方略のどちらの基準も完全には満たさないことが多い。このように基準を満たさないため，特定の分類に割り当てられないことがよくある。つまり，話し手は周到に方略を使用して，自己を守るために情報を変換することはない。代わりに，そのような逐語記録を A+ または C+ として分類して，強迫的または執着的方略の一般的な形態であることを示唆して，特定の完全な方略には割り当てないことが多い。全般的に見ると，さまざまな記憶システム間で見られる不一致よりも，談話のパターンの方が方略をよりはっきりと反映している。つまり，抑うつ的な話し手は些細な，現在進行中の（手続き記憶上の）脅威に対しては方略の名残を効果的に使用するが，その方略は彼らの生活の現実的脅威に対してはうまく機能しないのである。こうした脅威に対して，彼らは守られていなかったり，傷つきやすいように見える。抑うつ的な A/C タイプの話し手はある特殊な問題を経験する。多くの場合，片方の，またはもう片方の方略を受け入れることによって，彼らの力を奪っている膠着状態は終わるであろうが，そうするためには現実を歪曲する必要があるだろう。抑うつ的な話し手はこれに気づくので，方略的に行動することは不可能であるように思われる。

抑うつとBタイプとの区別

すべての情報が概して歪曲されずに存在しているため，そして過去の経験に関する話し手なりの理解にわれわれは概して同意するため，抑うつ的な話し手はBタイプとして間違って分類されることが多い。しかし，楽観的な見通しを持つことによって適応が促進される（Scheier & Carver, 1982; Taylor & Brown, 1988）ということを心に留めておくと，責任や因果関係を正確に帰属し過ぎたり，感情がはっきりしていないという点でBタイプの話し手とは異なる。要するに，AAIで抑うつの修正項目を割り当てられる話し手というのは，自己への関連付けがほとんどでき

ないのである。抑うつ的な話し手は，語り方が大体一貫しており，語られた生育歴から心理的に健全な発達歴を構築できるという点で，失見当の話し手とも区別される

経験／生育歴

　Aタイプの抑うつ的な話し手には，通常，避けられない危機を含む幼少期の生育歴がある。多くの事例では，認知的に予測可能で防ぐことのできた危機の文脈において否定的情動を表出したところ，冷たい仕打ちに遭っており，その後の人生で情動にアクセスすることなしには解決できないような危機または脅威を経験している。その他の事例では，個人は危機に晒される対象であった。その危機は取り返しのつかないような形で彼らの人生を変えてしまい，また埋め合わせる機会を与えないようなものであった。

　抑うつ的なBタイプの話し手は，通常，安全で欺かれることのない環境で育ち，その後，以下のものを変化させることが必要となった危機的状況を経験している。変化させる必要があったのは，(a) 危機を認識したり，危機についての当てにならない情報を含んだ，外的現実に関するDR，(b) 情報を処理したり，行動を組織化するための方略，そして（c）歪曲や欺きに対する耐性と，彼ら自身やアタッチメント対象や子孫を守るために他者を傷つけようとすることを含んだ自己，である。もっと直接的に言えば，純真なBタイプの人たちは，彼らが想像していたほど彼らや世界は「素敵な」ものではないという不快な現実に直面しなければならないことが多いのである。通常，安全であることや守られていることに関する信念は，反論できないような形で批判されて，自己は望んではいない変化を回復のために求められることになる。純真なBタイプの人たちは，獲得されたBタイプよりも抑うつに対して脆弱である。獲得されたBタイプは慢性的な抑うつに最もなりにくいかもしれない。つまり，彼らはレジリエンスを獲得しているのである。

　抑うつ的なCタイプの話し手には，通常，予測できない危機的な出来事を含む幼少期の生育歴があるが，それがどのような結果になったのかは強烈な情動表出によって修正されている可能性がある。それに加えて，その後の人生で情動表出では対処できず，認知情報にアクセスすることなしには解決はできないような危機や脅威を経験していることが多い。

失　見　当

　失見当（DO）は高覚醒状態であり，情報源記憶の問題により，無方略的に機能している。このようなことが起こるのは，情報源が表象から排除されて，現在の自分に表象を過度に帰属させてしまう時である。つまり，他者のDR（特にアタッチメント対象）と幼い頃の自己のDRが，現在自己に関連を持っているDRへとひとまとめになっているのである。その結果，あまりにも包括的過ぎる一連の表象ができあがり，そこではすべてが自己に関連付けられてしまうようになる。また，情報源記憶が欠けていることも，DRの正確さと自己関連性を評価する妨げとなっており，そのため矛盾した表象が現在の自己に等しく関連しているかのように扱われてしまってい

る。このために個人は不一致を解決して，現在目の前にある関心事に最も役立つ表象を選ぶことができない。このことが最も決定的に重要な意味を持つのは，その他者がアタッチメント対象であり，自己とアタッチメント対象のニーズが葛藤している時である。そのような状況下では，談話と振る舞いの両方が一貫性を失うかもしれない。このために，自己に対して時に逆効果をもたらすような不完全な方略行動を生み出す可能性がある。「失見当」という用語が選ばれたのは，互いに矛盾する傾性表象をめぐって相容れない目標へと個人が方向づけられるからである。結果としての振る舞いは無方略的なものになる。つまり，自己を守ることも慰めを引き出すこともない。

　抑うつと同様に，失見当は再構成またはBタイプとさえ容易に混同される可能性がある。なぜならすべての情報が比較的歪曲されていない状態で利用可能であり，話し手はそれについて内省するからである。しかし，その情報が統合されて，より適応的な新しい理解や行動が生み出されることはない。

発達歴

　情報源記憶の欠損を説明する条件には複数あるかもしれない。まず初めに，情報源記憶の能力が発達する前に，危機的な学習が生じていたのかもしれない。しかし，幼い子どもたちは誰であっても情報源記憶を欠いているため，年齢だけで欠損を説明するのは不十分である。

　親のニーズと子どもたちのニーズが葛藤状態にあり，子どもたちがその葛藤を理解できない場合，親から与えられた情報を信頼しがちであるという生得的傾向のために，自己に有害な行動をしてしまうかもしれない。これは特に親自身がひどく脅かされたと感じて，親は自分たちのために行動するものの，その理由は子どもたちには理解できないが（たとえば，子どもたちが気付くことのないまま機能する三角関係化した関係性の中で起きること），子どもたちのために，あるいは子どもたちの利益のために行動しているのだと意味記憶上では子どもたちに話しているような時に，このようなことが特に起こりやすい。ひどく脅かされたという親の感情は極めて重要である。というのも子どもを守るための方略より，親が自分自身を守る方略を使用してしまうからである。しかし，もし親によって作り出された葛藤や選択を子どもが知覚できるならば，これによって失見当が生じることはないであろう。この条件だけでは，子どもたちは相補的な自己防衛方略（たとえば，執着的方略を使用する親の子どもが強迫的方略を使用する）を形成するに過ぎない。本質的な構成要素は，親が密かに子どもを巻き込む方略（つまり，執着的C方略や子ども中心の強迫的A方略）を使用することである。このような場合，子どもたちはどのような時に自分の視点から見ていて，どのような時にアタッチメント対象の視点から見ているのかについて混乱しやすくなる。

　最後に，子どもに部分的にのみ関連するようなやり方で子どもに対して親が振舞うようにさせる条件はどんなものであれ，子どもを失見当にする可能性がある。その条件には，親が自身の心的トラウマに反応していたり，子どもに対する態度として不適切であると彼らが知っているやり方（たとえば，性的虐待）で子どもに接したり，三角関係化した夫婦関係を持つこと（この中では子どもに影響を与えている重要な因果的条件が子どもには見えない），が含まれる。親の振る

舞いが子どもに全く関連していない場合，子どもたちがそれを同定するのは容易であり，因果関係が混乱することはない。たとえば，親が飲酒していたり，精神病である場合，年齢がとても幼い子どもですら，自分たちに対して反応しているわけではないことを理解できるので，子どもたちは誰の思考や感情が誰に属しているのかについて混乱することはない。誰の視点なのかが混乱しているような状況においては，子どもたちは因果関係を自己へ誤った形で帰属して，この誤った情報に基づいて方略を実行しがちである。結果として，これらの方略は機能しないため，現実の本質に関して子どもたちはさらに混乱することになる。

談話マーカーとその心理的機能

　DO が割り当てられる逐語記録にはすべて以下のような性質がある。話し手に能力があるならば，インタビューを受けることによって，話し手は一貫した生育歴を語ることが十分可能である。話し手が用いる発話や思考の歪曲は DMM 方式が説明する範囲内にあるものである。つまり，逐語記録の各要素はなじみのあるものであり，定義が決まっている。談話の要素は葛藤しているように見える。つまり，話し手はどのように生育歴を語るのか悪戦苦闘しているようであり，語り方を変えることによって，話し手は複数ある方略を柔軟に使用できるようになるというよりも，弱体化するように見えるのである。提示されている要素には自己防衛機能が見られない。つまり，それらの要素は，自己が知覚した危機から話し手を守ることもないし，話し手の危険性について他者を誤解させることもない。その上，抑うつ的な話し手とは違って，失見当の話し手は，自分たちの方略がこれまで役に立っておらず，これからも役に立たないであろうことに気付いていないようである。話し手とそのアタッチメント対象たちに関する心理学的プロファイルには一貫性がない。つまり，私たち観察者は話し手の心理的歴史について心理的に健全な説明を構築することができないのである。

　また，DO に割り当てられる逐語記録には以下のようなマーカーが見られる。

1. A/C または AC 方略。
2. インタビューの異なる箇所同士につながりが欠けており，まるで異なる生育歴にについて異なる時に語っているかのようであり，また話し手は，話が変わってしまっていることや話に矛盾があることに気付いていないかのようである。
3. 関連のない出来事同士を気付かないまま，または誤った形で結び付けている。
4. センテンスやエピソードは話の途中で意味が変わってしまうが，話し手はインタビュー全体の一貫性が失われるような不一致に気付くことがないままである。これは，話し手が自分の考えを変化させていることを承知している，揺れ動き[訳注2]とは異なる。むしろ，話し手はある経験の一つのバージョンを別のものへと代用する。それは，二つの異なる DR が一つのセンテンスやエピソードの中で気付かないまま並置されていることに見られる。
5. 明白に関連したつながりがないまま，また手元にある質問に答えないまま，ある話題から

訳注2）正反対の考えを行ったり来たりする低数字の C タイプの特徴。

別の話題へと反応が変化する。変化するポイントは，主題が話し手にとって不快になるときに現れてくるようである。つまり，もし思考が途切れることがなければ，センテンスは明晰になったであろうという時である。それにもかかわらず，話し手の心はある話題から別の話題へと飛んでいく。その機能は，焦点付けることとその結果生じる気付くことを避けるということかもしれない。

6. 話し手がコントロールできていないらしい，方向性を持たせようとする侵入が生じる。最もよく見られるのは以下の3種類の侵入である。
    a. 話し手が何を話していたのか忘れてしまった時に，インタビュアーによって再び方向付けしてもらうように要求すること。この場合，話し手は心理的に混乱していることに気付いており，またその質問が他の機能を持つ可能性があるため，混乱の程度は最小限であることが示唆される。
    b. 話し手が自分の方向性を立て直そうとする時に生じる独り言である。通常は心の中で行うものであるが，ここではあたかもインタビュアーが聞いてはいないかのように，口に出して行う。これは助けを要求する場合よりも，ひどい失見当を示唆する。
    c. インタビュー全体にわたって見られる覚醒の兆し（過度に場にそぐわない笑い声，どもり，権力闘争の機能を持たない，インタビューへの度重なる妨害，または舌打ちなどの侵入的な音，など）が見られるが，それらには動機付ける機能もなければ方略的な機能もなく，単に覚醒していることのみを示している。

7. いくつかの事例では，これら3つの特色は危機や喪失を話している時に限って見られる。そのような事例では多角的で矛盾した方略が使用されている。つまり，方略的反応は混乱しているものの，出来事自体は混同されてはいないのである。このような場合，混乱はトラウマか喪失経験に限られているので，UI/tr (dx) として表記される。失見当の事例においてより一般的であるのは，生育歴の中に特定の危機がはっきりと見られることがなく，また成人である話し手の談話の中にも心理的トラウマが見られることもないという場合である。代わりに，生育歴には厄介なほど一貫性を欠いた要素があり，明快さを欠いている。心理的に見ると，複数のパターンの要素が一般に見られるにもかかわらず，話し手の方略を認識することはできない。

DO と A8 の区別：A8 の話し手は情報を他者に頼るが，DO の話し手は，彼ら自身が情報を持っていると仮定しているが，それにアクセスして評価し，それを情報源へと帰属するための効率的手段を欠いている。

禁止された否定的情動の侵入

禁止された否定的情動の侵入［ina］とは，AAI の文脈では受け入れ難いような，突然の予期せぬ言語や話し方の形式を使用することである。抑制された状態から，抑制されていない高覚醒状態へと短時間に突然変化する。禁止された否定的情動の侵入は，強迫的 A タイプの方略が万

遍なく適用されている時にだけ生じ，そこでは情報源としての自己は禁止されており，情報源としての他者が自己組織化過程の全体を調整している。

概　観

［INA］が生じる状況

禁止された否定的情動の侵入が生じるのは，情報源としての自己が顕在的処理からかたくなに排除され，その後，調整されていない様式で突然行動し始める時かもしれない。Aタイプの方略は過剰なまでに「完全」（つまり，すべての否定的情動が禁止されている）であると同時に，広く浸透（つまり，否定的情動の表出が許される機会は全くない）していなければならない。このような状況はA1-2に関連してはいないため，禁止された情動の侵入はこの方略には見られない。強迫的A方略（A3-8）に関しては起こり得るが，たとえそうであったとしても，規制や保護を課すことが求められる文脈を除いて，このようなことが起こるのは非常にまれである。

侵入の形態と過程

いかなる否定的情動（慰めへの欲求，怒り，恐れ，性的欲求，または痛み）も侵入する可能性がある。侵入には覚醒の急激な高まりが含まれ，それが行動を引き起こす。AAIの実施中には，これらの行動は場にそぐわない言葉や身振りや音，またはその場から立ち去るような活動として見られる。日常的な生活の中での侵入には，突然の汚い言葉遣いや（特に物に対する）暴力の爆発や（その個人自身の視点から見て）不適切な性的行動や自傷，そして自殺（あるいは自殺企図）が含まれる。

このような強烈な覚醒が生じると，広く浸透した抑制の結果として生じた低覚醒（たとえば，抑うつ）が反転する。仮に，自己を守る行動を動機付ける危機に関する情報として否定的情動を概念化するならば，個人は過度な抑制をしているおかげで，危機的状況に対して明白な反応を示すことがないまま耐えることができるかもしれない。もちろん，これは不自然であり，安全でもない。危機に直面した時には行動するべきである。したがって，侵入は危機から自己を守るための「最後の砦」として概念化することができる。

心理学的過程

皮質上の処理に関する現在の考えが示唆しているのは，それが抑制と連合という二つの相反する過程から成り立っているということである（第3章参照）。どちらの過程も不可欠なものであるが，それらは協調しなければならない。侵入が生じる場合，抑制過程が機能を支配して，連合過程を排除する。その上，抑制過程に特有の機能は，自己生成情報，特に否定的情動とその結果として起こる行動に関する情報を排除するというものであった。したがって，問題は情報源記憶にあるわけではない。むしろ，排除する際の基準として情報源としての自己が使用されているの

である．問題は統合的過程にある．「禁止された否定的情動の侵入」という用語を使用するのは，抑制的な組織化が機能しなくなるからである．

機能的過程

　禁止された否定的情動の侵入は対人関係の水準，すなわち二者関係および家族関係の中で方略として機能しない．否定的情動を極端に抑制することの問題の一つは，個人が否定的情動を調整することを学べないということである．したがって，一度表出されればもはや制御不能であるか，または文脈上の随伴性との関連を失うかもしれない．人間関係や家族の中にはこのようなことに耐えられない場合もある．対人関係の問題に対して対人間の解決策がない時，侵入は個人内の生理的水準と家族外，つまりコミュニティ水準の両方へと方略機能を移行させる．個人内では，侵入は抑うつ的な覚醒を高めて，その結果，生理的ホメオスタシスを回復させる．同時に，家族外からの援助（たとえば，メンタルヘルスの専門家や法的措置や宗教の権威，など）を引き寄せる．個人がAタイプの組織化をしていることを考慮すると，否定的行動が自己に関連付けられないということが決定的に重要である．つまり，そのような行動は「狂っている」か「まともじゃない」のであり，さもなければ個人のコントロールを超えたものに見えなければならないのである．（もし個人でコントロールできるものとして解釈するならば，この行動は強迫的方略による「正しいこと／間違っていること」という分割を揺るがすであろう．）家族外のコミュニティ（コミュニティの代表としての専門家も含む）の反応は，覚醒を抑えるために薬物療法を使用したり，抑制を回復するための心理療法を提供したり，さもなければさらなる拘束を加えるような文脈（たとえば，病院や刑務所など）に個人を移すことが多い．侵入が他者を傷つけない場合，自己とは無関係のものと見なされ，メンタルヘルスシステムの範疇にあるものとみなされることが多い．侵入が他者に害を及ぼす場合，自己の本質と見なされ，侵入を表出した個人は刑事システムへと押しやられることが多い．

　このような概念化は以下のことを示唆している．

- 侵入を伴う抑うつは，文脈に随伴して生じる生命維持のための通常の覚醒変動に似ている．しかし，それが生じるのはより極端な水準においてである．
- 侵入は，危機が今にも起こりそうで，逃げることが必須であると思われる時に生じる．つまり，侵入は個人の極端に低い覚醒を修正するだけでなく，個人の保護が必要であることに他者の注意を引き付けもするのである．

　また，「組織化されていない disorganized」ように見えるにもかかわらず，禁止された否定的情動の侵入には個人内（生理学的）水準においても個人外（社会的）水準においても自己を守る機能があることをこの概念化は示唆している．

　AAI において［ina］は，精神病，統合失調症，気分障害，双極性障害の診断，および暴力的な犯罪行動を含んだ，中程度から重度の障害と関連があることが示されてきた．これらの障害は，病因は通常不明であるが，遺伝的，神経学的，または化学物質の不均衡に起因するとされること

が最も一般的である。診断と保護的な居住環境と薬物療法とを組み合わせることで，個人の行動は効果的に変化し，個人は日常的な環境から離され，個人の行動を組織化する心的過程は修正される。このような結果を考慮すると，禁止された否定的情動の侵入には以下のことが反映しているのかもしれない。つまり，極端な不安定化を使用することによって，自己を情報源とする禁止された感情と経験を表象することが，限られた状況下では可能になっているのかもしれない。このような適応の仕方に個人が支払う代価は非常に高くつく。

談話マーカーとその心理的機能

逐語記録に［ina］が割り当てられるのは以下のような場合のみである。つまり，インタビューの仕方が，もし話し手にそうするだけの能力があるならば，一貫性のある生育歴を話し手が語れるような適切なものであり，話し手が使用する談話と思考の歪曲はDMM方式が説明しているものに含まれており，談話の手続き的要素が葛藤しているように思われ，行動は非生産的なものに見えて，話し手とアタッチメント対象に関する心理学的プロファイルには一貫性がない，という場合である。

また，［ina］が割り当てられた談話記録には以下のようなマーカーも見られる。

- 強迫的Aタイプ方略を万遍なく使用している。特にA4とA7である。他者の視点や要求に対して過度に警戒することも含まれる。
- 突然，説明もないまま出てくる不適切な否定的言葉遣いやコメント。
- あたかも存在しないかのように，侵入を無視すること。または，あたかも恥じているかのように，侵入を隠そうと試みること。しかし，侵入はご機嫌取りの談話へと交替することはない（交替する場合，威圧的方略を使用していることが示唆される）。
- 承認しがたい否定的な振る舞いと，あまりにも大きすぎて言葉に表せないような脅威に関して使用される理解できない言葉。
- 危機と侵入の両方を表している「引き金」となる言葉やフレーズを繰り返し使用すること（たとえば，ひどく「イライラしたnerves」殺人者が殺人について説明する際に「厚かましいnervy」と「神経質nervous」を使用すること）。
- 否定的な行動の歪曲と置き換え，そしてその結果は自己の代理に負わせる。
- AAIの実施中に侵入は全く見られないが，侵入であったかもしれないものが生育歴の中で描写されている場合，それを生育歴上に起こったものであることを示す［ina］$_h$として表示できるかもしれない。

発達的経路

侵入が時に関連していることのある幼少時代の生育歴とは，厳しくて，あまりにも多くのことを要求する養育者がいて，養育者の設定した基準から子どもが外れることを一切許さない，というものである。このために子どもたちはそのような基準を受け入れるしかなくなり，基準を否定

するようなことはいかなることでも抑制するようになる。そうしなければ，折檻されたり，拒絶されたりするリスクを冒すことになるであろう。しかし，親の課す基準を子どもたちが批判的に吟味して，自分自身の視点に立って成長して行動することができない場合，どこかの時点で成長が妨げられる。その時が来るのは成人移行期であることが多い。あるいは保護された子どもたちは，特にそれが複数回にわたる場合，侵入を経験することが多い。ビデオに撮ったSSPの手続きでは，そのような侵入が起こりやすいのは，慰めへの欲求が侵入して，拒絶や無視をされた子どもたちがストレンジャーに近づき，その後，誰だかわからない危険かもしれない見知らぬ人に対する恐怖に圧倒されて，筋肉のコントロールを失って床に倒れ込む，という場合である。

　子どもが抑制的な強迫的方略を学習してきており，またアタッチメント表象からの意味情報が子どもの視点の妥当性を否定する場合，その子どもは自己生成した情報をすべてあきらめ，他者が指示する手続き情報と他者が生み出した意味情報とエピソード情報のみを使用するようになるかもしれない。これは子どもがアタッチメント対象に依存している間は方略としては適応的である。しかし，前頭葉前部皮質の焦点の喪失，つまり抑制の喪失が生じやすくなる。

　抑制の喪失と禁止された否定的情動の侵入と自己に由来する意味記憶的帰属が最も起こりやすいように思われるのは，情動的経験が圧倒的に強烈になり，抑制的な方略と葛藤を起こす場合である。このようなことが起こりうるのは，(a) 深刻な脅威，特にAタイプの反応によって解決できないような脅威に晒されている場合，または (b) 発達が進展していく中で，禁止された行動をすることが要求される場合，である。発達上の移行期は，神経学的および環境的変化を伴う場合は特にそうであるが，非常に堅くコントロールされた個人にとって，より安定した時期よりも抑制のコントロールを喪失する大きなリスクとなり得るようである。もしかしたら思春期には一連の経験された情動状態に性的欲求が加わり，またホルモンの調整も変化するので，思春期の後に続く時期には，極度に広がっていた抑制方略の中に禁止された否定的情動が侵入するリスクが特にあるように思われるのかもしれない。さらに，もし個人が原家族の外で（成人移行期に）自立を成し遂げる必要があり，家族がその過程をうまく取り扱えないならば，抑うつと侵入の両方が増大するかもしれない。

［INA］と他の分類可能性との区別

　禁止された否定的情動と行動の侵入はCタイプ方略と混同されやすい。しかし，両者は決定的に異なっており，その違いの大きさはコーディングと，もっと重要なこととして治療の両方に影響を及ぼす。否定的行動がエスカレートして他者の怒りを引き出すところまで行くと，その振る舞いは収まるが，他者が引き下がるとすぐに再び始まるという場合は，否定的行動は［ina］ではなく，威圧的方略の一部である。

　A/Cタイプのパターンとロpの修正項目は［ina］と重複する。もしそれらによって逐語記録の中のすべての証拠を説明できるのであれば，［ina］を修正項目として使用するべきではない。どのような事例でも，Dpは過度に低い覚醒を，［ina］は統制不能なほど高い覚醒を示し，これが区別の重要な手段となる。しかし，Dpと［ina］は同時に生じることが頻繁にあり，個人の覚醒はインタビューの異なる箇所で揺れ動く。

身体表現症状

　身体表現症状［ess］は非言語的な振る舞いであり，AAI の対人関係過程を妨害するものである。身体表現症状がまれにしか見られないということも時にはあるが，たいていの場合，過剰に生じてコミュニケーションを乱す日常的行動であることが多い。［ess］は知っていることや疑っていることと，知っても良いことや言っても良いこととの間にある葛藤を表していると考えられている。これは DMM の一連の構成概念につい最近付け加えられたものである。そのため，構成概念とコーディングの適用の仕方を完全に定義できるようになる前に，もっと多くの例を集める必要がある。

概　　観

　身体表現症状が AAI で注釈されるのは，通常はカッコに入れて記録される非言語的行動が対人関係過程の積極的な一部になり，対話の中で繰り返し用いられるような機能を果たしていると見なせる場合である。身体表現症状はいかなる高数字方略（A+，C+，A+/C+）でも生じる可能性がある。AAI の最中にはめったに生じない（一度しか生じないことが多い）［ina］とは違って，［ess］はインタビューの間に非常に頻繁に生じ，時にはほとんど絶えず生じることもあり，したがって覚醒状態がほぼ恒常的に変化していることに関する証拠となる。身体表現症状は特定の身体器官で経験されるため，［ess］は自己全体の状態と関連付けられやすい。しかし，完全に非言語的であるため，その意味，つまり正確には何を表しているのかは曖昧なままである。結果として，意味を誤解しやすく，誤解であることを証明するのは難しい。そこには，話し手が意味することを AAI の中で明快かつ顕在的には伝えない，という機能がある。重要な情報を知っている，または怪しいと思っていることと，知ることや表現することが許されていないこととの間に葛藤がある場合，方略が機能しなくなる。したがって，話し手の方略は不完全な形態で現れ，どの分類基準も完全には満たさない。

　Kozlowska によると（Kozlowska, 2007; Kozlowska et al., 2008; Kozlowska & Williams, 2009），身体症状には複数のタイプがある。それらには，われわれが［ina］とラベル付けしたもの，覚醒を示す（たとえば，ひっかく，咳をする，過呼吸になる，など）が，方略によって禁止されているわけでもコントロール不能なわけでもないもの，そして身体症状を方略として誇張したもの（たいていは奇数の C タイプ方略の一部である，Kozlowska, 2009），がある。

［ESS］の形態と過程

　一つの［ess］の形態は実に多岐にわたる可能性がある。たとえば，胃痛を訴える，咳払いをする，呼吸困難になる，歩行困難になる，眠り込んでしまう，頻繁にトイレに行く，鼻息が荒くなる，せわしく貧乏ゆすりをする，体をひねる，チックが出る，などの振る舞いが含まれる。その形態が一つの機能を示唆していることもあるかもしれない（たとえば，「私はそれを消化でき

ない」「それは私を息苦しくさせる」「それは私を不自由にさせる」「私はそのことに集中することが全くできない」「私はその場から逃げなければならない」「それは私をムカつかせる」）。しかし，［ess］の意味は形態といつも合致しているというわけではない。特に重大な症状のタイプは身体の中に取り入れられたものと結び付いているもの（つまり，呼吸器系と胃腸系の症状）や，身体に到達できたものと結びついているもの（たとえば，皮膚の障害）かもしれない。なぜならこれらの器官は自分と自分でないものの境界を定義するものだからである。

　［ess］に音声の要素が全くない時は，インタビュアーはその存在を示す必要があるだろうし，チックのような振る舞いは逐語記録の中でカッコに入れて記載することによってのみ言及できる。AAIを録画することによって，音声の要素のない［ess］をもっとはっきりさせることが可能であり，録画は推奨できる。

　［ess］のこれらのすべての形態は，高覚醒を通常は示す状態変化と関連しているが，少数の事例では［ess］は覚醒を下げる場合もある（たとえば，動揺した話し手がAAIの最中に繰り返し眠り込んでしまう，など）。あくびは特に興味深い行動である。乳児期において，あくびには乳児の覚醒を下げて，過度に強烈な相互作用から引きこもらせる機能がある。成人の場合，疲れていると解釈されることが多いが，あまりにもあくびが多い場合は，距離を置くことによってストレスを減少させる機能があるのかもしれない。

心理的過程

　身体表現症状は個人の心理的過程に入りこむことなしに，表現するものである。このことは，何が表されているのかを伝えることなく表現するという身体表現症状の機能にとって決定的に重要なことである。たとえば，症状は以下のような個人の欲求を表している可能性がある。症状がなければやらなければならない何かから解放されたい，あるいは注目や心配を家族のメンバーから引き出したい，または専門家からの援助を受けたい，もしくは強烈な覚醒を単に表出したい，などである。

　［ess］の中心となる特徴は，知っていることおよび明確に表現することと，知らないことおよび曖昧に表現することとの葛藤であることに注目すべきである。［ess］がまたがっているのは，伝えることと伝えないことという相互に両立不能な状態の間にある居心地の悪い境界なのである。

機能的過程

　身体表現症状はインタビューの焦点を心理学的および対人関係的話題から話し手の身体状態や慰めに関する話題へと向け直すことによって，インタビューを妨害する。つまり，身体症状が侵入するために，インタビューの内容や，それが話し手にとって意味することから，注意が逸れてしまうのである。そのような点で，［ess］は病気のように機能する。病気の個人に対する配慮および，病気の人々は周囲の状況に注意を払うのは容易ではないという認識から，そのような人々にはケアが施され，彼らの注意が必要となるかもしれないようないかなる問題も，回復するまでは延期されるのである。［ess］の場合，個人とその家族メンバーの両方が根本的問題へ注目する

ことを積極的に回避するが，この回避は気付かれないままである。

談話マーカーとその心理的機能

特定のマーカー

　［ess］と見なされるためには，その行動によってAAIの流れが妨げられていなければならないが，その行動には器質的理由が認められてはならない。そのため，ある人が風邪をひいた時に咳をすることは，たとえそれがAAIの流れを妨げるとしても，［ess］としてコーディングされることはない。しかし，喘息発作の咳の中には［ess］としてコーディングされるものもあるかもしれない。その行動は複数回生じて，その行動には機能的なパターンがなければならない。つまり，その発生はAAIの内容に応じて同定可能な形で変化しなければならない。

身体表象への意味の帰属

　［ess］として機能するかもしれない非言語的行動は，以下のものへ与える影響という観点から常に分析されなければならない。すなわち，(a) インタビューの対人関係過程，そして (b) ある情報への注意が，他の情報への注意に比べて，相対的にどの程度払われているのか，に対する影響である。［ess］の分布から，どの話題が話し手にとって最も脅威を与えるものであるのかを知ることができる。つまり，［ess］が高頻度で見られる場合，脅威は高く，［ess］がない場合，（話し手にとっては）安全な話題であることがわかる。たいていの場合，通常の談話マーカーは同様に変化するため，話すことのできない話題と「話すことのできる」話題をマークすることになる。［ess］の頻度が高くなった時に話し合われていた話題に注目すれば，話すことのできない情報のどのようなものが身体的に表象されているのかを同定するのに役立つ可能性がある。身体表現症状は特異性を犠牲にして，表出を最大化していると考えることができる。つまり，話し手はその表象を「生きて」おり，それを聞き手に激しく押し付けるが，それが何を意味するのかも，役立つ情報を伝えることができるのかどうかもはっきりしないのである。

発達的経路

　作業仮説の一つとして考えられるのは，非言語的な身体表象は言語表象には十分には知られていない情報，あるいは言語的に表象された場合，危機を作り出すかもしれない情報を反映しているというものである。それゆえ，家族の秘密は非言語的な身体表象と結びついていることが多い。そのような秘密には間違いなく性的行動が含まれるが，違法行為や親の「忘れられた」生育歴なども含まれる。秘密の定義は，もし情報がはっきり知られたなら，大人はそれを続けることができない，というものである。より幼い子どもたちはこの種の身体化に対してもっと脆弱であるだろうが，これは実証的に検証すべき問題である。

［ESS］と他の分類可能性との区別

　［ess］をコーディングする際の主たる困難はありふれた非言語的行動を［ess］として扱ってしまうということである。話し手は皆，咳をしたり，溜息をついたり，あくびをしたりすることが時々あるが，これは［ess］を示しているわけではない。そのような一連のマーカーが時々見られるだけで，逐語記録全体に点在しており，AAI それ自体の妨げになるわけではなく，言語表象を持っているか，あるいは必要としない場合はいつでも，［ess］としてはコーディングされるべきではない。さらに，もし AAI が理解可能であり，方略によく合致しているのであれば，そのマーカーが身体表現症状を示している可能性は低い。なぜならば身体表現症状は，話し手が言葉にできなかった，または敢えて言葉にしなかった重要な何かに関する極めて重大な表象だからである。この重要な表象が欠けているため，［ess］の見られる AAI はほとんど，あるいは全く意味をなさない。話し手の経験や自己防衛方略を理解するためには，もっと何かが必要なのである。非言語的標識が，すべてのコミュニケーションに付随するような通常の音や動きにすぎない場合，これには当てはまらない。

再　構　成

　これは DMM 方式の修正項目の一つであり，理論（Crittenden, 1990, 1995）と AAI からの臨床的観察に基づいている。

概　観

　再構成（R）している話し手は，自らの過去と現在の経験に関する理解を積極的に変化させている。以下のリストは，バランスの取れた方向に再構成していることの顕著な特徴である。

1.*　関係性を調整する自己防衛方略と合致する生育歴。
2.*　（A タイプであろうと C タイプであろうと）談話の自己防衛的パターンを用いるのと共に，自分の方略およびそれを用いる理由の一部について，少なくとも潜在的には自覚している。
3.　インタビュアーとの協力的関係。その中で話し手は意味を見出すという目的のために，生育歴を振り返る過程に積極的に取り組む。
4.+　ある程度の不一致や不正確なことや古い自己防衛方略へいつの間にか戻ってしまうことなどに気付いて，コメントする（つまり，それらは認められたということである）か，あるいは修正するようなセルフモニタリング。
5.　優勢なパターンが逆転しているという行動上の証拠が談話の中に見られる。つまり，満足感を与えてくれないアタッチメント対象に対しては特にそうであるが，強迫的話し手が自分自身の視点を取って否定的情動を認める場合，または執着的話し手が他者の，特

にアタッチメント対象の視点を取って情動に動機付けられた行動を和らげる場合である。話し手の基本的パターンと一致する内省機能（たとえば，Aタイプの話し手が自身の責任を認識する，またはCタイプの話し手が他者の欺きを認識する）は再構成の証拠ではない。

6.+ 以下のような証拠がある内省的スタンス。(a) 新しい理解に到達するために新しい情報を取り入れて活用する，(b) いくつかの別の視点を比較したり検討したりする，または (c) 過去と現在を心理学的に健全な様式で結び付けようと積極的に努力している。
7.* 見かけと現実はいつも同じわけではないという明白な気付き。
8. 証拠を伴う自己効力感を示す発言。
9. 以下のことについて明白に表現している。過去の誤解と現在の妥当な理解を含んだ変化について，または視点の変化について，あるいは変化しようとする積極的な努力と変化の過程の描写（しかし，専門用語を使った偽りの内省ではない）について。
10. 話し手の生き方が変化したという信頼できる証拠。
11.* 過去を認識しているが，未来は違ったものになる可能性があると見ている（しかし，魔術的思考ではない）という楽観的な見通し。

＊これらの特徴は再構成を指定するために不可欠なものである。
＋これらの一つが含まれなければならない。

　これらの特徴の多くは心理的にバランスが取れていること（B）を示唆している。しかし，バランスの取れたBの話し手とは異なり，相当な不均衡が残っている。多くの場合，Griceの格率のうち，量（多すぎる，または少なすぎる），様態（遠ざける語り方，または巻き込む語り方），関連性（重大な情報を排除する，または取るに足らない細部を取り入れる）は繰り返し破られる。しかし，質という格率が破られることはめったにない。つまり，一般に，再構成している話し手は発言に証拠があるのである。加えて，ずっと続いている行動パターンやその心理的機能に関する理解よりも，出来事の近接的原因に関する理解の方がより明快であることの方が多い。特に，脅威を与える出来事のプレッシャーの下では，古い方略が少なくとも初めのうちは使用される（たとえ話し手がそれをとらえて修正するとしても）。さらに，基本的なAタイプ方略やCタイプ方略がまだあるために，話し手は過去の出来事から重要な予測に役立つ情報を保持することも，それらの出来事に固有のことを手放すことも依然としてできずにいるのである。

談話マーカーとその心理的機能

　以前のパターンが使用されているのと同時に，その事実を少なくとも部分的または断続的に気付いているという証拠が再構成の逐語記録の中にはある。しかし，たいていの場合，自己防衛的談話に関して，その機能よりも形態の方が使用されている。たとえば，切れ目なく続くセンテンスが過剰に使用されているかもしれないが，センテンスの要素の間にある因果関係は正確である。このように，より新しいパターンを維持することはできないものの，思考や感情の特に深刻また

は広範な障害を反映するような防衛に戻ることはないのである。また，一貫性を欠いたところもある程度残ってはいるが，話し手はこれを次第に減らしていくようである。実際，再構成している話し手の多くは，インタビューで議論した話題についておそらく考え続けるであろうと示唆している。

　手続き記憶とイメージ記憶は，意味記憶やエピソード記憶に比べると，現在使用している防衛により密接に関連している。言い換えると，内省のための時間が潤沢にあるならば，再構成している話し手は情報を皮質で分析することに生産的に取り組むことができる。しかし，以前と同じように脅かされた場合，手続き情報やイメージ情報が自己を守るための防衛的反応を早まって誘発してしまう。それゆえに意味記憶上の発言と統合的発言を評価する場合，それらの発言が，（a）インタビューの中で話し手が話してきたことを扱っているのか，（b）ただ単に普遍的な真実を述べているのではなく，むしろ結論を話し手固有の経験に直接結びつけているのか，（c）話し手のもともとの方略に内在していた歪曲を修正しているのか，を注意して確かめるべきである。したがって，もし話し手がAタイプであったなら，統合的結論は両親にいくらかの責任があると見なさなければならないし，自己を許しつつあるのでなければならないし，出来事が自己に及ぼした影響を軽視してはならない。逆に，もし話し手がCタイプであったなら，統合的結論は自己にある程度の責任を割り当てなければならないし，親機能の良い側面を認めなければならないし，自分の傷つきやすさも傷つきにくいことも強調してはならない。どちらの場合でも，話し手は子どもの頃に感じていた慰めへの欲求についてはっきり表現することができて，インタビューの間にインタビュアーからそれを受け取ることができるはずである。

　再構成している話し手の談話における最も顕著な特徴は不一致に注目するということである。自分の話すことが矛盾していたり，心理的に健全でない時，再構成している話し手はこれに気付き，その意味するところに注意を払う。誰もが内省的発言（Fonagy, Steel, et al., 1997）を用いる。また，多くの者がある程度のメタ認知的思考を使用し，偽りの内省や失敗したメタ認知の例はほとんど見られない。

経験／生育歴

　再構成している話し手の経験は，再構成されつつある防衛パターンを裏付けるだけでなく，再構成を促進した条件に関するある程度の証拠も提供する。これらの条件に含まれるものとして，心理的にバランスの取れている別のアタッチメント対象や，以前の防衛を役に立たないものにするような劇的な出来事（たとえば，死など）や，過去の出来事から（時間的にも地理的にも）単に距離を取ることや，自ら始める再構成を今可能にするような人や，心理療法などが挙げられる。

第III部

理論から応用へ

第13章

分類過程と分類ガイドライン

　アダルト・アタッチメント・インタビューの逐語記録の分類はパターン認知課題である。AAIの逐語記録を分類することを学んでいる研究者や臨床家は，細かなことまで学ばなければならないことに圧倒されるように感じ，そして正しい方略を示す何らかの一つの確実な標識がないかどうか（全く無駄なことであるが）尋ねることが多い。そのようなものはないのである。その代わり，あらゆる情報を考慮し，逐語記録の中にある不一致と，逐語記録を評価するコーダーの心の中にある不一致とを同定して，意識的に考慮する可能性を高める過程がある。言い換えると，情報を心の中で熟考（そして再考）する過程を徐々に増やしたり連結したりする過程を通して，話し手が情報を用いる心的過程を調べるのである。こうした過程によって，関係性の保護する側面または危機に晒す側面に関する話し手の心理的組織化についての最良の表象が生み出されるのである。

分類に関する一般的問題

逐語記録のコーディング

　すべてのAAIを少なくとも2回は読むべきである。つまり，そのうちのいくつかについてはもっと読む必要があるし，あるいは少なくとも特定のセクション（たいていは，危機が含まれる部分である）に関して2度目の見直しが必要である。1回目を読む際には，コーダーは話し手の生育歴について重要な事実を知り，談話のスタイル（発話の言い淀み）を同定し，情報をコミュニケーションしやすい形で組織化できる話し手の能力について大まかな印象を作り上げる。2回目を読む際には，コーダーは思考の不一致を探す。読むのは2回目のため生育歴全体はわかっているので，コーダーは以下のようなことを決定する。話し手は，次にどのような話が来るのかを聞き手に知らせるようにしながら，情報を論理的に表現しているのかどうか。あるいは，話し手は，ある時点では生育歴があたかも変化のないものであるかのように話し，後になってその前提

を変えてしまうかのように話を逸らしていくかどうか，である。思考の誤りの中でもこうした種類のものは，逐語記録全体を理解することが欠かせない。それゆえに，2回目に読んだ時に最も明らかになるのである。

読み手はその逐語記録に終始注釈をつけていく。つまり，それを「コーディング」するのである。その注釈には，第4章で紹介された構成概念と，第5章から第12章において紹介された特定の談話の特徴が反映している。

全般的に見ると，最終的な分類へ到達するには3つの段階が関係している。(1) 生育歴を読み，解釈すること，(2) 異なる記憶システムにおける表象を同定し，比較すること，(3) 話し手の一貫性や統合する能力について評定すること。各段階はその他の段階に依存しているが，それは同時並行的かつ相互作用的過程が繰り返されたり，連結されたりする中で生じている。これは心的統合それ自体の過程を反映しているのである。パターンを認識するために，直線的アプローチや量的アプローチを取っても，正確な分類を生み出さないであろう。

情報変換の同定

情報，真実，安全

情報は不確かである。外的な事実は存在するが，それに関する情報をわれわれの心で利用できるようにする感覚のシグナルには以下のような特徴がある。

- 不完全（すなわち，不足している情報がある）
- 不明瞭（すなわち，情報の解釈の仕方は一つではない）
- 不適切（すなわち，混乱させたり，意味をなさない情報がある）
- 誤解を招く（すなわち，その情報はあることを意味するように見えて，実際には他のことを意味している）

このように，心は環境から正確な情報を単純に引き出すことはできない。反対に，現実の表象を構成するためには，一連の感覚刺激に対して心的過程を適用しなければならない。これには複数の傾性表象（DRs）を構成することが絡んでおり，各傾性表象は特有の神経回路から成り立っている。別の選択肢になり得る表象は皮質上で比較されることができる。正確である可能性が最も高い一つの表象が受け入れられて，それに従って行動するようになるまで，正確である可能性が低い複数の表象が結合されたり排除されたりする。

しかし，重大な問題は「正確である true」ことの意味である。ここで用いられているように，表象は将来の危機や安全（あるいは生殖の機会）を正確に予測すると信じられるという点で，受け入れられたり排除されたりする。したがって，過去の外的事実と一致した真実の表象は，将来の危機や安全を予測することに関係ないのかもしれない。この場合，「正確な」過去の表象は排除され，将来の危機や安全をより正確に予測する歪曲された傾性表象の方が選ばれるかもしれない。バランスの取れた表象（B）と，歪曲された（すなわち自己防衛的な）AタイプおよびCタ

イプの表象との間の差異の根底にあるのはこの区別である。危機や安全を経験した生育歴をある程度考慮すると，各表象には将来の危機や安全を予測する機能がある。

　コーダーは，話し手の表象の中の歪曲を同定しようと試みる。反対に，話し手は，自分自身とインタビュアーの両者がこの変換に気づかないでいるようにする。そうするために，彼らは曖昧な表現，排除，無関係なこと，偽装，否認，そして時折妄想を用いることがある。話し手の談話の中で言い淀みが見られる瞬間は，情報が自己防衛的に変換されているかもしれない時を示している。

　例えて言うならば，危機に遭ってきた話し手にAAIの質問に答えるように求めることは，彼らに地雷の中でワルツを踊ることを求めるようなものである。ワルツを踊る一方で，彼らが地雷の場所を知っており，それらを回避する専門知識を持っていることは，談話の中の不具合を同定しようとする際にコーダーが抱く困難の中にはっきりと見られる。心は不一致や一貫性を常に探しているため，歪曲は不一致を減らし，うわべの一貫性を増やすように機能する。話し手の現実の表象や，これらの表象を維持して実行するための心的過程は，実際，自己を守っているのである。

情報変換を同定するための談話マーカーの使用

　談話マーカーは，不一致のある情報が見つかった箇所，つまり，話し方あるいは心がつまずいたり，一貫性を失ったりしているような箇所が見つかるかもしれないところを示している。言い淀みは変換の証拠として分析される。このことは，危機対安全，あるいは心地良さ対否定的情動，といった話題のあたりで特に重要である。

　DMMアプローチは，言い淀みの形態よりも，その**機能**の方を強調する。言い換えると，談話マーカーがあるかどうかを強調しすぎると，談話がどのような心理を表しているのかよりも，談話がどのような形態であるのかに重点が置かれてしまうかもしれない。このように，DMMの手法は，Main & Goldwyn（1984, 1994）による，ある特定の談話のマーカーの意味の解釈に関しては大体一致している。しかし，ある談話の形態が複数の異なる機能を持ち得る時に，Main & Goldwinとは異なってくるのである。たとえば，自己を軽視する機能（Aタイプ）か，他者を軽視する機能（Cタイプ）か，などである。はっきりしない場合には，いかなる特定の解釈に対しても最良の証拠となるのは，談話マーカーすべてにわたって見られる**パターン**である。

　DMM方式には，談話のどの部分に情報の不一致が見られるのか，場合によっては変換が見られるのかを追求することも含まれる。もし何の変換もなければ（たとえば，単純な発話の再開），AタイプもCタイプも示唆されない。反対に，もし言い淀みに変換が含まれており，特に危機に晒されている文脈の中でそれが起こっていたら，そのことには特別な重要性がある。そこに注釈を付けて，他の注釈と共にそれを見直すことによって，話し手が現実をどのように表象し，自己を守っているのかを理解するのである。危機が軽いものであり，アタッチメント対象がサポーティブであった時には，Ainsworthのパターンは概ね適用できる。危機が過酷で，個人が保護されなかったり，あるいは保護されていると感じなかった（すなわち，生存の危機に晒された，あるいはそのように感じた）時には，DMMの方略がよりふさわしいことが多い。同様に，変換の

証拠がある場合は，生育歴を再考しようという気になるのである。

分類過程における生育歴の解釈と使用

　生育歴は分類を決定づけるものではない。つまり，いかなる出来事や出来事の組み合わせも，個人が心的過程や行動をどのように組織化するのかを決定しないのである。しかし，生育歴の様相を知ることは，語りの中の自己防衛的な過程を同定したり，心理的な一貫性を評価するためには欠かすことができないものである。心理的に一貫性があるためには，話し手は，自分たちの幼少期の経験が成人のパーソナリティへとまとめあげられていく発達的過程を説明できなければならない。特に，それらの経験が自己を脅かすものであり，話し手が概して歪曲していないように見えたり，あるいはそのように主張したりする時には，彼らは心理面と行動面のバランスをどのようにして獲得したのかをわれわれに示さなければならない。

　よく見られる誤解は生育歴の情報を現在の機能と混同することである。たとえば，話し手の中には，両親を世話していた世話人のように自分自身のことを述べるものがいる。しかし，AAIの中でA3に分類されるためには，彼らは今，談話の中で世話人のように振る舞わなければならないのである。つまり，彼らは，**AAIの中で**，一般的なAタイプ談話のマーカー（たとえば，自己を遠ざけることと最小化）を用いて，そしてA3特有のマーカー（たとえば，両親を免責する，インタビュアーの視点を取る）を用いていなければならない。したがって，子どもの時に世話人のように振る舞っていたと報告することだけでは不十分である。むしろ，そのような報告をするのは多くの場合，Cタイプ談話のマーカーを用いて，自己中心的な視点から酷使されてきたと語ったり，あるいは適切な世話を受けていたことを否認したりする話し手である。

　同様に，ある人がいつも孤独であったと報告することは，A6に分類されるには不十分である。Aタイプ方略の一般的な談話マーカーがあるだけではなく，A6に特有のマーカー（たとえば，孤独であることの重要性を最小化する，ずっと孤独であったという証拠がある，自己有能性を主張して自己が一人でいることを可能にする，拒絶的な親を免責する）がなければならない。混乱しやすいのは，Cタイプの話し手が孤独であったと繰り返し**不平を言う**ものの，とらわれ型の談話のマーカーを用いて，生育歴上は孤独ではなかったし，拒絶されていなかった証拠がある時である。このことは，Cタイプの話し手の談話を用いて話されているため，A6の証拠とはならない。

　また同様に，アタッチメント対象が自己に対して偽りの認知を用いたという生育歴上の証拠は，話し手が今C5-8として機能しているという証拠にはならない。話し手が偽りの認知を過去に用いたという証拠は，もっと直接的に関連するものの，まだ不十分である。決定的な証拠となるのは，(a) Cタイプの談話，(b) 偽りの認知を気づかないまま用いてきたという証拠，(c) インタビュアーを欺くために偽りの認知を用いること，である。最後のものは，最も明白で決定的な証拠である。

　結論として，コーダーは話し手の生育歴を再構築しなければならない。発達の経過で話し手に何が起こったのかをある程度知らないと，話し手による出来事の解釈を評価することは難しいで

あろう。危機，性愛，三角関係化，欺きの例は，情報処理が歪曲された可能性が高いことと，未解決と修正項目を伴う高数字の方略を示唆するので，特に重要である。もちろん，話し手は生育歴を正確な事実へと必ずしも関連付けなくてよい。話し手が自分の経験をどのように知覚しているのかを理解するためには，言い淀みを同定して，その意味を理解するために談話を調べられなければならない。

異なる記憶システム間における傾性表象の比較

記憶システムは一連の特定の質問によって系統的に調べられる。これらを評価することと話し手の応答の適切さを評価することによって，異なる種類の心的過程を反映する種々の情報を話し手がどのように管理しているのかを解明できる。話し手は，質問が明確で適度に指示的な時，適切な記憶システムにアクセスしているのか？ あるいは，その質問に対する応答が自由な時に，または質問された記憶システムにアクセスしない時に，話し手はどの記憶システムを提示するのか？ 最初の質問によってコーダーは，話し手が全記憶システムにアクセスしているかどうかを確かめることが可能になり，二つ目の質問には，話し手が好む DR の源泉が反映しているのである。

以下の節では，AAI を順に見ていき，インタビューのさまざまな部分から意味をどのように引き出すのかを説明する。

幼い頃の家族への導入

AAI の最初の質問では，話し手が非常に幼い頃の家族状況についてインタビュアーに紹介するように話し手に尋ねる。これは，話し手が子どもの頃の彼または彼女の経験を枠づける最初の機会である。それはまた，インタビュアーに協力しながら過去を調査する過程に参加するという意思表示をする機会でもある。最後に，この最初の応答がうまくいくためには，自分が何を言いそうなのかを前もって考えることと，ストーリーが始まる前にインタビュアーが知っておく必要のあることを同定できるように，インタビュアーの視点に立って考える必要がある。言い換えると，このことは話し手の心理的統合を示すための機会である。前もって考えたり，インタビュアーの視点に立って考えることができないと，情報が少なすぎるか，多すぎるか，あるいは不適切なものとなるであろう。

最初に話すことの内容は，(a) 応答の完全性，(b) 質問との関連性，(c) 提示する順序という論理性，(d) 提示に伴う言い淀み，といった観点で考えられるべきである。インタビューをすべて読み終えて評価した後，最初の応答の質について，実際に語られた生育歴を考慮しながら再考すると良い。

Bタイプ方略

バランスの取れた話し手は，家族の中には誰がいて，両親は生活のために何をしていたのか，家族はだいたいどこで生活していたのかということに関する基本的な情報を提供する傾向がある。彼らは，家族メンバーそれぞれの苗字や名前，あるいはストリートの名前などのような無関係な詳細を提供したり，あるいは一人について，または人生の一時期について過度に詳細に話して，その他を無視するようなこともしそうにない。その代わり，バランスの取れた話し手は自分自身の視点から全体的な概観を示す。つまり，彼らは彼らのストーリーの中心に自分自身を置いているのである。それらの事実に加え，バランスの取れた話し手は，多くの場合，自分の家族の中で育ってきたことはどのようなものであったのかに関してある程度の感情を示し，そして自分の話を聴いてくれる人がいることを喜んでいるように見える。最後に，インタビュアーが実際には知らないことを知っているかのように想定しないことによって，また，インタビュアーが犯しがちな誤解を正したりすることによって，彼らは他者の視点に上手に立てることを示すのである。

Aタイプ方略

Aタイプの話し手は簡潔に話す傾向があり，必要な事実しか与えず，彼らの家族経験の「風味」を全く与えない。加えて，彼らからは自分自身や自分の家族について話すことを喜んでいるという証拠が得られない。代わりに，情報提供の仕方は，人口統計学の質問紙に回答するかのような方法――センテンスが完全ではなかったり，自由記述がなかったりする――である。よりおしゃべりなAタイプの話し手は，些細で個性が表れないような詳細について長々と話すかもしれない。たとえば，家族の住んでいた場所についての完全なカタログを提供する一方で，家族に対してほとんど注意を向けなかったり，父親の仕事について長々と述べるものの，他の家族メンバーについて，あるいは家族関係について話すことはほとんどない，などである。これには，インタビュアーからの要請に従いつつも関係性から焦点を外す，という機能があるのである。

Cタイプ方略

Cタイプの話し手は何を話せば良いのか困惑しているように見える。あたかもインタビュアーがすでに基本的な情報を把握しているかのように，彼らは話の途中から始めることが多い。また些細で重要ではない詳細に焦点を当てることが多い。より概念的に言うならば，Cタイプの話し手は，一般化された情報と，証拠となる詳細とを区別できないようである。つまり，すべての情報が等しく重要で関連性のあるものとして扱われる。加えて，Cタイプの話し手は，よりバランスの取れた話し手が後になってから（インタビュアーとの関係が築かれ，問題の文脈に関する情報が提示された後）しか披露しないような家族の問題をうっかり口走ることが多い。また，Cタイプの話し手は経験に秩序を与えることや，明確に話すことに関して混乱する傾向がある。彼らは時間の中を跳び回ったり，矛盾した情報を提供したりする（たとえば，「**われわれには4人の子どもがいて…われわれのうち3人全員は…**」など）。家族には誰がいたのかとか，子どもたち

が生まれた順番とか，きょうだいの中で話し手が何番目かなどの単純な事柄がはっきりとしていないかもしれないし，多くの場合，簡単には明らかにはならない。

　読み手は導入部分の応答に関する情報を用いて，インタビューの分類に関する最初の仮説を形成すると良い。また，この仮説に一致しない情報にも慎重に気を配るべきである。この仮説に基づいて，話し手が次の質問にどのように反応するであろうかということに関する予測を定式化できる。これらの予測は，インタビューの次のセクションを読むときに検証される。この時点では，この仮説はごくわずかな情報に基づいて立てられている。その機能，情報を批判的に検討し，さらに読み込んでいくことで「検証」できる小さな仮説を作ることを可能にするということである。実用的になるためには，変更や修正が可能な，一つの作業仮説として扱われなければならない。最初の仮説が正しいかそうでないかについては重要ではない。新しい情報に対して絶えず検証され続けていたり，必要に応じて修正されるということが重要なのである。最終的な仮説は簡潔で，かつ可能な限り多くの情報を説明するものが良い。そこに適合しない情報は注目すべきであり，排除してはいけない。

イメージの評価

　イメージ記憶によって，話し手がどのように情動を用いるかということに関する情報を得られる。早期記憶に関する質問は，イメージ記憶を評価するのに良い機会となる。話し手が早期記憶を再生しない時や，あるいは提示した記憶にいかなる感覚的性質もない時は，話し手が情動を処理から排除している可能性がある（すなわち，Aタイプ）。

　早期記憶やイメージ記憶を再生する時に，その情緒的性質を調べることができる。時に，常にではないが，こうした記憶から，最も優勢な感情状態や，関連する安全や危機の文脈に関する情報を得られることがある。インタビューを通して提供された一連のイメージを解釈するために，コーダーはイメージの存在について欄外に書き留めると良い。逐語記録を再読する際に，イメージは一つのグループとして再検討されるべきである。それらは単一の感情状態を反映している傾向があるのか，あるいはさまざまな情動がイメージとなっているのか？　イメージされた感覚様式に多様性はあるか？　そのイメージはどのように用いられているのか？　たとえば，他の形式のコミュニケーション（たとえば，意味記憶上の発言やエピソード）の代わりとして使われているのか？　それらは，人々と関連しているであろうか（Bタイプを示唆）？　あるいは，話し手が疎遠な，または恐れている人の代わりに用いられているのであろうか（AタイプかCタイプを示唆）？　それらは，ストーリーや場所や人物を生き生きと描くように用いられ，また時間的秩序を持ったエピソードの文脈に埋め込まれているであろうか（Bタイプ）？　あるいは，イメージそのものが行動に対する動機付けになっているだろうか？　つまり，それらは独立して「生きて」，「動いて」いるであろうか（強迫的あるいは執着的）？　それらは，生き生きとはつらつとしているであろうか（Bタイプ）？　ステレオタイプであろうか（Aタイプ）？　固定的で繰り返し思い出されるであろうか（Cタイプ）？

　これらの質問に答えると，話し手のイメージの用い方に埋め込まれた意味を解釈するのに役立つ。たとえば，Aタイプの話し手は，否認している怒りや希求している安全を表現するためにイ

メージを用いるかもしれない。Cタイプの話し手は，怒りや恨みを過去から遠ざけ，それらが現在活発に経験している感情となるように，イメージを用いるかもしれない。

両親との関係性

コーダーは，話し手が両親**との関係性**に焦点を当てることができるか，あるいは両親の**特徴**のみにしか焦点を当てられないかどうかについて考慮すべきである。加えて，二人の親が区別されているかどうかについて注目することも重要である。最後に，コーダーは，一般化された発言が提示されているかどうか，そしてそれがどのくらい現実的に聞こえるかについて注目すべきである。話し手の中には，特にAタイプの人の中には，関係性や両親について，あまりにも肯定的過ぎて普段の人々を反映していないような観点から述べる者もいる。他の話し手は，特にCタイプの人々は，一般化された，意味記憶上の記述的単語を提供することが難しかったり，容赦なく否定的な記述を提供したりする。

こうした情報は，最初の応答から得られたものと比較することができる。また，それに応じて，作業仮説を修正するために用いることもできる。いかなる矛盾した情報も同定し，はっきりとマークするべきである。

5つの記述的単語（または語句）

初めに母親との関係性，次に父親との関係性を特徴付ける5つの記述的単語（または語句）を求めるが，それらは話し手の**意味**記憶についての探索を表している。

Aタイプの応答

その記述的単語があまりに良すぎて真実だとは思えないのだとしたら，話し手はその関係性を**理想化**しているかもしれない。しかし，これを決定するのは，各単語に対して提供された証拠によるであろう（以下を参照）。一般に，意味記憶上の記述がより肯定的であればあるほど（たとえば，「**とても親密**」対「**まあまあ親密**」），正当性を証明する明白な証拠を提供する義務はより大きくなるであろう。したがって，（ある程度は距離も取っているかもしれない関係性における）「まあまあ親密」にはある程度の証拠のみ必要するのに対して，「とても親密」には，はっきりとして，直接的であり，かつ矛盾のない，ある種の親密さに関する証拠が必要となる。

コーダーは，5つの記述的単語によって提示された状況が，合わせて考えると筋が通ってバランスの取れたものであるかどうかについても考慮すべきである。つまり，それは心理学的に健全なものとして聞こえるであろうか？ どのような関係性にも欠点や限界があるため，その関係性の不愉快な側面について言及する言葉がいくらかあるべきである。理想化には関係性を良い面と悪い面に二分して，これらのうちの一側面だけを強調する機能がある。つまり，良い親か悪い自己，である。

加えて，記述的単語は多様であるべきである。5つの言葉が同じことを意味しているのであれ

ば，その関係性について熟慮する姿勢を示唆してはいない。強迫的な話し手は，関係性の問題を反映するような言葉を選ぶ傾向があるが，これらはアタッチメント対象の視点から表現される。このように，彼らは危機に関する情報を保持しているが，自己をそこから取り除いて，親を免責するのである。

Bタイプの応答

よりバランスの取れたアプローチは，どのような人間関係（あるいは人）も完璧ではないし，また欠点を補うような価値が全くないわけではないことを認識する。したがって，バランスの取れた話し手は両親との関係性について複雑で多様で統合された様式で述べるであろう。記述的単語はその関係性を一貫性のある，バランスの取れた，心理学的に健全な形で記述し，その記述は「つじつまが合う」ものである。言うまでもなく，その関係性は，「良い」関係や「安定した」関係である必要はない。

Cタイプの応答

話し手の中には，関係性の特徴を明確に述べることに非常に困る者がいる。時に話し手は二つの選択肢の間を，あたかも両者は相互に相容れないかのように，行ったり来たりすることがある。その一方で，他の場合には，話し手は記述的単語を思いつくことが困難である。これらの状況は共に，意味記憶へのアクセスが制限されていることを示しており，「**思いつきません**」と頻繁に言うCタイプの話し手によく起こることである。（後者の状況を，Aタイプと関連している，**エピソード記憶**を思い出せないことと混同してはならない。）

強迫的話し手と同様に，執着的話し手は関係性の問題に関する情報を保持しているが，強迫的話し手とは異なり，彼らは親を非難する。その言葉が信じがたいほどひどいものである時には，話し手は親を軽蔑しているかもしれない。DMMでは，軽蔑はCタイプ方略を示すものである。しかし，AタイプとCタイプは，現実を肯定的特徴と否定的特徴とにはっきりと二分するところや，これらの特徴を別々の人々に関連づけるという点で似ている。

要約すると，コーダーは，個人が意味記憶にアクセスしているかどうかについて尋ねるべきである。それは歪曲されているであろうか？　どの程度か？　話し手はその歪曲に気づいているのか？　話し手は彼女はその歪曲の理由を説明できるだろうか？

最後に，記述的単語から引き出された情報は，先の情報や仮説に照らして考えられるべきである。曖昧な点や矛盾している点には注意すべきである。

記述的単語を裏付けるために用いられたエピソードの検討

インタビュアーの質問

エピソード記憶を調べるには，選択された単語や語句に関係性が適合するような特定の例や機

会に関する記憶について尋ねると良い。（質問の仕方が適切でない場合，話し手は適当なエピソードを語る責任を負うことができない。）それに対する応答は，意味表象を裏付けるために用いられるエピソードの証拠の構成要素となる。時には，AAI のねらいや過程を理解していないインタビュアーが「**なぜ**あなたは＿＿を選んだのですか？」と尋ねることがある。「**なぜ**」という言葉は統合的応答を求めているため，インタビューのこの時点では使うべきではない。

応答の関連性

適切な質問がされてきたと仮定すると，それに対する応答を検討することが可能になる。その応答は記述的単語や語句に関連性があるだろうか？　つまり，その応答の中の証拠を用いて，記述的単語や語句を裏付けたり，反駁したりできるであろうか？　もしそうならば，それは A タイプや B タイプのエピソードの可能性がある。もしそうでなければ，C タイプの方略を示している可能性がある。

信頼できる証拠

エピソードは信頼できる証拠を提供しているであろうか？　つまり，応答の性質から，話し手が実際にエピソード記憶にアクセスして，再生している特定の何かについて報告しているということが示唆されているであろうか？　信頼できる証拠には 5 つの特徴がある。(a) ある特有の時間と場所で起こっている，(b) 話し手に特有のものである（すなわち，ほとんどの子どもたちに共通した経験ではない，または他の人がこのような形で話すことはない）。(c) 時間的秩序が含まれている，あるいはその状況に特有のイメージや情動喚起的言語が含まれている（その文化によく見られる表現は個人的イメージや情動喚起的言語とはみなされない）。(d) 自発的に提示されている（すなわち，自発的に提示される詳細に比べると，話し手から引き出されなければならない詳細はより疑わしいものとみなされる）。(e) 自己に関連している。

B タイプ

コーダーは，エピソードが記述的単語を実際に支持しているかどうかを考慮すべきである。バランスの取れた話し手は，エピソードの提示を以下の 3 つの部分に組織化する。(a) その単語に言及する一般化，続いて (b) その単語を支持するストーリー，終わりに (c) その単語に関するまとめ，である。バランスの取れた話し手が常に用いるわけではないが，この「完璧な」形式が使われる場合，一貫性のある思考であるという強力な証拠となる。

相変わらず，言い淀みは重要である。話し手は情報を排除したり歪曲したりするであろうか？　バランスの取れた話し手の場合，言い淀みは情緒的に重要な瞬間を強調することになるが，情報は失われたり歪められたりしてはいない。

バランスの取れたエピソードには時間的および因果的秩序の両方が含まれているだけでなく，意味を伝える感覚的イメージを伴う，生き生きとした情動暗示的な言語も含まれている。特に，

情動が認知と統合されている明確な証拠は，生き生きとしたイメージが時間的秩序に結合されたエピソードに反映されている。

Aタイプ

Aタイプの話し手の多くはいかなるエピソードも思い出せないと主張する。時に彼らは，意味記憶から，もし親が記述的単語に合致するとしたらどんなことが起こったであろうかと推測して，仮説の「エピソード」を組み立てることがある。もちろん，話し手は，自分の答えが持つ構築的性質に意識的には気づいていない。「**たぶん**」，「**きっと**」，「**であったにちがいない**」，「**だったであろう**」というような言葉は，仮説のエピソードを示唆している。他の例では，話し手は気づいていないようであるが，エピソードが肯定的単語を否定する場合もある。あるいは，話し手はエピソードの否定的結末を切り離したり，意味記憶の肯定的な記述の証拠をそのストーリーが提供していると誤った結論をするかもしれない。

Cタイプ

Cタイプの話し手が用いるエピソードは，記述的単語とはほんのわずかにしか関係しないことが多いようである。話し手の焦点は記述的単語を支持する証拠よりも，ストーリーそのもの（あるいは，ストーリーの内部での結びつき）の方にあるので，あるエピソードがそれ自体生命を帯びたものとなる。最も顕著な例では，応答がインタビュアーの質問からはるかに逸れてしまい，結論がないか，質問の焦点に気づかないまま，一つの部分的エピソードから別のエピソードへと移っていく。一連のストーリーをまとめあげる「論理」は，ストーリーの基底にある情動的内容である。これに対して，時間的因果的論理は欠落しているか混乱しているか間違っている。

どんな情報が欠けていて，情報のどのような歪曲が用いられているのかをコーダーが決定できるようにするために，すべてのタイプの話し手に対して注意深く注釈することが必須である。これに基づいて，それぞれのエピソードが第5章から第12章に述べられているような形で説明される（たとえば，親の視点，信頼できる証拠，ぼやけたエピソード，など）。

脅威経験への質問によって引き出されたエピソードの検討

エピソード情報を検索するためにAAIは2つの方略を用いる。一つ目は，エピソード記憶にアクセスするための刺激として意味記憶上の単語が用いられるような，意味記憶の検索方略である。話し手が，（バランスの取れた話し手がそうでありがちなように）両方の記憶システムに容易にアクセスできる時，このアプローチはうまく機能する。しかし，意味記憶そのものが「弱い」記憶システムである時には，この限界がエピソード再生の妨げになるであろう。このことはCタイプの話し手に起こることが多い。彼らはまず，5つの記述的単語を同定することが難しい。次に，対応するエピソードを尋ねられると，彼らは「**思い出せません**」と告げる。このことは，次のような場合は，エピソード記憶の欠陥として解釈されるべきではない。つまり，(a) 5つの

記述的単語を同定するのが困難であり，(b) 逐語記録の他の箇所ではエピソード（あるいはエピソードの断片）を自発的に提示し，(c) 直接質問された場合は，否定的エピソードにアクセスでき，(d) Cタイプの談話の指標が存在する，場合である。

エピソード記憶にアクセスするための2つ目の方略は，否定的で脅威を与えるエピソード（すなわち，話し手が怪我をしたり，病気になったり，苦しんだり，怒った時）を直接質問することである。意味記憶である「5つの単語」よりも，エピソード記憶への直接的質問の方により詳細に反応する話し手は，Cタイプの方略を用いる傾向がある。彼らはエピソード記憶にアクセスできるものの，エピソードを検索するために意味記憶にアクセスしなければならない時にはできないのである。

Aタイプの話し手はこの2つの質問に対して正反対のやり方で反応する。彼らは，脅威経験のエピソードに対してよりも，彼らが選んだ（多くの場合，肯定的な）5つの単語に適合するエピソードの方をより多く，詳細に思い出す傾向がある。加えて，彼らは否定的状況を再生できない，あるいは経験したことを否認すらすることが多い。これら2つの検索方略を比較すると，CタイプとAタイプの話し手を区別する手助けになる。

まとめると，コーダーは，話し手がエピソード記憶にアクセスできるかどうか尋ねるべきである。それは歪曲されているのか？　どの程度なのか？　話し手は歪曲に気づいているのか？　話し手は歪曲の理由を説明できるであろうか？

トラウマおよび喪失の解決

George et al.（1996）のインタビューにおける危機や喪失に関する特定の質問は，修正されたDMMのインタビューでは家族に関係しない危機や性的危機をも含めた，より広範囲の危機を含むように拡大されている。それにもかかわらず，危機に関する情報が得られる箇所がインタビューの中のどこであっても，その情報は話し手の心的過程を同定する上で決定的に重要なものとして扱われるべきである。

インタビューの中の深刻でない危機と深刻な危機との間の関係については複数の可能性が存在する。（危機の周辺では言い淀みが起こりやすいものであるが）情報が変換されている証拠はどこにもない場合があり得る。基本的な自己防衛方略が強化されていたり，普通の出来事と比較すると，過酷な危機に対しては応答が変化する場合もあり得る。これは一部の例では反対の方略となることもあるし，他の例では異なる応答形式となることもある。たとえば，Aタイプの話し手は最近起きた特定の危機について強烈なとらわれを示すかもしれない。あるいは，Cタイプの話し手が，経験した中で最も危険なものの重要性を否認するかもしれない。反応に変化がある場合，基本方略を単に強化している場合よりも，もっとトラウマを被っていることが示唆される。

コーダーは，喪失と危機の両方を含めたあらゆる脅威の例に関する談話を注意深く調べるべきである。2度目に読んだ際，危機や喪失について話し始める前に，思考の誤りが起きていないかを確かめることは特に重要である。たとえば，ある親について現在形で語られ始めて，それからかなり後になってから，その親が亡くなっていることがわかったりしていないであろうか？　軽視ととらわれの両方の証拠は重要である。危機周辺にひどい誤りがあるときには，「Ul」または

「Utr」という記号と共に注釈しておく。未解決のタイプ（たとえば，置き換えられた未解決や，予期された未解決）は話し手の基本方略に一致するかもしれないし，しないかもしれないが，どのUタイプの場合でも脅威を心理的に解決してはいない。これが意味するのは，話し手の応答は，危機に晒された経験に特有の過去に適切に据え置かれておらず，また将来に役立つかもしれないものを繰り越すこともない，ということである。

　コーダーは喪失や危機の可能性を考慮すべきである。それらはアタッチメント対象に関するものであるのか？　あるいは，保護と慰めというアタッチメントの機能は損なわれたであろうか？　アタッチメント対象の喪失がある場合でも，それが話し手にとって危機でないのであれば，未解決を生じさせる基盤には必ずしもならない。これらの出来事をめぐる談話や考え方に関して何か不合理なところはあるだろうか？　それは（喪失や危機について直接質問している箇所を超えて）逐語記録の他の部分にも影響を及ぼしているであろうか？　それらの出来事を排除したり，含むことが行き渡っていればいるほど，ますます未解決と見なされやすくなるであろう。もしその情報が存在するのは直接質問した時のみであり，他の箇所には含まれていない場合，Uという結果になるのは明らかに不合理であるに違いない。しかし，そのような場合でさえ，「コンテインされた」未解決というものがある。もし逐語記録全体にわたって不適切に排除されたり含まれたりしていたら，Uを割り当てる結果となることはそれほど明らかに不合理ではないであろう。そのような未解決は「コンテインされていない」ものとみなされる。

手続き記憶の機能

　手続き記憶はAAI全体を通して3つの観点で評定される。それらは，談話の中の前意識的な言い淀み，情動表出，インタビュアーとの関係性，である。これらの各観点を分析することで分類が明らかになる。

言い淀み

　談話の中の言い淀み，特に巻き込み型の自己防衛的情報変換は，話し手の防衛方略に関する手続き記憶上の指標である。言い淀みは逐語記録の隅々までマークされるべきである。それらの解釈については前の章ですでに述べている。

情動表出

　情動は，人々がお互いに話をするときに，自発的に起こるものである。多くの場合，これは，話し手の情動表出に関する注釈として，AAIの中でカッコに入れた形で現われる。こうした注釈を，トーン，機能，適切さという点で評価することができる。話し手が困難な話題を話している間に肯定的情動（たとえば，笑い）が注釈される場合，不安であると解釈されるかもしれない。話し手が談話の中で，悲しい出来事や，腹が立つ出来事や，怖かった出来事を否認しながら，そのような肯定的情動が生じる場合，偽りの肯定的情動と解釈されるかもしれない。このような情

動の用い方は共にAタイプの方略と一致するものである。適切な情動はバランスの取れた話し手の間で起こりやすい。一方で，Cタイプの話し手は不安や怒りや恐怖をむき出しに示すかもしれない。また，より高数字の分類では，他者が不快な思いをしていることに対して肯定的情動を示すかもしれない。情動の身体化された表出に注意を払うと良い。というのも，それらは修正項目の存在を示唆することが多いからである。

インタビュアーとの関係性

話し手がインタビュアーに対してどのように応答するのかということから，非常に有益な情報が得られる可能性がある。話し手が自分の子ども時代の関係性に関する自由回答形式の探索に協力して取り組んでいる時には，話し手はインタビュアーを信頼しており，支持的に話を聴いてくれる人を期待しているという証拠がある。そのような傾性表象は**Bタイプの話し手**に典型的に見られる。話し手が情緒的な関係性について話したがらなかったり，過剰に肯定的な情況を提供する場合は，不信がある証拠であり，また賞賛や非難，あるいは拒絶を予期している証拠である。そのような予期は**Aタイプの話し手**に典型的なものである。代わりに，あたかも話し手がインタビュアーと秘密の関係を共有し，インタビュアーが話し手の心を読めるかのようであり，インタビュアーが両親に対抗する同盟者であるかのように振る舞う時には，そのような表象は**Cタイプの方略**に典型的なものである。

他の話し手はインタビュアーに対して**強迫**（インタビュアーの世話をしたり，インタビュアーの視点に対して過度に従順になったり，言うことに過度に従ったりする）を示す。他にはインタビュアーを脅かしたり，誘惑したり，欺くことに**執着**する者もいるであろう。こうした手続き的反応はA3-8やC3-8をそれぞれ示唆するものである。

性愛とアタッチメントに関するパターンの証拠の探求

Main and Goldwyn（1994）方式は性愛には焦点を当てておらず，George et al. によるAAI（1996）は性愛に関する質問を含んでいない。それゆえに，たいていの場合は，話し手は性愛に関する話題を話さない。したがって，性愛に関する話題が持ち出された時に，それらは特別な意味をもっていると想定されるかもしれない。実際，性愛に関する言及や性的なイメージや，セックスやセックスの可能性を含むエピソードは，心理療法を受けている人々へのインタビューの中で偶然以上の頻度で起こる。性的なほのめかしはAAI全体を通して注釈されるべきであるし，見つかった場合は，意味のパターンを探索すべきである。DMMバージョンの修正版AAIによって性愛について質問すると，話し手がこれらを直接扱うことができるのか，またはほのめかしのパターンとしてのみ扱えるのかを調べることができる。性的な素材が早い段階で，あるいは不適当に侵入することは，A5やC5-6，あるいはより高数字の分類であることを示唆することが多い。

統合の評価

インタビューの終わりの質問は，Bタイプの証明である心的一貫性を同定するために特に強力である。家族状況を直視したくないために若干言い淀みを示す話し手は，この傾向を乗り越えて，彼らが自分の経験を健全に理解していることを証明する機会をこれらの質問から得られる。特に，統合的質問によって，話し手は別の視点を考えたり，行動の基底にある動機付けを考えたり，あるいは子ども時代の経験と成人になってからの人生（パーソナリティやパートナーの選択や子どもの養育）との関連を考えることができるのである。このように，統合的質問によって，思慮深い話し手は逐語記録の最初の部分でうっかり犯した間違いを明確化するような機会を得られる。

Bタイプ

バランスが取れていると考えられる話し手の場合，統合的質問への応答は心理的に健全なもので，かつインタビューの他の箇所と一貫しているものでなければならない。さらに，話し手は変換されていないイメージ情報や意味情報やエピソード情報にアクセスできなければならないか，あるいは重要な変換がある場合は，それを同定して訂正することができなければならない。しかし，手続き的行動は非常に重要である。つまり，話し手の中にはインタビューという熟慮する環境の中では暮らしのプレッシャーの中にいる時よりも良く機能できる者もいるであろうが，その一方で概してすべて正しいことを言うものの，バランスの取れたやり方で関わることができない者もいる。

コーダーは以下のことを考えると良い。話し手は，(a) 時間上の予測可能性と感情の両方が行動を動機付ける際に果たす役割を適切に理解しているかどうか，(b) 経験が自分自身に及ぼす影響を同定しているかどうか，(c) 両親の状況をある程度理解したり，両親へいくらかの思いやりを抱いているかどうか（ただし，自己否定的な免責なしに），(d) 子ども時代の経験から集められた情報を用いて，成人になってからの行動の指針としているかどうか。バランスの取れた話し手は，これらの話題のそれぞれに対して（必ずしも深くある必要はないけれども）受け入れ可能な答えを提示すべきである。さらに，さまざまな種類の情報や異なった関係性についての情報が，関係性に関しては階層的に，特定の条件下での行動に関しては条件付きで一つの表象に統合されているべきである (Bowlby, 1980; Crittenden, 1990)。

もし子ども時代の経験が適切であったならば，バランスの取れた話し手の応答は**無邪気なほど**にシンプルであるかもしれない。しかし，もし子ども時代に相当の困難が見られるならば，これらは統合的質問において扱われなければならない。このように，困難な生育歴をもつ話し手は単純な決まり文句や非現実的な夢を提示することはできない。反対に，そのような話し手は統合についての確かな証拠を提供する義務と，また現実が時に示す危険な曖昧さと防衛過程の必要性に対する**獲得された**気づきを示す機会の両方を持っているのである。

特に，話し手がインタビューの最初の部分で自己防衛的過程を用いて，その後，インタビューの終わりの部分で，自分たちの状況を理解しているという，ある程度しっかりしているが不十分

な証拠を示す場合，彼らはBへ**再構成している**と見なされるのが最も良いであろう。再構成を同定するための鍵は，現在の機能に関しては防衛的過程が手つかずのままでインタビューが終了するということである。たとえば，(a) A3のマーカーを持ちながら自己軽視型談話を用いて，(b) 統合的質問において，自分自身が世話役であることをよく承知しているかのように説明をして，自己の視点を重視する必要性に気づいているが，(c) 人生の主要な決断を，母親がそれを受けいれる準備ができるまで遅らせる，という話題でインタビューを終わらせるような，かつては強迫的世話役であった話し手は（獲得されたBというよりも）Bへの再構成と見なされるであろう。

Aタイプ

話し手の中には統合的質問に応答する際に，(a) 彼らの経験は彼ら自身にほとんど影響していないと主張し，(b) 両親の経験や動機付けにはほとんど関心を示さなかったり（A1–2に該当する），あるいは親の行動の責任を免責し（A+に該当する），そして(c) インタビューの間ずっと自己防衛方略を維持する者がいる。自己を内省させようとするいかなる試みも，話題を変えたり，決まり文句を言うことによって中断してしまうのである。このことは，2つの両立しがたいアタッチメント対象表象が話し手の心の中に存在するということを示唆している。話し手が意識的に提示する「良い」表象と，それに気づいてしまうと，話し手とアタッチメント対象との関係性が脅かされるために，意識から締め出されている「悪い」表象である（Main et al., 2003）。

Cタイプ

話し手の中には，ほどよい距離から自分たちの経験を眺めることができず，その代わりに枝葉末節や希望的観測や不可能な要求にとらわれている者がいる。つまり，彼らは自分の未来の満足を，自分のコントロールを超えるものにゆだねるのであり，その結果過去の問題を未来へと持ち込むのである。Cタイプの話し手は他者の存在を認識することなく，1つ以上のDRの間を移動することが多かったり，もしくは異なる関係性の表象を混同するかもしれない。

統合的質問に対する欺く応答

コーダーは，統合的質問に対して一見したところバランス良く思慮深く答えているかに見える応答に用心するべきである。その応答とは，(a) インタビュー初期段階になされた統合が相当欠けている応答について言及しておらず，(b)「あるべき」世界を反映しているようなものである。後者は，先生や両親やセラピストが言ったことと同じことを言っている場合が多い。パートナーの選択に関する質問は，そこで述べられた考えが話し手の統合を反映しているのか，あるいは他者の答えを単に反復しているにすぎないのかを探索するには特に良いものである。なぜならその質問はそれまでの話し合いではほとんど扱われてこなかったからである。

コーダーは，話し手が手続き情報，イメージ情報，意味情報，情動暗示情報そしてエピソード

情報を統合することができるかどうか尋ねるべきである。統合は心理学的に意味を成しているであろうか？　新しい情報を生み出している，つまり，その総和は部分の合計よりも大きいであろうか？　こうした過程はインタビューの間に起こっているであろうか？

分類の決定

一度注釈が完成したら，インタビュー全体を熟考するべきである。われわれは二つの観点を提示する。

Griceの格率

今ではおなじみとなった談話を，発話の一貫性に関してGriceの4つの格率（1975），つまり量，質，様態，関連性という観点で評価することができる。これらの格率に関する侵害については，侵害を生み出した話題という観点から注目し，考慮する必要がある。十分な一貫性がないことについて話し手が気づいて，インタビュアーに警告したり，あるいは一時的に侵害が維持されることへの相互の合意を求める場合，その侵害のために一貫性が損なわれているとしない方が良い——話し手は最後にはその話題について一貫して語れるかもしれないと仮定してみることである。その話題について考えようと明らかに努力しているにもかかわらず，十分に一貫していないという気づきは再構成の過程のサインであることが多い。

一貫性は逐語記録のいたるところで評価されるべきだが，導入の質問では特に有益な文脈を得られる。最初の質問は自由回答式であるため，話し手は充分かつ役立つ応答を構成するものは何かを決める機会を持てる。次の質問は非常に特異的な情報を求めるフォローアップの質問であることが多い。関係性について話すことが困難な話し手は自由回答式の質問にはあまりに簡潔過ぎる回答をしたり，事実を引き出そうとするフォローアップの質問に対してはそっけなく応答することが多い。反対に，自分の考えを焦点付けることが困難な話し手は，自由回答式の質問の間ずっと，的外れな詳細を含めながら過度に長く脱線したり，事実を引き出そうとする閉じられた質問に対して，同じように過剰な形で応答する。これらの応答は，インタビュアーが話し手に大きな影響を与える前のインタビュー開始時に起こるため，また困難な経験はまだ扱われていない（そして，それゆえに自己防衛的な応答を必要としない）ため，そして応答内容は話し手のコントロール下にあるため，開始時の応答は話し手の心の一貫性に関して非常に多くのことを教えてくれる。

比較による分類方法

Main and Goldwyn（1984, 1994）の分類方法は2つの比較に基づいている。これらは，意味記憶とエピソード記憶を対比した，情報過程に関するBowlbyの章と（1980），クローズアップした見方と距離を取った見方を比較した，演劇に関するGriceの業績（Grice, 1975）に由来するものである。加えて，以下のことについて尋ねることもあるかもしれない。話し手とコーダーが

話し手の経験と心理的過程について合意するかどうか，話し手は認知と情動に関する質問のどちらに対してより効率的に機能しているのか，内容が脅威や危機について言及するとき，発話は実質的に変換されているかどうか，などについてである。

これらの比較の根本的機能は，**正確な情報**と**変換された情報**を同定して比較することにコーダーの注意を焦点付けることである。これらの比較によって，話し手のアタッチメントの経験が一貫したものとして描かれるのであれば，逐語記録はBタイプとして分類されやすい。重大な不一致が存在する場合，インタビューはAタイプあるいはCタイプと分類されやすい。

逐語記録の分類

AAIを用いた分類は，インタビューに由来する言語的行動のサンプルに基づいて，話し手の心理的機能に近似したものを作り出しているということを覚えておくことは重要である。それゆえ，誤りは次の2点で生じうる。逐語記録の「正確な」分類とコーダーが割り当てる分類との間で，そして話し手の「正確な」心理的過程とインタビュー内でのそのサンプルとの間，である。このように，**逐語記録**にある分類が割り当てられているのであり，これによってその話し手の機能に関する帰属ができるのである。それゆえに，その話し手がAタイプ，Bタイプ，Cタイプ「である」という言い方は正確ではない。正確な言い回しは，その逐語記録はある特有の方略に「割り当てられた」，というものである。さらに意味帰属するにしてもそういうことに過ぎない。帰属に過ぎないのである。もちろん，このことはほとんどすべての心理アセスメント（たとえば，知能検査，パーソナリティ尺度，など）に当てはまるが，一般に使用される場合，こうした点は忘れられることが多い。

その分類を純粋に示す例となる逐語記録はほとんどない。実際，一つのパターンよりももっと多くのパターンを示唆する応答が散在していることもあるかもしれない。選択された方略は，**危機的な状況に対処するための方略**であるべきである。このような方略は，複数回にわたって，複数の場所で，6つの記憶システムのうち少なくとも3つに示されるべきである。もし逐語記録の中のどこか一箇所で見られた最も高数字の方略が危機的な状況で用いられないとすれば，たいていの場合，その方略は最終分類には含まれないであろう。その代わり，危機に対して用いられた方略（あるいは複数の方略）が最終分類に見られるであろう。

分類は，話し手の機能を理解するために必要な諸要素のみを含めて，できるだけ単一にしておくべきである。**単一分類**とは，図1.1から直接選択された単一のグループに逐語記録が割り当てられるものである。**結合分類**とは，AタイプとCタイプの両方の構成要素を有している（たとえば，A1/C2あるいはA3/C3，など）ものである。可能な時はいつでも，特定のパターンを示すべきである。最低でも，Ainsworthに基づいた方略と，DMM方式の強迫的および執着的方略との区別はなされるべきである。特異的なアタッチメント対象について割り当てられる時は特に**複合的グループ分類**も使用可能である（たとえば，$A1_M A4_F$あるいは$C3_M C4_F$）。一般的に，最も頻繁に見られる方略と同じ主要方略の中の低数字パターンは列挙される必要はない[訳注1]。方略が

訳注1) もしある人の方略がA6であるならば，その人がA3やA4も用いることを述べる必要はないということ。

機能していない場合，その分類は喪失やトラウマの未解決か，あるいは修正項目の一つか，またはその両方を示唆しているかもしれない（たとえば，Utr C1 あるいは Dp A3，など）。**再構成している分類**は再構成を含めるべきであり，それに加えて，話し手がそこから移行していると思われる分類から，話し手がそこへと移行しつつあると思われる分類へと矢印で指し示す。たとえば，R（A3 → B1）のように。

　最もよく見られる分類の誤りは，困難な過去の生育歴を持つ真にバランスの取れた話し手と，次のような人々との間で起こる。(a) A タイプと C タイプの両方の方略を用いる人（A/C），(b) 偽りの情動と偽りの認知を，洗練され，かつ永続的な防衛方略の中で統合している人（すなわち，AC），(c) 抑うつ的な人（Dp），である。このように，最もバランスの取れた方略が最も歪曲された方略と混同されることが時折ある。

　結論として，あらゆる情報は不完全であり，究極的にはいかなる情報源にも不確かなところがあるということをコーダーは覚えておくべきである。不確かさを減らすためには，多様な情報源を比較しなければならない。異なる過程から得られ，またさまざまな種類の誤りに脆弱である情報を繰り返し比較することによって，誤りを減らすための最良の可能性が得られる。このことは，未来の行動を組織化するために過去の経験の表象を構築しなければならない人間に当てはまることであり，他者の心的過程の表象を構築しなければならないコーダーにとっても当てはまることなのである。

信 頼 性

　DMM 方式を熟達するには，多種多様な逐語記録について，正確さに関してフィードバックを受けながら，練習を繰り返すことが必要である。たいていの人々にとって，健常群と臨床群の両方の逐語記録の分類が信頼性を得る前に，100 ほどの逐語記録をコーディングして分類しなければならない。

　信頼性の程度は，一連の標準化された信頼性のセットに基づいて推定される。テストは文化と言語に特異的であり，健常群と非典型的な組織化の両方を反映する広範囲の方略を含んでいる。信頼性の推定は，主要な方略の分類，パターン，修正項目の存在，トラウマや喪失の未解決に対して別々になされる。スクリーニングとコーディングと司法への応用とでは信頼性のレベルは異なっていることが妥当である。

　時間が経つと信頼性は下がっていくものである。その結果，信頼性の証明書は，存続期間が限定されており，その後は更新されなければならない。信頼性を維持する方法には，フィードバックを受けながら頻繁にコーディングすること，AAI 講習会の応用編に参加すること，重要な逐語記録をコーディングし直すことが含まれる。

　時間が経つにつれて熟達さを失うこととは別に，信頼性に対する脅威は他にもある。一度にあまりに多くの逐語記録をコーディングしたり，疲れている時にコーディングするのと同様に，信頼性の低いコーダーたちと一緒にコーディングすると，熟練したコーダーの正確さが低下してしまう。小さくて凝集性のあるコーディンググループで作業すると，内部で合意することは増える

ものの，外的な信頼性は低下する傾向がある。加えて，長期間にわたって信頼性のチェックがないままにコーディングをすると，コーダーが気づかないまま「コーダーの漂流」が生じる可能性がある。似たようなアセスメントを同時にコーディングしたり，利用可能ないかなる外的な情報も用いながらコーディングしたりすると，分類の正確さは低下する。さらに，そしてかなり困惑させることではあるが，分類におけるコーダーの自信と実際の正確さとの間には相関関係がないようである。危険なのは，偽りの自信が対人関係上の説得力と一緒になると，他のコーダーを誤りへと導くであろうということである。コーダーはこれらの脅威を自覚して，それらを防ぐために積極的に努力すべきである。

パターン化と過程

　アタッチメントをコーディングすることはパターン認識の課題であるとこの章の始めに述べた。そして集めるべき関連する情報を指摘し，個人にとっての意味を発見することができるような一つの過程を提示した。少量の各情報と分析過程の各部分は他の箇所と相互作用しているのであり，どれも単独では決定的なものとはならないのだということを繰り返し述べてきた。

　分類に到達するための過程は，われわれが思うに非常に動的なものである。それには，特定可能なステップや構成概念があるし，これらの多くの例は提示可能である。しかし，重要な点は，そのような例は各個人ごとに最終的にはユニークであるということである。

　人間は実に限られたことしかできないのである！　彼らは心理的にも行動的にもわずかなことしかできない。しかし，そのようなわずかな心理的過程や行動上の振る舞いによって，彼らは無限に近い対人的意味の世界を築くことができる。人間には見事な可変性があるため，同じような行動が二度繰り返されることはほとんどない。人間行動のいかなるクラスター化をも困難にしているのは，われわれが扱わなければならないこととわれわれが生み出すことのできる広範な組み合わせとの間のコントラストなのである。

　機能に基づいたパターン化は，人間行動の無限の多様性を取扱い可能な下位単位へと縮小して，過去の経験から現在の経験へと情報を持ち込むことを可能にする一つの手段なのである。われわれは，いかなる単一のわずかな情報もパターンを決定しないということを強調することによってこの章を終わりたい。われわれは，データの断片を数え上げることはできるが，それらは予測を生み出すことはできない。パターンは予測を生み出すが，そのパターンを信頼性を伴って同定することはもっと難しい。この作業には，パターン認識とそのパターンを支持するための証拠との間のバランスが必要となる（観察可能な証拠に開かれていない直観的認識だけでは不十分である）。記憶システムのアプローチを用いることによって，われわれはそのパターンに近づくことが通常可能であるが，そのパターンそのものはチェックリストや数字で表したアプローチでは捉えられない。この時点で，談話の機能を――そして暗示された自己防衛方略を考慮しなければならない。結局，われわれは，証拠と機能の両方を伴って，パターン認識をする必要がある。もちろん，ここが人間が本当に輝くところである。われわれは，コンピューターを含めた他のいかなる種よりも，パターン認識が上手である。

次の章では，原家族での個人の生活と現在の個人の生活の両方にアセスメントがどのように結びついているのかを考えるために，アセスメントを超えた，機能に基づいたパターン化という発想を用いたい。また，アタッチメントの機能フォーミュレーションが，心理的障害を持つ事例に関して有益な治療を計画する上で，臨床家にとってどのように役立つのかを説明する。

第14章

ではどうすればいいのか?

AAI分類から治療計画への変換

　研究者は信頼性の高い分類に満足するが，悩みを抱える個人や家族を導かなくてはならない心理療法家やその他の専門家はそれだけで満足はしない。彼らは行動計画を必要としているのである。この章では，話し手とその家族の生育歴や現在の機能についての情報と合わせて，AAIの分類をどのように用いて**機能フォーミュレーション Functional Formulation** を導くのかを説明する。機能フォーミュレーションとは，サービスの構造とさまざまな対人関係を生きる個人との間の関係について専門家が抱く傾性表象（DR）のことである。すべてのDRがそうであるが，機能フォーミュレーションは動的である。つまり，新しい情報が既存の一連の情報の中に統合されていくにつれて，常に変化していくのである。

　このことから，機能フォーミュレーションはあまりにも無構造すぎて文章化できないのではないかと思われるかもしれない。しかし，実際にはまったく逆である。フォーミュレーションを文章化しなければ，治療はまとまりのないものとなり，もしかすると非効率的で効果のないものになるかもしれない。治療開始時はもちろん，フィードバックを基に更新していくことによって，治療経過全体を通じても，治療の指針となり得る機能フォーミュレーションをどのように導き出すのかを説明しよう。

　この内省的で統合的な過程のための素材は，(a) 内容および談話のパターン（もしくは，アタッチメントの行動的，情報処理的，方略的な側面）という観点から見た逐語記録と，(b) 逐語記録の分類と，そしてそれらと比較される (c) 話し手の人生の文脈，である。つまり，機能フォーミュレーションは，AAIという2者間の対話システムから，話し手が実際に生活しているより大きなシステムへと移行することから構成されているのである。

　次の各節では分類の意味について逆の順序で検討していく。まず，全般的な適応状態（修正項目）から始め，時折生じる適応の喪失（未解決のトラウマまたは喪失）を経て，基本的な自己防衛方略へと戻っていく。次に，AAIの情報を生育歴からの情報とどのように結びつけて機能フォーミュレーションを作りあげるのかを説明する。それから，フォーミュレーションを用いて大ま

かな治療計画を立てる。最後に一つの事例を示して終わりたい。

方略の適応状態と不適応状態

　AAI の分類はいくつかの構成要素から成っている。すべての事例には基本方略があり，分類もしくは分類の結合として表現されている。中には未解決のトラウマや喪失が含まれているものもある。少数の事例では，1つもしくはそれ以上の修正項目が存在するものもある。修正項目と未解決のトラウマや喪失と基本方略との結合の中には他の結合よりも多く見られ，また理論的により意義深いものがある。したがって，これらの構成要素のある種のパターンは予想される一方で，他のパターンはかなり稀で予想外のものになりがちである。熟練した AAI コーダーは予想されるパターンを探しつつ，予想外の結合に出会った時には細心の注意を払うものである。

修正項目

　AAI の機能分析の第1段階は，基本方略への**修正項目**があるかどうかを検討することである。修正項目の有無は，個人が現在の状況にどの程度適応しているのかを示唆する。もし基本方略に修正がない場合，個人は現在の状況の中で少なくとも最低限，適応的に機能している可能性が高い。修正項目がある場合は，基本方略が役立っておらず，専門的援助を必要としているかもしれないことが示唆される。

抑うつと失見当

　抑うつ，もしくは失見当の修正項目がある場合（2つは通常，相互に排他的である），基本方略は充分すぎるほど長い間役に立たなかったので，話し手はその効果が通常どれほどなのかを予期するようになる。その結果，話し手は覚醒を低く調整したり，高く調整したりする。抑うつは，話し手が方略の不毛性に気づいている（そして覚醒を低く調整する）ことを示している。それに対して失見当は，話し手が効果的な方略を選びたいが，どう選んでいいのかわからない（そして覚醒を高く調整している）ことを示している。修正項目が1つ存在する場合，話し手もしくはアタッチメントを形成している者たちが示す不適応行動や悩みや臨床的関連性を持つ行動の中にリスクがすでに明らかにあることが示唆される。

侵　入

　禁止された否定的情動の侵入（[ina]）は，強迫的 A 方略の構成要素を持つ話し手の中にだけ見られ，抑うつによって修正されることが非常に多い。インタビューそのものの最中にそのような侵入を示す証拠は見られないが，想起されたエピソードには過去の侵入を示唆するものが含まれていることが時折ある（分類の中に [ina]$_h$ と記すことができる）。実際のところ，禁止された

否定的情動の侵入のおかげで，対人関係方略が機能していない話し手の適応が促進される可能性がある。このことは，過度に低い覚醒を一時的に反転することによって覚醒の生理学的水準で起こり得るか，または専門的介入を促すことによって家族外のコミュニティ水準で起こり得るかのどちらかである。専門的介入とは，たとえば薬物療法，心理治療，入院治療，そして拘留または外部から課される他の形態の抑制などである。侵入が生じる個人は，それらを自分自身の外部にあるものとして経験することが多く，それらがどこから来たのかについて悩まされる。こうした出来事に対して妄想的説明を与えることによって彼らの心理的混乱状態が「解決される」ことも時にある。

身体表現症状（「ess」）はAAIの中でも表現される可能性がある。こうした症状はどの高数字の方略（A+，C+，A+/C+）においても生じることがあり，心理的および対人的問題から話し手の身体状態および心地良さへと注意を向け直すことによってインタビューの過程を一時中断させるように機能する。つまり，［ess］はインタビューの内容や意味から注意をそらすのである。身体症状は，言語的気付きに達していない情報や否認された情報，または解決できない葛藤がある情報を表象していることが多い。［ess］のコーディングは，ここで記述されている他の構成概念よりも最近になってDMM方式に取り入れられたものである。それにもかかわらず，潜在的な意味と強烈に表現された身体的な苦しみとの組み合わせが見られる場合，基底にある問題がどのようなものかほとんどわからない慢性的な不適応が示唆される。

侵入や身体表現症状がコーディングされた時のリスクの確率はわずかなものから高いものまである。そうしたリスクは個人の悩みだけでなく，自己や他者への潜在的な危機をも含んでいる。その結果，治療計画はリスクを小さくし，基本方略の有効な機能を少なくとも部分的にでも回復することを優先事項として考慮すべきである。これはさまざまな介入を通して完成させることができる。そこには家庭外の文脈の中で個人を守ることから，薬物療法を行うこと，そして本人もしくは家族に，またはその両方に対して心理的援助を行うことも含まれる。

一般的には方略が機能しているならば，自己効力感は本来備わっているものである。したがって，方略に修正項目が伴い，機能していない場合，治療に関与する動機づけが減少し，またそれによって治療が成功するチャンスも減少するかもしれない。治療のその他の側面が生産的に機能すると期待できるようになる前に，このことに対しても早急に注意を払う必要がある。

再構成

再構成（R）という修正項目がある場合，非常に異なる一連の過程が示唆される。この修正項目は活発な内省機能を意味している。この内省機能は過去に排除されたり，歪曲されたり，偽装されたり，否認されたり，または身体化されたりしていた情報を話し手の表象へと統合することを促進するものである。このことが示唆しているのは，現在使われている方略がうまく機能していないことに話し手はすでに気付いており，またメタ認知的な自己教示を通して方略を更新しようと積極的に試みようとしているということである。このような場合，話し手や話し手の周囲の人々へのリスクはかなり低いリスクと思われる。また，考えられる介入に対して示唆することもいくつかある。指示的で強力な介入はおそらく必要ないであろう。代わりに，その個人に自分の

生活環境の大部分を直接コントロールできるようにさせておくような介入が示唆される。通常，再構成している話し手は，自分が必要とするものを直接求めることが可能であり，あるいは助けてもらえれば，必要とするものについて自分の考えを比較的短時間で明確にすることができる。しかし，注目すべきことは，変化のさなかにある個人というものは脆弱なものであり，安定させたり，慰めてくれるようなサポートを他の時よりも多く必要としているかもしれないということである。再構成中の個人に対するセラピストの機能は，個人が日々の生活の流れによって苦闘している時，長期間にわたる過程を見守ることであると考えられるかもしれない。

未解決の喪失とトラウマ

AAI分類の機能分析における第2段階では未解決（U）の危機的な出来事について検討する。未解決の喪失（Ul）や未解決のトラウマ（Utr）の存在は，話し手の方略の機能に未だに悪影響を及ぼしている過去の危機が非常に圧縮された歴史として見なすことができる。したがって，分類にUが見られる場合，たとえ不適応のリスクが直近の状況に部分的には大きく左右されて変化するとしても，不適応のリスクがより高くなることと常に関連しているのである。

このことが断定的に述べられているのは，すでに解決された危機をめぐる諸経験は方略機能全般の中に組み込まれているということに定義上なっているためである。未解決の危機について言及すること自体が，関連のある情報から関連のない情報を区別することができないために，話し手が未だにその出来事について情報処理しようとしていることを示唆している。自己関連性を誤解することによって，行動の保護機能は弱まり，また過剰な情報を関連していると見なすならば，情報処理の効率も落ちるかもしれない。

修正項目とは異なり，Uが示すのは，方略行動が文脈によって機能しなくなるということである。したがって，分類の中にUが多くあればあるほど，1つまたはそれ以上のUが文脈によって活性化される可能性がある。未解決のタイプがどのようなものであるのかによって，ひとたびトラウマティックな出来事の表象が活性化された場合，生じる可能性のある極端な反応が特定される。単純な「とらわれ型」または「軽視型」の未解決の場合，その影響は予測可能かつ個別的なものであるが，より複雑なタイプの場合，その影響はそれほどはっきりしておらず，より多様である可能性があり，その機能はまるでジョーカーのように予測不能な活性化をしたり，多様な反応をする「無秩序型」であることが予想される。また，その機能がどの程度障害されているのかということも，未解決の証拠が特定の質問にどの程度まで限定されているのかによる。つまり，もしUが「コンテインされている」ならば，つまり，インタビュアーが会話を過去の危機的な出来事の話題へと向けた時にのみ未解決が現れるならば，一見無関係なさまざまな話題に話し手が自発的に反応している時に比べて，機能への影響は低くなるのである。

未解決のタイプの中には，修正項目とほとんど同じくらい行動へ影響を及ぼすものもある。特に妄想型の未解決がある場合，話し手が防衛的な情報を作り上げなければならないような，未だ活発で脅威であるらしい危機に対する解決策を見出す必要性が示唆される。抑うつ型の未解決がある場合は，危機の影響が決定的に重大であり，かつ避けることのできない破壊力を持っており，そのため現在の方略の機能が自己に無関係なものになっていることを意味する。無秩序型の未解

決がある場合は，現在の状況に対して多様で矛盾した反応が生じることによって，事実上方略が一貫した形で機能しなくなる可能性がある。

　生育歴における未解決の危機的出来事によって形成され，これらの出来事へのトラウマティックな心理的反応によって形成され，そして方略のタイプとトラウマティックな反応のタイプとの間の関係によって形成されたパターン化は非常に複雑であり，また人それぞれに独自のものである。このパターン化の意味を明らかにするための明確で一般的な手続きはない。もっとも，治療の一部やその人の日常生活が未解決のトラウマや喪失を刺激する場合は特に，治療の早い段階でそれらを扱う必要があるという見解は別であるが。必要とされる特定の介入はさまざまであるが，指針となる原則は，過去に起きた危機と現在生じているリスクとを区別する適切な境界を設けさせる必要性があるということである。そうすることで支障となるリスクに率直に対処し，現時点で自分や他者を効果的に守ることを優先するのである。

基本方略

　まとめると，修正項目とUから，話し手の機能が現在の生活情況にどのように合致しているか（もしくは合致することに失敗しているか）のイメージを得られる。もし修正項目やUがなければ，話し手の方略はおそらく適切に働いているということになるであろう。もし修正項目やUがあれば，それらがどの程度極端で複雑なものであるかに応じて，話し手の方略は身体面または心理面，もしくはその両方を守るものとして機能していない可能性が高い。

　このことから，方略というものは情報を本質的に歪曲することも含め，危機に対処してきた発達的経験の蓄積を表象しているため，基本方略を治療の中で取り扱う必要は必ずしもないことが示唆されるように思われるかもしれない。これは，Bが唯一の適応的な方略であり，A1–2とC1–2を含めた他のすべての形態の方略的機能は不健康と判断される，という広く行きわたっている見解と大きく矛盾するものであろう。どちらの視点も共に実証的データに基づいており，どちらも間違ってはいない。しかし，実践に応用するための指針とするにはどちらの観点もあまりに単純すぎるであろう。われわれは，Bから高数字のAやCへと至るような，勾配のあるリスクを提案している。その観点から見ると，A1–2とC1–2までは低いリスクを経験しているにすぎず，A3–4やC3–4の方略を使う人々ですら，そのほとんどが，若干生きづらくはあるかもしれないが，うまくやっているのである。もし未解決や修正項目が加わるならば，もちろん話は別である。

　したがって，AAI分類の機能分析における最終段階は，個人が用いている自己防衛方略の意味について慎重に検討することである。生育歴とAAIを施行することになった情況とを検討すると，この意味により完全な肉付けをすることができるであろう（もしくは，重大な不一致が明らかになるであろう）。

　ある個人が用いる基本方略は，話し手の経験から引き出された最も完全に統合された防衛過程を定義する中央処理装置のようなものであると考えることができる。この方略は，情報処理やアタッチメント関係の取り扱いを含んだ，個人の機能の多くの領域に影響を与える。何が危機で，何が安全で，どのような情報に注意を向け，それにどのような意味を帰属し，どのような方法で

行動を調整し，いつ処理を中止して行動を始めるのか，を方略が決めるのである。

　個人がどんな危機から自分自身を守ろうとしているのかという決定的疑問を始めとする，個人の防衛的機能の最も深い部分の働きについて基本方略から理解することができる。B方略を使用している場合，愛情深いアタッチメント対象から支えられたり，慰められたりしながら，危機を通じて学習の基礎を得たことが示唆される。A方略を使用する場合，アタッチメント対象による拒絶やアタッチメント対象からの分離に関連する，予測可能な危機があることが示唆される。C方略を使用する場合，曖昧であったり，隠されていたり，目に見えないような予測不能な危機を伴う，もつれた人間関係が示唆される。AとCを結合した方略を使用している場合，予測可能なものも，予測不能なものも含む，複雑な危機があったことが示唆される。その危機は統合的な内省の使用をあきらめるほど差し迫ったものであったと思われる。

　こうした一般的な説明は，「危機はどのようなものか？」という疑問に対するあり得る答えとしてはほんの少し正確であるにすぎない。そのうえ，Bの話し手を除けば，話し手とコーダーからは異なる答えが出ることが予想される。このことは，セラピストがクライエントや患者とは異なる形で問題を構成することが非常に多いということを意味する。

　DMM方式では，各方略は情報処理の特定のパターンを意味している。これらについてはこれまでの章で説明してきた。ここでは，特定の談話マーカーを同定し，それらを構成概念と記憶システムに割り当てるという分類過程が，話し手の防衛機能の全体像にいかに詳細を加えていくことになるのかに焦点を当てる。分類が決まると，以下の点についてどちらが相対的に優勢なのかに関して詳細がわかるようになる。(a) 認知情報 対 情動情報（A対Cという基本的区別），(b) 潜在的表象（身体的，手続き的，およびイメージ的）対 (c) 顕在的表象（意味的，情動暗示的，およびエピソード的），そして (d) 脅威の瞬間と行動した後の時間における統合機能。また，どんな種類の情報が処理から排除され，一般化し過ぎる，または一般化が少な過ぎるという形で何が歪曲されているのか，そして何が偽装されたり，否認されたり，もしくは妄想的にすらなるのかを特定することも可能である。話し手が話す時に，どのような発言が信用できて，何が不正確らしいのか，ということに関してそれぞれは重要な意味を持っている。

機能フォーミュレーション

AAIのパターンと生育歴の比較

　「話し手の個人情報を知らされていない」コーダーがAAIから関連のある情報を抽出して，そこから一貫性のある方略を構成した後に，生育歴や現在の問題に関する知識を治療に役立てることができる瞬間がまさにここである。この統合的過程を進めるのはコーダーもしくは他の専門家かもしれないし，あるいは両者が協力し合って進めるかもしれない。しかし，内容と変換の両方に関して逐語記録を詳しく知る者が取り扱うのがおそらく最も良いであろう。機能フォーミュレーションは専門家による内省的統合の結果であり，個人の機能やインタビュアーとの関係性に関

する専門家のDRを構成しているのである。

　機能フォーミュレーションは2つの仮説の組み合わせから成り立っている。1つは過去の経験と現在の方略との関係について，もう1つは方略も含む現在の状況と変化の過程との関係についてである。機能フォーミュレーションは，臨床症状がどのように生じ，どのように維持されてきたかなど，個人の過去の行動に意味づけする一方で，治療の可能性を限定して整えるものである。フォーミュレーションによって，どのような介入をすれば，個人がより適応的に自己を守り，生殖を行い，子孫を保護することが可能になるのかがわかる。また，フォーミュレーションによって，治療行為を目的を持って順序づけやすくなる。

　現在生じている不適応を理解するためには，特定の行動には過去に適応的価値があったこと，そして現在もはや機能していないのはなぜかを理解すべきである。個人の変化もしくは文脈の変化，もしくはその両方の変化のうちどれが現在の不適応を引き起こしたのであろうか。成熟していく中で早期に身に付けた方略が役立たないものになることもあり得るし，既存の方略では対応できない新たな出来事に遭遇したことによって同じことが起こることもあり得る。あるいは，過去の危機があまりにもひどいものであったり，人生のあまりにも早い段階で危機に直面したために，発達上の高いコストを払うことになったり，危機がもはや存在しないにもかかわらず，極端な方略にいつまでも頼ることもある。そのような例の中には，誤った情報がおそらくあるだろう。もちろん，それは決して適応的ではなかったものの，個人は気づかないまま来たのである。通常，これらの情況には修正項目やUが割り当てられるが，いつもそうなるとは限らない。それは基本方略が非常に極端である場合（A5–8，C5–8），それらの方略は個人を守ることができるものの，非常に狭い生態学的ニッチに個人を追いやることになる。

　機能フォーミュレーションの目的はその人特有の仮説と治療過程で探索されるべき疑問を生成することである。言い換えると，標準化された過程が個人の意味や生育歴へと適合されて，個別的治療が生み出されるのはここなのである。したがって，たとえこの過程の段階を一般化することが可能であるとしても，それはお勧めではない。その代わりに，次に治療計画について考え，それから機能フォーミュレーションの例を示そう。

機能フォーミュレーションと治療計画

　危機は最大の関心ごとである。その個人は現在危機に晒されているのか？　もしそうだとしたら，どのようにであろうか（身体的に？　心理的に？　家の中で？　家の外で？）？　さらに，その個人は自分自身に対する危機の原因となっているのか，もしくは他者（配偶者や子ども，あるいは見知らぬ人）に対する危機の原因となっているのかどうかを検討しなければならない。もし危機が深刻なものであるならば，介入の他の側面を扱う前に，危機を軽減しなければならない。

　介入に伴って生じる危機を検討すべきである。すべての介入に関係していて，また早めに考慮した方が良い2つの問題を挙げる。

1. 提案された介入は，受け取る側からはどのような危険性があるように見えて，それゆえに，介入もしくは介入の一部にどのような「抵抗」が起こるのか？

2. 提案された介入は，実際にはどのような危険性があるのか？ 受け取る側が予想や抵抗をできずに，医源性のダメージを作り出すリスクはないのか？

　後者に驚くセラピストもいるかもしれない。たとえば，ある結婚生活が，いくつかの情報について積極的に注意を向けていないおかげで維持されているというリスクについて考えてみよう。この問題を明るみに出すような治療をすると，離婚することになるであろうか？ あるいは，Aタイプ方略の中には，セラピストの言葉や考えを取り入れるように個人にバイアスをかけるものもあるため，「治った」ように見えるが，いかなる内的変化をも取り扱っていない場合もある。実際，そのような事例では，その人の本当の思考や感情は，獲得された自己というさらにもう1つ下の層に埋もれることになる可能性がある（AAIがA8に分類された個人の場合，この効果がすでに生じているのである）。

　明確な機能フォーミュレーションがあれば，セラピストはこれらの問題を扱い，個人の反応に取り組むための準備ができる。もし一般的な目標が，開かれた協力的関係性を確立することであるならば，セラピストは話し手の現在の方略を敬意を持って考慮しなければならないであろう。強迫的A方略を使う人々は否定的情動を抑制したり，非難を受け入れながら，治療提供者に対して自動的に従順になったり，恭順を示したりするような要素を持っている。Cタイプ方略を使う人は，否定的情動を大げさに主張したり，他者を非難しながら，セラピストと対決して共謀するか，またはセラピストを説得して共謀するであろう。もし計画全体がはっきりとしており，また治療のステップがお膳立てされていて，充分な協力と適格な情報処理が実現可能になるまでは必要とされないのならば，どちらについてもセラピストは心配しなくてよいであろう。つまり，治療が想定すべきなのは，個人が今いるところから始めて，常に発達の最近接領域の中で，より包括的な適応へと進んでいくという移行的過程なのである。

　バランスを欠いた各方略は異なる経路を辿ってバランスの取れた機能の状態へと至ることが示唆される。もし治療技法が情報処理にどのように影響を及ぼすのかに関して実証的証拠があるならば，これらの道筋の各々によって，考えられる治療行為の方向性が示されることになるであろう。心理療法の領域は，そのようなものを提供できるほどまだ十分に実証的に補強されたり，統一されたりしていないが，それにもかかわらず機能フォーミュレーションは異なった各種記憶システムに対する特定の各種目標と内省的統合へ至る一つの道筋を提案することができるのである。

　たとえば，よりバランスの取れた機能へと至るには，話し手は排除された情報にもアクセスする必要があるかもしれない。排除されることによって作り出された不一致を発見できるような治療方略が必要とされており，そして成功する際には，言語によって明確に表現することが必要となる。このような，メタ認知的，内省的水準への移行が生じることが可能になるのは，その人が自身の自己防衛方略を一時停止して，探索に取り組むのに充分な安全を感じている場合のみである。もしセラピストが治療の文脈をそれなりに安全にすることによって移行的アタッチメント対象として機能できるほど十分に深く個人の方略を理解しているならば，情報処理そのものに対して意識的に取り組み始めることができる。治療作業の進展が始まるのは，その個人が使っている，既知の取り組みやすい分野における「日常言語」からであろう。その後，排除された情報やなじみのある情報の相補的歪曲[訳注1]が少しずつわかるようになってくるのである。

このように治療過程を枠付けることによって，より短期的目標を追求する一方で，どのような目標がインテーク時に時期尚早であるのか，しかし長期的な最終目標としては設定可能なのかを明確にすることができる。短期的目標には，その個人が説明する，治療を求めた理由が含まれることが多い。

このような議論は，心理的治療の最終目標が個人を B 方略へと向かわせることであると示唆しているかのようである。これは理論的には可能かもしれないが，しかし実際的な問題としては，そうすることが効率的なのかどうかという疑問が出てくる。ひとたびわれわれが個人の実際の文脈を明らかにすれば，特定の方略の機能を回復するだけで十分適応できるかもしれない。ひとたびこの目標が達成されたならば，クライエントとセラピストのどちらかが治療のさらなる継続をいったん中止することを選ぶかもしれない。また，これは利用可能なリソースに合致することかもしれないし，満足できる治療結果を表しているのかもしれない。必要とあれば，弱点を整理して，関連した次の介入を計画しながら，再発が起きるかもしれない条件を予測できるかもしれない。より楽観的に考えると，いったん不一致に注目して，それを解決する過程が進み始めると，その人は治療を継続しなくても，改善していくことができるかもしれない。実際，これは普通に機能している人々がいつもしていることなのである。

方略の機能の理解

個人の外的情報に照らし合わせて考えてみることによって，DMM-AAI の分類の意味がどのようにしてより明確になるのかについて，一つの例を用いて説明してみよう。

この逐語記録の AAI のパターンについて，現在使用している方略が適応的であるのかという点（つまり，その機能を妨げるような修正項目や U があるのか？）とその基本方略の中で個人の記憶システムはどのように機能しているのかという点から説明する。その後，AAI を施行するに至った状況について論じる。これによって，機能フォーミュレーションをするための生育歴や文脈を得られ，次にそのフォーミュレーションによってこの特定の事例の中で治療をいかに計画して実行できるのかに関する仮説を提案する[原注1]。

ティモシーの AAI

ティモシーは 40 代前半の男性で，結婚して 3 人の子どもがいる。彼の AAI は，次のように分類された。(Dp) Ul(dx) FUtr(dx)$_{PA\ \&\ DV}$ A1?,4/C5$\Delta_{M,F,Uncle}$[ina]$_h$。

この分類が意味しているのは，基本方略は A と C の方略が結合した交替型ということである（A1?,4/C5$\Delta_{M,F,Uncle}$）。A の構成要素は，明確な強迫的従順（A4）方略と，それほど明確ではない，

[訳注1] たとえば，親の否定的情報が排除されると，それを補うように親が実際よりも理想化されるという歪曲が起きやすい。

[原注1] 個人のアイデンティティを秘匿するためにこの事例内のすべての名前と詳細の多くが部分的に変更してある。

抑制的なA1方略（理想化がないためにA1の基準を完全には満たしていない）から成っている。Cの構成要素は母親，父親，そしておじに対して用いられる，三角関係化された（△）報復的方略（C5）である。ティモシーの母親は，彼の父親が亡くなった後，おじと一緒に家を出ていっている。このことはまた，父親がまだ生きていた時でさえ，2人の関係はどのようなものであったのかという暗黙の疑いをティモシーに残したかもしれない。この基本方略は，部分的な抑うつ（Dp）によって修正されている。インタビューの最中に，禁止された否定的情動の侵入によって抑うつがバランスを取っているような証拠は見られないが，禁止された否定的情動の侵入として概念化され得るような生育歴上の出来事についてティモシーは語った（$[ina]_h$）。また父親の喪失について未解決であること（Ul），そしてティモシーが子どもの頃に体験した身体的虐待（PA）やドメスティック・バイオレンス（DV）について未解決であること（Utr）もみられた。これら2つの未解決は無秩序型（dx）の形式である。これが意味するのは，過去に起きたこれらの出来事に関する情報を扱おうとする多数の矛盾した試みが存在し，それらの試みはこれらの出来事の間で混同されたり，またこれらの出来事と他の出来事との間でも混同されている証拠がみられる，ということである。

　全体的に，分類のパターンはわずかな不適応を示している。つまり，方略の抑うつ的な修正は完璧ではなく，否定的情動の侵入は現在起きてはいない（おそらく，この方略を構成しているCの要素の中で，否定的情動が方略的に使われるためであろう）。身体的虐待および家庭内暴力に関する未解決の状態と，父親の喪失に関する未解決の状態についてはどうにもならない状況にあるように見える。複雑で，またCの構成要素においてはかなり極端な特徴を持つ基本方略をこれらのUは妨げるかもしれない。基本方略が示唆しているのは，予測可能な危機を経験した場合，抑制的もしくは強迫的に従順なやり方で扱うことが可能であり，またはっきりとしない目的のために自己が共謀的同盟に従事していると感じられるような形で曖昧な家族関係に複雑に巻き込まれた場合，三角関係化によって対処可能である，ということである。方略の後半の構成要素は，ティモシーの現在の家族の中で潜在的に活発化しているかもしれない。ティモシーのC5は，彼がヒエラルキーや力に関して非常に注意深いことを示唆している。もし彼が現在の家族のメンバーからの軽蔑に気づいたなら，（過去の侮辱へ継続的にとらわれることによって活性化し続けている彼の執念深い怒りを用いて）復讐しようとするであろうか？　その一方で，家族の問題がある場合，彼が自身の否定的情動をより直接的に伝える能力がA方略の抑制のために妨げられるかもしれない。

　しかし，それに加えて，分類をまずこのように概観してみると，ティモシーは自分の方略がうまく働いていないことに気づいているので，自分の行動を再検討したり再認識したりするように動機付けることが可能かもしれないということが示唆される。このことから，以下のことを検討する機会があるかもしれないことが示唆される。(a)（虐待と喪失の経験が現在の機能に与える影響を制限し，決定するために）それらの経験を再考することに対して彼がどの程度興味があるのかをアセスメントするために，彼に対する個人療法をある程度行うこと，(b) A/C方略が彼の奥さんや子どもの方略とどのように相互作用するのかを検討するため，夫婦療法と家族療法をある程度行うこと，である。C5の構成要素が活発であることから，ティモシーは対人関係上の出来事の中で因果関係を帰属することに問題を抱えているかもしれないということが示唆される。

これによって，彼の家族の機能は重大な影響を被る可能性がある。

次のリストは，ティモシーに可能な治療に近づくための情報を得るために，各記憶システムを分析して作成したものである。

手続き記憶：
1. 談話——A1：自己の脅威となる話題については簡潔であり（しかし，**理想化してはいない**），距離を取り，反応は遅れる。A4：軽視的であるが，理想化やエピソードの再生の欠如はない。また不安を示唆するシューシューいう歯擦音がある。C5：彼自身の脆弱さや他者の視点から遠ざける，議論の中断，長い沈黙。
2. 情動表出——A1：情動がほとんど見られない。C5：辛辣で冷淡なユーモア。
3. インタビュアーとの関係性——パートⅠ[訳注2]，A1：話し手はアタッチメント関係についての意味記憶上の説明をほとんど提供しない。C5：真実を隠す。パートⅡ&Ⅲ[訳注3]：全般的に協力的だが，否定的情動（怒り，恐れ，もしくは慰めへの欲求）は見られない。

イメージ記憶：
1. パートⅠ——主に排除されている。
2. A+：つながりのないイメージ（「**革のベルト**」）。
3. C+：強烈なイメージ（「**彼の頭を引っこ抜く**」「**すぐベルトを使う**」）。
4. C+：巻き込む発話の，弱々しい動くイメージ（「『**やったのは私じゃないよ，他の誰かだよ**』**と私は彼に説明しようとしたんです。すると彼は私を嘘つきと呼んで，皮のベルトを持って私を叩き始めたんです**」）。

潜在記憶システムは，危機を回避し，脆弱さを軽視することに焦点を当てているようである。虐待や暴力のイメージは，もしそれらを回避することが不可能な場合，恐れや怒りの強烈なイメージによって唐突な行動が誘発されるかもしれないことを示唆している。インタビュアーとの関係性は回避と協力の両極の間で交互に変化しているようである。より協力的になるのは，自分が被害者となった話題について語っている時であるように思われる。

意味記憶：
1. A1：言葉はほとんどない。
2. A1：悪い自己から良いアタッチメント対象（祖母について）を分割。
3. A4：母親と父親の（部分的）免責；親の視点。
4. C：受動意味思考
5. C5：責任を分割してアタッチメント対象に責任を負わせ，その一方で自己は無力であると見なしている。

訳注2）AAIの質問項目の前半部分。
訳注3）同質問項目の中盤および後半部分。

情動暗示言語：
1. パートⅠ──A1：温かみがない。
2. C：情動喚起的言語。
3. A4：不安を弱めるように繰り返されるフレーズ。

エピソード記憶：
1. A1：記憶の欠如。
2. A1：祖母の肯定的エピソード。
3. A：スクリプト。
4. A4：否定的エピソードを語るが，話し手の感情は遠ざけられている。
5. C5：断片化されたエピソードによって話し手が無実で無力であることが示されている。
6. C5：慰められたことを示すエピソードの欠如。
7. C5：三角関係化を示すエピソード。
8. C5：偽りの無実。

内省的統合：
1. A1：統合の欠如。
2. A4：自殺企図に関する統合の始まり（「『私は何をやっているんだろう？』と思って，友だちのところへ行って…」），および両親のスクリプトの複製（「私は大きな間違いを犯してしまった…」）。
3. C5：正当化

　顕在記憶システムは厄介な話題を回避することと同様に，厄介な話題を単純化する機能を持っているようである。問題の枠づけ方は，覚醒を下げてアタッチメント対象に従順になるか，あるいは無力な自己と悪いアタッチメント対象という観念をめぐって覚醒を上げるかのどちらかである。純粋な記述をする余地はほとんどない。純粋に記述したならば，あまりにも刺激的過ぎるであろうし，また行動するための明確な傾性も欠くであろう。明確で顕在的な DR が欠けているのは，おそらく彼の両親との三角関係化（ティモシーは，母親との間で，C のような怒りに満ちた同盟を通してこれを扱ってきた）と結びついた，因果関係の明確さの欠如が関係しているのかもしれない。彼のストーリーの最も明らかな部分は父親による虐待であり，これが顕在的な A の機能を組織化している。

　A/C を交替して使用することは，ティモシーが覚醒を調整するための安定した方法といえる。そうすることが可能なのは，潜在的には抑制と刺激的イメージを交替することによってであるし，顕在的には異なる意味記憶上の方略と情動暗示言語上の方略によって，そして異なる種類のエピソードを再生することによってである。たとえ彼の方略がすべて機能しなかったとしても，抑うつと禁止された否定的情動の侵入という，より極端な交替が起こるのである。

　ティモシーの覚醒を調整することを明確な目的とした手続きを共有するように交渉することは治療の早期のステップの1つであるかもしれない（たとえば，リラクゼーションやイメージ技法を用いるなど）。このようにすることで，いつものように A/C が自動的に交替することなしに，ティモシーは慎重に扱うべき問題に対処できるようになるかもしれない。そのように方略を交替

することが，セラピストにはリアルタイムでは内省や統合のように見えて満足のいく結果であると思われるかもしれないが，本物の探索が達成されることはほとんどないであろう。それゆえに，可能な限り，そのような交替が起こることを未然に防ぐべきである。

抑うつ：
1. 自己のことを「われわれ」というように距離を取って語る。
2. ため息，活気のなさ，情動が見られない。
3. 非主体性。
4. 不毛さ：祖母の喪失：「**私にできることはなにもなかった**」。
5. 生産性のある思考の欠如。

侵入：
1. 成人期初期に抑うつ的であった時期に「**アーム・カットした**」腕の傷跡をインタビュアーに見せる。

トラウマと喪失：
 Ul(dx)$_F$：未だに解決されていない，思春期に起きた父親の喪失に対する多様な心理的反応。切れ目なく続く構造ととらわれ。葬式は記憶から消されていた。悩みは母親に置き換えられている。全般的に，無秩序型である。話し手は，彼の父親の葬式についての無秩序型の，あるいは「風変わりな」感情を強調する。
 Utr(dx)$_{PA\ \&\ DV}$：トラウマティックな身体的虐待や家庭内の虐待に対する多様な心理的な反応。談話の中で両方の話題に共にとらわれている。家庭内の虐待に対する代理的反応。自分といとこが叩かれることに対する置き換えられた反応。身体的虐待および家庭内の虐待に対する全般的に軽視的に冷淡で鈍感な反応。

ティモシーは自分の方略が特に未解決のトラウマの周辺で機能していないことに気づいていたため，セラピストはこれらの話題を明確に議論するための機会を得られた。これによって実用的な治療関係を確立するための方法を探索できるであろう。

なぜティモシーをインタビューしたのか？ 家族歴

コーディングと分類を通してティモシーのAAIからこれほど多くの意味を抽出した後に，インタビュー自体を実施するに至った情況を検討することが可能になる。こうすることによって，AAIから得られた情報をティモシーの生育歴や彼の家族の現在の状況にどのように統合すれば，機能フォーミュレーションを生み出すことができるのかを探索することができるのである。機能フォーミュレーションは（ティモシーの妻のAAIや彼らの長男の学童期アタッチメントアセスメント［SAA］も含んだ）複数のDMMのアセスメントからの情報を用いて，現在の問題および考えられる治療へのアプローチに関する理解へと到達できるようにするためのものである。そのアプローチとは，われわれがすでに検討してきたティモシー個人への援助を超えるようなものである。その目的は，家族がシステムとして，および各個人の発達的文脈として，その両方でど

のように機能しているのかについてフォーミュレーションを行うことである。このような理解をすることによって，セラピストは治療の選択肢をより正確に絞り込むことができる。

家族歴

ティモシーと彼の妻，ヴァレリーは14年間連れ添ってきた。彼らには3人の子どもがいる（ネイサン13歳，サラ9歳，ジョン6歳）。

ヴァレリーは，彼女が言うには，彼女の姉の方を好む母親との関係がうまくいっていない。ヴァレリーは，自分が好かれていないのは，両親がほしかったのはもう一人の娘ではなく，息子であったからだと思っている。いずれにしても，ヴァレリーは男性と仲良くする方が楽だと感じ，女友達と一緒にいるより，男性と一緒にいることが好きである。ヴァレリーは，彼女の最初のパートナーであるブライアンとの間に出来た17歳の息子のアダムもいる。ブライアンは彼女に身体的，性的暴力を振るい，社会福祉課は，彼はアダムにとって重大なリスクであると決定し，彼がアダムに会うことを禁止した。ブライアンと生まれたばかりの息子のどちらかを選ばざるを得ない立場に置かれ，彼女の両親から世話してもらうために家に戻るという切実な選択の権利もなかったので，ヴァレリーはブライアンと共に留まることを選んだ。アダムは違う家庭の養子となり，ヴァレリーは現在，彼と不定期に交流している。ヴァレリーは最終的にはブライアンと別れたが，これは彼女の2番目の，現在のパートナーであるティモシーのサポートがあって初めて起きたことであった。

ヴァレリーのAAIは，(R) C1(3)Δ として分類された。彼女のC方略は極端ではないが，彼女の原家族における両親間の浮気の可能性をめぐる三角関係化のテーマがある。ヴァレリーはそれについて述べないが，彼女がインタビューでもたらした情報からは，彼女の実父が問題となっていた可能性が考えられる。これによって，彼女が姉とは異なった扱いをされたことが説明できるかもしれない。部分的に再構成しつつあることを示す修正項目は，ヴァレリーが家族歴をフォーミュレーションし直そうとする準備ができていることを示している。しかし，彼女の両親との三角関係化に関する情報が失われているために，彼女はそれができないでいる。

ティモシーは調理師を職業としているが，ここ数年彼は子どもたちの主たる養育者であった。一方，ヴァレリーは仕事に行って，キャリアを積んでいた。彼女は昇進する前は清掃作業員として働いていたが，その後，彼女はマネージャーになることを目標とした職業資格取得のために働き，勉強していた。仕事をしていくうちに，彼女は新しい友人関係を発展させた。その中には，彼女が大金を貸した，男性の同僚アレックスと約1年前に特に親しい関係になったことも含まれていた。ヴァレリーはこの貸付けをしたことに対していくつもの異なる理由を挙げてティモシーに説明した。ティモシーはそれらの理由の間にある矛盾を解決することも，このことに関する自分の気持ちをヴァレリーと話し合うことも数カ月間出来なかった。

引き金となった危機

ティモシーがAAIを受ける約4カ月前のある晩，ネイサンは，職場にいた母親のヴァレリー

に電話をして，父親のティモシーが夕食を与えないで彼を部屋に閉じ込めたと不満を言った。ヴァレリーは急いで家に帰り，適切なしつけをめぐって口論になった。次の日，ヴァレリーがテクストメッセージを受け取った後，口論が再び起こった。ティモシーは，それがアレックスから来たものだと考えたからであった。気分を損ねたティモシーは激怒してヴァレリーとネイサンに暴力をふるい，両者に怪我をさせた。ヴァレリーと子どもたちは逃げ出した。ティモシーは逮捕されて家から追い出され，起訴されて暴行の罪で有罪判決を受けた。

社会福祉課が課した制約に従って，ティモシーは別々に生活することを命じられ，彼の子どもたちと週に2回監督下で会っている。加えて，彼の保護観察命令の一部として，ティモシーはアンガーマネジメントと家庭内暴力プログラムに参加している。児童相談所は，よりを戻したいという両親の望みを渋々受け入れることになった。さらに，子どもたちは無所属の調停者に，父親に家にいてほしいのだと話している。ヴァレリーは仕事を辞めなければならない。彼女は夫に対してもう少し自己主張したり，もっと秩序がある家庭生活を子どもたちに与えたりできるように支援を受けている。両方の親に対する個人心理療法やカップルセラピーが次のステップとして推奨されている。

家族はネイサンに対する単独のカウンセリングサービスを要請した。なぜなら，母親やきょうだいへの彼の行動が悪化しているためである。ティモシーとヴァレリーに対するAAIとネイサンに対するSAAはこのような状況において施行された。

ネイサンの家族観

ネイサンのSAAは，(Dp) Utr(v)$_M$ A3-4- に分類された。両親への強迫的世話と彼らを喜ばせようとする強迫的パフォーマンスの組み合わせという彼の基本方略は，彼の母親に結びついている父子関係というテーマに関してはあまり機能しなくなる（母親の機能における主要テーマを母親の代理として取り上げている）。部分的な抑うつも見られる。実際，彼は方略のおかげで父親からの暴力や父親からの分離を含んだその後の出来事から免れたわけではなかった。父親と離れるまでは，ネイサンにとって父親は自分の外側にある，強迫的方略の主要な参照源だったのである。彼自身と両親との三者関係をより円滑に扱うために，彼の両親が広範囲にわたって用いているが，彼には欠けているCの要素をネイサンは必要としていたのかもしれない。代わりに，SAAに示されているように，両親の視点に極度に依拠しているにもかかわらず，なぜ両親がそのようなことをするのか，もしくはなぜ自分自身がそのようなことをするのかをわからずにいるのである。インタビューの中の友人に関するテーマを彼は強力に回避している。したがって，行動の理由を意識したり，友人に対処するなどの発達上重要な問題を，ネイサンはコントロールできていないように見える。

情報のまとめ

この全体像によって，引き金となった出来事をある程度理解することができる。ネイサンは電話をかけたことによって，父親の中に連想を次々と引き起こし，暴力をふるうというDRを最

終的に生み出した。特に電話は，彼と母親が共謀していると父親が知覚したかもしれないような状況を作り出した。言葉にすることはなかったものの，ティモシーが恐れていたことはおそらく，ヴァレリーが彼を裏切ってアレックスと浮気するかもしれないということであった。これによって，今度は，彼の母親が父親にしたかもしれないことへと暗黙の連想が掻き立てられた。これが暴力の表象に結びついていたのである。これらが現在の原動力となった。なぜなら彼の無秩序型の未解決のために，幼少期に起源を持つ情動をその時間的条件へと結びつけることができなかったからである。もしこれらの記憶が解決されていたならば，つまり，彼の心の中で個々に保持されているならば，ティモシーは彼の恐怖を認識して，過去の経験に基づいてそれを意識的に検討することができたであろう。そうすれば，ヴァレリーと共にそれに明確に取り組むかどうかを決めることができたであろう。代わりに，この関連性は，否認されている一方で，あまりにも広範すぎる状況に帰属させられている中で，「無秩序」なものとなっていた。恐怖でいっぱいになっていたため，あの不運な瞬間での彼の行動の調整には過去の関連性が優先されることとなった。さらに，否定的情動のはっきりとした表現を抑制するA方略を用いているために，彼は自分の疑念についてヴァレリーと早い段階で話し合うことはなかった。むしろ，彼らの喧嘩と携帯電話のメールの受信とがランダムに（言い換えると予測不能な形で）合流するまで，疑念は静かに煮詰まっていたのである。その瞬間，彼の現在の疑念と過去の経験とが一緒になり，恐怖と怒りの状態を作り上げた。ティモシーは，爆発的で調整されていない破壊的攻撃性を伴って，妻と息子の両方に激しく襲い掛かった。彼の幼少期に生じていた，耐え難い状況下での侵入のパターンが再現されたのであった。

　ティモシーに対してアンガーマネージメントに焦点を当てた治療を行えば，未解決のトラウマとC方略の両方を放置したまま，彼のA方略を強めてしまう可能性がある。もし彼が将来の侵入に対してそのために脆弱になるのであれば，これは逆効果となる可能性がある。他方では，ヴァレリーに現在提供されている治療は自己への注目を高めて，彼女の情動状態に基づいて自分を表現する能力を高めることを目指しているようである。彼女の現在の方略を考慮すると，人間関係の因果関係と彼女がその中で果たしている可能性がある（三角関係化した）役割に焦点付けるという選択肢と比べると，こうした治療は不必要に（もしくは逆効果にさえ）思われる。現在のところ，ネイサンは最近の出来事によって最も動揺した人物であるように思われる。実際，ティモシーはそれ以前の苦痛のために，援助を自分で求めるようなことはなかった。代わりに，彼が行動化した後に，治療を受けることが命じられた。他方では，父親との分離の後，ネイサンはいつもの彼らしくないと家族が思うような形で機能しており，彼が以前は抑制していた否定的感情を破壊的な形で表出しているように見える。

ティモシーの家族に対する機能フォーミュレーション

　この機能フォーミュレーションにおいて最初に考えられたことは，過去の経験と家族メンバーの方略との関連に焦点を当てることである。ヴァレリーは過去の経験から，複雑な家族状況を扱うためには，怒りを表出することによって彼女自身へ注意を再び向けさせなければと考える。これは，暴力や混乱を防ぐためにいかなる否定的感情の証拠も抑制するというティモシーの過去の

経験(とそれに基づいた方略)と相互作用する可能性がある。このことから,家族内の支配関係において,ヴァレリーの方がティモシーよりも高い位置にいることが示唆されているようである。浮気や喪失のテーマが顕著でない限りは,このような設定は理論的には安定したものである。実際,ヴァレリーが主要な稼ぎ手へ,ティモシーが子どもたちの主要な養育者へと徐々になっていった約10年間,家族の歴史は安定していたことを示している。ネイサンの方略からわかるのは,彼の両親は,彼が適切なパフォーマンスを行うことと,彼らの視点とニーズに注意を払うことの両方を求めてきたという点で,彼にとって両親は予測可能であったということである。しかし,両親は彼の視点,特に彼の慰めに対するニーズへ注意を向けることができないままであった。われわれは家族内の他の子どもたちについてはわからない。彼らはネイサンと同じような組織化をしている可能性がある。代わりに,もし彼が両親の要求を十分に良く満たしているならば,きょうだいは彼ら自身が目立つように,異なる方略を組織化したかもしれない。(彼の妻の機能に基づいて考えると)ティモシーから注目されるためには,怒りの表出が優勢なC方略が良く機能するように思われる。

　ヴァレリーが仕事でより成功し,新しい社会関係を探し始めた時,おそらく彼女はティモシーの視点を見落としていた。興味深いのは,金を貸したこと(つまり,彼女が浮気しているかもしれないとティモシーには見えること)は彼らの間で未解決の問題として機能したものの,ティモシーの暴力を引き起こしはしなかったことである。この出来事をいつもの均衡の中にまだ組み込める可能性があるかもしれない。つまり,ティモシーはどんな否定的経験も明確にしたり表現したりせず,またヴァレリーは自分の計画を単に進めて,それを以前の不快な経験によって正当化する,という均衡である。ネイサンが,父親の要求に答える「とても良い子」になり損なう時,家族の均衡は崩れ始める。その次に起きた出来事は携帯電話のテキストメッセージを単に受信しただけだったのだが,ティモシーはそれを浮気の証拠として受け取っている。彼の否定的感情を抑制することはもはや不可能であり,ヴァレリーとネイサンは彼に対抗する同盟を結んだ敵として,共に攻撃されるのである。

　そのような暴力は再発しそうであろうか? ヴァレリーの家族の外へ関心が高まり,ネイサンの自立の可能性が高まっていること(他の子どもたちについてはわれわれはわからない)を考慮すると,家族の全般的な状況がいくつかの決定的な点で変わらない場合は特に,その答えはイエスであるに違いない。

治療計画

　こうした理解とともに,家族の現在の機能についてわれわれが知っていることに基づいて,変化をどのようにすれば起こせるのかに関していくつかの仮説をこれから提示しよう。

　もし,ティモシーが自身の否定的な感情や関心を非難することなしに,明確に認識して表現することができるならば,そしてもしヴァレリーが,自身の行動がティモシーの恐れにどのように寄与しているのかを理解できるならば,配偶者同士がより互恵的になり,また因果関係がより明確になるという形でシステム全体が変化することが可能かもしれない。現在のところ,こうした情報の一部には,調整されていない結果を引き起こすだけの危険性がまだ十分あるように思われ

る。したがって，個人治療の中であろうと夫婦治療の中であろうと，保護された環境の中で治療を行えば，そのような変化を促進することに役立つかもしれない。もちろん，極めて重要な点は，ティモシーの恐怖が現実に基づいているかどうかであろう。

　何がティモシーを変えられるのであろうか？　AAIの中で，彼の幼少期の経験が成人期のパーソナリティにどのように影響したのかを尋ねられた時，ティモシーは「**俺のおやじが家族を扱ったのとは違うやり方で，俺の家族を扱おうとしているんだ**」と語った。ここ14年のほとんどの間，彼はA方略とC方略を交互に用いることによってある意味成功してきたように思われる。とはいえ，最近になって，原家族の力動を重大な形で反復したのではあるが。これらはティモシーの生育歴の一部に入り込んでいたが，そのことを彼はそれほどはっきりわかっているわけではない。その結果，正に彼の父親が彼に対してしたのと同じように，妻と子どもに対して狂暴な怒りを爆発させたのであった。

　ティモシーの所定の目標を達成するのに役立つかもしれない2つの変化がある。第一に，過去の危機的な出来事が彼の現在の機能に与えている影響を彼は認識する必要がある（つまり，Uを「解決すること」）。これを達成することは個人援助の設定の中でもできるかもしれないが，同時にヴァレリーが曖昧なやり方で振る舞わないようにすることによって，未解決の影響を理解してうまく対処できるように彼女に助けてもらうことによっても達成できるかもしれない。次に，ティモシーは否定的情動，特に恐怖や慰めへの欲求を相手に伝わるように表現する（Aの抑制を減少させ，Cの他罰的な三角関係化の陰に隠れている因果関係を明らかにする）ことを習得できるかもしれない。この第二の変化はさらに複雑であり，綿密な計画を立てるに値する。結局のところ，調整されていない怒りを表出したことによって，家族はダメージを被った（息子と離されたことに加えて，ヴァレリーは職を失った）。したがって，この目標に関連する危機をセラピストたちはうまく扱って調整する必要があろう。ティモシーは適度な怒りを表出する練習を，最初は「移行的アタッチメント対象」として機能する専門家と共に，次に彼の妻と共に徐々に行っていく必要があろう。考えられる三角関係化の影響のうち，ティモシーと彼の家族に対して非常に危険なものとなり得るものについては予測して，特別な配慮をしつつ対処する必要がある。このことから示唆されるのは，ある程度の著しい変化がすでに所定の方向性で進み始めるようになるまでは，子どもたちをこの介入に含むべきではないということである。

　ヴァレリーはすでに変化し始めているように思われる。われわれのフォーミュレーションは，因果関係および他者の視点に焦点づけるという，彼女が助けを必要とする領域を同定している。あるテーマは彼女に対して極めて重要であるだけでなく，隠されたものでもあったように思われる。彼女が異なる扱いを受けた理由は，彼女の母親の浮気と，そして潜在的には，彼女の父子関係に結びついているかもしれない。これらのテーマの探求は個人カウンセリングもしくは夫婦カウンセリングの設定で起こる可能性がある。どちらを選択するかは，ヴァレリーがこの問題はプライベートなものであると感じるか，それを夫と共有することを好むかどうかによって決まる。どちらの選択にも長所と短所がある。ヴァレリーにとって興味深い課題は，彼女がティモシーについて知っていることと知らないことに焦点を当てながら，両方の可能性をティモシーの視点から予測してみようとすることかもしれない。彼女の現在の方略からはこのようなアドバイスは得られない。したがって，彼女がこの課題を遂行するためには，新しいタイプの情報処理や対人関

係対処の手続きを（彼女が慣れているものよりも，よりバランスの取れたやり方で）練習しなければならないであろう。

　その間，ネイサンは両親の視点にあまりにも焦点を当てすぎているため，彼自身の発達は，特に仲間との関係において遅れているように見える。青年期が近づいている時に，これは不運であるように思われる。彼自身の否定的な感情を認識し，相手に伝わるように表現すること（したがって，彼の現在の方略では潜在的に働いている抑制や偽りの肯定的情動の表出へのバイアスを減らすこと）を習得するという目標は，彼の父親と同様に，彼にとっても適切であるように思われる。これは，まず最初に親とは別々の個人療法の設定で取り組むのが最適であり，それから家族療法をある程度実施すれば，ネイサンがいつでも引き起こす準備ができている変化は，家族の外の文脈で実践するために取っておくのが最も良いのか，あるいは彼の両親の機能が並行して変化することによって受け入れられるのかを確認するのに役立つかもしれない。

　変化を目指すこの計画では，ネイサンに提供される治療は，彼の両親に対する治療に比べると，一時的かつ相対的には独立したものとなることを見込んでいるが，ティモシーとヴァレリーに提供される治療と注意深く協調していくことが必要となる。われわれには他の子どもたちに関する情報がない。その情報は，家族内での暴力的出来事が以前の危機と似たようなことを引き金として再び繰り返される可能性を予測することに大きく関連している。また，われわれは，仮に正しかったとしても，ティモシーの心配のどちらが正しいのかも知らない。もしヴァレリーがアレックスと情事を持っているとしたら，家族や治療に劇的な影響を与えるであろう。しかし，夫と妻の間のコミュニケーションがはっきりするまでは，それがわかることはないであろう。

　全般的に見れば，われわれが提案している変化は，すでに自身の経験を内省しようとしているヴァレリーと，結局のところ今にも大きな発達的移行をしようとしているネイサンにとっては，極めて容易なものに思われる。ティモシーにはより多くの課題が待ち受けている。彼から家族を保護しようとする社会福祉課の努力が作りあげた脅威を与える環境のために，その課題はより困難なものにすらなってきている。しかし，治療が更なるリスクを生み出さなければ，特にティモシーが家族のもとへ戻って子どもたちを適切に保護するという強い動機付けがあることを踏まえると，それはさほど困難な課題ではない。

アセスメントと治療へのAAIの応用

　この事例はAAIのほとんどすべての臨床的応用に関連している。

治療計画

　おそらく最も疑う余地のない臨床的応用は，その焦点が個人であろうと家族であろうと，介入の準備部分として成人の機能をアセスメントすることである。DMM-AAIがアセスメントするアタッチメントパターンは，認知と情動と対人関係に関する話し手の機能の目安となる。これは，治療計画を立てる上で極めて重要な人間の機能における個人差を考慮する，すべての治療的アプ

ローチに関連している。介入をすることになっている専門家がインテークでAAIを施行したならば，作業関係を暗に確立するという付加的利点がAAIにはある。その作業関係の中で話し手は現在起きていることの一部を積極的に担っている。また，話し手は自分にとって最もしっくりくる形で経験について話すことが許される。さらに，話し手はあらゆる形式の情報や考えや行動を見直して解釈することを奨励される。そして，要約や解釈もしないし，価値判断とみなされる発言によって応答することもないような聞き手を見つけることができるのである。もし使用する臨床的アプローチがこれらの特徴を望ましいと考えるならば，AAIはアセスメントの間に治療過程を開始する一つの手段となるであろう。

この例から引き出される特に重要な一つの結論は，問題を呈している家族メンバーは，家族の中で問題を持っている唯一の人であることはほとんどないということである。さらに，問題を呈している個人の問題を解決すると，家族メンバーの側が変化することが必要となる——もしくは家族の解消が必要となることもあるかもしれない。問題が持続することも家族が解消することも共に否定的な結果であることから，援助を開始する前に家族メンバーを直接アセスメントすることが賢明であるように思える。

またフォーミュレーションには，試みる治療方略を指示することと，効果がないか，さらに悪い場合には害を及ぼしそうな治療方略を除外することとの両方が含まれることに注目することも極めて重要である。フォーミュレーションは，これらの判断が正確であると想定はできないものの，どの治療が役立ってどれが役立たないのか，そしてどれが害を及ぼすかもしれないのか——そしてこれらの仮説の根拠は何なのか——について考慮できないと，助けを求めてきた人々に意図せずに害を与えてしまう可能性がある。

治療中もしくは終結時のAAIの使用

AAIのフォーマットの根底にある想定は，話し手は自身の経験を見知らぬ聞き手に対して説明するので，その課題にどうすれば最善の対処ができるのかを予測するために，自身の方略に概して頼らなければならないであろう，というものである。もしAAIが治療の進行過程で後の方になってから用いられるならば，そのセラピストまたは事例における主要な援助者がインタビューを実施すると，話し手全般の情報というよりも，インタビュアーと話し手との関係性の歴史に関する情報が得られるであろう。そのような場合，話し手と接触をまだ持っていない専門家をインタビュアーとして加えることが望ましいであろう。

もし，ある個人の行動，情緒，認知機能に影響を与えることを目標とする治療の終わりにAAIが施行されるならば，治療効果を評価する手段としてAAIを用いることができる。もしAAIがインテークですでに施行されているならば，学習効果を考慮しなければならないであろう。AAIの質問項目は聞き手にとって初めてでない場合は，事前に考えて答えることが可能である。これについては談話分析を通して見抜くことができるが，現在の機能の状態を話し手が表現する機会は失われることになるであろう。この問題を軽減するため，DMM-AAIを修正して，代替形式（B形式，Crittenden, 2006）を作成した。B形式は，体系的に記憶システムを精査し，段階的に負荷をかけていくという点でインタビューのフォーマットを維持している。しかし，話し手にと

って目新しいものとなるように，話題や質問の焦点を変えてある．AAI の利用法の中で，インタビューを繰り返して用いることを含むものはすべて，この 2 つの異なる形式を採用することを推奨する．

AAI の司法への応用

家族アセスメントは，養育の適切性に焦点を当てる司法場面においてますます重要になってきている．AAI を他の家族メンバー用のアタッチメントのアセスメントと組み合わせて用いるならば，個人内方略と対人関係方略における個人の機能をアセスメントできる．それから，家族メンバー全員のさまざまな方略を家族システムの一部として比較して，関連付けることができる．そうすることによって，個々人の機能的役割を特定して，家族全体が脅威や課題や要求にどのように向き合おうとするのかを予測できるのである．

おそらく，AAI は何よりもまずアタッチメントに関する成人の心的状態のアセスメントとして見なされてきたという伝統があるため，AAI の司法への応用は児童保護と養育の問題に概して焦点付けられてきた．しかし，成人の機能を概観することが司法システムにとって興味深いものとなるようなすべての事例において，AAI は価値のあるものとなる可能性がある．特定の目的に対する各検査の妥当性がどのように実証されているのかに応じて，AAI はパーソナリティ検査や投映法を統合したり，それらの代わりになれるかもしれない．

代理の養育者への AAI の使用

アセスメントと介入の中間に位置するような，AAI のその他の使用法の一つは，成人の方略が養子または里子になるかもしれない子どもの方略とどの程度相性がよいのかをアセスメントすることである．これは，どの成人が里親もしくは養父母として機能するのに適しているかを発見することを基礎とするアプローチとはやや異なる．親になる可能性のある人たちの一部を AAI の結果に基づいて除外することを試みるというよりはむしろ，未解決の過去の脅威がある時でさえ，ほとんどの方略が里親になることに対応できるであろうとこのアプローチは仮定している．代理親たちに自身のバイアスに対処できるように準備をさせて，特定の親子関係における考えられる弱点を自覚しつつ，相性の良い方略をマッチさせれば，配置の決定とサポートという点でリソースをより良く活用できるようになるかもしれない．

人材の選抜

これまでそれほど広範囲には研究されていない全く異なる応用領域は，人材の選抜をする際に AAI を応用することである．方略的な人間機能を動的にアセスメントすることが有効である時には AAI はいつでも役立つ可能性がある．特に，特定の種類の危機に直面した際の管理能力をアセスメントすることに関しては，AAI は意思決定する上で有益な情報を追加するかもしれない．

研　究

　最後に，AAI 研究の応用について一言述べる。AAI が最も活用されてきたのは，アタッチメントと人間発達における基礎研究であった。次の章で説明する DMM-AAI の妥当性検証過程はこれを精神病理学に関する臨床研究へとすでに拡大している。ここに示される応用は，臨床的設定もしくは政策的設定に基づいたさまざまな形式の介入に関する研究において AAI を活用できる可能性を示唆している。

第15章

DMM-AAIの妥当性と臨床的意義

　本章はDMM-AAIの妥当性について検討する。これまでAAIの妥当性はMain and Goldwyn方式の談話分析とそれに対応する分類システムを用いて検証されてきた。DMM-AAIはM&G-AAIに由来しているとはいえ，理論も談話分析も分類上のオプションもやや異なっている。それゆえ，別の妥当性検証の過程が必要となる。

　本章ではDMMによるAAIへのアプローチと，Main and GoldwynによるAAIへのアプローチとの違いを踏まえて，M&G-AAIの包括的分析をレビューする。次に，DMM-AAI分類とM&G-AAI分類の比較研究も若干含んだ，DMM-AAI分類方式を使用した研究をレビューした上で，DMM-AAIの妥当性を検証するための計画を説明する。最後に，AAIに対するDMMアプローチの貢献と限界についてより良く理解するために，今後どのような研究が必要とされるのかを検討する。

DMMとM&Gとの違い

　動的‐成熟モデルとMain and Goldwyn方式には理論的にも実証的にも違いがあることを踏まえると，それぞれを独立した実体として扱う方が良いであろう。これらの違いについては，表15.1に示している。

M&G-AAIの意図

　2つの理論が導く異なる妥当性の結果について，目的が異なるということを知っておくことは非常に重要なことである。Main and Goldwyn（1984, 1994）はAAIの分類方式を構築したが，これは，12カ月時のストレンジ・シチュエーション法（SSP）における乳児の分類と母親の「アタッチメントに関する心的状態」をマッチングすることを目的としていた。これは，母親のアタッチメントの質が乳児に「伝達」され，その質は生涯を通して大きく変化しない（Main et al., 1985; Main et al., 2008）というMainの信念に基づいている。したがって，M&G-AAIのコーデ

表15.1　動的‐成熟モデルとMain and Goldwyn方式との違い

　AAIを分析するための動的‐成熟モデル方式（Crittenden, 1999a）はMain and Goldwyn（1984; Main et al., 2008）方式とは以下の点で異なる。

1. 目　的：
   DMM方式の目的は話し手の自己防衛方略と心的処理パターンを記述することである。Main and Goldwyn方式の目的は乳児のアタッチメントパターンを予測することである。
2. 分類結果：
   Main and Goldwyn方式を用いた分類に比べ，DMM方式の分類結果はより広範なものとなり，精神疾患を持つ人々をより詳細に区別することができる。
3. Ainsworthの分類に当てはまらないものの扱い方：
   DMM方式は6つの強迫的Aタイプ方略（A3-8）と6つの執着的Cタイプ方略（C3-8）を用いており，さらにこれらをどのようにでも組み合わせることもできる。Main and Goldwyn方式では，健常群ではない人のほとんどが3つの分類（E3, U/E3, もしくは「分類不能」）に該当してしまう。
4. パターン　対　評定：
   DMM方式は各記憶システム内でのパターン，または異なる記憶システム間でのパターンに基づいて分類しているが，Main and Goldwyn方式では構成概念の評定に基づいて分類している。
5. 機能　対　定義された意味：
   DMM方式は談話マーカーの機能を見て意味を定義しているが，Main and Goldwyn方式では談話マーカーに意味を割り当てている。
6. 記憶システム：
   DMM方式は6つの記憶システム（手続き記憶，イメージ記憶，意味記憶，情動暗示言語，エピソード記憶，内省的統合）を体系的に評価している。それに対して，Main and Goldwyn方式は3つの記憶システム（意味記憶，エピソード記憶，作業記憶）を検討している。
7. 修正項目：
   DMM方式には6つの修正項目（抑うつ，失見当，再構成，否定的情動の侵入，身体表現症状，トラウマまたは喪失の未解決）があり，トラウマまたは喪失の未解決には14の異なる形式（軽視型，置き換えられた，遮断された，否認された，妄想的に修復された，とらわれ型，代理の，予期された，想像された，示唆された，ほのめかされた，妄想的に復讐的な，抑うつ的，無秩序型）が含まれている。Main and Goldwyn方式では未解決の喪失またはトラウマにはとらわれ型の形式しかない。
8. 妥当性：
   DMM方式の妥当性は臨床群からサンプルを得ていることと，各種障害を鑑別できることに主に基づいている。Main and Goldwyn方式の妥当性は健常群からサンプルを得ていることと，母親のアタッチメントが乳児のアタッチメントを予測できることに主に基づいている。

ィングシステムの数字とパターンは乳児のそれと一致するものとなっている。

　コーディングのガイドラインは，乳児の12カ月時のSSP分類と母親のAAI分類とが最大限一致するように構成された。その後，AAIの結果を目隠し状態で再分析した。その結果，M&G-AAIの結果はSSPの安定型，不安定型の分類の75％にマッチした。M&G-AAI分類とSSP分類との間の確固たる実証的関連は多様な研究によって証明されている（Fonagy, Steele & Steele, 1991, vanIJzendoorn, 1995）。しかし，コーディング方法の開発の仕方のために，M&G-AAIは成人期のアタッチメントに特有の側面よりも，母親の中にある乳児期のアタッチメントの指標を同定することへバイアスがかかっているのかもしれない（Thompson & Raikes, 2003）。このため，乳児発達研究以外で適用された場合，AAIの妥当性は制限される可能性がある。

構成概念妥当性と弁別的妥当性

　AAI の適用は，母親から子どもへのアタッチメントの伝達という問題を超えて拡大されてきており，扱われるかもしれない論点の範囲は増加してきた。ここでは，M&G-AAI 方式によって分類された 10,000 事例の AAI データを Bakermans-Kranenburg と van IJzendoon（2009）が分析した結果に着目する。

　構成概念妥当性に関しては，Dozier と彼女の同僚たち（2008）が提案した，軽視型アタッチメントと外在化障害との相関，およびとらわれ型アタッチメントと内在化障害との相関，という関連が見出されている。われわれは，アタッチメント理論とその構成概念という視点から見ると，この結果は不可解であると考えており，Crittenden と Ainsworth（1989）が逆の関連を提案していることに注目している。（軽蔑的な Ds2 パターンを除いた）軽視型のカテゴリーは理想化し，乳児期には否定的情動を抑制する。どのようにしてこれが外在化障害（たとえば，素行障害）へとつながるのかわからない。われわれの考えでは，この結果を最も良く説明するのは，他者を軽視する Ds2 カテゴリーが含まれているということである。概念的にも機能的にも，Ds2 カテゴリーは，怒りを示すとらわれ型のカテゴリー（つまり，M&G では E3，DMM では C5 が該当する）の極端な例であるとわれわれは考えている。同様に，とらわれ型と内在化障害に関連があるという結果も，強烈な否定的情動を表出するとらわれ型の人の傾向と矛盾している。この場合，もしかしたら二つの説明が考えられるかもしれない。一つ目は役割逆転である。親の視点を取って，自己の動機付けを抑制することが「とらわれていること」とされているが，概念的にも機能的にも（自己を）「軽視すること」とされた方がより良いのかもしれない。二つ目は，とらわれ型のカテゴリーに BPD の事例を含む場合である。Crittenden と Newman（2010）が BPD には軽視型ととらわれ型の両方の過程が含まれると見出したことを踏まえると，BPD をとらわれ型に入れることによって分析が混乱したのかもしれない。いずれのケースでも，結果は有意であるものの，説明したのは相対的にわずかな分散であった。またもや，M&G カテゴリーは不明確で，「不純なもの」であることが示唆されているのである。

　10,000 事例の AAI の中には，14 歳の若さの青年期の事例も含まれていた。青年期の事例の分類では，安定型が減少し，軽視型が増加するということが見られた。著者らはこの結果について，青年期は「ワークスルー」が不完全なためであると見なした。この主張を用いると，すべての乳児は不安定型のアタッチメントになってしまう。同様の効果が他の研究（青年期では，安定型が減少し，A/C の分類が増加する。Black, Jaeger, McCartney, & Crittenden, 2000）でも見出されたので，AAI は青年期の発達上の能力や関心に適合していないとわれわれは結論し，成人移行期アタッチメント・インタビュー（TAAI, Crittenden, 2005）という関連する検査用具を開発することを選んだ。TAAI は，アイデンティティやパートナー選択や（過去よりも）現在のエピソードに焦点を当てている。

　AAI の臨床的応用は弁別的妥当性次第である。臨床サンプルと健常サンプルとの間に有意差は見出されているが，臨床的に用いるには大きすぎる重複が見られた。とりわけ，健常サンプルでは AAI の 44％ が不安定型カテゴリーに分類され，18％ には未解決の喪失やトラウマが見ら

れる。逆に，臨床例ではAAIの21-27％が安定型に分類され，未解決型に分類されるのはわずか43％であった。言い換えれば，およそ3分の1の逐語記録が仮説とは逆に分類されており，3分の1よりやや多くが解決か未解決に分類されており，これもまた仮説に反する。2つの主要な変数上で3分の1の事例が誤って分類されているのであれば，臨床的には有用ではない。さらに，多くの調査結果が，説明できないものとなっている。つまり，極めて不適応な個人（たとえば，収監されている暴力的な犯罪者のような自傷他害を犯す成人）が安定型に分類されることをどのように説明するのか？　うつ病の主な原因として喪失経験があるという既知の見解（Brown & Harris, 1978）を考えると，うつ病を抱える人に未解決の喪失やトラウマがないということをどのように説明するのか？　それと類似したこととして，臨床例のAAIの大部分（57％）には，未解決の喪失やトラウマは見られないという結果もある。その上，M&G-AAIは各種精神障害を鑑別することができず，軽視型，とらわれ型，未解決型／分類不能のカテゴリーがごくわずかに高い確率で見出される程度であった。要するに，M&G-AAIは健常群と臨床群を有意に鑑別することはできるが，臨床群の中の精神障害群を鑑別することはできない。われわれはこの弁別的妥当性は理論によって説明できず，臨床的応用には不適当な形で限界があるという結論を下した。このような調査結果は（a）アタッチメント理論それ自体について，（b）データ収集に用いられる方法について，（c）臨床的実践とアタッチメント理論との関連性について，疑問を持たせるものであるとわれわれは考えている。

　最後に，Bakermans-Kranenburgとvan IJzendoornによる10,000事例のAAI分析からは，文化差や性差は見られなかった。彼らが指摘しているように，アタッチメント以外のほとんどの主要な心理学的変数は文化差や性差を示している。文化に関して彼らは，「現在の一連のAAI研究はアタッチメント理論の普遍性という考えを反証するものではない」と結論づけている（2009, p.252）。リスクまたは文化によって定義された人々のグループ間でカテゴリー分布に個人差を見出しても，アタッチメント理論の普遍性が無効になるわけではない。アタッチメントが存在しない――そしてそれに対応する機能不全が見られない――文化が見つかったときのみ，アタッチメント理論は無効となるのである。M&G-AAIでは鑑別の質が欠けているために，結果があまりにも制限され，時には歪められてしまうので，日常生活において容易に知覚される文化差や性差をM&G-AAIを用いて鑑別することはできないというのがわれわれの結論である。知識と理論の生成に有効で，介入に役立つためのアセスメントはどんなものであれ，性，文化，適応について鑑別しなければならない。

DMM-AAIの妥当性

　CrittendenがM&G-AAIを成人の広範囲の集団へ適用したことによって，AAIのコーディングと分類は漸進的に変化し，新たな生涯発達理論（Crittenden, 1995, 2008）と，AAIの新たな分類手続きへと結実し，後者は1999年に初めて出版された（Crittenden, 1999a，現在，本書において拡張と改訂がなされている）。Crittendenは，DMM-AAIの講習会を受講したおよそ250人の臨床家と共に，それぞれ異なる文化的背景を持っている，健常群や苦痛を抱えている（治

療中の）集団や（病院や刑務所にいる）危機に晒された集団，もしくは危険な集団から成る約3,000 事例の AAI を 10 年にわたってコーディングおよび分類した。これらのデータは目隠し分析が行われたのち，事例毎にフィードバックされたことによって，理論と談話分析の手続きの両方が漸進的に洗練していくことが可能になった。目標の一つは，精神医学的診断を単に複製することを超えた情報を追加することであった。とりわけ，談話において観察された，方略的な心的過程および行動的過程に関する機能的説明を生み出す DMM-AAI の可能性を探索してきたのである。

　DMM-AAI は成人の自己防衛方略に焦点を当てているが，これらが彼らの子どもたちの方略と一致することを仮定してはいない。さらに，DMM-AAI における成人期の多彩なパターンと修正項目は乳児期よりもはるかに多いため，親と子どもとの間で 1 対 1 のマッチングを行うことは不可能である。DMM-AAI は乳児期に基礎を置くよりも，むしろ成人の適応と不適応の機能に関連した複雑さを反映することを意図している。それゆえに，異なる機能の質を示す異なる母集団においてその妥当性が最も良く示されるのである。

　さらに，DMM は生涯発達を網羅しており，また臨床に役立つという目的も含んでいる。それゆえに，一連の DMM アセスメントの妥当性評価の過程はそれぞれの発達段階特有の過程と，それらの中での臨床的鑑別に関連した個人差を扱わなければならない。

　妥当性評価の過程は，早い段階で大規模研究に力を注ぐよりもむしろ，事例の議論から臨床的有用性に関する事例研究へ，そして併存的妥当性に焦点化された小規模研究へ，さらに現在は比較研究へと発展してきた。これらの研究は，DMM-AAI の妥当性を示すためには，より包括的で縦断的な研究を行っていく必要があることを示唆している。

　正規の研究という点では，DMM-AAI の妥当性評価について 3 つの関連する種類の研究がある。

1. 縦断的妥当性（成人以前の時期から成人期へ）。
2. 併存的妥当性（AAI から，診断や他の臨床的尺度や現在の成人の機能へ）。
3. 予測的妥当性（現在から将来の機能へ。これにはその人の子どもの機能も含まれる）。

DMM から導き出される仮説の中で，以下のものは妥当性に関して特に重要であるように思われる。

1. 幼少期のアタッチメントは，直接的な 1 対 1 の対応ではないものの，AAI に関連しているであろう。言い換えれば，成熟と生活上の出来事双方を考慮に入れると，AAI は発達的な一貫性を示すであろう。
2. 成人の AAI は，測定された彼らの子どものアタッチメントパターンと関連があるであろう。つまり，AAI は B タイプでは世代間の連続性を示すが，A タイプと C タイプでは相補性を示すであろう。
3. AAI 分類は抑うつと不安の尺度や精神医学的診断や逸脱行動と関連があるであろう。それゆえ，AAI には臨床的関連性があり，特に極端に逸脱した覚醒に関連があるであろう。
4. アタッチメントはシステム論的であるため，AAI の分類は，話し手の両親やパートナーや

子どもの適応をアセスメントした結果と（必ずしも一致していなくても）関連を示すであろう。
5. 健常群の成人は，臨床群に比べて，BやA1–2やC1–2に分類されることがより多いであろう。健常群の成人がこれらの分類に該当しない場合，（個人レベルや配偶者レベルや家族レベルでの）苦痛や不適応の証拠がより多く見られることが予測できる。
6. 治療を受けている成人，もしくは刑務所にいる成人は，健常な状況にある人々に比べて，A3–8やC3–8やA/Cに分類されることがより多く，未解決の喪失やトラウマだけでなく，抑うつや失見当や身体表現症状や（否定的情動の）侵入などの修正項目を持つこともより多くなるであろう。
7. 同じ行動でも異なる機能をすることがあるため，同じような症状を示している成人が似たような自己防衛方略を使用しているとは必ずしも予測できない（つまり，精神医学的診断はDMM方略を部分的にしか予測しない）。
8. 診断を受けている人々の間で方略が異なる場合，重要な神経生理学的差異だけでなく，異なる脅威がDMMの機能クラスターの中で，特にA対Cという対称の中で見られることが示唆される。このような違いがある場合，異なる治療の提案がなされると思われる。
9. 妄想的情報は，エピソード記憶の情報に不一致が生じて，否認された情報にアクセスできない時に，一貫性（内的一貫性）を達成しようとする試みであると見なされるであろう。

DMM–AAIを用いた研究

初期の段階では幾つかの臨床系の博士論文が，特定の精神医学的診断を受けた集団と一般集団を比較することを通して，新たに生まれてきたモデルとDMM-AAIの分類方式について実証的に検証した。さらに最近の研究は上述した仮説の特定の側面を検証してきた。まとめると，ほぼ700人の研究から示唆されるのは，DMM-AAIは（a）適応的な人と不適応な人をよく鑑別する，（b）障害のタイプを理論的にも臨床的にも意味のある形で鑑別する，（c）単に症状クラスターだけによってではなく，心理的観点によって不適応行動をフォーミュレーションする方法を提供する，（d）一つの精神医学的診断の中で情報処理の異なる下位グループを鑑別するかもしれない，（e）脅威に関する談話を自己防衛行動や基底にある情報処理へと結びつけることができるかもしれない。さらに，以下で検討するすべての研究は，少なくとも2名のコーダーがコーダー間で納得のいく合意に至ることができたものである。

健常群に関する研究

情報処理

アタッチメント理論は，ABC方略は異なる神経学的処理を反映し，また母親の方略は乳児の発達しつつある方略に影響を与えるであろうという両方の仮説を立てている。Strathearn,

Fonagy, AmicoとMontague（2009）は，30名の母親に3度会うという素晴らしい研究によってこれらの仮説を検証した。妊娠第三期（AAIのため）と，産後7カ月（fMRIのため）と，乳児が月齢14カ月（ストレンジ・シチュエーションのため），の3度会ったのであった。研究者が検証したのは母親のAAIと，自分の赤ちゃんを見たときの反応と他の赤ちゃんを見たときの反応についてのfMRIの違いとの関連性，および母親のDMM-AAIの分類と赤ちゃんのDMM-SSPの分類との関連性についてであった。サンプルにCタイプの母親が十分ではなかったため，AタイプとBタイプとの比較のみが行われた。健常群のAタイプとBタイプの母親とでは，自分の赤ちゃんと見知らぬ赤ちゃんが幸せそうな顔をしている条件と悲しそうな顔をしている条件の写真を見た際に，著しく異なる神経学的活性化のパターンを示した。Bタイプの方略を用いる母親の場合は，腹側線条体とオキシトシンに関連する視床下部／下垂体領域を含む，脳の報酬領域の活性化が，**満足する**性質の経験に関連する処理を含んでいた。対照的に，Aタイプの方略を用いる母親は，自分の赤ちゃんの悲しそうな表情の写真を見た時に，島の顕著な活性化を示した。これらの結果から示唆されるのは，母親のアタッチメント方略の個人差はドーパミン作用性およびオキシトシンの神経内分泌系システムの異なる発達と結びついているかもしれないということである。この結果は，DMMには神経機能的相関があり，アタッチメントのパターンは情報処理パターンであるというDMM理論と，DMM-AAIが持つ神経機能活動パターンの予測的妥当性の両方を証明するエビデンスを提供している。

健常な家族のアタッチメント

母親を47人まで増やした同じサンプルを使用して，Bタイプの母親の乳児はBタイプになり，AタイプとCタイプの母親は反対のタイプの乳児を持つという世代間伝達の仮説を検証した（Shah et al., 2010）。結果は，Bタイプ（安定型）アタッチメントは一致し，不安定型は交差する（つまり，不安定型アタッチメントの二者関係では親子でパターンが逆転する）という考えを共に支持した。DMM方式はAAIとSSPの関連を生み出すためにデザインされたものではないため，これらの知見は現存のデータを増強するものである。また，DMMの枠組みにおいては，以前に見られたミスマッチが理論的に重要なものとなってきている。母親と反対の方略を用いることによって乳児の適応は増大し得るということである。たとえば，Aタイプの方略を用いる母親は，反応が不十分になりがちである。そのため，情緒的に強烈なCタイプの方略を乳児が組織化すると，母親が応答してくれる見込みが増加する。逆に，怒ったり，依存的になったりして要求するCタイプの方略を母親が用いる場合，乳児は情緒を抑える方法を取るAタイプ（認知的）方略を用いることで世話をしてもらえるようになるかもしれない。母親の方略と乳児の方略との間の機能的関係をこのように枠付けることで，リスクのある事例や，虐待や精神病理のある事例のマネジメントに示唆を得ることができる。

フィンランドにおいて行われた3世代の研究では，夫と自分の母親が調査に参加することに同意した34名のボランティアの女性とその第一子を追った（Hautamäki, Hautamäki, Neuvonen, & Maliniemi-Piispanen, 2009）。母親の妊娠第三期の間に，母親とその夫と母方の祖母すべてにDMM-AAIを実施した。DMM‐ストレンジ・シチュエーション法と，DMM‐就学前期アタッ

チメント・アセスメント（PAA）が，第一子がそれぞれ 12 カ月時と 3 歳時に実施された。

　Ainsworth の方略（A1–2, B, C1–2）が優位となった。A1–2 への特定の偏りが見られたが，子ども（51.5%）と母方祖母（42.4%）においては特に偏っていた。B タイプの方略を用いる割合は，似たようなアングロサクソン系サンプルと比較すると，低い結果だった。これらのデータから，健常群の方略の分布には文化特有の違いがあることが示唆される。子どものパターンの予測に関しては，事例の 76% において母親の AAI 分類から 1 歳の乳児の方略を予測することができたが，3 歳になると方略の予測は 58% になった。祖母の AAI 分類は 3 歳時の PAA 分類の 72%を予測した。祖母‐母親‐子どもの三者関係の連続性が見られたのは 47% であり，主に B タイプと A1–2 タイプにおいてであった。三者関係においても逆転反応（交差）が見られた。事例の 22% において A/C/A の組み合わせ（こちらの方が多い）と C/A/C の組み合わせが示された。これらの結果は Shah らの研究（2010）の結果を再現するものであり，さらに 3 世代にまで拡張したものである。

　このフィンランド人サンプルのカップルでは，11 事例で一致（B タイプと B タイプ），12 事例で A/C の交差が見られ，9 事例では安定型／不安定型の組合わせという結果であった。母親の方略と父親の方略との間には有意な関連は見られなかった（Hautamäki et al., 2010）。

　交差する成人関係と，親子間での方略変容に関する仮説は，早期の過渡的研究において既に支持されてきた（Crittenden et al., 1991）。この研究では，両親インタビュー（Crittenden, 1981）に M&G-AAI のコーディング方式が用いられた。カップルは過去の子ども時代の経験について，および現在の親としての経験に関してインタビューを受けた。サンプルは母親と男性パートナーの 53 組のカップルで，1 歳から 4 歳までの子どもがおり，子どもは SSP もしくは PAA を用いてアセスメントされた。子育ての質は家族によってさまざまであった（適切な養育，虐待気味，虐待，であった）。

　（安定／不安定が組合わさった 3 事例を除いた）すべてのカップルは一致もしくは交差（つまり，A タイプと C タイプの組み合わせ）のいずれかが見られた。交差のパートナーシップは虐待とネグレクト，パートナーからの暴力，子どものアタッチメントが A/C パターンになることと密接な関連があることが実証された。すでにこの早期の研究でさえも，子どもたちが自らの方略を構造化するための情報を提供する文脈を成人の方略が形作る，というより複雑な発想を支持していた。この発想には，両親が正反対の自己防衛方略を用いるような複雑な環境に，A/C 方略という組み合わせられたアタッチメント方略を生み出すことによって適応する可能性も含まれている。

両親，患者，心理療法家

　Hughes, Hardy, Kendrick（2000）は心理アセスメントまたは心理療法を受けた 16 人のクライエントにインタビューを実施し，彼らの AAI と，臨床心理学の訓練生の 3 年生 11 名を比較した。その後 3 週間のうちに，「臨床的方向付けを持ったインタビュー clinically oriented interview」が行われた。いずれのインタビューも DMM-AAI の理論を用いてコーディングと分類が行われ，通常の臨床的セッションが AAI と同様のアタッチメント方略を生み出すのかについて調べた。

その結果，(a) コーダーたちはAAIではコーディングと分類に関して一致できたが，臨床的インタビューでは一致できなかった，そして（b) 2つのインタビューはA，B，C，もしくはA/Cのパターンに関して合致しなかった。このことは，AAIの質問項目において危機が体系的に増えていくことと，さまざまな記憶システムを秩序正しく探索することによって，AAIの手続きがより信頼できるものになっていることを示唆している。

彼らはまた（論文の中では報告されていないが，ここでは決定的に興味深いものである。Hughes et al. に提出した分類から，Crittenden, 2000）クライエントの分類は臨床心理学訓練生の分類からよく区別できるということを見出した。訓練生の35％は，Bタイプに分類され，55％は再構成であった。また，18％に未解決の喪失がみられた。一方で，クライエント群においては，Bタイプまたは再構成の方略を用いる人は見られなかった。代わりに，ほぼ半数がA/Cの方略を用いており，その構成要素であるAかCかの少なくともどちらか一方に高数字の方略が見られた。30％は，C+の方略に分類され，40％は未解決の喪失やトラウマ，もしくは修正項目が割り当てられた。クライエントと訓練生の分布は重なり合うことは全くなかった。この結果は，特に臨床的鑑別の観点において，DMM-AAIの併存的妥当性を増すものである。

イタリア人のサンプルから，子どもの患者の親40名のDMM-AAIと，以下のデータとの比較が行われた。(a) 自身がメンタルヘルスの治療を受けている79名の親，(b) 患者ではない子どもを持つ（親自身も治療を受けていない）128名の親，である（Crittenden & Landini, 2009）。子どもの患者の親は健常群の親とは異なる結果であったが，患者である親との違いは見られなかった。成人の患者および子どもの患者の親の間では，Ainsworthの分類（B, A1–2 または C1–2）に該当する者はいなかったのに対して，健常群の親の約半数はこれらのパターンに該当した。2つの非健常グループではDMMパターンの分布がわずかに異なっていた。子どもの患者の親は，成人の患者と比較すると，より多くのA+タイプ（A3–8）またはA/Cタイプを示し，成人の患者は，子どもの患者の親と比較すると，より多くのC+タイプ（C3–8）を示した。さらに，子どもの患者の親は，成人の患者と比較すると，より多くの未解決の喪失を持っていた。どちらの非健常群も未解決の喪失やトラウマ，および抑うつに関しては，健常群とは明確な違いが見られた。

同時発生的なデータであるため，親と子どもの効果の方向を述べることはできない。それにもかかわらず，家族メンバーの方略が関連しているように思われるという点でDMMと一致している。もし家族の誰かに治療が必要であるなら，他の人も同様に治療が必要かもしれない。子どものIPの「症状のない」親というこのサンプルで，極端な方略，つまり未解決の喪失とトラウマや，修正項目が多数見つかったことはDMM理論を支持し，またDMM-AAIが臨床的にはまだ顕在化していない苦痛な状況を突き止めることに有用であることを示唆している。子どもの患者の親の方略において強迫的Aタイプの構成要素が多く見られることは，否定的感情を軽視し，外的基準に従順であるために，こうした家族の外見は普通に見えていることを示唆しているのかもしれない。

その他に，イタリア人のベテランの心理療法家51名のDMM-AAIを，128人の健常群の成人と79人の精神科患者から成る同じ条件の対照群のDMM-AAIと比較した研究がある（Lambruschi, Landini, & Crittenden, 2008）。心理療法家の約3分の1は獲得されたBタイプ

（つまり，Bタイプに再構成された）方略を用いており，他の10％はBタイプへ再構成しつつあるところであった。残りの2/3は強迫的Aタイプの方略（A3-6）と，A+/C+の組み合わせの方略が多かった。未解決のトラウマは心理療法家の3分の1に見られ，未解決の喪失も同様であった。これらの大多数は複雑な形式の未解決であった（たとえば，置き換えられた未解決や想像された未解決，または抑うつ的未解決，など）。

健常群と比較すると心理療法家の方略の分布は，Bタイプがわずかに少なく，Cタイプはもっと少なく，A+タイプとA+/C+タイプの割合ははるかに多いという結果を示した。一方，抑うつの修正項目に関しては健常サンプルと心理療法家のサンプルは同程度の頻度であった。患者の分布と比較すると，患者の分布にはBタイプは見られず，再構成はより少なく，Cタイプの構造だけが，健常群の人々と比較して（特に，C5-6の範囲が）わずかに多かった。他の点においては，心理療法家と患者の分布はほとんど同じであった（Lambruschi et al., 2008）。この結果から示唆されるのは，1/3の心理療法家が，困難を抱える成人に対して移行的アタッチメント対象として機能するのに適合するだけの統合的スキルを示したということである。残りの2/3は，患者を強迫的に世話しているか，もしくは個人の過去の経験における未解決を仕事を通して修復しようと十分自覚しないままに試みていることを示唆する方略を示している。

臨床群に関する研究

次の一連の研究は健常群のサンプルを，異常行動または精神医学的診断に基づいて定義した臨床群のサンプルと比較したものである。

社会的養護

Gogartyの博士論文（2002）では，長期にわたって里子として養育された成人16人と，その10人の里親と，4人の生みの親から得られたDMM-AAIの記述的データが報告された。かつて里子だった人で，Bタイプの方略を用いているのはたった1人（6％）であった。C3-4水準のCタイプの方略を用いるのは19％で，30％がA/Cタイプ，45％がA5-6水準の非常に強迫的Aタイプの方略を用いるという結果であった。55％には未解決の喪失もしくはトラウマも見られた。里親は比較的健常な方略を用いることが示された（Bタイプ50％，Cタイプ30％，Aタイプ10％，A/Cタイプ10％）が，幼少期の未解決の喪失を持つというバイアスがあった。生物学的な親の4人中3人は強迫的Aタイプの方略を示した。2人には未解決のトラウマが見られた。

結果から示唆されるのは，生物学的家族との分離をめぐるトラウマや喪失は成人になっても未解決のままとなっていることが多いということであった。一つの説明としては，里親自身の幼少期の喪失の未解決が里子へ影響を及ぼすということが含まれるであろう。より大きなサンプルで再現することと，さらに多くの研究論文が必要であることは明らかである。

摂食障害とパーソナリティ障害

　ZachrissonとKulbotton（2006）は，神経性食欲不振症の女性20人のAAIをDMM方式を用いて分類した。すべてA+，C+，A/Cに分類され，修正項目と未解決を伴うものであった。いずれもAinsworth分類は見られなかった。健常群の対照群が欠けていたものの，パターンの分布は他の臨床研究と類似していた。幼少期における未解決の喪失やトラウマが高頻度で在ることを除けば，拒食症の症状に関連するような特徴的な方略上の機能パターンは見られなかった。

　DMM-AAIを用いた摂食障害に関する別の研究（Ringer & Crittenden, 2007）では，摂食障害を抱える62人のアングロサクソン系オーストラリア人の若い女性（神経性食欲不振症19人，神経性過食症26人，融合型17人）を対象に行われたものがある。すべてのAAIはDMMカテゴリー内で分類された（つまり，A1–2，BとC1–2分類はなかった）が，最も極端なカテゴリーも見られなかった（A5–8やC7–8はなかった）。約半数が，威圧的Cタイプ方略を用い，それ以外のほとんどは家族内で三角関係化されたC3–6タイプと強迫的Aタイプ方略とを結合したものであった。このサンプルの女性たちは危機や家族メンバーの死に晒された経験がほとんどないため，たいていの事例では未解決を割り当てられることはなかった。それにもかかわらず，AAIの約1/3において，次のようなことが基となっている未解決のトラウマが見られた。(a) 両親間の争い，(b) 親のトラウマの代理的経験，(c) 幼少期の出来事と摂食障害との間の想像された関連性，である。いずれの場合も修正項目は伴わなかった。これらの女性たちの方略はうまく機能しなくなっているようであり，この状態を適切に説明できなかった。もしかすると，これは両親の仲違いやトラウマに関する家族の秘密をめぐる三角関係化によって因果関係の過程が混乱しているためかもしれない。分類と摂食障害の診断の間には何の関係も見られなかった。

　判別分析は摂食障害の女性の3つのクラスターを特定した。クラスター1には，Cタイプの要素を持たないAタイプの方略の4事例が含まれていた。強迫的世話／従順の方略は，子育ての役割を放棄して夫婦関係にとらわれているように見える両親へと向けられていた。クラスター2にはC3–4タイプの方略が含まれるのに対して，クラスター3にはC5–6とA/Cが含まれる。クラスター2と3にはいずれも想像された未解決のトラウマの事例が見られた。つまり，これらの女性たちは，親の問題に関する正確な情報がない中で，原因ではないものの実際に起きた出来事が自分たちの摂食障害を引き起こしたと考えていたのである。

　DMM-AAIは症状の記述に情報を追加するように思われる。どのタイプの情報（症状による診断と情報処理）が最良の治療ガイドとして使用できるのかはまだ調査されていない。ほとんどの事例において女性たちは，親の行動が自らの行動にどのように因果的に結び付いているのかについて混乱していたし，またインタビューで話すことをかなり嫌がっていた。談話と内容の組み合わせに基づくと，両親は彼らの娘たちにことのほか親密であることが多かったが，トラウマ／喪失が発達の妨げになる影響を及ぼす時には，両親は応答できなくなった。このことは娘たちには予測不可能かつ不可解なものであるようであった。正確な情報が手に入れられない場合，娘たちは自分たちに原因があると見なした。

　治療への示唆として，少なくとも二つの重要なアイロニーという複雑さが強調される。まず，子どもを守るために家族の問題は秘密にされていた。おそらく明瞭さや「開示」は治療において

追究されるべきであろうが，時期尚早な，または過度の明確化によってさまざまな家族メンバーが否定的影響を受けるかもしれないことに十分注意して実施する必要がある。次に，因果関係の説明は家族関係の複雑さと，青年期後期や若い女性の自立への要求の両方を踏まえた形で進められるべきである。言い換えると，治療過程は原家族内での不適応的な絆を強めるべきではない。次のステップは治療への関連性を検証することである。

　回避性パーソナリティ障害（APD）に関するノルウェーでの研究（Rindal, 2000）では，APDの診断を受けた12人の調査協力者のDMM-AAIと，年齢と性別を適合させた健常群の研究参加者のDMM-AAIとを比較した。臨床サンプルはAinsworthの単純な分類には当てはまらなかったのに対して，健常サンプルの対象群のうち60％はこれらの分類に当てはまった。APDの調査協力者は，未解決の喪失／トラウマと修正項目が高確率で見られた。APDの「署名的パターンsignature pattern[訳注1]」は，未解決の幼少期のトラウマ，談話分析によって嘘であることが明らかにされた，明確に主張された理想化と従順，威圧的で報復的な方略（Utr(p)[A1,4]C5）から成っていた。このパターンは，摂食障害の女性の一部が用いるCタイプ方略と密接に関連している。サンプルのサイズが小さいため，一般化を行う前に結果を再現することが必要だが，障害の表れ方は異なるものの（APDと一部の摂食障害），機能は似ているかもしれないという興味深い示唆が得られた。もしそうであるならば，どちらも似たような介入によって改善するかもしれない。

心的外傷

　CrittendenとHeller（審査中）は3つのカテゴリーに分けた66人の成人を比較している。慢性的な心的外傷後ストレス障害（PTSD）患者22人と，（PTSD以外の）さまざまな診断をされて心理的治療を受けている22人の成人と，治療を受けていない健常群の成人22人のDMM-AAIの比較を行ったところ，PTSD群はその他の対照群とは鑑別可能であることがわかった。臨床群はただ一つの例外を除いて，DMMに固有の分類が用いられ，11の可能な分類のうち10分類が含まれており，機能の幅広い多様性を反映していた。健常ケースの1/3だけが，DMM方略に分類された。これは，健常集団の25〜30％は何らかの精神疾患に診断可能であるという疫学的な予想（Kessler, 1994）と一致している。また，未解決のトラウマの数（PTSD群が最も多く，健常群が最も少ない）とタイプ（PTSD群が最も複雑なタイプを示し，健常群が最も単純なものであった）にも違いが見られ，これらがPTSDの「署名」を構成している。

　概して，PTSDに診断された被験者は，(a) その機能は一般に方略的であり，ほとんどの場合は威圧的な報復的／誘惑的方略（C5–6）を使用しており，(b) 幼少期のトラウマもしくは喪失が多数見られ，(c) 特定の幼少期のトラウマもしくは喪失に関して軽視ととらわれを非方略的に交互に示し，(d) トラウマを相互に混同し，(e) 幼少期のトラウマと喪失に対しては幻想的形式の反応を用いない傾向があった。さらに，DSM-IVによるPTSD診断に見られる交替する性質はトラウマや喪失に対する反応に関連しているのであって，個人の基本的な自己防衛反応に関

訳注1）現場に残された，犯人の特徴を示す行動パターンを「署名的行動signature」と呼ぶ。

連してではないことを DMM-AAI のデータはおそらく示唆している。

　この結果から，DMM-AAI は診断カテゴリー間で鑑別できるだけでなく，単一の記述的カテゴリー内での異なる機能的グループを見つけられることが示唆される。たとえば，慢性的な PTSD の「署名的パターン」は摂食障害とパーソナリティ障害のそれとは異なるように見える。

　ここでも判別分析は，臨床的関連性のある仮説を示唆する 3 つのクラスターを発見した。クラスター 1 と 2 は類似しており，威圧的 C タイプ方略を中心に組織化され，軽視 - とらわれ型という矛盾した形式の未解決のトラウマか，または無秩序型の未解決のトラウマを伴い，修正項目は見られなかった。クラスター 3 は強迫的 A タイプの分類であり，抑うつの修正項目を伴うことが非常に多く，一つもしくはそれ以上の未解決のトラウマが見られるが，そこには軽視型の過程がいつも含まれていた。これらの成人は非常に深刻な危機に晒されてきたが，アタッチメント対象から守られることも慰められることもほとんどなかった。クラスター 3 に該当する人は非方略的であったのに対して，クラスター 1 と 2 の人は，幼少期の未解決の出来事に結びついた表象を引き起こす現在の状況に対処する時を除いて，方略的であった。もしより大きなサンプルで再現されるなら，これらのクラスターの違いは，クラスター 1-2 に分類される成人の PTSD 治療の目標と方法が，クラスター 3 に分類される成人のそれとは異なる必要があるかもしれないことを示唆する。

　PTSD サンプルから引き出された 4 つの事例について，Heller が臨床的関連性を詳しく論じた（Heller, 2010; Heller & Pollet, 2010）。Heller の観察によれば，成人期に起きたトラウマとなる出来事と幼少期の出来事は形態的類似性および心理的意味の両方を共有している。彼女が強調したのは，幼少期に慰められたり守られたりしていないと，成人期に起きた特定の種類の危機に対して未解決の反応を生じやすくなるということであった。

子どもに対する性犯罪

　性的暴行によって有罪となり，服役中の 33 人のアイルランド人男性を対象に，再犯防止のための認知行動療法を実施する前後に AAI を行った（O'Reilly, 2010）。信頼性の高い 5 名のコーダーが逐語記録を目隠し分析した。ここでは，治療前の AAI についてのみ説明する。分類は，A+，C+ および A+/C+ が均等に分かれた。B や A1-3 や C1-4 は見られなかった。A+ の構成要素はほとんど一様に A4（強迫的従順），もしくは A7（危機に晒す親への妄想的理想化）であるか，またはその両方であった。C+ の構成要素はたいてい C5-6（報復的および誘惑的）であったが，C7-8（威嚇的および妄想的）に分類されたものも少し見られた。抑うつは稀であったが，見られる場合は A4 か A7 に関連していた。また，否定的感情の侵入もほとんど見られなかった。約半数の男性には幼少期から続く，たいていは複数の家族メンバーに関する未解決の喪失が見られた。原則として，すべての男性は幼少期から続く未解決のトラウマを持っていた。さらに，未解決のタイプには軽視型もしくは無秩序型の構成要素が含まれていた。すべての事例において，危機は自分自身に対する身体的暴力か母親に対する身体的暴力か，もしくはその両方から構成されていた。約半数には性的虐待という危機も含まれていた。概して，一連のインタビューは，幼少期における安全と心地良さの侵害が積み重なり，かつての自分たちのような少年に対して現在思

いやりを向けることができない，暗く悲惨なものであった。

　この分布は，AAIの講習会に提出されてきた家族による性的虐待の事例とは異なるように見える。これらはほとんど一様に未解決の喪失とトラウマを伴うA4/A7に分類されたが，抑うつや否定的情動の侵入や過去の性的虐待は見られなかった。つまり，われわれが見てきた家族による性的虐待のケースはO'Reillyのサンプルにおける一つのサブグループに当てはまった。留意すべきなのは，これらの事例の中で，性的虐待を行った父親が，彼らが育てられてきたのとは異なる方法，特に自分の父親ほど暴力的ではなく，もっと愛情をこめて子どもたちを育てたいという願望を表明したということである（Crittenden, 2008のJohnおよびDavidの事例を参照）。

DMM分類とMain and Goldwyn分類の比較

児童虐待

　Seefeldt（1997）は，31組の母‐乳児の二者関係のうち虐待的なものと，ネグレクト的なものと，低所得だが適切なものを，母親のアタッチメントと育児行動という観点で区別しようとした。母親はシングルの白人で，乳児は月齢6ヵ月から24ヵ月であった。不適切な育児をしていた母親は虐待の確認報告またはハイリスク報告のために児童保護監督下に置かれていた[訳注2]。適切な育児をしていた母親は児童保護へ照会されることはなかった。AAIと，食事と遊びの相互作用のビデオテープの両方が収集された。

　AAIはMain and Goldwyn方式によって初めは分類された。全3グループにおける31逐語記録のうち15が分類不能（CC）として見なされたため，そのデータはグループの差異を検証するために，使用できなかった。

　DMMを用いてAAIを再分類したところ，虐待グループの母親のAAIは両親の理想化に幼少期の軽視型トラウマが伴うという特徴があった[原注1]。ネグレクトの母親は抑うつと理想化と軽視型トラウマという特徴があった。健常な低所得の母親はバランスの取れたタイプと軽度の不安定型の分類（つまり，B，A1-3，C1-4）に分類され，未解決と抑うつは見られなかった。不適切な養育をする母親のAAIと適切な養育をする母親のAAIとの間にはABC分類において，虐待グループとネグレクトグループとの間においては抑うつに関して有意差が見られた。同様に，食事と教育の評価尺度をビデオテープに適用してアセスメントした母親の育児行動を育児グループは予測していた。

　この研究が明らかにしたのは，アタッチメントの自己防衛方略によって，不適切な養育をする親と適切な養育をする母親とを区別できるが，それはDMM-AAIを使用した場合のみである，ということであった。さらに，AAI分類は育児行動について予測的妥当性があることが示唆されたが，この関係について詳しく述べるためにはより大きなサンプルが必要である。

訳注2) 虐待の通報があった場合，児童保護官は実際に虐待が生じていると確認できるのか，そこまではいかないがハイリスクであるのか，虐待は確認できなかったのかを決定する。

原注1) 当時はA7の分類が同定されていなかったので，理想化が妄想的なものであるのかどうか，つまり，分類がA1かA7であるのかどうかについては言えない。

境界性パーソナリティ障害

　CrittendenとNewman（2010）は境界性パーソナリティ障害（BPD）の母親15人のAAIと，健常群の母親17人のAAIとを比較した。AAIの分類は，Main and Goldwyn方式とDMM方式の両方で行われた。このため，BPDの母親の機能と精神障害を持たない母親の機能の比較を行うばかりではなく，2つの分類方式の比較も可能になった。DMMの予測通り，BPDの母親は健常群の母親と比べて，より多くの危機（5倍の頻度）を再生し，危機の影響がより否定的なものであったと報告し，未解決のトラウマの証拠をより多く示した。一人を除いたすべてのBPDの母親は抑うつと未解決のトラウマを伴うA+/C+タイプの方略に分類された。それに対して，健常群の母親にはA/CもしくはDMM円形モデルの下半分の高数字の方略を用いる者はおらず，抑うつも見られず，また否定的情動の侵入も見られなかった。彼らはまた，摂食障害およびパーソナリティ障害やPTSDとは異なるものの，両方の構成要素を含んでいるDMMの「署名的」パターンを示した。つまり，とらわれ型形式の未解決のトラウマを伴う威圧的なC5-6タイプの方略（構成要素は回避性パーソナリティ障害や摂食障害と同様）と，抑うつを伴う軽視型形式や無秩序型形式や遮られた形式の未解決のトラウマが複数見られた（PTSDも同様であった）。禁止された否定的情動の侵入のために不安定になる強迫的A方略も見られた（精神病の事例において臨床場面で観察されるパターン）。

　同じAAIをM&G方式で分類すると，BPDの母親の40％は，一貫性を備えて統合された表象を欠いていたが（すなわち，E3という，この分類システムにおいて最も統合されていない分類），健常群の女性の18％もそうであった。一方，BPDの母親の47％（そして健常群の母親の41％）は，Ainsworthの不安定型（Ds1，Ds3，E2）に分類された。安定型に分類されたのは，BPDの母親には誰もおらず，健常群の母親においては35％が安定型に分類された。すべてのBPDの母親には未解決が見られたが，健常群の母親の25％にも見られた。これらの結果ではグループ間に有意差が見られたが，同時に各グループの半分以上の母親の間で方略の重複も見られた。

　2つの方式による分類は約半分の事例において一致した。DMMの分類はより多くの有意な結果を生み出し，全体を通してより多くの分散を説明した。

　どちらの方式も母親のグループ間を鑑別したものの，M&Gの分類ではかなりの重複が示された。つまり，ボーダーラインと健常群の母親の表象間に顕著な違いが見られず，したがって，BPDの母親が示す危険なほど不適応な行動をそれほど明確には説明できなかった。その代わりに，BPDの母親におけるDMM分類は臨床的状態の複雑さを反映して，M&G分類よりもはるかに複雑なものになっていた。特に，抑うつと侵入という覚醒の揺れ動きを伴うA/C構造は，危機を知覚することの否認と，危機の過剰な知覚とが交替することに関する理論的説明と一貫しているように見える。これは記述的診断の基準とも矛盾していない。これらの方略の構成要素は治療の構成要素を正確に見定めることを必要としているのかもしれない。さまざまな治療の構成要素を適切に区別したり順序立てたりできない場合，心理的歪曲を増大させる相当のリスクを伴うかもしれない。

実証研究の結果の要約

全体を通して，これらの研究は以下のことを示している。

- DMM-AAI の分類では健常グループと臨床グループにおける重複はほとんど見られない。
- 記述的診断と DMM-AAI の診断は関連してはいるが同じではない。
- DMM には複数の診断にまたがっていて，記述的診断よりも行動をよく説明するものもある（たとえば，A7，CΔ，[ina]）。
- DMM-AAI の分類によって同定された，複数の記述的診断の中で（症状は類似しているものの）心理的に異なる下位グループは，異なる治療法が必要になることが考えられる。

治療の事例研究

治療計画の作成に DMM-AAI の分類を用いて，DMM 理論とフォーミュレーションを患者のケアに応用した臨床家達は事例研究としてその結果を論文にした。これらを概観して，彼らが示唆した病因論的な仮説と，DMM-AAI に基づいた機能フォーミュレーションが治療にいかに情報をもたらすのかを探索する。

失見当と注意欠如・多動性障害（ADHD）

ADHD と診断されて，精神刺激薬による治療を受けている 10 歳のノルウェー人の少年に，学童期アタッチメントアセスメント（SAA）が行われた。母親には AAI が行われた（Crittenden & Kulbotton, 2007）。母親の AAI は失見当で，強迫的 A タイプおよび執着的 C タイプ（すなわち，DO A+C+）に分類された。失見当は逐語記録の決定的特徴であった。なぜなら，そのために母親の行動は方略的ではなくなっていたからである。少年の SAA は DO Utr(ds)$_{mother}$ A+(8)C5 に分類された。母親も息子も同様に失見当であるように思われ，母親の失見当は彼女の幼少期と関連しており，息子の失見当は母親との関連が見られ，とりわけ母親の結婚のトラウマと関連していた。彼女のアタッチメント分類に基づくと，母親の行動は非常に不安定で，あてにできないものであると想定できる。このために，今度は息子の方略的な試みが無効なものとなるであろう。こうして，母親がさらに不安になって混乱することによって，二人の間で起きている循環は閉鎖的なものになるであろう。こうした過程全体の特徴は，感情と行動をその適切な源泉へと結び付けられない，というものであった。この結果が示唆するのは，子どもに焦点づけた ADHD 治療は，子どもの状態に影響する親の要因を取り扱っていないかもしれないということである。少年の分類に A8 の構成要素が部分的に存在していることから，セラピストが生成した視点を少年に提示すると，彼がそれと本人の視点および母親の視点とを混同してしまうため，情報源に関する少年の混乱が治療によって増幅するかもしれないということが示唆される。それがもたらす結果は，変わりやすくて予測不能で頻繁に不適応的になる行動であろう。

軽視型の未解決の喪失と，代理の人物による虚偽性疾患

代理の人物による虚偽性疾患の事例では，6歳のオーストラリア人少女が，両親による彼女の健康管理に懸念があったため，家から保護された。そのアセスメントの一部として，両親にDMM-AAIが行われた（Kozlowska, Foley, & Crittenden, 2006）。両親は二人とも看護師であった。彼らの5人の子どもたちのうち，一番下の子どもには呼吸障害があったが，これが部局が調査する問題となった。

母親のAAI分類はUl(ds&p)$_F$(p)$_{ex\text{-}patient}$(dx)$_{friend\ in\ Bali\ bombing}$A1(A3/4)であった。この分類の顕著な特徴はA方略ではなく（そうは言っても，A方略は娘の健康に強迫的に焦点を当てたことを説明するであろうが），むしろ一連の未解決の喪失が見られたことである。幼少期に経験した父親の喪失が，軽視型ととらわれ型という正反対の方法で処理され，今もなお未解決のままで存在している。もっと最近起こり，かつそれほど個人的なものではない以前の患者の喪失と，テロリストの攻撃によって亡くなった友人の喪失については非常に興奮して語った。以前の患者の死については特に興味深かった。というのも，彼女はそのことを現在時制を用いて，身体的な興奮を伴いながら語ったからである。その死の原因となった呼吸障害（これはまた，彼女の父親の死の重要な要因でもあった）を，焦点となっている娘の母親もまた知覚して，神経外科の治療を娘に受けさせることになったのであった。このような，子どもを保護しようとする見当違いの行動を動機付けていたのは，母親の過去の未解決の喪失と結びついた前意識的表象であった。父親の分類はUl(p)$_{M\&F}$ A1であった。理想化する方略に，彼の両親の死を防ぐために何ができたのかという強いとらわれが伴っていた。

両親の方略と未解決の喪失の存在は非常に類似しているため，片方の親が誤解しても，もう片方がそれに気づいて修正することは困難であった。逆に，どちらの親も子どもの呼吸困難のわずかなサインすら過剰に危険であると見なして，相手をサポートしようとする心持ちになっていた。どちらの親も自らの感情から距離を置くAタイプの方略を用いていたため，お互いに慰め合うということはしそうになかった。それよりも，彼らは自らの感情を，子どもたちを保護する行動に変えて，ついには子どもには不必要で，ひょっとしたら有害にすらなる医療的処置を受けさせようとまでしたのであった。

両親はDMM-AAIを治療の中での大きな一歩だと考えた。とりわけ母親は，医療サービスに対する特徴的な振舞いが喪失経験によって動機づけられていることを理解し始めた。本事例におけるDMM-AAIの主な貢献は，話にならないほど危険な悪意のある養育行動として受け取られたかもしれないものを，子どもを保護しようとするものとして理解する機会を専門家に提供したということであった。DMM-AAIによって，親に対する思いやりを持ってガイダンスを与え，変化させることが可能となったのであった。

とらわれ型の未解決の喪失と慢性的尿閉

医学的に説明できない慢性的尿閉の症状を呈した就学前のオーストラリア人の少女の母親に，このような状態をもたらしている要因を調べるために，家族アセスメントの一部としてAAIを

実施した（Kozlowska, 2010）。母親の逐語記録はUl(p)$_{cousin, grandmother}$(a)$_{self}$ A6(7)に分類された。強迫的自立（A6）はアルコール依存症だった両親に対する妄想的理想化を伴っていた。彼らの激しい虐待的関係は幼少期の母親の家に浸透していた。母親は，以下のことへとらわれている文脈では，否定的情動の抑制というAタイプの方略を用いることができなかった。それは，(a) 囊胞性繊維症のために11歳で亡くなったいとこの死，(b) 祖母の死，(c) 自らの死を予期すること，であった。PAAは，娘が自己防衛方略として，禁じられた怒りの侵入を伴う強迫的パフォーマンスを用いていることが示された。加えて，医療的な処置に関する未解決のトラウマがあるという証拠が見られた（普通ではない人形遊びによって示された）。

尿を我慢することが最初に見られたのは，病気で苦しんでいた母親との分離という文脈であった。このことは母親や家族には関係がないものとして母親に解釈されたらしく，代わりに，（いとこの死と，以前経験した自分の母親の病気の苦痛と関連がある）慢性的な病気に対する恐怖を引き起こした。母親の不安は娘の高水準の覚醒の中に映し出され，極度に抑制されるか，爆発的に示されるかのどちらかであったが，身体障害に結びついている以前のトラウマ経験とどれも関連していた。AAIのおかげで母親は，自身が経験したさまざまな否定的出来事の間の類似性に注目するようになった。この気づきによって，母親‐娘関係の慰めとなる性質をサポートすることと，娘の現在の健康よりも，過去の危機的経験によって動機づけられている母親の保護的行動を制限することに焦点を当てる介入が行われるようになった。

「強迫性障害」の青年期患者の再アセスメントと治療

治療の失敗から13年後，17歳の少女が青年期の精神科病棟の入院患者として紹介されてきた（Wilkinson, 2010）。記述的診断は強迫性障害であった。

激しい怒りの爆発を示すため，少女はもはや自宅では生活できなかった。数年前，彼女は母親に身体的な攻撃を行い，両親を非常に脅えさせた。彼女はその後入院したが，彼女が退院した際に，家族は彼女を受け入れたがらなかった。彼女は15歳の時から一人で暮らしていた。外来患者として，認知行動療法と薬物療法が並行して行われたが，いくつかの「行動の柔軟性のなさ」を残したまま，治療は進展せずにいた。入院することは，治療をさらに進展させるためであると見なされた。

彼女を患者として受け入れる前に，Wilkinsonは，13年間の治療でできなかったことを入院治療がいかに成し遂げられるのかについて機能フォーミュレーションを行うことを主張した。アセスメントによると，少女は現行の強迫性障害（OCD）の診断基準を満たさないことを示し，その他のいかなるⅠ軸障害にも診断されなかった。

家族全員にDMMの手続きを用いてインタビューが行われた。少女に実施した，成人移行期アタッチメント・インタビュー（TAAI）はDp Utr(ds)$_{hospitalization}$ A6 [ina: anger]と分類された。彼女の自立方略が機能していなかったため，禁止された怒りの侵入を防げなかった。彼女は怒りを感じていることを否認し，その感情が自分の一部であることを認めず，自らの行動を恥じていた。彼女は，結果として家族からも離れることになったことも含め，以前の入院が否定的影響を及ぼしていることを軽視していた。母親のAAIはUtr(ds)$_{hospitalization}$ A4-と分類された。彼女は

自分の子どもたちのパフォーマンスを通して自らのパフォーマンスを評価していた。子どもの時に長く入院している間に，彼女自身が両親によって見捨てられた経験があった。彼女はこの重要性を軽視していた（それゆえに，自分の子どもを見捨てることがさらに生じやすかった）。彼女は娘の怒りに個人的またはコミュニケーション上の意味があるものと見ておらず，「症状」や「病気」として解釈していた。それ以外のいかなる意味も母親の意味記憶上の規範的価値とは相容れず，母親と同様に良いパフォーマンスをするという娘の義務と矛盾するものであったであろう。父親のAAIはA1-2に分類され，未解決の喪失やトラウマは見られなかった。彼は彼の妻に比べて，否定的情動に対してそれほど不安ではなかった。

機能フォーミュレーションが焦点を当てたのは以下の点である。

- 以前の診断や時々起こる攻撃的なエピソードよりも，少女の現在の顕著な問題，つまり一人暮らしが困難であるということ。
- 怒りを表出することは家族全員にとって意味深く，普通のことであるとリフレーミングすること。
- 以前は予測不能であった出来事をはっきりさせる可能性があるものとして情動情報を尊重すること。

治療は，以前のように，予測可能な随伴性を強調すること（もし攻撃的行動がC方略の文脈において生じたのであれば，これは適切であっただろう）を中止した。代わりに，「OCDの症状」は，少女のケアされたい欲求と両親の養育したい欲求に関する家族メンバー間の誤解を打ち破るかもしれない唯一のコミュニケーションの形であったと意味づけられた。今や，以前の入院は家族からの分離を開始させ，誰もがその重要性を軽視するに至ることによって，破壊的影響を及ぼしたと見なされた。それは重大なものであり，分離は中止される必要があるものとして再定義された。帰宅が開始され，徐々に時間が延ばされた。そして感情を通じてコミュニケーションすることと，感情を取り扱うことに関するガイダンスが行われた。

2年後，19歳になった少女は自宅で暮らして，アルバイトをしており，自立するための住居へ自発的に引越そうとしていた（Wilkinson，私信）。両親は依然として，少女の強くなってきている自立性と，プライバシーへの欲求に関するサインについて不安を抱えていたが，彼女は両親に対して自分の見方を，加減してはいるがはっきりと怒りを表現することによって伝えられるようになってきていた。両親は治療者と診断についてはあまり話さず，対人関係的な意味についての質問をより多くするようになった。

児童の性的虐待，薬物乱用，心的外傷後ストレス障害（PTSD）

イタリア人の若い母親は，夫と3歳の娘と一緒に，アルコールおよび薬物依存の治療的コミュニティで暮らしていたが，PTSDと診断されていた（Crittenden & Poggioli, 2008）。トラウマになっている出来事は，彼女が10歳から12歳の頃，売春婦だった母親の客から繰り返し受けたレイプであった。彼女はその後，ネグレクトと虐待のために施設に入所させられたが，施設

から逃げ出して，薬物を使用し，路上で生活していた。17歳の時に結婚し，子どもを授かった。出産後，彼女は非常に抑うつ的になり，自殺を試みた。その結果，家族は治療的コミュニティに移り住んだ。そこでは夫と妻と子どもは異なるセクションに分かれて暮らした。母親は，他者によって養育されている娘と毎日定期的に接触した。

彼女の TAAI は，Dp Utr(ds)$_\text{domestic violence, physical abuse and neglect, sexual abuse}$ Ul(ds)$_\text{fatherlike friend}$ A5 に分類された。この分類が示すのは，この若い母親は自らの経験についての理解を以下の方法でひどく歪曲しているということであった。(a) 正確な否定的情動を否認する，(b) 周囲から世話を受けるために，他者が要求することは何でもする，(c) 何が起ころうと，自分に責任があると感じる。特に，彼女は偽りの性的関心を表出し，パートナーを喜ばせる性的行動をしてきた。こうしたうわべだけの関係は両親との失敗したアタッチメントの代わりになっているようであった。おそらく，否定的情動を抑制することは，彼女が子どもであって，人生の危機的状態を変えることができない時には，適応を助けるものであっただろう。しかし，成人になると，この抑制のために彼女が夫や娘と親密で永続的なアタッチメントを確立することが妨げられ，さらに彼女が危険な状況を回避するために感情を用いることも妨げられた。母親は自身と娘を守るために，注意を喚起して警戒するという否定的情動の機能に対して注意を払う必要があった。また，性的感情が時に慰めへの欲求を表すこともあるということを認識する必要もあった。

PAA によると，彼女の娘は，母親と同じように抑うつ的な Dp A タイプの方略を用いていることが示された。母親は肯定的情動を娘に伝えず，そして娘は，おそらく基本的な養育や保護に関して，自分の母親に十分に依存していなかった。そのため，潜在的には適応的に役立つ強迫的世話方略を獲得していなかったのである。もし獲得していたなら，母親と娘は互いに関係し合う手立てがあったかもしれない。

家族の問題をこのように捉えると，家族がばらばらに暮らすことが要求されるような治療プランのために，親密さに対する知覚された脅威が強化されていることが示唆される。このために，家庭環境の中で感情を探索する機会を得られずにいるのである。むしろ，治療的コミュニティのリソースのおかげで，参加者たちは自分自身から守られており，そのため母親が用いている歪曲された方略を支え，維持していると解釈できるかもしれない。

否認された慰めへの欲求と，2世代にわたる性犯罪

反社会的行動を伴う，常習的で暴力的なフィンランド人の性犯罪者に AAI が実施された (Haapasalo et al., 1999)。彼の分類は DMM-AAI の発展の初期段階を反映して，$A3_M A4_F \rightarrow A5\text{–}6$ と分類され，特定の未解決のトラウマや A7 に分類される可能性に言及されてはいなかった。実際に，ファイルや，調査協力者が書いた自身の生育歴の説明によると，彼の父親は彼とそのきょうだいの両方に対して身体的虐待を行い，母親にも暴力的であることが多く，暴力的な出来事は性交渉で終わることが多かった。そして，少なくとも一度は彼に対して性的虐待を行ったが，そのやり方は，その後6回にわたって調査協力者が（たいていはアルコールや大麻の影響下で）犯した暴力的な性犯罪の形態と密接に合致していた。

性的要素が含まれる危機的経験は AAI の中で言及されておらず，これらの出来事に関しては

軽視型の未解決である可能性が残された。修正項目に関しての言及も見られなかった。パターンと生育歴の性質を考えると，抑うつと（否定的情動の）侵入が存在する可能性があったかどうかを問うだけの理由があるかもしれない。しかし，出版の時点では，修正項目はDMMには含まれていなかった。

　それでもなお，この分類は彼の行動に関して，考えられる機能フォーミュレーションに役立った。彼の基本的な方略は強迫的自立で，強迫的無分別と交互に用いられていた。これらは，父親への強迫的従順と母親への強迫的世話が彼を守れなかったことから生じてきたものである。この方略が示すのは，彼はすべての否定的情動を抑制しなければならないと信じており，特に対人関係の中で慰めを求めることに対して並外れた否認をしていた，ということであった。性的接触を行うことは，この強烈な抑制に打ち勝つための彼なりの方法だったのかもしれない。しかし，彼の経験（目撃したこと，経験したことのいずれも）では，性的行為は暴力と結びついていた。慰めへの欲求が調整されないまま侵入していたことが彼の犯罪行為の根底にあったのかもしれない。否定的情動の抑制を元通りにした際，彼は暴力的なレイプに対する感情的な動機づけを思い出すことができなかった。その代わりに，恥や罪悪感という「適切な」意味記憶上の言葉を示したにすぎなかった。

アルコール依存症とパーソナリティ障害

　この事例では，AAIは治療の方向性を再焦点化するために用いられた（Tone Flo, 2009）。ある35歳の男性はおよそ10年にわたってアルコール依存症を患ったり，また精神病的症状による入院を繰り返したりした後に，個人心理療法とアルコール依存症の治療コースの両方に入り，匿名アルコール依存症者の会（AA）の活動的なメンバーとなった。彼のインテーク時の診断は，アルコール依存症を伴う情緒的に不安定なパーソナリティ障害というものであった。3年間の心理療法の後，彼自身が自己理解を進めたいという欲求が大きくなってきてから，AAIが実施された。彼の治療者は生育歴（「すべてC」のように見えた）と，セッションにおける患者の態度（「決して怒ったり批判的にならず，いつも準備してきて，時間に遅れなかった」）との折り合いをつけることができずにいた。

　DMM-AAIの分類は，Ul(a)$_{father}$, R(DO A1+C3-4, 5-6, 8? → B)であった。当初，失見当状態であった患者の方略は，治療の最初の段階において，家族歴を語る際に生じた「混乱」という彼の感情と一貫性があった。治療的設定が持つ潜在的に複雑な特徴の一つとして，個人心理療法とグループ心理療法（AA）が並行して行われていることが挙げられるが，これはAAIの機能フォーミュレーションによって，患者の役に立つものであることが示された。心理療法を組み合わせることによって，患者は治療による違いを経験することが可能となり，それらの有用性を自分のために統合する方法を見つけるように促されたのである。おそらく，治療に関する表象の源泉が極度にはっきりしていることがその過程に役立ったのであろう。セラピストに対して患者が治療終結時に要約したように，「彼ら（AA）が私を壊して，あなたが片付けたのだ」。AAIの後に，患者は自分の過去に関する知識の源泉を特定し，自らの問いを拡張することに集中した。この過程には家族の秘密（母方祖母の自殺）の発見も含まれており，これによって，C5-6の方略を使

おうとする彼のこれまでの試みを説明できそうであった。

反復性うつ病

　反復性うつ病を患い，週4日の精神分析を3年受けていた40歳のノルウェー人男性に対して，治療前後にDMM-AAIが施行された（Gullestad, 2003）。最初のAAIは治療が開始される前に実施され，2回目は終結してから6カ月後に実施された。患者の母親はアルコール依存症で，何度か自殺を試みたことがあり，精神科施設へ繰り返し収容されていた。彼の両親は彼が6歳の時に別れ，彼は孤児院で過ごした。彼は母親と別れて合計で12年暮らすことになり，それは25歳まで続いた。AAIを実施したとき，彼は不幸な結婚をし，3人の子どもがいた。

　治療前のAAIの分類は，Dp Utr(ds)$_{abandonment\ by\ father}$ A4,6 C3 であった。治療後のAAIは，B2に分類された。治療による変化に関する彼自身の説明によると，自分の生育歴を，「単なる事実」から「動きや色や匂い」を獲得した記憶として意識するようになったという変化が含まれていた。これは抑うつの修正項目と一貫性があるように思われた。抑うつの修正項目は覚醒を低下させ，行動を動機づける傾性表象の力を減少させ，後にその変化は方略の全般的状態にまで及ぶ。また彼は「私‐対‐彼ら」から「私たち」という態度の変化についても話した。またもや，これは以下のような方略の変化と平行して起きていたのである。つまり，すべての情報が存在するものの，統合はされていない融合型のACから，共同の可能性を開くB方略への変化である。

事例研究の結果のまとめ

全般的に，これらの事例研究は以下のようなことを示している。
- DMM-AAIの分類は問題を捉え直すが，それは家族が受け入れやすく，変化に取り組もうという気になるものである。
- DMMは，DSMまたはICDを用いることで見過ごされていたが，成人やその子どもの適応に影響がある心理的状態を同定するかもしれない（たとえば，失見当など）。
- 子どもの患者の親は子どもの育て方の中に心理的問題を持ち込んでいる。
- 親の問題に対処することは，子どもたちが良くなるのに役立つ。
- DMMによる事例のフォーミュレーションは，よくある治療法の一部が特定の家族にとって不適当もしくは有害であるということを同定する。

DMM-AAIの妥当性検証に向けた今後の方向性

これまでの研究結果の概観

　これまでのところ，DMM-AAIに関するほとんどの研究は併存的妥当性を扱っており，限られ

た資源の投資が求められる小さなサンプルを用いていた。その主な関心は，DMM-AAIの臨床的関連性の確立であった。前節までに概観してきた一連の研究は，個人にとっても似たような個々人の集団にとってもどちらにも，コーディングの信頼性や分類の妥当性や結果の有用性を予備的に確立するのに十分であるとわれわれは信じている。今こそ，これらの結果を確固たるものとし，拡張する時期である。

今後の研究への提言

　文化に特異的な健常者分布を確立するためには，もっと大きな健常者の対照群が必要である。臨床群のもっと大きなサンプルがあれば，上記の調査結果を再現することが可能となり，また理論的に導かれた他の診断群を選択すれば，DMMから導き出された仮説をより直接的に検証できるであろう。妥当性を証明するより広範な変数，特に複数の異なるデータ収集手続きを用いる変数が必要である。つまり，多角的な手続きと多角的な情報提供者による実験計画を用いた，理論に基づいた研究を行う時が来ている。もちろん資金が必要であり，資金確保のための最高の論拠は，DMMとDMM-AAIが治療効果を改善するという可能性かもしれない。

臨床研究のためのDMM-AAIの可能性

　DMM-AAIは一般的な記述的診断と1事例のユニークな詳細との間で有用なバランスを取っていると見なせるであろう。しかし，このバランスが介入を計画し，実行することに有効であるかどうかは，実証することが必要な問題である。AAIを適用するのに必要な努力が臨床的に正当化されるかどうかを決定するためには，アタッチメント方略に関する情報が治療に関連しているかどうかを検証する研究が決定的に重要である。
　私たちは，DMM理論とDMM-AAIの方法論の発展は今や十分に進展し，精神病や暴力的な犯罪行動や性的虐待のような非常に重篤な障害の研究ですらサポートできると考えている。AAIをこれらの問題に適用すれば，理論的理解を得られ，また治療アプローチに関する情報を得られ，治療に関連した変化を観察に基づいて検証することもできるであろう。さらに，DMM理論は成人のカップル（たとえば，ペアの相性，葛藤解決，離婚など），移民，セクシュアリティ（性的障害や犯罪行動を含む），および家族関係などの臨床的に関連するトピックの研究を容易にサポートすることが可能である。

DMM-AAIの基礎研究

　既存の縦断的サンプルを再コーディングすることによって，DMM-AAIが生涯発達や世代間の影響においてより多くの分散を説明するのか，あるいは本来のABC+Dの分析で用いたのと同じ尺度を用いて，異なる結果の影響を発見するのかどうかを決定できるかもしれない。また，縦断的影響は，たとえば発症の過程における影響の方向性を確立するなど，臨床的研究とも関連がある。このように，比較的少額の新たな資金を投入することによって，多くの情報を得られる可

能性がある。

　いくつかの年齢層にわたって個人の発達に継時的に取り組む研究は，すべてがDMMのアセスメントを用いているならば，予測的妥当性の問題を扱うことができるかもしれない。これはDMM-AAIの司法分野への適用（養育する機能があるのか，または危険な行動をするのかに関する予測）に特に関連がある。たとえば，DMM-AAIを使用して行われた家族のアセスメントに基づいた，裁判所に対する専門家の提言の結果を体系的にフォローアップすることには特別な価値があるかもしれない。

　概して，DMM-AAIは精神病理学と治療の両方で臨床的課題との関連性を示している。この観察的性質は，まだ十分に理解されていない人間の機能の領域において新たなアプローチを導く可能性を秘めている。形式化されて再現可能なDMM-AAIの手続きは，人間関係が心的機能や行動機能に及ぼす複雑な影響の一部を調査するための実証的手段になる。

第16章

結　論

　おそらくアダルト・アタッチメント・インタビューはここ数十年間で発展してきた最も刺激的な臨床的アセスメントツールかもしれない。よく知れ渡る前でさえも，AAI は熱烈な興味を引き起こしていた。アタッチメントに関する成人の心的状態について調べるものとされるアセスメントは前途有望に聞こえる。初期のデータには説得力があった。原家族の文脈における個人史が現在の心理状態として抽出されるのだが，それは現在の行動に影響を及ぼしており，今度はそれがその人の子どもにとっての発達上の文脈となるのである（Main et al., 1985）。生殖に成功した成人はライフサイクルの非常に重要な段階におり，次世代に対する計り知れない（肯定的および否定的両方の）可能性を持っている。そのような重要な瞬間に関する有意義な情報を捉えることができるアセスメントはどんなものであれ極めて価値があるであろう。

　われわれは AAI にはそれが可能だし，もっと多くのことができると考えている。AAI がわれわれに教えてくれるのは，心理的苦痛および心理的障害，危機に晒されたことが発達と適応に及ぼす影響，自分自身と他者に対して危機を及ぼす原因となっていく発達的経路，心理的介入の効果，変化の過程，などについてである。DMM の理論と談話分析を用いて解釈すれば，AAI は DSM または ICD のような症状に基づいた診断の代わりとなる診断を提供さえするかもしれない。DSM や ICD が患者たちを重複しない各クラスターとしてまとめることができずにきたという懸念や，診断だけではどの治療方略が成功するのかを予測しないという懸念を考慮すると（Angold & Costello, 2009; Denton, 2007; Digman, Parry, & Berk, 2010; First, 2009; Frances, 2010; Goldberg, 2010），危機と性愛，行動方略，情報処理に関する個人差を重視する DMM 方式が臨床家にとってより役に立つかもしれないとわれわれは考えている。確かに，DSM-5（www.dsm5.org 参照）におけるパーソナリティ領域の提案は，その中ではパーソナリティのさまざまな特性が各パーソナリティ領域で同時に生じていると見なされることを考慮すると，この方向へ一歩踏み出したかに見える。これらはアタッチメント方略の上に位置し始めているのである。このことを心に留めながら，この最終章においてわれわれは AAI のいくつかの利点をまとめ，その限界を説明し，治療と司法に関わる状況への適用可能性を考えた上で，将来の研究のための方向性を示唆する。

AAIの貢献

　DMM-AAI の力は，（a）危機または性的機会に晒されることが持っている組織化する機能への焦点化，（b）情報処理に置かれた基盤，（c）分類における比較過程，に見出される。臨床応用においてはその力は単に分類を生み出すことを超えて，潜在的に治療的になり得る過程を引き起こすのである。

危機と性的機会に晒されること

危機と安全，生殖，そして性愛への焦点化

　DMM-AAI は従来の AAI よりも危機にさらに徹底して焦点を当てており，分離と喪失以外の脅威に関する質問項目も含んでいる。また性愛と性愛に結びついた脅威も扱っている。このように，DMM-AAI は自己防衛方略と生殖方略と子孫の保護方略における個人差を探究するのである。これらの機能は（個人としても，種としても）人間の生存に不可欠であるため，それらを含むことによって成人の機能をより徹底的に理解することを期待できる，より包括的なアセスメントができあがる。さらに，そうすることによって，アタッチメント理論はその起源であった進化論的過程および心理的苦痛を改善することへの Bowlby の献身へと立ち返ることになるのである。

意味の構築

　誰もが正確に，そして好意的に理解されることを望んでいる。A タイプまたは C タイプの方略を使う成人にとって，これらは矛盾しているように見える可能性がある。彼らは自分の行動の理由を知らず，自分の行動が好ましくないように見えることも知らないので，自分自身を歪曲して提示した後に，「私の言いたいことわかる？」と尋ねるのである。危機と性愛を扱うことによって，DMM-AAI は彼らの行動を好ましく適応的な観点から見直すと同時に，自己防衛の層を突き抜けて心理的および行動的な組織化の基礎である核心的問題にまで到達しようとするのである。

　これは，問題を抱えている成人とセラピストの両者が今現れている問題を超えたものを見ていくのに役立つ。そうすることで，患者が自分の行動を意味深く説明できるようにより効果的に導くことができるのである。どんな意味も何も意味がないよりはましなのだが，人生の質を改善するためのより良い機会は自己防衛と生殖と子孫の保護に結び付いた意味から得られるとわれわれは考えている。

情報処理

複数の傾性表象

　身体と認知と情動の傾性表象（DR）を，前意識的（潜在的）形式，意識的（顕在的）形式，そして統合的形式でそれぞれ扱っているため，DMM-AAI には人間行動の複雑さを説明する幅と柔軟性がある。神経認知研究に DR を結びつけることによって，DMM-AAI の談話分析法には，最新の科学的な理解と一致するように改訂される余地が残されている。

わかりやすさと捉えがたさ

　あらかじめ定められた反応に回答者を制限して，自己欺瞞および希望的観測の両方に影響されやすい自己報告尺度とは異なり，AAI では話し手は自分自身の言葉で自分について語ることができる。同時に，AAI は自己表象の間の不一致を評価する。曖昧な刺激を通して複雑さを捉えようとする投映法とは異なり，AAI は，現在アセスメントされている本人と共に，重要なトピックについて直接話し合うことによって本人の視点をはっきりと言葉にする機会を提供するのである。話し手と聞き手のどちらもインタビューに積極的に参加している間には十分に処理しきれないような繊細な意味をコーディングは扱う。つまり，DMM-AAI はわかりやすさと捉えがたさの両方を達成しているのである。

比較過程

記憶システムと条件との比較

　異なる種類の情報に由来する表象を比較して心理的意味を抽出するという発想は，Bowlby（1980）がアタッチメント理論へ導入したものであった。彼は，ある個人が心理的にどの程度一貫しているのかを示すために，意味記憶表象とエピソード記憶表象を比較することを提案した。DMM-AAI 方式では，その発想は更新されてきており，6 つの記憶システムだけではなく，情報源記憶と，一番最近のものとしては身体表象をもふくむようになってきている。一時的なアタッチメント対象というサポートを提供する一方で，脅威をゆっくりと増加させていくという発想は，Ainsworth のストレンジ・シチュエーション（Ainsworth, 1979）から直接由来するものであり，そこではストレンジャーが一時的な代わりのアタッチメント対象として機能していた。これによって，安全な条件と脅威に晒される条件とサポートが得られる条件における行動を比較することができる。Main とその同僚たちはこのような発想を成人期および言語的表現へ適合させているのである。

　この比較過程にもともと備わっている安全性のおかげで，Main とその同僚たちによる初期研究の焦点を越えた探求が促進され，AAI を修正したり，拡張したり，適合させたりしやすくなっ

ている。結果として，臨床の場にも司法の場にも幅広く適用できるだけでなく，人間の機能と適応についての新しい実証的研究成果をも生み出せる潜在的可能性をAAIは持っているのである。

証拠と解釈

AAIの特別な長所は，このインタビューが持つ観察的性質のために，行動が本来の姿のまま保たれるということである。このインタビューでは解釈のための証拠集めと理論と方法が分離されている。このおかげで，ユーザーは新しい視点に立って，既存のデータと方法から意味を引き出すことができる。裁判所や他の評価的環境は証拠を，解釈によって変形させられていない汚れのないものにしておくことが可能になり，それゆえ評価する際に，証拠に基づいた透明性のあるアプローチが促進されるのである。話し手が自分なりのやり方で自分を表現できるようにすることによって，観察者はよく知られているパターンを認識するか，あるいは新たな行動の要素とパターンを同定するかのいずれかができる。言いかえれば，行動のまだ知られていない——それどころか想像さえされていない——組織化をAAIは探究することができる。この潜在的可能性のために，時に不可解な行動を理解することに携わる仕事をしている臨床家たちの関心が相当高くなってきているのである。

臨床への応用

対人関係過程の活用

DMM方式においてAAIはつかの間の関係性を作るが，その関係性は，脅威に結びついたトピックに共に関与する機会では，真のアタッチメント関係の重大な側面によく似ている。そのような移行的関係の分析は精神分析的治療に深いルーツを持っている（Freud, 1927; Lichtenberg, Lachmann, & Fosshage, 1996）。そのような分析は談話分析のDMM-AAI方式では自己防衛方略の個人差という観点において洗練されている。この対人関係過程のおかげで意味の共構築が可能になるし，実際，他人と意味を共有する能力はアセスメントされるものの一部である。個人は協力するかしないかを選択できて，この選択をする過程はアセスメントの最も意味深い部分の1つである。つまり，DMM-AAIは知るための機会と知られるための機会を話し手に提供する。話し手とインタビュアーとの間の弁証法はDMM-AAI過程の中でコーディングされる一部となる。実際，それは対人関係においてその個人がどのように現実的に機能するのかを示す最良の指標であるかもしれない。

一緒に取り組むための過程の確立

AAIに参加している各個人（話し手とインタビュアー）は特定の役割を担っている。インタビュアーは関連する質問をし，注意深く答えを聞き，思慮深いフォローアップの質問によって反応する。話し手は内容情報を提供し，自発的に，あるいはインタビュアーが統合を促すように探

索する時に，統合へと飛躍するのである。話し手は自身の経験とその意味に関する専門家である。インタビュアーはどのように聴くのか，そして同じトピックをより深めるのか，あるいは他のトピックへと進めるのかを知っている。結果として，「被験者」と「セラピスト／科学者」というヒエラルキーを分離し続けるよりも，AAI は平等と協働の可能性を開くのである。

　AAI の特に有利な点は，セラピストが働きかける必要がないまま，つまり話し手を治療的に「治す」必要がないまま，話し手を理解する機会が得られるということである。治療という嵐が解き放たれる前に，このような内省的静けさの瞬間があるおかげで，理解と思いやりが促進される。冒険全体が成功するかどうかはこれらがあるかどうかによって決まるのである。

反応的および非指示的

　話し手が質問とインタビュアーとの関係性にいかに対処するかにかかわらず，この過程自体が話し手の心を活性化し，予期しない思考と感情によって話し手の心を驚ろかせる。異なった記憶システムに由来する表象を並置することによって，不一致が発見されやすくなる。このような動揺が起きると，今度は心にもともと備わっていた自己組織化の過程が修正されることになり，それはインタビューが終わった後でさえ続いていくことが多い。このことはすべての話し手にとって有利なことであるが，特に DR が現在の文脈と調和していない人にとっては特にそうである。これには心理療法を受けている成人も含まれる。言い換えると，適切に実施すれば，AAI は治療的効果を持つアセスメントなのである。

理論の拡張と統合

　もともとの AAI は，発達的に見ると親になって初期の頃に適用されるように限定されているのだが，Crittenden による修正版はより広い成人期に焦点を当てている。メンタルヘルスの専門家の多くが AAI の中に有意義な情報を見出せるので，AAI は心理学的治療の主要な理論すべてと共存できる。さらに，トピックと適用が広いおかげで，分野と理論を越えてコミュニケーションすることが促される。言いかえれば，AAI は治療への統合的アプローチに役立つアセスメントである。

人間の適応を理解することへの実証研究の貢献

Main and Goldwyn の AAI

　M&G-AAI を用いた広範囲の研究から示唆されるのは，健常群の AAI と臨床群の AAI との間には統計的に有意差が見られるが，両群には相当の重複が見られ，また不安定型あるいは無秩序型のアタッチメントが精神病理を引き起こすという証拠はほとんどないということである（Bakermans-Kranenburg & van IJzendoorn, 2009; Dozier et al., 2008）。しかし，先述したように，統計的に有意な発見の中には理論と矛盾しているものもある。

DMM 方式の開発するきっかけの 1 つは，問題を抱えた個人の逐語記録についての不可解な分類であった。Bakermans-Kranenburg and van IJzendoorn のメタ分析による結果からは，この結果がかなり一般的であることが示唆されている。さらに，重篤な問題を抱えるすべてのケースに対して，たった 1 つのカテゴリー（未解決型／無秩序型／分類不能）だけしかないと，精神病理の特徴を示す一連の個人差を扱うための M&G 方式の力が大きく制限されることになる。Dignam とその同僚たち（2010）および Thompson と Raikes（2003）は共に，アタッチメント理論がメンタルヘルスの治療を活気づけるという潜在的可能性を，DMM は実現できるかもしれないと指摘している。

動的 - 成熟方式

　DMM の分類システムと談話分析方式を用いた初期の研究からは，DMM-AAI には適応における個人差と関連する重要な詳細が含まれているかもしれないことが示唆されている。さらに，DMM 理論は，情報処理に基づいた構成概念的枠組みを提供するので，セラピストが治療計画を立てるのに役立つ可能性がある。たとえば，第 15 章に引用された研究では，DMM 方式を用いたきめの細かい分類は母親と子どもの方略が世代を超えて一致することも交差することも両方あるということを示した。交差は不安定型アタッチメント間で見られるので，この発見は治療にとって重要な意味を持つ。母親の方略と子どもの方略が逆転することを理解することで，介入効果が増大するかもしれないだけではなく，好ましくない治療の有害な影響をも減らすかもしれないのである。

　同様に，（第 15 章でレビューされた）臨床サンプルの研究からは，DMM-AAI は個人に対する治療的アプローチだけでなく，診断を受けたグループに対する治療的アプローチをも洗練する可能性を持っているかもしれないことが示唆されている。われわれのデータは 4 つの一般的結論を示唆している。第一に，治療を受けている成人の AAI と健常群の成人の AAI の分布はかなり異なっている。治療を受けている成人は，本質的には，Ainsworth カテゴリー（つまり，B，A1–2，C1–2）には決して分類されないが，健常群の成人は，通常，ごく一部が中程度のカテゴリー（つまり，A3–4，C3–4，A1–4/C1–4）に分類され，約 5 分の 1 が心理的障害に関連した分類（つまり，A5–8，C5–8 と A5–8/C5–8）に分類される。これは疫学的予測に合致している（Kesseler, 1994）。

　第二に，異なる診断グループはそれぞれの分類に対して「署名」的外観を持っているように見える。たとえば，摂食障害には三角関係化された親子関係という特徴があり，摂食障害を持った成人は成人期においてさえもまだそのような親子関係について理解していない。境界性パーソナリティ障害は，未解決のトラウマ，抑うつ，三角関係化，そして禁止された否定的情動の侵入を伴った A/C と関連している。家族内での性犯罪は，軽視型の未解決のトラウマと，A4（強迫的従順）方略および A7（妄想的理想化）方略と関連している。最後に PTSD は，子ども時代のトラウマの未解決の複雑な形式によって特徴づけられる。

　第三に，DMM-AAI を用いた研究から，同じ診断名がついている人たちであっても，用いている自己防衛方略及や情報処理パターンは異なるかもしないことが示唆されている。つまり，同じ診断名のついている人たちであってもその心理的組織化は異なっており，同じ情報から異なる意

味を引き出すかもしれないということである。このことは，摂食障害，PTSD，性犯罪のパターンを持つ人々に対して観察されていた。このような過程に関するモデルを持つことによって，心理的苦痛に悩まされている人々をクラスター化する方法を変えられるかもしれない。それらの過程について知ることによって，劇的に治療を変化させ，治療成果を改善できる可能性がある。われわれは少数の診断グループに関する公表された結果を持っているだけであるが，診断カテゴリー内で見られる，治療に関連した差異に関する原則を確立してきている。われわれはこの結果の妥当性を裏付け，どのような治療法をどのようなグループの人々に対してどのような順序で提示するのが最も効果的であるのかを示す治療研究を待っている。

最後に，DMM-AAI は自己や子孫における心理的障害に関連しているいくつかの歪曲を同定するものの，精神医学的診断は同定しない。「失見当（DO）」は特に関連している例である。AAI において DO のマーカーを示す成人はほとんどいつも対人関係上の困難に直面したり，あるいは彼らの子どもは重い心理的障害を示している。それにもかかわらず，これらの成人は普通であると見なされ，健常な母集団から抽出されてくる。DMM-AAI の構成概念によって同定された機能の意味を探索することは，DO の成人もしくはその子どもたちに役立つかもしれない。

まとめると，DMM-AAI によって，心理的治療を必要としている個々人を機能によって詳細に区別することが可能になり，障害に関する検証可能な仮説のフォーミュレーションと，新たな治療選択肢の有効性とが生まれるとわれわれは信じている。この新しい枠組みの中での効果的な治療は症状を対象にはせず，むしろ人々が自分自身を守り，安全な生殖のパートナーを見つけ，自分の子どもを守ろうと試みる心理学的過程を対象にする。安全，慰め，健康な子どもたち——これ以上のものを誰が求められようか？

AAIの限界

コーダーの質

この柔軟性と複雑性には否定的な側面もある。AAI には限界がある。コーダーの貢献の質が最大の短所である。高度な抽象性と構成概念の包括性のために，コーダーは話し手の心理的組織化を十分に理解するために内省的統合に携わる必要がある。言い換えると，コーダーは談話分析の内容を学ばなければならないだけでなく，結果を歪曲するコーダーの個人的バイアスと限界を持つことなく，それを幅広い話し手に適用できなければならないのである。これは深刻な限界であり，有能なコーダーが不足していることを意味しており，複雑なアタッチメントの組織化を示す逐語記録に対しては特にそうである。AAI の講習会を単に受講するだけでは信頼性を獲得するのには不十分であり，コーダー志望の一部の人にとっては，学んだことを自分の中で統合していく過程によって初めてコーダーとしての信頼性を得ることができるのである。問題を抱えた生育歴や心理的苦痛が心の専門家の間で見られる割合（たとえば，Johnson, 1991）を考慮すると，他者をアセスメントする際に個人的歪曲を持ち込まない有能なコーダーを見つけることは大きな挑

戦である。この限界はAAIのコーディングだけではなく，治療自体にも影響する。セラピストたちのAAIを検討することによって，この領域がこのような影響を治療技法の影響からときほぐすのに立つかもしれない。

アセスメント 対 尺度

その一方で，アセスメントにおけるキーワードが「実証的情報」と「証拠に基づいた手続き」であるならば，AAIから情報を抽出するために量的アプローチを採ることが期待されるであろう。これは可能かもしれないが，現在，AAIから意味を引き出す最も有用な方法は，談話の中にある不一致を発見し，ガイドライン書に従って，その不一致の心理的および対人関係的意味を解釈するという能動的な心理的過程に依拠している。言い換えると，他のすべてのアタッチメントのアセスメントと同様に，AAIは心理的**尺度**ではない（もちろん「テスト」でもない）。もしも，言語学的談話分析の量的側面と構成概念に関係した談話マーカーのパターンとの間に重大なつながりが見つかるならば，尺度が誕生するもしれない。しかし，そのときまでは「**アセスメント**」である。そのため，AAIはコーダーのスキルや一貫性や個人的な心理的統合に依拠しているのである。

非言語的情報の欠如

談話分析の洗練にもかかわらず，AAIの手続きは，録音テープから文字に起こすことにいまだに基づいており，したがって，コーダーは非言語的行動を観察することはできない。これは，インタビューを費用をかけずに，便宜的に保存する手段が必要だった時の，ツールの発展の所産である。言い換えると，AAIの発展においてコストがかかるためにビデオは使用できなかった。人間のコミュニケーションには不必要なものが非常に多く含まれるので，多くの場合は，いくつかの単語や非言語的シグナルを逃したとしても，コミュニケーションがはっきりわかるほど変化することはない。しかし，他の例では，極めて重要な表象が言語的な形式の中には存在せず，代わりに身体的な形式でのみ表現される可能性がある。このような場合，話し手の方略的機能を理解するためには，ビデオ録画したインタビューはとても役立ち，もしかすると決定的なものとなるかもしれない。ビデオ技術が利用できるようになる前に，ストレンジ・シチュエーションが開発されたことに注目してみることは価値があるかもしれない。ひとたびビデオがありふれたものとなると，このアセスメントにビデオを使うことは標準となり，DMMパターンと「無秩序型」の両方を含んだ，新しい観察とパターンが急激に増加してきた。間もなく，これと似たような，技術に基づいた変化がAAIにも起きるのかもしれない。

一般化可能性

一般化可能性はもう一つの問題である。かなりの情報をAAIから得ることができるが，それは特定のインタビューアーの前での，時間の中のある瞬間の，話し手の心的状態を示唆している，

一個人の単なる発話にとどまっている。言語的行動のサンプルは個人の機能全般を代表していないかもしれないし，AAIの結果がどれほど遠くの過去や未来にまで関連しているのかは明らかではない。

事実に基づいた生育歴の欠如

　再生の過程から事実を区別することがもう一つの限界である。AAIにおける過去の経験への言及すべてを考慮すると，生育歴を抽出していると考えたくなる。それにもかかわらず，話し手から与えられた生育歴の情報は事実であるとは証明できず，不完全なものである。その価値は，それがいかに語られるかということと，同じ経験についての異なった表象が並置されるところにある。代わりに，もし読み手がそれを信頼できる生育歴として扱うならば，不正確な結論が導かれるかもしれない。その個人の家族や生育歴や現在の状況についての外的情報がなければ，AAIから得られた理解にはバイアスがかかり，誤った知覚が含まれ，自己報告された情報が持つあらゆる不正確さから（あるいは欺きからさえも）影響を受けやすい可能性がある。言い換えれば，AAIは，成人がストーリーをいかに語るのかに，つまり心理的過程に焦点を当てているのである。内容が必要とされる場合，AAIは生育歴上の事実に関する具体的証拠の代わりになることはできない。

　AAIの限界の最後は，学んで適用するためにはお金がかかることである。これは実に当然のことである。なぜならこのアセスメントは自己防衛や生殖や子孫の保護という極めて重要な課題に適用される人間の機能に焦点を当てているからである。これらの3つの条件が意味するのは，行動の組織化が最大限に洗練されて複雑になっているであろうということである。それでも，実践上の配慮は，臨床場面で適用される可能性のあるいかなるアセスメントにも関連があるものとなっている。

AAIの活用

　AAI分類を得ることは，これだけの多大な努力をすることを正当化するのであろうかと疑問に思うかもしれない。この疑問に答えるために，DMM-AAIから何を学べるのかを心に留めておくことが重要である。詳細で正確な分類がなされれば，以下のことに関するかなりの情報が簡潔な様式で保存される。

- 話し手の自己防衛的アタッチメント方略（つまり，話し手が危機に晒されていると感じる時や生殖の機会が脅かされていると感じる時や，もしくは子孫が危機に晒されていると信じる時に，話し手が情報を用いて行動を組織化する方法）。
- 特定のアタッチメント関係についての表象。
- 本人が気づかぬままにその行動を歪曲する，考えられる一連の未解決のトラウマ経験。
- 抑うつや失見当や再構成などの方略の決定的歪曲。

- 話し手についての解釈された発達歴。この発達歴は，話し手が直接提供する情報と，談話における誤りのパターン（つまり，言い淀み）から得られる情報とを結びつけるものである。インタビューは，実際に話し手に何が起こったのかを直接的には立証できないが，それを解釈することによって，話し手がなぜそのように考え，振る舞うのかを理解するのに役立てることができる。
- 親の推論の水準（Level of Parental Reasoning: LPR, Crittenden, Lang, Claussen, & Partridge, 2000），つまり，子どもたちの世話の決定に関する親の考え方。その水準は，不明瞭なものからあまりに単純なものへ，さらには複雑で対人間で生じる意思決定にまで渡る。LPR は，どの程度の柔軟性と感受性をもって，親が子どもの行動について解釈したり応答できそうかを示唆する。

AAI の臨床的活用

治療計画の立案

この情報の最も明白な活用法は治療の指針にすることである。インテークにおける個人または家族のアセスメントの一部として，AAI は以下のことに関連する情報をもたらすことができる。(a) 話し手の問題をフォーミュレーションすること，(b) 治療の焦点を絞ること，(c) 治療の様式を選ぶこと（たとえば，個人療法，家族療法，集団療法，など），(d) 特定の治療技法を選ぶこと（たとえば，バイオフィードバック，問題解決，二者関係のエナクトメント[訳注1]，過去のエピソードの再構築，人生を語ること，精神分析的アプローチ，など），(e) 提案された特定の治療から利益を得るために必要なスキルを個人が持っているかどうか，あるいは他の治療的アプローチを考慮すべきかどうかを評価すること。

セラピストに潜在的に利用可能な情報量と AAI の質問に応答すること自体が心理的処理を誘発する（したがって，再構成と変化を促進する）という事実を考慮すると，AAI からこの情報をもたらすために必要とされる時間は実際にかなり短い。たとえば，治療継続の間に，似たような理解を発展させるには，焦点と技法の選択においてある程度の試行錯誤を繰り返した上で，数週間もしくは数カ月すらもかかる可能性がある。さらに，治療に選択されたアプローチが中立的で，積極的に協力するように個人を勇気づけ，話し手が自分自身について知っていることを尊重する場合，インタビュアーに求められる態度のおかげで，AAI はラポール形成に役立つ手続きとなるのである。

自身のクライエントまたは患者との実践

その一方で，信頼性のあるコーディングができるのは，その事例に関する他の情報が一切知ら

訳注1）特定の心理療法を指しているわけではなく，二人一組になり，自分たちが学ぼうとしていることを演じてみる技法を指している。

れていない時だけである。自身のクライエントあるいは患者の問題や生育歴がわからないはずはないたいていの臨床家にとって，このことは問題となる。事例について何も知らずにいるために，AAIの情報をバイアスなしに評価できる他の臨床家コーダーに協力を仰ぐことは有用であると臨床家は感じるかもしれない。それにもかかわらず，自分の患者の逐語記録をコーディングする臨床家が自身のバイアスをはっきりと自覚しておけば，AAIから抽出された仮説は治療の間に検証し，改訂することができる。

　治療からは，期待された効果と実際の結果との間の不一致を発見するための機会を繰り返し得られる。こうした不一致によって，クライエントや患者についての仮説を再検討しようとするだけでなく，他の発想を検証し，ひょっとしたら治療を新しい方向へと変更する機会になる可能性がある。このように，AAIを臨床で用いることは，分類がアセスメント過程の最終段階である実証研究や司法への適用とはかなり異なっている。こうした臨床への適用には目隠しされたコーダーたちが必要不可欠である。

AAIの司法での活用

　AAIの司法への適用は臨床への適用ほどにはまだ十分に確立されていない。それにもかかわらず，アタッチメントの評価は（a）子孫の保護と育児，および（b）犯罪に関する危険度に関する裁判所の決定に関連していると考えられている。入手不能なエビデンスに基づいた専門家の意見と比較すると，他者が独立して評価できる逐語記録にされた言語的行動のおかげで，専門家の意見は強固なものとなる。判決結果が人生を重大な形で永久に変えることができる場合，透明性と妥当性は決定的に重要である。司法手続きにおいてDMM-AAIを活用することを正当化するために，AAIの一般的妥当性はさらに実証的に確立されなければならない。裁判所の決定にDMM-AAIを用いたことが適切であったかどうかは，司法的文脈における倫理的制限を考慮した上で，最も強力な統制群と比較した研究において調べなければない。そして最もハイレベルの信頼性を持つコーダーを雇わなければならない。

　国際アタッチメント研究学会（www.iasa-DMM.org）内のワーキンググループは家族司法アタッチメント報告書のためのプロトコルを現在開発中である[訳注2)]。目標はエビデンスに基づいた標準化されたプロトコルである。そのプロトコルは家族メンバー全員を含めて，妥当性を証明する研究がある発達段階に対応した特定のアセスメントを用いて，実証的に支持できるアタッチメントに関連した情報を生み出すのである。このプロトコルは，他の専門家が検討できるように裁判所に提出可能な確実なエビデンスを生み出すことを目指している。

AAIの適用の拡大

　DMM-AAIによってアセスメントされたアタッチメントには情報処理と自己防衛が含まれてい

訳注2) Crittenden, P. M., Farnfield, S., Landini, A., & Grey, B. (2013) Assessing attachment for family court decision making. Journal of Forensic Practice 15, 237-248 を参照。

るので，適応と心理学的アセスメントに広い意味で関連している。この結びの節では，どのように AAI を用いるのかと同時にどのように誤用を避けるのかという両方の観点から，今日的な「差し迫った課題」のいくつかについて考察する。その後，将来の成長領域を予想する。

新たに出現する知識の美しさ

　AAI は子どもたちのアタッチメントと一致するように母親のアタッチメントを定義するように開発された。その努力は成功したのだが，この精巧で注意深く構成されたツールがもたらし得るものの表面を引っかいただけであった。健常群と臨床群を統計的に区別できるその能力さえ，その可能性を十分に引き出してはいない。AAI は傑出しており，その導入後 25 年間われわれの注目を引き続けている。なぜなら複雑な心理的過程を見るレンズとして役立っており，その範囲と正確さは絶えず増加しているからである。関連する質問に対する応答の正確な行動記録を提供することによって，そしてそれとは別に，定義された方法を用いて観察を分析することによって，AAI は実証的正確さと新たに出現する知識の両方の最良のものを獲得するのである。

　極めて重要な構成要素である，理論とインタビュープロトコルと談話分析の 3 つは，それぞれが別々に開発され，修正されることができたので，DMM-AAI は拡大と修正を継続できるという利点を備えてきた。時には，新しい逐語記録によって，以前には見られなかった組織化が明らかになることもある。またある時には，新しい理論的な洞察のために，古いテキストの気付かれなかった側面に光が当たることもある。理論と観察の間を往復する遊びのおかげで，自己防衛組織についてのわれわれの理解は繰り返し拡張されてきたのである。

古いテキストの美しさ

　AAI のおかげで，研究者と臨床家と理論家は，古いツールを捨てる必要なしに，過去の学習を推し進める機会を得られる。実際，AAI によってわれわれは，以前に分析された逐語記録へ新しい発想と方法を携えて戻り，これらの材料に新たな発見が潜伏していないかどうか考えるように誘われる。つまり，時に，新しい発想の最良の検証は，そのトピックを解明するために特に選択された新しい観察を集めることである場合がある。またある時には，最も説得力のある証拠は，その発想がたとえ気付かれずにいたとしても，常に存在していたということを証明することである場合もある。理論と AAI と DMM 方式の談話分析は，科学的知識が変化してきた時でさえも変化に頑健に耐えるということが，別々に示されるだけでなく，共に示されてもきたのである。

人気のある質問

　訊いてみたい質問はあまりにも多い！　われわれは DMM-AAI のユーザーにこのツールの適用から最も知りたいことは何かを尋ねた。彼らが述べたのは以下の通りである。

治療効果

　DMM-AAI の最もエキサイティングで可能性のある活用の一つは治療前後の比較にだけでなく，治療経過中に断続的にも心理治療の効果のテストとして用いるというものである。後者には，心理療法がどのように作用し，心がどのように変化するかについての何かを明らかにできる可能性がある。しかし，慣れ親しんだインタビューを用いて，人の心をどうやって驚かせることができるのだろうか？

　AAI の構造と過程が極めて重大になるのはここである。AAI の構造と過程は保持されているが，質問の内容は変更されている一連の異なる質問があれば，この問題を解決できるかもしれない。われわれは AAI の B 形式（Crittenden, 2006）を試みているところである。いくつかのオリジナルな質問は保持されているが，新しい質問によって話し手は驚いて，異なる再生された経験にアクセスして，現在の機能を理解するためにこれらを用いるのである。インタビュアーを使って，話し手を守ると同時に話し手に挑むような対話を作るのは変わらないままである。

　どの治療が効果的であるのかという質問以上にわれわれの多くが知りたいのは，さまざまな治療がどのように効果をもたらしているのかということである。それらの治療は心理的処理を**どのように**修正しているのであろうか？　そして，それは誰にとっても良いものなのであろうか？　それとも薬物療法のように，その治療は一致させる必要があるのだろうか？　何に対してであろうか？　診断か？　パーソナリティ領域か？　自己防衛方略か？　それとも情報処理であろうか？

神経学

　このことは，方略の生理学的相関物と方略を構成する過程についての質問につながる。われわれは，言語的談話と行動に見出される個人差を反映する神経学的回路基板があると仮定している。しかし，証拠はどこにあるのだろうか？　たとえば，A タイプと B タイプは神経学的に異なっていることを示している，Strathearn と彼の同僚による fMRI のデータ（2009）をわれわれは持っているが，では C タイプはどうであろうか？　未解決のトラウマと抑うつは神経学的にどのように表象されるのであろうか？　再構成はどうであろうか？　覚醒についてのわれわれの仮説は生理学的に測定可能であろうか？　A 方略の応答者と C 方略の応答者に対する脳スキャン研究をすれば，人々が情動状態を抑制または誇張するとコーディングされた時，脳の中で何が起こっているのかを発見するのに役立つであろうか？

　非常に多くの関心が怒りと恐れに向けられてきた。しかし，DMM が示唆しているのは，慰めへの欲求も重要であり，守られたり慰められたりすることのない危機の文脈では，慰めへの欲求は慰めからはかけ離れたように見える行動をする傾性につながるかもしれないということである。そうした仮説は，重い病理を抱えた個々人が慰めと愛に関するイメージに対して生理学的および神経学的にどのように反応するかを観察することによって検証できるのであろうか？　われわれはこれらの質問に対する理論を持っているものの，われわれの発想の実証的検証は不足しており，この発想を精緻化するためにこうした検証をすることが必要である。

発　達

　いくつかの質問は発達に関するものである。診断グループは，発達上の経験と後の障害を結びつける DMM-AAI の「署名」を持っているであろうか？　子ども時代に慰められたことがないことは青年期と成人期における暴力的行動と性的行動にどのように影響を及ぼすのであろうか？　AAI によって同定された両親の失見当や未解決の喪失またはトラウマは子どもの発達にどのように影響を及ぼすのか？　これを説明する対人関係の過程はどのようなものであろうか？　より一般的に言うと，成人のさまざまな自己防衛的組織化に貢献するのはどのような発達的経路なのであろうか，そして新しい入力へ最も反応するのは発達におけるどの時点なのであろうか？

方略と診断

　次に来るのは障害についての質問である。極めて暴力的な犯罪者が用いる方略（または複数の方略）はどのようなものであるのか，それらは現在の機能へ至るまでの病因的経路を反映しているのであろうか。故意の自傷は禁止された否定的情動の侵入と関係しているのか，それとも威圧的方略と関係しているのであろうか？　われわれは強迫性障害の症状をどのように理解できるのであろうか，そしてそれは，症状に対して認知行動療法を単に適用するよりも，基底にある問題に取り組む治療をわれわれが見出すのに役立つであろうか？　A5 分類（強迫的無分別）は性的強迫の診断と一致するであろうか？　C5–6（報復的および誘惑的）と性依存症，あるいは A6（強迫的自立）と性的興奮の欠如との関連はどうであろうか？　C8（被害妄想的）はパラノイアの診断と関連しているのであろうか？　「神経精神疾患的」と見なされる診断は AAI にどのように表れるのか？　身体表現症状（[ess]）のマーカーがあるのだろうか？

　重篤な障害についてのこれらの質問の喜ばしい側面は以下のようなものである。これらの質問を出した DMM ユーザーたちは，「実際のところ，こうした種類の行動に DMM 理論がどのように当てはまるのかということについての理論的感触を持っている」と確信していたことである（Gordon Sommerville，私信，2010 年 5 月 8 日）。今や，われわれには適切に統制された研究からのデータが必要である。良い理論と良いアセスメントは，われわれが答えを導き出すのを助けることができる。しかし，データを引き出すバイオテクノロジーの手段が複雑であるのと同様に，われわれの行動的方法も複雑でなければならない。答えを必要とするこれらの質問からは単純な理論や単純な方法は生まれないであろう。それにもかかわらず，これらの質問や類似の質問に答えることは重要である。なぜならばその答えは，われわれが危機と苦痛を安全と心地良さと適応へとどうやって変換するのかに密接に関連しているからである。

方向性の変更

　アタッチメント研究者は，一般的にも AAI に関しても，理論やアセスメントや応用をほ

とんど変化させないまま「無秩序型」に 25 年間焦点を当て続けづけてきた。Bakermans-Kranenburg と van IJzendoorn が述べたように,「そろそろ評価する時である」(2009, p.246)。

　結果は期待外れなものである。乳児期と就学前期における ABC+D モデルに基づいたアタッチメント分類は適応と発達上の結果における分散の約 2％ を説明している（Friedman & Boyle, 2008）。DMM はこの数値を 12 ～ 19％ にまで引き上げている（Spieker & Crittenden, 2010）。同様の数値は，公表された AAI 研究についての Bakermans-Kranenburg と van IJzendoorn によるレビューからは得られなかった。しかし，健常群サンプルから得られた分類と不適応群サンプルから得られた分類との間には，よく知られている不可解なほど大きな重複がなお残っている。さらに，ジェンダーや文化の影響は見られなかったが，成人と比較すると，青年期に影響が見られた。一般に差が見られる 3 つの変数（リスク状況，ジェンダー，文化）についてグループ間を適切に区別できないことと，差が見られるべきではないところ（年齢）に見られていることは，M&G-AAI を実践に使用することを無効にする。さらに，20 年以上にわたってこのモデルから，特異的治療アプローチに関するいかなる主要な新しい発想や推奨も現れていない。代わりに，区別をしない分類の基底にある評定尺度を分析し，内省的統合と安定型についてのデータを求めるように助言がなされている（Bakermans-Kranenburg & van IJzendoorn, 2009）。

　しかし，他の研究者たちは，アタッチメント理論自体が間違った方向に向かっていると示唆している（Rutter et al., 2009; Thompson & Raikes, 2003）。われわれは以下の問題を挙げておく。なぜならこれらは ABC+D モデルと Main and Goldwyn の AAI 分類方式の適用に関連しているからである。

- 乳児と成人に適用されるカテゴリーにほとんど差がない（乳児の行動と成人の行動は劇的に違うのだが）。
- コーディングにおける主体と客体の混同。そのために，自己の軽視と他者の軽視が両方とも「軽視型」としてコーディングされる。（そしてとらわれ型についても同様のことが当てはまる）。
- 表象のタイプは 1980 年に Bowlby が同定したものに限定されている。その一方で，手続き表象，イメージ表象，情動暗示言語表象，身体表象はどれもが差別化する決定的情報を提供し，それらは適応に関連している。
- 情報変換は正式には考慮されず，また偽装された情報，誤った情報，否認された情報，妄想的情報はまったく同定されていない。
- 心理的トラウマへの一連の反応はとらわれ型のトラウマに限定されているが，その一方で他の反応の形式，特に軽視型や抑うつや混合した構成要素を伴う形式は心理的障害により特徴的なものであるかもしれない。
- バランスの取れた機能から，一部の状況下ではやや不適応な機能へ，そして多くの状況下でかなり不適応な機能へ，さらに最も危険な状況を除いたすべての状況下で危険なほどに不適応な機能へという機能の勾配が欠けており，代わりに安定型か不安定型かという二分法のみが適応を定義するために利用可能である。
- 個人のグループ間での分布の差異および個人のアタッチメントの組織化の適応性の差異を理

解するためには，文脈の安全性あるいは危険性に注意を払うことが重要であるかもしれない。

　要するに，M&G 方式は成人の機能の重大な側面に対して感度が低いが，それにもかかわらず，その一方で AAI 自体はアセスメントすることと心理的変化の過程を開始することに関してどちらにもパワフルで価値のあるツールであるとわれわれは考えている。さらに，George と彼女の同僚たちの（Bowlby が発展させた情報処理の概念に従って，極めて新しくて生産的な方法でこのインタビューを構築した）貢献，そして Main と Goldwyn の（Ainsworth によって詳細に描写されたアタッチメントの個人差についての枠組みに談話分析の発想を適用した）貢献のどちらに対してもわれわれは敬意を表する。それにもかかわらず，われわれは今こそ，無秩序型へ逸れていくことを迂回し，正しい軌道に戻って前進する時であると考えている。

　主要な経路を特徴づけるものは何であろうか？　それは，人間の適応に関する複雑で常に変化し続ける表象を生み出すために，すべての人間科学からの知見を統合する開かれた発達モデルである。権威に頼るように見えるリスクを冒して，AAI が導入され，「無秩序型」についての Main と Solomon の論文が発表された直後に書かれた，ほとんど引用されなかった章の中で Crittenden と Ainsworth が導き出した結論を参照したい。この章は虐待に焦点づけられているが，そこでのコメントはメンタルヘルスの問題へ容易に適用できる。

　Crittenden と Ainsworth はアタッチメントの組織化には発達の機能として変化していく性質があることを強調した（この段落における Crittenden と Ainsworth の論文からの全引用において，太字はどれも後から加えられたものである）。

> 虐待のタイプが異なると，親に関連する子どもの行動の組織化も異なるであろう。さらに，**このような組織化に予想できることは，個体発生の機能として変化すること**および被虐待児の競合する欲求を反映すること，である。これらの変化は，乳幼児期での発達停止というよりもむしろ，発達へと向かう変化を反映している。（1989, p.450）

　われわれが思うに，ABC＋D モデルは子どもにおいても理論においても発達的変化の本質を捉えることができないままであり，研究者と臨床家は，A，B，C および無秩序型／未解決型／分類不能という 4 カテゴリーモデルから，生涯にわたって──そして 25 年間の研究を通して──抜け出せないままでいる。

　無秩序型に関して，Crittenden と Ainsworth は以下のように述べている。

> 示唆されるのは以下のようなことである。もし母親の行動が，どの程度敏感または適切であるかにもかかわらず，予測可能なものであったのならば，幼い子どもたちは自分の行動を最も容易に組織化する。しかし，**より大きな一貫性のなさに対処してこなければならなかった年上の子どもたちも，最終的には，その情報を一連の期待へと統合して，組織化された反応パターンを発達させる**。そのパターンの性質についてはさらなる研究が待たれるところである。（pp.442-443）

　しかし，Crittenden と Ainsworth は，発見されるかもしれない組織化されたパターンのいくつかを実際に推測していた。

乳児期には観察されそうにない，その他の兆候は以下のようなものである。アタッチメント対象の願望に対する**強迫的従順**，**強迫的世話**，または過剰な**自立**の感覚とアタッチメント対象へのいかなる欲求からも自立していることの強調である。(p.443)

　つまり，Crittendenによる虐待の研究と，子ども時代にアタッチメント対象を長期間喪失することの影響に関するBowlbyの考えに基づいて（Bowlby, 1980; Crittenden, 1985a），DMMにおいて現在では（それぞれ）A4, A3, A6と呼ばれているものをCrittendenとAinsworthは提案しているのである。さらに，彼女らはこれらの方略を組織化し，適用するために情報処理が重要であることに気付いた。「そのような行動パターンが非アタッチメント関係を含むように一般化されていく過程には，現実についての内的モデルを通した，**経験の知覚と解釈**が含まれている」(p.452)。

　CrittendenとAinsworthは，保護と慰めを得ることがアタッチメント行動の中心的機能であることを強調した。「**危機のシグナル**がある時に，アタッチメントシステムは活性化される」(p.451)。その子どもが安定型のアタッチメントを形成すると，「子どもは容易に慰められる傾向がある」。彼女らは「**慰めの必要性**」(p.438)について繰り返し言及した。

　治療的関連性（Bowlbyにとってアタッチメント理論の存在理由であった）に関して，CrittendenとAinsworthは次のように述べた。「**発達上の重要な問題**を知ることなしに適切な診断と治療手続きを開発することは不可能である」(p.434)。さらに，原因となる要因の幅は簡潔にまとめられる必要があると考えて，決定的要因 critical causes という概念を提唱した。

> 不適切な養育の**決定的要因**に焦点を当てる必要性がある。つまり，もしそれが変化するならば，他の有害な状態が改善され，それゆえに家族機能も改善されるような要因である。不適切な養育を引き起こした状況を単に元に戻すのは，不適切な養育を改善するための最も効果的もしくは最も適切な方法ではないかもしれないので，このような要因は，不適切な養育を予防することと現在の不適切な養育を改善することは別ものである，ということを意味しているのかもしれない (p.434)。

　これが書かれたとき，彼女らは決定的要因としてアタッチメントを提案した。今日，情報処理の方がより重要に見える。

　最後に，CrittendenとAinsworthは心理学分野全体に対してアタッチメント理論が貢献できる可能性について考察した。

> またアタッチメント理論は，アタッチメントの発達に連動する影響として，「外的」，つまり，環境条件を対人関係条件と統合することも可能にする。これらの観点をアタッチメントに焦点化された文脈において結びつける利点とは，リスク状況は個人の**過去の経験や最近の文脈上の要因や発達過程**だけでなく，**ランダムな（予測不能の）出来事**にも左右されながら，家族間と時間を通じての両方で変化すると考えることができるということである。そのため，すべては相互に関連しているというあまりにも単純すぎるアプローチへとこのモデルを収束させずにすむのである (p.434)。

　同時に，システム理論の入れ子になった階層内で，アタッチメントには役割があることに彼女

らははっきりと気づいていた。

> ここに提示された議論は，**有機体または社会の影響を除外してまで，不適切な養育に対する二者関係のアタッチメントに関連した影響に焦点化することを目的としているわけではない**。むしろ，（1）多くの関連条件の衝撃を説明することができて，不適切な養育の衝撃が個人機能または家族機能のそれほど多くの領域になぜ影響するのかを示唆できる決定的変数を同定し，そして（2）その他の原因からの影響に最も脆弱な個人と家族を同定するための手段を提供することを目的としているのである。(pp.457-458)

CrittendenとAinsworthはDMMの中で，情報処理に基づいた秩序という単純さと，無限の個人差という複雑さとのバランスを取ろうとした。そして理論と治療の両方にとって有意義な関連性を持つようなやり方でバランスを取ろうとしたのである。DMMはABC＋Dモデルよりもさらなる多様性を提供する一方で，精神医学的診断よりももっと簡潔で，概念的により良く体系化されている。

要するに，現在のDMM理論の種はCrittendenとAinsworthの仕事の中に存在していたが，実証的に検証されることを待っていたのである。われわれが思うにこの25年間で，ABC＋Dモデルは，この方向性を継続することを正当化できるほど十分には実り多いものではないということを示す十分なデータを生み出してきた。DMMについて入手可能なデータには，乳児期と就学前期の子どもたちに関する多くの研究が含まれており，それに加えて学童期と青年期のデータも出始めており，また成人期については前章に引用した研究結果がある。さらに，アタッチメントと適応の動的‐成熟モデルは，BowlbyとAinsworthが始めた理論と方法論の開発を統合していく過程を継続すると同時に，脅かされたり危険に晒されたりした人々の心理的健康を改善するというBowlbyの意欲的目標ももう少しで達成できるとわれわれは考えている。

AAIを超えて

われわれは，理論は実践を活気づけ，今度は実践が理論を修正するはずであるというように，推敲，修正，変化という再帰的過程でこれらが進んでいくと考えている。アタッチメント理論とそれが生み出したアセスメントは現象学的観察に基づいており，それを解釈することによって心理学的理解が生み出され，今度はそれが不適応や心理的苦痛に悩む事例における治療行為を導くことができるのである。

DMM談話分析と一連のDMM方略はAAIのフォーマットだけに結び付いているわけではない。他のトピックに焦点づけられたその他のインタビューも談話分析と一連の方略の両方を用いることが可能である。このような発想がAAIのB形式（Crittenden, 2006），成人移行期アダルト・アタッチメント・インタビュー（Transition to Adulthood Attachment Interview: TAAI, Crittenden, 2005），学童期アタッチメントアセスメント（School-age Assessment of Attachment: SAA, Crittenden, 1997-2005），そして両親インタビュー（Crittenden, 1981）の基礎を形成した。

さらに，DMM方略と談話分析は正式なアセスメントに限定される必要はない。われわれは，セラピーセッション内で活用された場合，同じ経験についての異なる複数の表象を並置するAAI

の過程に特に興味がある。AAI の構成要素をこのように柔軟に活用することで，これらの概念をAAI 以外のアセスメントへ拡張したり，他の文脈，たとえば，カウンセリングまたはセラピーセッションへと拡張したりする可能性が開かれる。

その一方で，AAI からいくつかの質問を抜き出してきて，それらを他のインタビューに挿入しても，大事なポイントを完全に見失ってしまうかもしれない。力を持っているのは質問ではないし，重要であるのは回答の中身ではない。そのような使い方はごまかしの魔法に少々似ている。魔法の質問を尋ねよ，そうすれば魔法の効果を得られるであろう，と。それよりもむしろ，効果を生み出すのは過程である。脅威に対処する個人内的過程と，それについて伝える対人間的過程に比べると，それらの質問はそれほど重要ではないのである。

障害から機能への焦点の変更

この章で説明してきた DMM-AAI の活用は，DMM-AAI の構成要素を別の形で適用したり拡張したり変形したりできることを示唆しており，このツールのエキサイティングな可能性を浮かび上がらせている。機能を強調すると共に，新たな複数の DR を詳細に検討することは，心理行動的障害についてのすべての主要理論の発想と一致する。さらに，危害を加えたり傷つけたりするよりも，むしろ守ろうとする試みとしてその機能が理解されると，メンタルヘルスの専門家とケアを必要としている人々との同盟はより現実味を帯びたものとなる。

多くの人々が，DMM 理論と方法論は複雑であり，働いている臨床家にとってはあまりにも複雑過ぎると言う。心の病を理解し，改善しようと試みて1世紀経った後に，単純な理論や簡素なアセスメントや手っ取り早いマニュアル化された治療がわれわれの過去の努力よりも成功するであろうとは考えられない。むしろ理論は，心の病を患う人々の人生経験の重大な局面を表象できるほどに十分に複雑である必要がありそうである。アセスメントはひどく苦しんでいる成人の暗号化されたコミュニケーションに繊細に波長を合わせられる必要があり，またハイレベルな信頼性を得るように訓練された熟練の専門家によってコーディングされる必要がある。もちろん，治療は正確に焦点化され，一人一人に合わせて個別化され，確かな思いやりを生み出すだけの十分な理解と共に提供されなければならない。

ひょっとすると DMM-AAI の最大の可能性は，観察を正確に焦点づける一方で，観察の理解を拡げたり変更したりすることに対して開かれ続ける能力であるかもしれない。われわれはこの本が，観察の正確さと解釈の明晰さ，そして——最も重要なこととして——人間の適応についての新しい発想の発見を促進することを願っている。思考を制限することなく有用なデータを生み出す心理学的ツールは非常に価値があるが，DMM-AAI にはそれ以上のことができる。治療の専門職に関連があるだけではなく，社会科学にも同じぐらい関連がある革新的な基礎研究と応用研究への扉を開くのである。

付録A

略語用語集

A+	強迫的Aタイプ方略（A3からA8まで）
A1	理想化する
A2	距離を置く
A3	強迫的世話
A4	強迫的従順
A4-	強迫的パフォーマンス
A5	性的な強迫的無分別
A5-	社交的な強迫的無分別
A6	孤立した強迫的自立
A6-	社交的な強迫的自立
A7	妄想的理想化
A8	外部組織化自己
AC	融合型
A/C	交替型
B1	過去から距離を取った
B2	受け入れている
B3	心地良くバランスの取れた
B4	感傷的な
B5	不満げに受け入れている
BO	その他のバランスの取れた方略
C+	執着的Cタイプ方略（C3からC8まで）
C1	威嚇的怒り
C2	ご機嫌を取りながら慰めを求める
C3	攻撃的怒り
C4	無力なふり
C5	報復的怒りと復讐への執着
C6	誘惑と救済への執着
C5–6+	C5–6方略の機能不全／行き詰まり形式
C7	脅迫的
C8	被害妄想的

[A]	偽りのA：Aタイプ行動の言語的説明をCタイプ談話によって提示する
Δ	三角関係化された
DO	失見当方略（修正項目）
Dp	抑うつ方略（修正項目）
DR	傾性表象
[ess]	身体表現症状（修正項目）
[ina]	禁止された否定的情動の侵入（修正項目）
[ina]$_h$	生育歴の中で起こったかもしれない禁止された否定的情動の侵入（修正項目）
IO	その他の不安定型
R	再構成方略（修正項目）
Ul	未解決の喪失
Ul(a)	未解決の喪失の予期された形式
Ul(dlr)	未解決の喪失の妄想的修復形式
Ul(dlv)	未解決の喪失の妄想的復讐形式
Ul(dn)	未解決の喪失の否認された形式
Ul(dp)	未解決の喪失の抑うつ的形式
Ul(dpl)	未解決の喪失の置き換えられた形式
Ul(ds)	未解決の喪失の軽視型形式
Ul(dx)	未解決の喪失の無秩序型形式
Ul(h)	未解決の喪失のほのめかされた形式
Ul(i)	未解決の喪失の想像された形式
Ul(p)	未解決の喪失のとらわれ型形式
Ul(v)	未解決の喪失の代理形式
Utr	未解決のトラウマ
Utr(a)	未解決のトラウマの予期された形式
Utr(b)	未解決のトラウマの遮られた形式
Utr(dlr)	未解決のトラウマの妄想的修復形式
Utr(dlv)	未解決のトラウマの妄想的復讐形式
Utr(dn)	未解決のトラウマの否認された形式
Utr(dp)	未解決のトラウマの抑うつ的形式
Utr(dpl)	未解決のトラウマの置き換えられた形式
Utr(ds)	未解決のトラウマの軽視型形式
Utr(dx)	未解決のトラウマの無秩序型形式
Utr(h)	未解決のトラウマのほのめかされた形式
Utr(i)	未解決のトラウマの想像された形式
Utr(p)	未解決のトラウマのとらわれ型形式
Utr(s)	未解決のトラウマの示唆された形式
Utr(v)	未解決のトラウマの代理形式

付録B

DMM分類システムとM&G分類システムとの対応

DMM	M&G
B3	F3
B1	F1
B2	F2
B4	F4
B5	F5
A1	Ds1
A2	Ds3
A3	
A4	
A5	
A6	
A7	
A8	
C1	E2
C2	E1
C3	
C4	
C5	Ds2
C6	
C7	
C8	
A/C と AC	
Ul(a)	Ds4
Ul(dlr)	
Ul(dlv)	
Ul(dp)	
Ul(dpl)	

Ul(ds)
Ul(dx)
Ul(h)
Ul(i)
Ul(p)   Ul
Ul(v)
Utr(a)
Utr(b)
Ul(dlr)
Ul(dlv)
Ul(dp)
Ul(dpl)
Ul(ds)
Ul(dx)
Ul(h)
Ul(i)
Ul(p)   Utr
Utr(s)
Ul(v)
Dp
DO
[ina]
[ess]
R
              E3（多くの場合はC3–8に対応するが，A+の一部も含まれる）
              CC（多くの場合はA/Cに対応するが，A+とC+の一部も含まれる）

文　献

Ainsworth, M. D. S. (1967). Infancy in Uganda: Infant care and the growth of love. Baltimore, MD: Johns Hopkins University Press.
Ainsworth, M. D. S. (1973). The development of infant-mother attachment. In B. M. Caldwell & H. N. Ricciutti (Eds.), Review of child development research (Vol. 3, pp. 1–94). Chicago, IL: University of Chicago Press.
Ainsworth, M. D. S. (1979). Infant-mother attachment. American Psychologist, 34, 932–937.
Ainsworth, M. D. S. (1989). Attachment beyond infancy. American Psychologist, 44, 709–716.
Ainsworth, M. D. S., Blehar, M., Waters, E., & Wall, S. (1978). Patterns of attachment: A psychological study of the strange situation. Hillsdale, NJ: Erlbaum.
Angold, A., & Costello, E. J. (2009). Nosology and measurement in child and adolescent psychiatry. Journal of Child Psychology and Psychiatry, 50, 9–15.
Baddeley, A. (2009). The functional approach to autobiographical memory. Applied Cognitive Psychology, 23(8), 1045–1049. doi: 10.1002/acp.1608
Bakermans-Kranenburg, M. J., & van IJzendoorn, M. H. (2009). The first 10,000 adult attachment interviews: Distributions of adult attachment representations in clinical and non-clinical groups. Attachment & Human Development, 21(3), 223–263. doi: 10.1080/14616730902814762
Bandler, R., & Grinder, J. (1975). The structure of magic: A book about language and therapy. Palo Alto, CA: Science and Behavior Books.
Bateson, G. (1972). Steps to an ecology of mind. New York, NY: Ballantine.　佐藤良明訳（2000）精神の生態学 改訂第2版．新思索社．
Bell, S. M. (1970). Development of the concept of the object as related to infant-mother attachment. Child Development, 41, 291–311.
Black, K., Jaeger, L., McCartney, K., & Crittenden, P. M. (2000). Attachment modes, peer interaction behavior, and feelings about the self: Indications of maladjustment in dismissing/preoccupied (Ds/E) adolescents. In P. M. Crittenden & A. H. Claussen (Eds.), The organization of attachment relationships: Maturation, culture, and context (pp. 300–324). New York, NY: Cambridge University Press.
Bowlby, J. (1944). Forty-four juvenile thieves: Their characters and home life. International Journal of Psychoanalysis, 25, 1–57.
Bowlby, J. (1951). Maternal care and mental health. Monograph Series, 2. Geneva, Switzerland: World Health Organization.　黒田実郎訳（1967）乳幼児の精神衛生．岩崎学術出版社．
Bowlby, J. (1958). The nature of the child's tie to its mother. International Journal of Psychoanalysis, XXXIX, 1–23.
Bowlby, J. (1969/1982). Attachment and loss. Vol. I: Attachment. New York, NY: Basic Books.　黒田実郎・大羽蓁・岡田洋子・黒田聖一訳（1991）母子関係の理論Ⅰ　愛着行動．岩崎学術出版社．
Bowlby, J. (1973). Attachment and loss. Vol. II: Separation. New York, NY: Basic Books.　黒田実郎・岡田洋子・吉田恒子訳（1991）母子関係の理論Ⅱ　分離不安．岩崎学術出版社．
Bowlby, J. (1979). The making and breaking of affectional bonds. London, UK: Tavistock　作田勉監訳（1981）ボウルビイ母子関係入門．星和書店．
Bowlby, J. (1980). Attachment and loss. Vol. III: Loss. New York, NY: Basic Books.　黒田実郎・吉田恒子・横浜恵三子訳（1991）母子関係の理論Ⅲ　対象喪失．岩崎学術出版社．
Brown, G. W., & Harris, T. (1978). Social origins of depression. London, UK: Tavistock.
Brown, L. (1993). The new shorter Oxford English dictionary on historical principles. Oxford, UK: Clarendon.
Bruner, J. (1972). Nature and uses of immaturity. American Psychologist, 27, 687–708.
Cassidy, J. P. (2002). The Stockholm syndrome, battered woman syndrome and the cult personality: An integrative

approach. Dissertation Abstracts International, 62(11-B), 5366.

Cicchetti, D., & Barnett, D. (1991). Attachment organization in maltreated preschoolers. Development and Psychopathology, 3, 397–411.

Cowan, N. (2010). The magical mystery four: How is working memory limited and why? Current Directions in Psychological Science, 19, 51–57. doi: 10.1177/0963721409359277

Crittenden, P. M. (1981). Parents' interview. Unpublished manuscript, University of Virginia, Charlottesville, VA.

Crittenden, P. M. (1985a). Maltreated infants: Vulnerability and resilience. Journal of Child Psychology and Psychiatry, 26, 85–96.

Crittenden, P. M. (1985b). Mother and infant patterns of interaction: Developmental relationships. Dissertation Abstracts International: Section B, 45(8), 2710.

Crittenden, P. M. (1985c). Social networks, quality of parenting, and child development. Child Development, 56, 1299–1313.

Crittenden, P. M. (1990). Internal representational models of attachment relationships. Infant Mental Health Journal, 11, 259–277.

Crittenden, P. M. (1992). Quality of attachment in the preschool years. Development and Psychopathology, 4, 209–241.

Crittenden, P. M. (1994). Nuove prospettive sull' attaccamento: Teoria e pratica in famiglie ad alto rischio [New perspectives on attachment: Theory and practice in high risk families]. (Trans. Andrea Landini). Milano, Italy: Guerini Studio.

Crittenden, P. M. (1995). Attachment and psychopathology. In S. Goldberg, R. Muir, & J. Kerr, (Eds.), John Bowlby's attachment theory: Historical, clinical, and social significance (pp. 367–406). New York, NY: The Analytic Press.

Crittenden, P. M. (1996). Language, attachment, and behavior disorders. In N. J. Cohen, J.H. Beitchman, R. Tannock, & M. Konstantareous (Eds.), Language, learning, and behavior disorders: Emerging perspectives (pp. 119–160). New York, NY: Cambridge University Press.

Crittenden, P. M. (1997a). A dynamic-maturational perspective on anxiety disorders. Giornale Italiano di Psicopatologia, 3, 28–37.

Crittenden, P. M. (1997b). Patterns of attachment and sexuality: Risk of dysfunction versus opportunity for creative integration. In L. Atkinson & K. J. Zuckerman (Eds.), Attachment and psychopathology (pp. 47–93). New York, NY: Guilford.

Crittenden, P. M. (1997c). Toward an integrative theory of trauma: A dynamic-maturational approach. In D. Cicchetti & S. Toth (Eds.), The Rochester symposium on developmental psychopathology: Risk, trauma, and mental processes (Vol. 10, pp. 34–84). Rochester, NY: University of Rochester.

Crittenden, P. M. (1997d). Truth, error, omission, distortion, and deception: The application of attachment theory to the assessment and treatment of psychological disorder. In S. M. C. Dollinger & L. F. DiLalla (Eds.), Assessment and intervention across the lifespan (pp. 35–76). Hillsdale, NJ: Erlbaum.

Crittenden, P. M. (1997–2005). School-age assessment of attachment coding manual. Unpublished manuscript, Miami, FL.

Crittenden, P. M. (1999a). Attaccamento in eta adulta. L' approccio dinamico-maturativo alia Adult Attachment Interview [Attachment in adulthood: The dynamicmaturational approach to the Adult Attachment Interview]. (Edizione Italiana a cura di Graziella Fava Vizziello e Andrea Landini). Milano, Italy: Cortina.

Crittenden, P. M. (1999b). Danger and development: The organization of self-protective strategies. In J. I. Vondra & D. Barnett (Eds.), Atypical attachment in infancy and early childhood among children at developmental risk. Monographs of the Society for Research on Child Development (Vol. 64, 258, pp. 145–71). Malden, MA: Wiley-Blackwell.

Crittenden, P. M. (2000a). A dynamic-maturational approach to continuity and change in pattern of attachment. In P. M. Crittenden & A. H. Claussen (Eds.), The organization of attachment relationships: Maturation, culture, and context (pp. 343–357). New York, NY: Cambridge University Press.

Crittenden, P. M. (2000b). A dynamic-maturational exploration of the meaning of security and adaptation: Empirical, cultural, and theoretical considerations. In P. M. Crittenden & A. H. Claussen (Eds.), The organization of attachment relationships: Maturation, culture, and context (pp. 358–384). New York, NY: Cambridge University Press.

Crittenden, P. M. (2000c). Introduction. In P. M. Crittenden & A. H. Claussen (Eds.), The organization of attachment relationships: Maturation, culture, and context (pp. 1–12). New York, NY: Cambridge University Press.

Crittenden, P. M. (2002). Attachment theory, information processing, and psychiatric disorder. World Journal of Psychiatry, 1, 72–75.

Crittenden, P. M. (2005). Transition to Adulthood Attachment Interview. Unpublished manuscript, Miami, FL.

Crittenden, P. M. (2006). Modified Adult Attachment Interview: Form B. Unpublished manuscript, Miami, FL.

Crittenden, P. M. (2007). Modified Adult Attachment Interview. Unpublished manuscript, Miami, FL.

Crittenden, P. M. (2008). Raising parents: Attachment, parenting, and child safety. Collumpton, UK: Willan Publishing.

Crittenden, P. M., & Ainsworth M. D. S. (1989). Child maltreatment and attachment theory. In D. Cicchetti & V. Carlson (Eds.), Handbook of child maltreatment (pp. 432–463). New York, NY: Cambridge University Press.

Crittenden, P. M., Claussen, A. H., & Kozlowska, K. (2007). Choosing a valid assessment of attachment for clinical use: A comparative study. Australian & New Zealand Journal of Family Therapy, 28, 78–87.

Crittenden, P. M., & DiLalla, D. (1988). Compulsive compliance: The development of an inhibitory coping strategy in infancy. Journal of Abnormal Child Psychology, 16, 585–599.

Crittenden, P. M., & Heller, M. B. (Under review). Chronic PTSD and attachment: A comparison study of self-protective strategies and unresolved childhood trauma. Manuscript in preparation.

Crittenden, P. M., & Kulbotton, G. R. (2007). Familial contributions to ADHD: An attachment perspective. Tidsskrift for Norsk Psykologorening, 10, 1220–1229.

Crittenden, P. M., & Landini, A. (2009, March). Are parents of child patients normal? Comparing parents of child patients with adult patients and normative parents. Poster presented at the biennial meeting of the Society for Research in Child Development, Denver, CO.

Crittenden, P. M., Lang, C, Claussen, A. H., & Partridge, M. F. (2000). Relations among mothers' procedural, semantic, and episodic internal representational models of parenting. In P. M. Crittenden & A. H. Claussen (Eds.), The organization of attachment relationships: Maturation, culture, and context (pp. 214–233). New York, NY: Cambridge University Press.

Crittenden, P. M., & Newman, L. (2010). Comparing models of borderline personality disorder: Mothers' experience, self-protective strategies, and dispositional representations. Clinical Child Psychology and Psychiatry, 15(3), 433–452.

Crittenden, P. Mv Partridge, M. F, & Claussen, A. H. (1991). Family patterns of relationship in normative and dysfunctional families. Development and Psychopathology, 3, 491–512.

Crittenden, P. M., & Poggioli, D. (2008). Il DPTS nell' infanzia e nell' adolescenza: Approcci teorici e implicazioni terapeutiche.

Damasio, A. R. (1994). Descartes' error. Emotion, reason, and the human brain. New York, NY: Avon. 田中光彦訳（2010）デカルトの誤り――情動，理性，人間の脳．筑摩書房.

Denton, W. H. (2007). Issues for DSM-V: Relational diagnosis: An essential component of biopsychosocial assessment [Editorial]. American Journal of Psychiatry, 164, 1146–1147. doi: 10.1176/appi.ajp.2007.07010181

Dignam, P., Parry, P., & Berk, M. (2010). Detached from attachment: Neurobiology and phenomenology have a human face. Ada Neuropsychiatrica, 22(4), 202–206. doi: 10.1111 /J.1601-5215.2010.00478.x

Dozier, M., & Lee, S. W. (1995). Discrepancies between self- and other-report of psychiatric symptomatology: Effects of dismissing attachment strategies. Development and Psychopathology, 7(1), 217–226. doi: 10.1017/S095457940000643X

Dozier, M., Stovall-McClough, K. C, & Albus, K. E. (2008). Attachment and psychopathology in adulthood. In J. Cassidy & P. R. Shaver (Eds.), Handbook of attachment: Theory, research, and clinical applications (2nd ed., pp. 718–744). New York, NY: Guilford.

Edelman, G. (1987). Neural Darwinism: The theory of neuronal group selection. New York, NY: Basic Books.

Egeland, B., & Sroufe, A. (1981). Attachment and early maltreatment. Child Development, 52, 44–52.

Ellis, A. (1973). Humanistic psychotherapy: The rational-emotive approach. New York, NY: Julian Press. 沢田慶輔・橋口英俊訳（1983）人間性主義心理療法――RET入門．サイエンス社.

First, M. B. (2009). Harmonisation of ICD-11 and DSM-V: Opportunities and challenges. British Journal of Psychiatry, 195, 382–390. doi: 10.1192/bjp.bp.108.060822

Fonagy, P., Leigh, T., Steele, M., Steele, H., Kennedy, R., Mattoon, G., Target, M., & Gerber, A. (1996). The relation of attachment status, psychiatric classification, and response to psychotherapy. Journal of Consulting and Clinical Psychology, 64, 22–31.

Fonagy, P., Steele, M., & Steele, H. (1991). Maternal representations of attachment during pregnancy predict the organization of infant-mother attachment at one year of age. Child Development, 62, 880–893.

Fonagy, P., Steele, M., Steele, H., Leigh, T., Kennedy, R., Mattoon, G., & Target, M. (1995). Attachment, the reflective self, and borderline states: The predictive specificity of the Adult Attachment Interview and pathological emotional development. In S. Goldberg, R. Muir, & J. Kerr (Eds.), John Bowlby's attachment theory: Historical, clinical, and social significance (pp. 233–278). New York, NY: Analytic Press.

Fonagy, P., Steele, M., Steele, H., & Target, M. (1997). Reflective-functioning manual. Version 4.1. Unpublished manuscript, Psychoanalysis Unit, University College London.

Fonagy, P., Target, M., Steele, M., Steele, H., Leigh, T, Levinson, A., & Kennedy, R. (1997). Morality, disruptive behavior, borderline personality disorder, crime and their relationship to security of attachment. In L. Atkinson & K. J. Zucker (Eds.), Attachment and psychopathology (pp. 223–276). New York, NY: Guilford.

Frances, A. (2010). The first draft of DSM-V: If accepted will fan the flames of false positive diagnoses [Editorial]. British Medical Journal, 340 (c1168), 492. doi: 10.1136/bmj.c1168

Freud, S. (1927). The ego and the id. In E. Jones (Series Ed.), International Psychoanalytic Library: No. 12 (pp. 1–88). Honolulu, HI: Hogarth Press and Institute of Psychoanalysis. 本間直樹・家高洋・大寿堂真・三谷研爾・道籏泰三・吉田耕太郎訳（2007）フロイト全集〈18〉1922 - 24 年——自我とエス・みずからを語る．岩波書店.

Friedman, S. L., & Boyle, D. E. (2008). Attachment in U.S. children experiencing nonmaternal care in the early 1990s. Attachment & Human Development, 10, 225–261. doi: 10.1080/ 14616730802113570

George, C, Kaplan, N., & Main, M. (1985). Adult Attachment Interview. Unpublished manuscript, Department of Psychology, University of California, Berkeley.

George, C, Kaplan, N., & Main, M. (1996). The Attachment Interview for adults. Unpublished manuscript, Department of Psychology, University of California, Berkeley.

Giles, J. W., Gopnik, A., & Heyman, G. D. (2002). Source monitoring reduces the suggestibility of preschool children. Psychological Science, 23(3), 288–291.

Goddard, C. R., & Stanley, J. R. (1994). Viewing the abusive parent and the abused child as captor and hostage: The application of hostage theory to the effects of child abuse. Journal of Interpersonal Violence, 9(2), 258–269.

Gogarty, H. (2002). Attachment relationships in the triad offoster-care: A retrospective analysis. (Doctoral thesis) University of Ulster, Coleraine, Ireland.

Goldberg, D. (2010). Should our major classifications of mental disorders be revised? British Journal of Psychiatry, 196, 255–256. doi: 10.1192/bjp.bp.109 .072405

Green, J. T., Ivry, R. B., & Woodruff-Pak, D. S. (1999). Timing in eyeblink classical conditioning and timed-interval tapping. Psychological Science, 10, 1923.

Grice, H. P. (1975). Logic and conversation. In P. Cole & J. L. Moran (Eds.), Syntax and semantics III: Speech acts (pp. 41–58). New York, NY: Academic Press.

Grinder, J., & Bandler, R. (1975). The structure of magic II: A book about communication and change. Palo Alto, CA: Science and Behavior Books.

Grossmann, K., Fremmer-Bombik, E., Rudolph, J., & Grossmann, K. E. (1988). Maternal attachment representations as related to patterns of infant-mother attachment and maternal care during the first year. In R. A. Hinde & J. Stevenson-Hinde (Eds.), Relationships within families (pp. 241–260). Oxford, UK: Oxford Science Publications.

Grove, A. (1996). Only the paranoid survive: How to exploit the crisis points that can challenge every company and career. New York, NY: Currency Doubleday. 佐々木かをり訳（2017）パラノイアだけが生き残る 時代の転換点をきみはどう見極め，乗り切るのか．日経BP社.

Gullestad, S. E. (2003). The Adult Attachment Interview and psychoanalytic outcome studies. International Journal of Psychoanalysis, 84, 651–668.

Gustavson, C, Garcia, J., Hankins, W., & Rusiniak, K. (1974). Coyote predation control by aversive stimulus. Science, 184, 581–583.

Gut, E. (1989). Productive and unproductive depression: Success or failure of a vital process. New York, NY: Basic

Books.

Haapasalo, J., Puupponen, M., & Crittenden, P. M. (1999). Victim to victimizer: The psychology of isomorphism in a case of a recidivist pedophile. Journal of Child Sexual Abuse, 7, 97–115.

Hautamaki, A., Hautamaki, L., Neuvonen, L., & Maliniemi-Piispanen, S. (2009). Transmission of attachment across three generations. European Journal of Developmental Psychology, doi: 10.1080/ 17405620902983519

Hautamaki, A., Hautamaki, L., Neuvonen, L., & Maliniemi-Piispanen, S. (2010). Transmission of attachment across three generations: Continuity and reversal. Clinical Child Psychology and Psychiatry, 25(3), 347–354.

Heller, M. B. (2010). Attachment and its relationship to mind, brain, trauma and the therapeutic endeavour. In R. Woolfe, S. Strawbridge, B. Douglas, & W. Dryden (Eds.), Handbook of counselling psychology (pp. 653–670). London, UK: Sage.

Heller, M. B., & Pollet, S. (2010). "It was an accident waiting to happen!" An investigation into the dynamic relationship between early-life traumas and chronic posttraumatic stress disorder in adulthood (pp. 140–155). The work of psychoanalysts in the public health sector. New York, NY: Routledge/Taylor & Francis.

Hesse, E. (1996). Discourse, memory, and the Adult Attachment Interview: A note with emphasis on the emerging cannot classify category. Infant Mental Health Journal, 17, 4–11.

Hughes, J. (1997). Assessing adult attachment styles with clinically orientated interviews. (Thesis, Graduate Faculty of Clinical Psychology) University of Leeds, Leeds, England.

Hughes, J., Hardy, G., & Kendrick, D. (2000). Assessing adult attachment status with clinically-orientated interviews: A brief report. British Journal of Medical Psychology, 73, 279–283.

Johnson, W. D. K. (1991). Predisposition to emotional distress and psychiatric illness amongst doctors: The role of unconscious and experiential factors. British Journal of Medical Psychology, 64, 317–329.

Kenardy, J. (2000). The current status of psychological debriefing. British Medical Journal, 321, 1032–1033.

Kessler, R. C. (1994). The national comorbidity survey of the United States. International Review of Psychiatry, 6(4), 365–376.

Klingberg, T. (2009). The overflowing brain: Information overload and the limits of working memory. New York, NY: Oxford University Press. 芋阪直行（2011）オーバーフローする脳——ワーキングメモリの限界への挑戦．新曜社．

Kozlowska, K. (2007). The developmental origins of conversion disorders. Clinical Child Psychology and Psychiatry, 12(4), 487–510. doi: 10.1177/1359104507080977

Kozlowska, K. (2009). Attachment relationships shape pain-signaling behavior. The Journal of Pain, 20(10), 1020–1028. doi: 10.1016/j.jpain.2009.03.014

Kozlowska, K. (2010). Family-of-origin issues and the generation of childhood illness. Australian and New Zealand Journal of Family Therapy, 31(1), 73–91. doi: 10.1375/anft.31.1.73

Kozlowska, K., Foley, S., & Crittenden, P. M. (2006). Factitious illness by proxy: Understanding underlying psychological processes and motivations. Australian and New Zealand Journal of Family Therapy, 27, 92–104.

Kozlowska, K., Rose, D., Khan, R., Kram, S., Lane, L., & Collins, J. (2008). A conceptual model and practice framework for managing chronic pain in children and adolescents. Harvard Review of Psychiatry, 16(2), 136–150. doi: 10.1080/10673220802069723

Kozlowska, K., & Williams, L. M. (2009). Self-protective organization in children with conversion and somatoform disorders. Journal of Psychosomatic Research, 67(3), 223–233. doi: 10.1016/j.jpsychores.2009.03.016

Kuleshnyk, I. (1984). The Stockholm syndrome: Toward an understanding. Social Action and the Law, 10(2), 37.

Lambruschi, R, Landini, A., & Crittenden, P. M. (October, 2008). Minds that heal: Characteristics of therapists that promote successful psychotherapy. Plenary presentation at the biennial meeting of the International Association for the Study of Attachment, Bertinoro, Italy.

Le Doux, J. E. (1995). In search of an emotional system in the brain: Leaping from fear to emotion and consciousness (pp. 1049–1061). In M. Gazzaniga (Ed.), The cognitive neurosciences. Boston, MA: MIT Press.

Lichtenberg, J., Lachmann, F. M., & Fosshage, J. L. (1996). The clinical exchange: Techniques derived from self and motivational systems. Hillsdale, NJ: Analytic Press. 角田豊訳（2006）自己心理学の臨床と技法——臨床場面におけるやり取り．金剛出版．

MacLean, P. D. (1990). The triune brain in evolution: Role in paleocerebralfunctions. New York, NY: Plenum. 法橋登（2018）三つの脳の進化——反射脳・情動脳・理性脳と「人間らしさ」の起源，新装版．工作舎．

Main, M., & Cassidy, J. (1988). Categories of response to reunion with the parent at age 6: Predictable from infant attachment classifications and stable over a 1-month period. Developmental Psychology, 24, 415–442.

Main, M., & Goldwyn, R. (1984). Adult attachment scoring and classification system. Unpublished manuscript, University of California, Berkeley.

Main, M., & Goldwyn, R. (1994). Adult attachment rating and classification systems, version 6.0. Unpublished manuscript, University of California, Berkeley.

Main, M., Goldwyn, R., & Hesse, E. (2003). Adult attachment scoring and classification system. Unpublished manuscript, University of California, Berkeley.

Main, M., & Hesse, E. (1990). Lack of resolution of mourning in adulthood and its relationship to infant disorganization: Some speculations regarding causal mechanisms. In M. Greenberg, D. Cicchetti, & E. M. Cummings (Eds.), Attachment in the preschool years (pp. 161–182). Chicago, IL: University of Chicago Press.

Main, M., Hesse, E., & Goldwyn, R. (2008). Studying differences in language usage in recounting attachment history: An introduction to the AAI. In H. Steele & M. Steele (Eds.), Clinical applications of the Adult Attachment Interview (pp. 31–68). New York, NY: Guilford.

Main, M., Kaplan, N., & Cassidy, J. (1985). Security in infancy, childhood and adulthood: A move to the level of representation. In I. Bretherton & E. Waters (Eds.), Growing points of attachment theory and research: Monographs of the society for research in child development (Vol. 50, 209, pp. 66–104). Chicago, IL: University of Chicago Press.

Main, M., & Solomon, J. (1986). Discovery of an insecure disorganized/disoriented attachment pattern: Procedures, findings, and implications for the classification of behavior. In M. Yogman & T.B. Brazelton (Eds.), Affective development in infancy (pp. 121–160). Norwood, NJ: Ablex.

Main, M., & Solomon, J. (1990). Procedures for identifying infants as disorganized/disoriented during the Ainsworth strange situation. In M. Greenberg, D. Cicchetti, & E. M. Cummings (Eds.), Attachment in the preschool years (pp. 161–182). Chicago, IL: University of Chicago Press.

Main, M., & Weston, D. R. (1981). The quality of toddlers' relationship to mother and father: Related to conflict behavior and readiness to establish new relationships. Child Development, 52, 932–940.

O' Reilly, G. (2010, August). Attachment and sexual offending: Theory, intervention & outcome. Invited presentation at the biennial meeting of the International Association for the Study of Attachment, Cambridge, UK.

Perry, B. D. (1994). Neurobiological sequelae of childhood trauma: Posttraumatic stress disorders in children. In M. Murberg (Ed.), Catecholaminefunction in post traumatic stress disorder: Emerging concepts (pp. 233–255). Washington, DC: American Psychiatric Press.

Piaget, J. (1952). The origins of intelligence. New York, NY: International Universities Press. 谷村覚・浜田寿美男訳（1978）知能の誕生．ミネルヴァ書房．

Pleshkova, N. L., & Muhamedrahimov, R. J. (2010). Quality of attachment in St. Petersburg (Russian Federation): A sample of family-reared infants. Clinical Child Psychology and Psychiatry, 15(3), 355–362.

Pynoos, R. S., & Nader, K. (1989). Children' s memory and proximity to violence. Journal of the American Academy of Child and Adolescent Psychiatry, 28, 236–241.

Radke-Yarrow, M., Cummings, E. M., Kuczynski, L., & Chapman, M. (1985). Patterns of attachment in two- and three-year-olds in normal families and families with parental depression. Child Development, 56, 884–893.

Rindal, G. (2000). Attachment patterns in patients diagnosed with avoidant personality disorder [Maskespill, tilknytningsmxxnster hos pasienter med unnvikende personlighetsforstyrrelse]. (Unpublished dissertation) Institute of Psychology, University of Oslo.

Ringer, E., & Crittenden, P. (2007). Eating disorders and attachment: The effects of hidden processes on eating disorders. European Eating Disorders Review, 15, 119–130.

Robertson, J., & Bowlby, J. (1952). Responses of young children to separation from their mothers. Courrier du Centre International de L' Enfance, 2, 131–142.

Robertson, J., & Robertson, J. (1971). Young children in brief separation: A fresh look. Psychoanalytic Study of the Child, 26, 264–315.

Rozin, P., & Fallon, A. E. (1987). A perspective on disgust. Psychological Review, 94, 23–41.

Rutter, M., Kreppner, J., & Sonuga-Barke, E. (2009). Emanuel Miller lecture: Attachment insecurity, disinhibited attachment, and attachment disorders: Where do research findings leave the concepts? Journal of Child Psychology and Psychiatry, 50(5), 529–543. doi: 10.1111 /j.l469-7610.2009.02042.x

Schacter, D. L. (1996). Searching for memory: The brain, the mind, and the past. New York, NY: Basic Books.

Schacter, D. L., & Tulving, E. (Eds.). (1994). What are the memory systems of 1994? In D. L. Schacter & E. Tulving (Eds.), Memory systems 1994 (pp. 1–38). Cambridge, MA: MIT Press.

Schedlowski, M., & Pacheco-Lopez, G. (2010). The learned immune response: Pavlov and beyond. Brain, Behavior, and Immunity, 24(2), 176–185. doi: 10.1016/j.bbi.2009.08.007

Scheier, M. E, & Carver, C. S. (1982). Cognition, affect, and self-regulation. In M. S. Clark & S. T. Fiske (Eds.), Affect and cognition (pp. 157–184). Hillsdale, NJ: Erlbaum.

Seefeldt, L. J. (1997). Models of parenting in maltreating and non-maltreating mothers. Unpublished dissertation, Graduate School of Nursing, University of Wisconsin, Milwaukee, WI.

Selye, H. (1976). The stress of life. New York, NY: McGraw-Hill. 杉靖三郎・藤井尚治・田多井吉之介・竹宮隆訳（1988）現代社会とストレス．法政大学出版局．

Shah, P. E., Fonagy, P., & Strathearn, L. (2010). Is attachment transmitted across generations? The plot thickens. Clinical Child Psychology and Psychiatry, 25(3), 329–346.

Slade, A. (2007). Disorganized mother, disorganized child. In D. Oppenheim & D. F. Goldsmith (Eds.), Attachment theory in clinical work with children: Bridging the gap between research and practice (pp. 226–250). New York, NY: Guilford.

Spieker, S., & Crittenden, P. M. (2010). Comparing two attachment classification methods applied to preschool strange situations. Clinical Child Psychology and Psychiatry, 15(1), 97–120. doi: 10.1177/1359104509345878

Steinmetz, J. E. (1998). The localization of a simple type of learning and memory: The cerebellum and classical eyeblink conditioning. Current Directions in Psychological Science, 7, 72–77.

Strathearn, L., Fonagy, P., Amico, J. A., & Montague, P. R. (2009). Adult attachment predicts mother's brain and peripheral oxytocin response to infant cues. Neuropsychopharmacology, 34, 2655–2666. doi: 10.1038/npp.2009.103

Szajnberg, N., & Crittenden, P.M. (1997). The transference refracted through the lens of attachment. Journal of the American Academy of Psychoanalysis, 25(3), 409–438.

Taylor, S., & Brown, J. (1988). Illusion and well-being: A social psychological perspective on mental health. Psychological Bulletin, 103, 193–210.

Thompson, R. A., & Raikes, H. A. (2003). Toward the next quarter-century: Conceptual and methodological challenges for attachment theory. Development and Psychopathology, 15(3), 691–719.

Thompson, R. E, Bao, S., Chen, L., Cipriano, B. D., Grethe, J. S., Kim, J. J., Thompson, J. K., Tracy, J. A., Weninger, M. S., & Krupa, D. J. (1997). Associative learning. In R. J. Bradley, R. A. Harris, & P. Jenner (Series Eds.) & J. D. Schmahmann (Vol. Ed.), International review of neurobiology: The cerebellum and cognition (Vol. 41, pp. 152–189). San Diego, CA: Academic Press.

Tone Ho, S. (2009). Good guy – bad guy, which is it? Unpublished paper. Institutt for psykoterapi, Oslo, Norway.

Tracy, J. A., Ghose, S. S., Strecher, T., McFall, R. M., & Steinmetz, J. E. (1999). Classical conditioning in a non-clinical obsessive-compulsive population. Psychological Science, 10, 9–13.

Tulving, E. (1979). Memory research: What kind of progress? In L. G. Nilsson (Ed.), Perspectives on memory research: Essays in honor of Uppsala University's 500th anniversary (pp. 19–34). Hillsdale, NJ: Erlbaum.

Tulving, E. (1995). Organization of memory: Quo vadis? In M. S. Gazzaniga (Ed.), The cognitive Neurosciences (pp. 839–847). Cambridge, MA: MIT Press.

van IJzendoorn, M. (1995). Adult attachment representations, parental responsiveness, and infant attachment: A meta-analysis on the predictive validity of the Adult Attachment Interview. Psychological Bulletin, 117, 387–403.

van IJzendoorn, M. H., Goldberg, S., Kroonenberg, P. M., & Frenkel, O. J. (1992). The relative effects of maternal and child problems on the quality of attachment: A meta-analysis of attachment in clinical samples. Child Development, 63, 840–858.

Watzlawick, P., Beavin, J., & Jackson, D. (1967). Pragmatics of human communication. New York, NY: Norton. 尾川丈一訳（1998）人間コミュニケーションの語用論——相互作用パターン，病理とパラドックスの研究　新版．二瓶社．

Wiesel, E. (1960). Night. New York, NY: Hill &Wang. 村上光彦訳（2010）夜　新版．みすず書房．

Wilkinson, S. R. (2010). Another day older and deeper in therapy: Can the dynamic-maturational model offer a way out? Clinical Child Psychology and Psychiatry, 25(3), 423–432.

Zachrisson, H. D., & Kulbotton, G. (2006). Attachment in anorexia nervosa: An exploration of associations with eating disorder psychopathology and psychiatric symptoms. Eating & Weight Disorders, 11, 163–170.

Zhong, C, Bohns, V. K., & Gino, F. (2010). Good lamps are the best police: Darkness increases dishonesty and self-interested behavior. Psychological Science, 21, 311–314. doi: 10.1177/0956797609360754

Zimbardo, P. (1969). The human choice: Individuation, reason, and order vs. deindividuation, impulse, and chaos. In W. J. Arnold & D. Levine (Eds.), Nebraska symposium on motivation (Vol. 17, pp. 237–307). Lincoln, NE: University of Nebraska Press.

訳者あとがき

三上　謙一

Crittenden博士について

　本書は"Assessing Adult Attachment: A Dynamic-Maturational Approach to Discourse Analysis (2011)"の翻訳である。ここでは本書の背景について簡潔に書いてみたい。著者の一人であるPatricia McKinsey Crittenden博士は，ストレンジ・シチュエーション法を開発したAinsworthの指導の下で，バージニア大学大学院で博士号を取得した。また修士論文は，アタッチメント理論の提唱者であるBowlbyのコンサルテーションも受けながら，親子相互作用のアセスメント・ツールとして現在も使用されているケア-インデックス（CARE-Index）についてまとめたということである。したがって，Crittenden博士にはBowlbyとAinsworthというアタッチメント研究の基礎を確立した二人から直接教えを受けた正統派のアタッチメント研究者という側面がある。

　同時に，インタビューによると（三上，2016），教師としてキャリアをスタートしたCrittenden博士は，特殊教育学校で教える中で虐待する母親たちにも関わるようになった。そして後には児童保護チームを率いて虐待の現場に深く携わることになったCrittenden博士には虐待する親とその子どもを援助する臨床家という側面もあった。Crittenden博士は行動療法とシステム論的家族療法を主に実践していたということであるが，本書を読んだ方にはその両者の理論がDMMに深く影響していることがおわかりになるだろう。また本書にはFonagyを代表とする，精神分析理論からの影響も反映されている。特に重要なのは，これまでアタッチメント理論に欠けていると批判されてきた，性愛が人間発達に果たす役割をDMMは重視しているという点である。中でもアタッチメント行動と性的行動の類似性の指摘（Crittenden, 2016）は性加害行動の理解を拡げる可能性があると思われる。

DMMにおける方略の考え方

　さらに先のインタビューでCrittenden博士は，Ainsworthから受け継いだものは「他の文化への興味」であると述べている。Crittenden博士が編著者である"The Organization of Attachment Relationships: Maturation, Culture, and Context (2000)"ではアタッチメント研究における文化差の問題を扱っている。これまでの研究では，最も適応的なはずのBタイプ方略が必ずしも一番多いとは限らず，各方略の分布には文化差があることが知られている。たとえば，社会主義国家であった旧東ドイツと旧ソ連のデータにDMM分類を適用すると，前者ではAタイプ及びA/C方略，後者ではCタイプ方略への偏りが見られるという。Crittenden博士はこの偏りについて，母子の絆よりも子どものコミュニティへのつながりを促進しようとする社会主義文化において，母親が自らと子どもの安全を確保しようとして適応した結果ではないかと示唆している。逆にそのような国の体制についてオープンかつ率直にコミュニケーションするBタイ

プ方略は社会主義国家では不適応的である可能性も指摘している。

　もちろん文化差についてはさまざまな解釈があり得るが，ここで重要なのは方略を常に文脈との関係において考えようとする視点である。つまり，ある方略それ自体が適応的か不適応的かと考えるのではなく，その方略がその文脈において適応的なのか不適応的なのか，と考えるのである。言い換えれば，方略は個人の中に固定された性格類型としてよりも，個人が用いる道具であり，道具そのものが悪いのではなく，使い方を間違う場合があると見なされる（Chimera, 2010）。したがって，「Aタイプの人」というよりも，「Aタイプ方略を使用している人」と考えることになり，その人が別の文脈では別の方略を使うようになる，つまり方略が「再構成」されていく可能性も想定しているのである。

　このようなDMMにおける方略の考え方は次の一文に要約されている。「ある方略はそれが適用される文脈に適している時にのみ適応的である。私が恐れているのは，言うまでもなく人間の文脈は安全で，危機はわかりやすいものである，と単純にも想定してきたのではないか，ということである。それゆえ，安全な文脈に最も適合するBタイプ方略が，他の方略に比べて本来的に優れたものとして扱われてきたのである」（Crittenden, 2000, p.379）。ここには西洋社会の健常群のサンプルに基づいて発展してきた研究成果を臨床群や異文化に適用する際にできる限り相対化しようとする姿勢が見られる。つまり，アタッチメント・虐待・文化の交差するところにDMMは生まれたのである。

家族関係研究所とDMMの展開

　Crittenden博士は自ら家族関係研究所（Family Relations Institute: FRI）を立ち上げて以降，世界中を飛び回ってDMM理論と，自ら開発した各発達段階ごとのDMMアセスメント・ツール（Farnfield et al., 2010参照）の講習会を開催している。研究所と聞くと，大きな建物を想像されるかもしれないが，実際には招聘された地域の大学の教室やホテルの会議室で講習会が開催されている。その中でさまざまな国や文化から来た研究者や臨床家と交流を重ね，それがまたDMM理論の発展に大きな影響を与えているのである。本書のもう一人の著者であるAndrea Landini博士との出会いも，Landini博士がまだ学生時代に，Landini博士の先生がCrittenden博士をイタリアに招いたことから始まっている。Landini博士はイタリア人の精神科医であり，Crittenden博士の後継者と目される人物である。

　DMMの研究はまだ始まったばかりであるため，本書についていささか理論が先行し過ぎていると感じた読者もいるかもしれない。しかし，Crittenden博士は，「理論家は，点を結んで全体像を作りあげるアーティストのように機能する。実証的エビデンスの間の空いたスペースに意味を見出し，無意味な騒がしい破片を取り除くことで，実証研究者が検証できるぐらいはっきりと全体像が浮かび上がるようにするのである」（Crittenden, 2000, p.378）と述べている。そして，その空いたスペースに何があるのかを理論家に教えてくれるのが臨床事例である（Crittenden, 2016）。つまり，DMMでは理論と臨床事例と実証研究は動的に相互作用しながら，全体像を常に変化させていくのである。

DMM の臨床的可能性

　アタッチメント研究の主流である Main の ABC ＋ D モデルに比べると，DMM の評価が定まるのはこれからである。しかし，メンタライゼーションに基づいた治療で世界を席巻している Peter Fonagy が，Crittenden 博士の主著である 'Raising Parents: Attachment, representation and treatment' について，DMM は「最も臨床的に洗練されたモデル」であると賞賛しているのは注目に値すると言えるだろう。

　もっとも注意していただきたいのは，「不安定型アタッチメント＝アタッチメント障害」ではない，という点である。医学的診断名としてのアタッチメント障害という概念は「症状」に基づいた分類であるのに対して，アタッチメント方略という概念は（対人関係の）「機能」に基づいた分類である。現代の精神医学は「症状」に基づいて治療法を決めていくが，「機能」という視点からクライエントの問題行動をフォーミュレーションして介入することによってより効果的な援助が可能になるというのが DMM の主張である。特に，虐待する親やハラスメント加害者の一部のように診断が当てはまらないにもかかわらず問題行動を起こす人たちや，症状がなくなった後も生きづらさを抱えている人たちの理解に DMM は貢献できる可能性がある。かつて力動精神医学が目指していたものを DMM はアタッチメント研究を基盤にして目指していると言えるかもしれない。

　実際，DMM は加害行動の機能に注目することで近親姦を含む虐待する親に対しても共感的に理解することが可能であること（Crittenden, 2016），生得的要因が強調されがちな発達障害的な問題行動も家族関係における機能から理解できること（Crittenden et al., 2014）など，興味深い視点を次々に提唱している。さらに Crittenden 博士が設立した国際アタッチメント研究学会（The International Association for the Study of Attachment: IASA）は，虐待する親から子どもを離すかどうかを家庭裁判所で決定する際の証拠として，DMM の各発達段階に対応したアセスメント・ツールを各家族メンバーに用いて報告書を作成する「家庭裁判所アタッチメントプロトコル」（Crittenden et al., 2013）を開発して活用し始めている。日本でもアタッチメント研究を現場にこのように還元することが今まさに望まれているのではないだろうか。

DMM-AAI 講習会

　本書には DMM-AAI の分析法が詳細に説明されているが，実際に研究に用いるには FRI 主催の講習会を受講して，信頼性テストに合格する必要がある。詳しくは FRI ホームページに世界各地での講習会の予定が載っているので見ていただきたい。私が Crittenden 博士の下で DMM-AAI を学ぼうと思ったのは，Raising Parents の初版を読んでいて，「（アタッチメントに関する）意見を述べる '専門家' のほとんどはアタッチメントの正式な訓練を受けてない」（p.272，引用頁は改訂版 2016 より）という一文を読んで，「これは自分のことだ！」と衝撃を受けたからである。講習会の詳細については拙著（三上，2014）を読んでいただきたい。またこれまで日本では AAI は実証研究のツールとして主に紹介されてきたが，AAI を実施することでクライエントの内省が深まるという臨床的ツールとしての側面も AAI にはあるので，臨床家の参加も歓迎したい。もちろん講習会に参加しなくても，本書を読むだけでさまざまなクライエントの顔が思い浮かび，その理解に役立つのではないかと思う。

翻訳について

　訳語について若干触れておくと，dynamic の訳を初期には「力動」と訳していたが，後に「動的」へ変更した。前者では DMM は精神分析理論であると誤解されがちだが，DMM には他学派の理論も豊富に反映されている。そして DMM の本質は，初期の親子関係がすべてを決定するような「静的」な発達観ではなく，発達過程でさまざまな要因が相互作用して常に変化し続けていく「動的」な発達観にあるため，後者に変更した。また A+ を指す compulsive を「強迫的」，C+ を指す obsessive を「執着的」と訳したが，これらは精神医学的診断とは無関係である。さらに cognition も認知と訳しているが，これも通常の認知とは異なり，時間的秩序に限定した意味で使用されている DMM 独自の用語である。

　翻訳はまず共訳者たちに各担当章を訳してもらい，次に三上が全原稿に目を通して訳語と文体を統一し，意味の曖昧な箇所については Crittenden 博士と Landini 博士に質問しながら進めた。訳注の多くにはこの質問への回答が反映されている。

　最後になるが，Crittenden 博士と Landini 博士の丁寧な対応と励ましがなければ，この大著の翻訳は到底なしえなかった。お二人に心から感謝する。また推薦の言葉をいただいた中野臨床心理研究室の馬場禮子先生には私の拙い訳を丁寧にお読みいただき，また翻訳のコツも教えていただいたことに深く感謝している。最後に，岩崎学術出版社の長谷川純氏にはこの大著の翻訳を決断していただき，翻訳に不慣れな私を最後まで辛抱強くサポートしていただいたことに心から感謝している。

文　献

Chimera, C. (2010) An interview with Pat Crittenden. Context, pp.12–15. (https://www.patcrittenden.com/include/docs/pat_crittenden_interview.pdf)
Crittenden, P. M. (2000) A Dynamic-Maturational Exploration of the Meaning of Security and Adaptation: Empirical, Cultural and Theoretical Considerations. In P.M. Crittenden & A.H. Claussen (Eds.) (2000) The Organizations of Attachment Relationships: Maturation, Culture and Context. New York: Cambridge University Press. pp.234–250.
Crittenden, P. M. & Claussen, A. H. (Eds.) (2000) The Organizations of Attachment Relationships: Maturation, Culture and Context. New York: Cambridge University Press.
Crittenden, P. M. (2016) Raising Parents: Attachment, representation, and treatment. New York: Routledge.
Crittenden, P. M., Farnfield, S., Landini, A., and Grey, B. (2013) Assessing attachment for family court decision making. Journal of Forensic Practice, 15, pp.237–248.
Crittenden, P. M., Dallos, R., Landini, A., & Kozlowska, K. (2014) Attachment and Family Therapy. Berkshire: Open University Press.
Farnfield, S., Hautamäki, A., Nørbech, P., and Sahhar, N. (2010) DMM assessments of attachment and adaptation: Procedures, validity and utility. Clinical Child Psychology and Psychiatry. 15, pp.313–328.
三上謙一 (2014)「新しい」アダルト・アタッチメント・インタビュー研修会に参加して――「アタッチメントと適応の力動 - 成熟モデル（DMM）」とは何か．思春期青年期精神医学，24, pp.168–178.
三上謙一 (2016) 臨床に役立つアタッチメント研究を目指して：パトリシア・M・クリテンデン博士インタビュー．心理臨床の広場，17, pp.40–41.

索　引

あ行

哀願的／服従的
　　——なインタビュアーとの関係　*178*
嘲る／ひっかかったな！ユーモア Mocking/gotcha!
　　humor　*78*
嘲る引っかかったな！ユーモア Mocking/gotcha!
　　humor　*164*
欺き　*61*
アタッチメント　*8*
　　——の ABC＋D モデル　*5*
　　——の ABC パターン　*12*
　　——の機能　*29*
　　——の主要パターン　*16*
　　——への Ainsworth による主要な貢献　*28*
　　関係性としての——　*9*
　　自分とわが子を守る方略としての——　*9*
　　情報処理過程としての——　*9*
　　成人期における——　*8*
　　バランスの取れた——　*16*
　　マゾヒスティックな——　*133*
　　無秩序な——　*31*
アタッチメント関係
　　——の定義　*26*
アタッチメント行動
　　不必要な——　*16, 59, 124*
　　「無分別な」——　*35*
アタッチメント対象
　　——からの分離またはその喪失　*26*
アタッチメントと適応の動的・成熟モデル　*1*
アタッチメントパターン
　　——の個人差　*26*
　　ディメンジョナルな概念としての——　*30*
アダルト・アタッチメント・インタビュー　*1*
誤った情報　*43*
安心 security　*6*
安全 safety　*7*
安定型 secure　*27*
威圧的組織化　*29*
言い淀み
　　——の機能　*235*
　　発話の——　*67*
　　変換しない——　*68*

威嚇的／不気味な関係　*185*
怒ったとらわれ型　*155*
怒り　*42*
怒り方略／ご機嫌取り方略　*163*
移行的アタッチメント対象　*261*
一般化された
　　——イメージ　*185*
一般化された不安覚醒状態　*41*
一般システム理論　*3*
偽りの記憶症候群　*202*
偽りの肯定的情動　*72, 127*
偽りの情報　*44*
偽りの性的覚醒　*134*
偽りの内省　*85, 159, 165*
偽りの認知　*82, 154, 172, 179*
偽りの無実　*186*
偽りの無実／非難　*84, 173, 179*
偽りの理想化　*168, 173*
意図の誤帰属　*74*
意味記憶　*48, 63, 70, 74, 80, 97, 117*
　　——の記述的発言　*48*
　　——の規範的発言　*48*
意味記憶的発話
　　規範的な——　*127*
意味の生成　*51*
イメージ
　　——の排除　*116*
　　（怒りや恐れや慰めへの欲求に関する）動く——
　　　　80
　　一般化された——　*80, 188*
　　置き換えられた——　*72, 127*
　　間接的につなげられた——　*73, 135*
　　強烈な——　*80*
　　新鮮で統合された——　*68*
　　つながりのない——　*72, 130*
　　つながりのない性的な——　*135*
　　排除された——　*72, 118*
　　妄想的に脅かす——　*188*
　　妄想的に脅迫的な——　*80*
　　妄想的に懲罰的な——　*73*
　　妄想的に保護的な——　*73*
　　妄想的保護の——　*142*
イメージ記憶　*47, 63, 72, 80, 97, 116*

因果関係の誤帰属　82, 172, 179
インタビュアーとの哀願的／服従的関係　79, 167
インタビュアーとの威嚇的／不気味な関係　80
インタビュアーとの協力的関係　68
インタビュアーとの中立的関係　72
インタビュアーとの分析的関係　72
インタビュアーとの誘惑的関係　79
インタビュアーを巻き込む関係　78
インタビューの「進行妨害」　174
動く animated
　　——イメージ　172, 178, 185
動く animated イメージ　47
エピソード
　　曖昧な——　152
　　置き換えられた——　75
　　親の視点から語られた——　76
　　完全な——　70
　　三角関係化された——　84
　　自己への有害な影響を除いた否定的——　84
　　推測された——　122
　　正反対の——　75, 122
　　断片化された——　179
　　断片化した——　84
　　中断された——　75
　　ぼやけた，または堂々巡りの——　83
　　歪曲された罪悪感の——　76, 143
エピソード記憶　49, 66, 70, 75, 83, 97
　　——の中断　117
　　親の視点からの——　117
　　排除された——　122
置き換えられた否定的情動　76
恐れ　42
脅えたとらわれ型 fearfully preoccupied（E3）　163
親化 Parentfication　60
親の視点　128, 131
親の推論の水準　309

か行

解決　197
　　——の機能　199, 208
外在化障害　278
外部参照　76
外部参照先　147
学習理論　40
覚醒的な非言語的情動　78, 167, 178
獲得された earned　16
家族システム理論　2
家族内三角関係化　168, 173
　　C3-4 の話し手たちの間に見られる——　165
感覚刺激
　　——の2つの異なる属性　39

　　——の変換　40
還元主義的非難思考　81, 164, 168
記憶システム　45
危機　58
　　——に晒されること　12
　　——に晒されることが統合に与える影響　53
技巧的な誘導　186
技巧的誘導　85, 189
軌道 trajectories　26
機能フォーミュレーション Functional Formulation　254, 259
　　——と治療計画　260
規範的
　　——な意味記憶　130
基本方略　258
決まり文句　76, 120, 131
恭順
　　インタビュアーへの——　146
強調的
　　——情動暗示言語　165
強迫的 compulsive A タイプ分類　17
強迫的 A タイプ方略（A3-8）　125
共謀的分割　168, 173
強烈なイメージ　164, 167
拒絶　58
切れ目なく続く文章　158, 167
禁止された否定的情動の侵入 intrusions of forbidden negative affect［ina］　212, 220, 255
　　——と他の分類可能性との区別　224
　　——の概観　221
　　——の談話マーカーとその心理的機能　223
禁じられた否定的情動の侵入　88
経験の歴史　57
軽視
　　アタッチメントの——　16
　　自己の——　16
　　他者の——　172
軽視型
　　——（Ds）　163
　　——（Ds4）　202
　　——（Ds=A）　15
軽視型形式　199
軽視型未解決［U（Ds）］　198
　　——の指標　207
傾性表象 dispositional representation（DR）　9, 39, 45
　　——の比較　237
軽蔑　82
軽蔑する　172
軽蔑的ユーモア　72
結合パターン　190

——の概観　*191*
　　　——の経験／生育歴　*194*
結合分類　*250*
欠損モデル　*7*
決定的要因 critical causes　*316*
結論に至らないメタ認知　*77, 144*
顕在記憶システム　*48*
現在形の動詞　*167*
検索　*55*
　　方略的——　*55*
　　連合的——　*55*
行為への傾性 disposition　*9*
交替型 alternating（A/C）　*191*
高数字の執着的 obsessive C タイプ分類　*18*
構成概念
　　生活上の出来事／経験の歴史に関する——　*57*
　　談話分析に用いられる——　*57*
肯定的意味の誤帰属　*143*
肯定的エピソード経験の再生の欠如　*75*
行動理論　*2*
コーディング　*234*
　　逐語記録の——　*233*
ご機嫌取りの情動　*78*
国際疾病分類　*2.* → ICD
心の理論　*32*
個人的に定義された否定的意味　*82*

さ行

再構成 reorganizing（R）　*87, 213, 256*
　　——の概観　*228*
　　——の経験／生育歴　*230*
　　——の談話マーカーとその心理的機能　*229*
再構成された reorganized　*16*
作業記憶　*46*
　　統合的な——　*52*
サディスティックなほどに残虐な
　　——情動　*184*
三角関係化された共謀　*172*
シェマ　*47*
自己関連性のある認知の否認　*188*
自己責任　*74, 135*
　　A タイプの話し手の——　*64*
自己責任の欠如
　　C タイプの話し手における——　*64*
自己内省的思考　*97*
自己卑下的ユーモア　*121*
自己への有害な影響を除いた否定的なエピソード　*173*
自己防衛方略 self-protective strategy　*9*
失見当 disorientation（DO）　*87, 212, 217, 255*
　　——の談話マーカーとその心理的機能　*219*

　　——の発達歴　*218*
失敗
　　——したメタ認知　*128*
失敗したメタ認知　*76, 131, 139*
自由／自律型（F=B）　*15*
修正項目 modifiers　*211, 255*
修正版 AAI　*13*
修正版アダルト・アタッチメント・インタビュー　*62*
執着的 C タイプ方略　*161*
　　——の生育歴　*162*
執着的な話し手（C3, C5, C7）
　　奇数番号の——　*161*
執着的な話し手（C4, C6, C8）
　　偶数番号の——　*161*
執着的 Obsessive 方略（C3-8）　*161*
受動意味思考　*80, 154*
受動（意味）思考　*49*
受動的攻撃的行動　*170, 189*
情緒 emotion　*96*
情動
　　——変換　*40*
　　否認された——　*142*
情動暗示言語　*49, 65, 70, 75, 83, 97, 117*
情動喚起的言語　*65, 83*
情動構造
　　A タイプ下位パターンの——　*35*
　　C タイプ下位パターンの——　*37*
情動情報　*41*
情動伝染 affect contagion　*59*
情報
　　——の最も基本的な 3 形態　*29*
情報源記憶　*50, 217*
　　——の欠損を説明する条件　*218*
情報処理　*39*
情報変換
　　——の同定　*234*
　　二つの基本的な心理的な——　*12*
進化論　*25*
人工的　*117*
人工的言語　*75, 127*
「進行妨害」
　　インタビューの——　*182*
「進行妨害する」話し手　*174*
身体表現症状 expressed somatic symptoms［ess］　*88, 212, 256*
　　——と他の分類可能性との区別　*228*
　　——の概観　*225*
　　——の談話マーカーとその心理的機能　*227*
心的一貫性　*89*
侵入　*255*

信頼性　251
　　M&G 分類の——　5
信頼できる証拠　70
心理療法隠語 psychobabble　85
心理療法隠喩 psychobabble　159
スクリプト　98, 119
ストックホルム症候群　141
〜すると when ／その場合 then　48
性愛　61
　　青年期と成人期の機能における——　30
正確な情報　43
正確な否定的情動の排除　116
生活上の出来事　57
精神医学的診断
　　——の問題　7
精神障害
　　——の定義　2
精神障害の診断と統計の手引き　2. → DSM
精神病質の AC の話し手
　　——の話し方　193
精神分析理論　2, 25
正当化　85, 165, 173, 186
責任の否認　83
世代間仮説
　　Main の——　31
接続詞
　　逆接——　156
　　付加——　158
絶対的否定　167
前 A3 方略　163
前 A4 方略　163
前 C5-8 方略　163
潜在記憶システム　46
前頭葉前部皮質
　　——の焦点の喪失　224
想起　55
喪失　196
喪失またはトラウマ
　　予期された——　202

た行

対決的／共謀的関係　164
対人関係理論　2
大脳皮質　10
対立　172
他者への恭順　72
達成への圧力　61
脱抑制型対人交流障害　134
単一分類　250
断片化された
　　——エピソード　168, 185

断片化されたエピソード　165
談話
　　——の構成概念　69
　　B タイプ方略に典型的な——　68
　　C タイプ方略に典型的な——　77
　　自己を軽視する——　121
　　自発的で活気のある——　70
　　遠ざける——　71, 116
談話構成概念
　　A タイプ方略に典型的な——　71
談話の一貫性　88
談話の特徴
　　——とアタッチメントパターン　67
談話分析
　　——の方式　31
　　——への認知心理学および認知神経科学の貢献　39
逐語記録の一貫性　88
注釈　234
中立的　116
中立的な関係
　　インタビュアーとの——　118
長期増強（LPT）　54
つながりのない
　　——イメージ　134
強さに注目するアプローチ　7
低数字の A タイプ分類　16
低数字の C タイプ分類　18
手続き記憶　46, 62, 68, 71, 77, 97, 116
投影　76
投映法検査　20
統合の欠如　120
動的‐成熟分類システム　33
動物行動学　3
動物行動学理論　25
トラウマ
　　遮られた blocked ——　199
　　示唆された suggested ——　199, 201
　　想像された——　174
　　無秩序型——　203
トラウマまたは喪失
　　置き換えられた displaced ——　199, 200
　　軽視型の——　199, 200
　　遮られた blocked ——　200
　　想像された imagined ——　199, 201
　　代理 vicarious の——　199, 201
　　とらわれ型の——　199, 201
　　否認された denied ——　199, 201
　　ほのめかされた hinted ——　199, 202
　　妄想的に修復された——　202
　　妄想的に復讐的または攻撃的な——　203

予期された anticipated —— *200*
　　抑うつ的な—— *203*
とらわれ
　　自己への—— *18*
とらわれ型（E3）
　　アタッチメント関係への恐れを示す—— *31*
とらわれ型（E=C） *15*
とらわれ型形式 *199*
とらわれ型未解決［U（p）］ *198*
　　——の指標 *205*

な行

内在化障害 *278*
内省機能 *32, 71*
　　能動的な—— *52*
内省思考 *32*
内省的自己過程 *32*
内省的統合 *32, 51, 66, 71, 76, 85, 98, 117*
内省的発言 *230*
内的表象モデル *26*
慰め *57*
慰めの障害 *171*
慰めへの欲求 *42*
乳児のアタッチメント
　　——の主要な３つのパターン *27*
認知 *115*
　　——変換 *40*
認知構造
　　Ａタイプ下位パターンの—— *35*
　　Ｃタイプ下位パターンの—— *37*
認知行動理論 *2*
認知情報 *40*
認知神経科学 *3*
認知分析理論 *2*
認知理論 *2, 25*
ネグレクト *60*

は行

配偶者化 spousification *59*
排除
　　——された統合機能 *165*
排除された情報 *43*
排除された正確な否定的情動 *72*
排除された統合 *76, 85*
はぐらかし *172*
はぐらかす関係 *79*
パターン *12*
バランスの取れた話し手
　　——の認知 *96*
発達的経路 developmental pathways *26, 85*
母親のアタッチメントに関する心的状態 *10*

パフォーマンス *61*
バランスの取れた話し手
　　——の情動 *96*
半構造化面接 *11*
反芻 *186*
反応性アタッチメント障害 *146*
非言語的情動
　　適切な—— *68*
非主体性 *74*
非主体的 *147*
否定的エピソードの欠如 *84, 165, 173*
否定的情動と身体的苦痛の否認 *72*
人質症候群 *35, 73*
否認
　　自己が因果関係に寄与したことの—— *185*
　　身体的痛みを含む否定的情動の—— *143*
否認された情報 *44*
不安定‐アンビヴァレント型 *27*
不安定‐回避型 *27*
不安定型 anxious *27*
不安定型アタッチメント
　　——内部での持続性 *32*
複合的グループ分類 *250*
複数の傾性表象 *11*
符号化 *54*
　　——の２つの形式 *54*
振り子育児 *126*
分化した一般化 *70*
分割 *43*
　　混合した感情の—— *36*
分析的
　　——なインタビュアーとの関係 *130*
分離 disassociation *12, 52*
分類 *12*
　　——に関する一般的問題 *233*
分類ガイドライン *233*
分類過程 *233*
　　——における生育歴の解釈と使用 *236*
分類システム *14*
分類不能 Cannot Classify（CC） *5, 28, 31, 163*
分類方式 *14*
忘却 *55*
方略 *12*
　　マゾキスティックな—— *35*
保護 *58*

ま行

巻き込み *59*
巻き込む怒り *77, 164*
巻き込む恐れ *78, 167, 178*
巻き込む談話 *77, 151*

未解決　198
　　——と基本方略の一致と交差　204
　　——に関するDMMの概念化の利点　208
　　——の喪失とトラウマ　257
　　コンテインされた——　205, 245
　　コンテインされていない——　205, 245
　　喪失およびトラウマ経験の——　31
　　トラウマおよび喪失の——　86
未解決型／無秩序型（U）　163
未解決のトラウマまたは喪失　196
　　——の概観　197
　　——の経験／生育歴　207
　　——の談話マーカーとその心理的機能　205
見かけと現実　16
未来への理想化された期待　81
矛盾 contradiction　171
無秩序型 disorganization　5, 200, 315
メタ認知　71
メタ認知思考　52
免責　74, 127, 130
メンタライゼーション　32, 33
妄想的イメージ　47
妄想的修復　200
妄想的情報　44
妄想的慰め　72
妄想的な形式
　　未解決のトラウマまたは喪失の——　202
妄想的復讐　84, 186, 200
妄想的理想化　76, 143
妄想的に脅迫的な
　　——イメージ　185
もし～ならば if／その場合 then　48

や行

役割逆転　59, 60, 126
融合型 blended（AC）　191
誘惑的　178
予期状態　41
抑うつ depression（Dp）　87, 212, 213, 255
　　——とBタイプとの区別　216
　　——の概観　213
　　——の経験／生育歴　217
　　——の談話マーカーとその心理的機能　213
抑うつ的　200

ら行

理想化　74, 119, 122
　　過去の——　162
　　未来の——　162
冷酷な，またはサディスティックに残酷な情動　78
連合 association　12, 52

わ行

歪曲
　　——されたエピソード　168
歪曲された肯定的情動　78, 172
歪曲された情報　43

アルファベット

A

A1（理想化する）　118
　　——と関連のある方略や修正項目　120
　　——の経験／歴史　120
　　——の精神病理のリスク　120
　　——の談話マーカーとその心理的機能　118
A1-2タイプ　16
A1方略
　　——と他の方略との区別　120
A2（距離を置く）　121
　　——と関連のある方略あるいは修正項目　123
　　——の経験／生育歴　124
　　——の精神病理のリスク　123
　　——の談話マーカーとその心理的機能　121
　　——の逐語記録と他の方略の逐語記録との区別　123
A3（強迫的世話と強迫的注意）
　　——と関連のある方略と修正項目　128
　　——と他の方略との区別　128
　　——の概観　126
　　——の経験／生育歴　129
　　——の精神病理のリスク　128
　　——の談話マーカーとその心理的機能　127, 130
A3-8タイプ　17
A4（強迫的従順と強迫的パフォーマンス）
　　——と関連のある方略と修正項目　131
　　——と他の方略との区別　132
　　——の概観　129
　　——の経験／生育歴　132
　　——の精神病理のリスク　132
A5（社交的または性的な強迫的無分別）
　　——と関連する方略と修正項目　136
　　——と他の方略との区別　137
　　——の概観　133
　　——の経験／生育歴　137
　　——の精神病理のリスク　136
　　——の談話マーカーとその心理的機能　134
A6（社交的または孤立した強迫的自立）
　　——と関連する方略と修正項目　140
　　——と他の方略との区別　140

――の概観　*138*
　　　――の経験／生育歴　*140*
　　　――の精神病理のリスク　*140*
　　　――の談話マーカーとその心理的機能　*138*
　A7（妄想的理想化）
　　　――と関連する方略と修正項目　*144*
　　　――と他の方略との区別　*145*
　　　――の概観　*141*
　　　――の経験／生育歴　*145*
　　　――の精神病理のリスク　*144*
　　　――の談話マーカーとその心理的機能　*142*
　A8（外部組織化自己）
　　　――と関連する方略と修正項目　*148*
　　　――と他の方略との区別　*148*
　　　――の概観　*145*
　　　――の経験／生育歴　*149*
　　　――の精神病理のリスク　*148*
　　　――の談話マーカーとその心理的機能　*146*
　A1-2タイプ　*113*
　AAI
　　　――の4つのカテゴリー（安定型 secure, 軽視型 dismissing, とらわれ型 preoccupied, 未解決型 unresolved／分類不能 Cannot Classify）　*10*
　　　――の4つの構成要素　*11*
　　　――のB形式　*312*
　　　――の概論　*8*
　　　――の活用　*308*
　　　――の限界　*306*
　　　――の貢献　*301*
　　　――の構成概念妥当性　*278*
　　　――の質問プロトコル　*31*
　　　――の司法での活用　*310*
　　　――の司法への応用　*274*
　　　――の適用の拡大　*310*
　　　――の弁別的妥当性　*278*
　　　――の臨床的活用　*309*
　　　代理の養育者への――の使用　*274*
　ABC+Dモデル　*315*
　A/Cタイプ　*190*
　　　――と精神医学的診断　*192*
　　　抑うつ的な――　*216*
　ACタイプ　*190*
　　　――と精神病質　*192*
　Ainsworth, M.D.S.　*4, 5, 11, 12, 13, 14, 15, 25, 26, 27, 28, 30, 33, 34, 38, 45, 99, 102, 104, 106, 118, 121, 125, 155, 158, 161, 191, 250, 278, 283, 284, 287, 290, 302, 305, 315, 316, 317*
　Ainsworthシステム
　　　――の3つの発展型　*27*
　Amico, J.A.　*282*
　Aタイプ　*16*

　　　――（回避型）　*27*
　　　――の情動　*115*
　Aタイプパターン　*34*
　　　成人期の――　*34*
　Aタイプ方略　*113*

B

　B1（過去から距離を取った）
　　　――と関連のある方略や修正項目　*104*
　　　――と他の方略との区別　*104*
　　　――の概観　*102*
　　　――の経験／生育歴　*104*
　　　――の談話マーカーとその心理的機能　*102*
　B2（受け入れている）
　　　――と関連のある方略あるいは修正項目　*105*
　　　――と他の方略との区別　*106*
　　　――の概観　*104*
　　　――の経験／生育歴　*106*
　　　――の談話マーカーとその心理的機能　*105*
　B3（心地良くバランスの取れた）
　　　――の概観　*99*
　　　――（心地良くバランスの取れた）　*99*
　　　――と他の方略との区別　*101*
　　　――の経験／生育歴　*102*
　　　――の談話マーカーと心理的機能　*100*
　B4（感傷的な）
　　　――と関連のある方略あるいは修正項目　*108*
　　　――と他の方略との区別　*108*
　　　――の概観　*106*
　　　――の経験／生育歴　*108*
　　　――の談話マーカーとその心理的機能　*107, 109*
　B5（不満気に受け入れていれる）
　　　――と関連のある方略や修正項目　*110*
　　　――と他の方略との区別　*111*
　　　――の概観　*108*
　　　――の経験／生育歴　*111*
　　　――の精神病理のリスク　*111*
　Bakermans-Kranenburg, M.J.　*278, 279, 305, 314*
　Bandler, R.　*14*
　Bateson, G.　*14*
　Beavin, J.　*14*
　Bowlby, J.　*3, 4, 5, 6, 15, 25, 26, 27, 28, 30, 31, 34, 38, 46, 85, 125, 126, 249, 301, 302, 314, 317*
　BO（その他のバランスの取れた方略）　*111*
　Bruner, J.　*47*
　Bタイプ　*16*
　　　――（安定型）　*27*
　　　獲得された――　*95*
　　　純真な naive ――　*95*
　Bタイプパターン　*34*
　　　成人期の――　*34*

Bタイプ（バランスの取れた）方略　94

C

C1（威嚇的怒り）
　　──と他の方略との区別　157
　　──の概観　155
　　──の経験／生育歴　157
　　──の精神病理のリスク　157
　　──の談話マーカーとその心理的機能　156
C1-2　150
C1-2タイプ　18
C2（ご機嫌を取りながら慰めを求める）
　　──と他の方略との区別　160
　　──の概観　158
　　──の経験／生育歴　160
　　──の精神病理のリスク　160
　　──の談話マーカーとその心理的機能　158
C3（攻撃的怒り）
　　──と他の方略との区別　166
　　──の概観　163
　　──の経験／生育歴　166
　　──の精神病理のリスク　166
　　──の談話マーカーとその心理的機能　164
C3-8タイプ　18
C4（無力なふり）
　　──と他の方略との区別　169
　　──の概観　167
　　──の経験／生育歴　169
　　──の精神病理のリスク　168
　　──の談話マーカーとその心理的機能　167
C5（報復的怒りと復讐への執着）
　　──と他の方略との区別　175
　　──の概観　170
　　──の経験／生育歴　176
　　──の精神病理のリスク　176
　　──の談話マーカーとその心理的機能　171
C5-6　181
C5-6+　182
C6（誘惑と救済への執着）
　　──と他の方略との区別　180
　　──の概観　177
　　──の経験／生育歴　180
　　──の精神病理のリスク　179
　　──の談話マーカーとその心理的機能　178
C7（脅迫的）
　　──と他の方略との区別　186
　　──の概観　183
　　──の経験／生育歴　187
　　──の精神病理のリスク　186
　　──の談話マーカーとその心理的機能　184
C8（被害妄想的）
　　──と他の方略との区別　189
　　──の概観　187
　　──の経験／生育歴　189
　　──の精神病理のリスク　189
　　──の談話マーカーとその心理的機能　188
C5-6内の漸次的変化　181
C5-6方略　174
C5-6方略の修正版　174
Cassidy, J.　108
Crittenden, P.　13, 15, 25, 27, 28, 29, 30, 34, 38, 40, 278, 279, 287, 290, 304, 315, 316, 317
Cタイプ　18
　　──（アンビヴァレント型）　27
　　──の情動　153
　　──の認知　153
Cタイプパターン　36
　　成人期の──　36
Cタイプ方略　150

D

Damasio, A.R.　52
Dignam, P.　305
DMM　1
　　──とM&Gとの違い　276
DMM-AAI
　　──の妥当性　279
　　──の妥当性と臨床的意義　276
　　──を用いた研究　281
DMM分類
　　──とMain and Goldwyn分類の比較　289
DO
　　──とA8の区別　220
Ds1　118
Ds2　181
Ds3　121
DSM　2
DSM-5　300

E

E1　158
E2　155
Ellis, H.　53

F

F1　102
Fonagy, P.　25, 32, 33, 38, 71, 282
Fremmer-Bombik, E.　14

G

George, C.　13, 31, 47, 199, 244, 246, 315
Gogarty, H.　285

Goldwyn, R.　*4, 5, 6, 7, 14, 20, 25, 31, 38, 46, 49, 86, 95, 99, 102, 118, 121, 126, 155, 158, 163, 195, 205, 208, 235, 246, 249, 276, 289, 290, 314, 315*
Grice, H.P.　*88, 100, 103, 109, 110, 112, 114, 249*
Grice の 4 つの格率　*88, 103*
Grinder, J.　*14*
Grossmann, K.E.　*14*

H

Hardy, G.　*283*
Heller, M.B.　*287, 288*
Hesse, E.　*95, 99, 102, 118, 121, 126, 208*
Hughes, J.　*283*

I

ICD　*2*
[ina] h　*223*
IO
　──その他の不安定型　*195*

J

Jackson, D.　*14*

K

Kaplan, N.　*13, 31, 47*
Kendrick, D.　*283*
Kozlowska, K.　*225*
Kulbotton, G.　*286*

M

Main and Goldwyn
　──の方法　*4*
Main, M.　*4, 5, 6, 7, 10, 11, 13, 14, 20, 25, 27, 28, 31, 32, 34, 38, 46, 47, 49, 86, 95, 99, 102, 108, 118, 121, 126, 155, 158, 163, 195, 205, 208, 235, 246, 249, 276, 289, 290, 302, 314, 315*
M&G
　──方式の談話分析　*4*

M&G-AAI
　──の意図　*276*
Montague, P.R.　*282*

N

Newman L.　*278, 290*

R

Raikes, H.A.　*305*
Rudolph, J.　*14*

S

Seefeldt, L.J.　*289*
Shah, P.E.　*283*
Solomon, J.　*27, 315*
Strathearn, L.　*281, 312*

T

Thompson, R.A.　*305*

V

van IJzendoorn, M.H.　*278, 279, 305, 314*

W

Watzlawick, P.　*14*
Wiesel, E.　*177*
Wilkinson, S.R.　*293*

Z

Zachrisson, H.D.　*286*

数字

2 カテゴリーモデル　*34*
3 つの下位グループ　*181*
7 つの変換
　認知と情動の──　*42*
14 種の情報
　危機／安全と生殖の可能性についての──　*45*

監訳者略歴
三上　謙一（みかみ　けんいち）
1999年　東京都立大学大学院人文科学研究科心理学専攻修士課程修了
2000年-2002年　ケント大学大学院留学　心理療法研究専攻ディプロマ課程修了
2005年　東京都立大学大学院人文科学研究科心理学専攻博士課程単位取得退学
2005年　山梨英和大学大学院専任講師
2006年　北海道教育大学保健管理センター講師
2010年　北海道教育大学保健管理センター准教授
現　職　北海道教育大学保健管理センター准教授　臨床心理士
　　　　Crittenden 博士および Landini 博士の下で DMM-AAI の訓練を受ける
著訳書　こころの医学入門（共著，中央法規，補講 03 アタッチメント理論とこころの臨床）
　　　　P. フォナギー，M. タルジェ＝発達精神病理学からみた精神分析理論（共訳，岩崎学術出版社）

訳者一覧
秋谷　絵理（北海道大学病院）第 2 章
小田切　亮（陸上自衛隊丘珠駐屯地）第 9 章
木下　弘基（札幌市子ども発達支援総合センター）第 10 章，11 章
後藤　龍太（医療法人社団北陽会　牧病院）第 14 章
菅原　英治（株式会社 ぽっけりんく）第 7 章
髙井　実穂（札幌市教育委員会）第 6 章
髙野　創子（札幌国際大学）第 12 章
中谷　紫乃（北海道大学病院）第 8 章
長屋　裕介（関西大学大学院心理学研究科博士後期課程）第 9 章，14 章
成田　行子（医療法人社団 かとうメンタルクリニック）第 16 章
平野　直己（北海道教育大学札幌校）第 3 章
牧野　高壮（北海道科学大学）第 5 章
三上　謙一（前掲）第 1 章，4 章
山元　隆子（北海道公立学校スクールカウンセラー）第 15 章
吉田　香奈（江別市立病院）第 13 章

成人アタッチメントのアセスメント
―動的‐成熟モデルによる談話分析―
ISBN978-4-7533-1139-2

監訳者
三上　謙一

2018 年 8 月 27 日　第 1 刷発行

印刷　(株)新協　／　製本　(株)若林製本工場
―――――――

発行所　(株)岩崎学術出版社　〒101-0062　東京都千代田区神田駿河台 3-6-1
発行者　杉田　啓三
電話 03(5577)6817　FAX 03(5577)6837
©2018　岩崎学術出版社
乱丁・落丁本はおとりかえいたします　検印省略

力動的心理査定──ロールシャッハ法の継起分析を中心に
馬場禮子編著
検査の施行から解釈までを包括する「馬場法」の集大成　　本体4500円

精神分析的心理療法の実践──クライエントに出会う前に
馬場禮子著
学派を超えて通用する心理療法の基本とその技術　　本体3200円

改訂 精神分析的人格理論の基礎──心理療法を始める前に
馬場禮子著
刊行から8年，好評テキストの待望の改訂版　　本体2800円

改訂 ロールシャッハ法と精神分析──継起分析入門
馬場禮子著
心理検査を超える可能性を臨床的に蓄積した　　本体3200円

ロールシャッハテストの所見の書き方──臨床の要請にこたえるために
加藤志ほ子・吉村聡編著
臨床で使える報告書をまとめるために必携の書　　本体2500円

発達精神病理学からみた精神分析理論
フォナギー／タルジェ著　馬場禮子・青木紀久代監訳
多くの理論を並列し実証性の観点から見直す　　本体5000円

精神分析的発達論の統合①
P・タイソン／R・L・タイソン著　馬場禮子監訳
現代精神分析における発達論の臨床的統合　　本体4000円

精神分析的発達論の統合②
P・タイソン／R・L・タイソン著　皆川邦直・山科満監訳
乳児期から青年期に至る超自我の発達過程　　本体3800円

親‐乳幼児心理療法──母性のコンステレーション
D・スターン著　馬場禮子・青木紀久代訳
母になることと親‐乳幼児関係論の力動的研究　　本体5000円

この本体価格に消費税が加算されます。定価は変わることがあります。